"十三五"国家重点图书出版规划项目

国家出版基金项目
NATIONAL PUBLICATION FOUNDATION

《中国经济地理》丛书

孙久文　总主编

内蒙古经济地理

张满银　张学刚　等◎著

NEIMENGGU

经济管理出版社
ECONOMY & MANAGEMENT PUBLISHING HOUSE

图书在版编目（CIP）数据

内蒙古经济地理/张满银等著．—北京：经济管理出版社，2020.4
ISBN 978 - 7 - 5096 - 7078 - 1

Ⅰ.①内…　Ⅱ.①张…　Ⅲ.①区域经济地理—内蒙古　Ⅳ.①F129.926

中国版本图书馆 CIP 数据核字（2020）第 058813 号

审图号蒙 S（2017）026 号

组稿编辑：申桂萍
责任编辑：魏晨红
责任印制：黄章平
责任校对：王淑卿

出版发行：经济管理出版社
　　　　　（北京市海淀区北蜂窝 8 号中雅大厦 A 座 11 层　100038）
网　　址：www. E - mp. com. cn
电　　话：（010）51915602
印　　刷：唐山昊达印刷有限公司
经　　销：新华书店
开　　本：720mm×1000mm/16
印　　张：28.25
字　　数：460 千字
版　　次：2020 年 4 月第 1 版　　2020 年 4 月第 1 次印刷
书　　号：ISBN 978 - 7 - 5096 - 7078 - 1
定　　价：88.00 元

《中国经济地理》丛书

总　序

今天，我们正处在一个继往开来的伟大时代。受现代科技飞速发展的影响，人们的时空观念已经发生了巨大的变化：从深邃的远古到缥缈的未来，从极地的冰寒到赤道的骄阳，从地心游记到外太空的探索，人类正疾步从必然王国向自由王国迈进。

世界在变，人类在变，但我们脚下的土地没有变，土地是留在心里不变的根。我们是这块土地的子孙，我们祖祖辈辈生活在这里。我们的国土有960万平方千米之大，有种类繁多的地貌类型，地上和地下蕴藏了丰富多样的自然资源，14亿中国人民有五千年延绵不绝的文明历史，经过近40年的改革开放，中国经济实现了腾飞，中国社会发展日新月异。

早在抗日战争时期，毛泽东主席就明确指出："中国革命斗争的胜利，要靠中国同志了解中国的国情。"又说："认清中国的国情，乃是认清一切革命问题的基本根据。"习近平总书记在给地理测绘队员的信中指出："测绘队员不畏困苦、不怕牺牲，用汗水乃至生命默默丈量着祖国的壮美山河，为祖国发展、人民幸福作出了突出贡献。"李克强总理更具体地提出："地理国情是重要的基本国情，要围绕服务国计民生，推出更好的地理信息产品和服务。"

我们认识中国基本国情，离不开认识中国的经济地理。中国经济地理的基本条件，为国家发展开辟了广阔的前景，是经济腾飞的本底要素。当前，中国经济地理大势的变化呈现出区别于以往的新特点。第一，中国东部地区面向太平洋和西部地区深入欧亚大陆内陆深处的陆海分布的自然地理空间格局，迎合东亚区域发展和国际产业大尺度空间转移的趋势，使我们面向沿海、融入国际的改革开放战略得以顺利实施。第二，我国各区域自然资源丰裕程度和区域经济发达程度的相向分布，使经济地理主要标识的区内同一性和区际差异性异常突出，为发挥区域优势、实施开发战略、促进协调发展奠定了客观基础。第三，以经济地理格局为依据调整生产力布局，以改革开放促进区域经济发展，以经济发达程度和市场发育程度为导向制定区域经济政策和区域规划，使区域经济发展战略上升为国家重大战略。

因此，中国经济地理在我国人民的生产和生活中具有坚实的存在感，日益发挥出重要的基石性作用。正因为这样，编撰一套真实反映当前中国经济地理现实情况的丛书，就比以往任何时候都更加迫切。

在西方，自从亚历山大·洪堡和李特尔之后，编撰经济地理书籍的努力就一直没有停止过。在中国，《淮南子》可能是最早的经济地理书籍。近代以来，西方思潮激荡下的地理学，成为中国人"睁开眼睛看世界"所看到的最初的东西。然而对中国经济地理的研究却鲜有鸿篇巨制。中华人民共和国成立特别是改革开放之后，中国经济地理的书籍进入大爆发时期，各种力作如雨后春笋。1982年，在中国现代经济地理学的奠基人孙敬之教授和著名区域经济学家刘再兴教授的带领和推动下，全国经济地理研究会启动编撰《中国经济地理》丛书。然而，人事有代谢，往来成古今。自两位教授谢世之后，编撰工作也就停了下来。

《中国经济地理》丛书再次启动编撰工作是在2013年。全国经济地理研究会经过常务理事会的讨论，决定成立《中国经济地理》丛书编委会，重新开始编撰新时期的《中国经济地理》丛书。在全体同人的努力和经济管理出版社的大力协助下，一套全新的《中国经济地理》丛书计划在2018年全部完成。

《中国经济地理》丛书是一套大型系列丛书。该丛书共计40册：概论1册，思想史1册，"四大板块"共4册，34个省市自治区及特别行政区共34册。我们编撰这套丛书的目的，是为读者全面呈现中国分省区的经济地理和产业布局的状况。当前，中国经济发展伴随着人口资源环境的一系列重大问题，复杂而严峻。资源开发问题、国土整治问题、城镇化问题、产业转移问题等，无一不是与中国经济地理密切相连的；京津冀协同发展、长江经济带战略和"一带一路"倡议，都是以中国经济地理为基础依据而展开的。我们相信，《中国经济地理》丛书可以为一般读者了解中国各地区的情况提供手札，为从事经济工作和规划工作的读者提供参考资料。

　　我们深感丛书的编撰困难巨大，任重道远。正如宋朝张载所言"为往圣继绝学，为万世开太平"，我想这代表了全体编撰者的心声。

　　我们组织编撰这套丛书，提出一句口号：让读者认识中国，了解中国，从中国经济地理开始。

　　让我们共同努力奋斗。

孙久文

全国经济地理研究会会长

中国人民大学教授

2016 年 12 月 1 日于北京

序　言

内蒙古自治区地处我们伟大祖国的正北方，地域辽阔，资源丰富，内联八省，外接蒙俄。全区总面积 118.3 万平方千米，东西直线距离 2400 千米，南北最大跨度 1700 千米，国境线长达 4200 多千米，是新中国最早成立的少数民族自治区。

清康熙三年（1664 年）以戈壁为界划分为内札萨克蒙古和外札萨克蒙古。"内蒙古"之称最初由"内札萨克蒙古"而来，并沿袭至今。早在战国时期，赵武灵王（公元前 325—前 298 年）在内蒙古境内设云中郡。秦置九原郡和云中郡等，秦始皇帝三十二年（公元前 215 年）一次迁徙数万人到河南地（今巴彦淖尔市乌加河以南及鄂尔多斯地区，以黄河为塞）屯垦，时称"新秦中"和"北假"；秦始皇帝三十五年（公元前 212 年）下令修建从云阳甘泉宫（今陕西淳化西北）通往九原郡的秦直道，全长 700 多千米，使关中平原联结内蒙古九原等河套地区。从汉朝至满清，历朝中央政权通过相应的行政建制，控制着内外蒙古大部分地区，以此来发展和维护着我们统一的多民族国家。

近代以来，由于帝国主义、封建主义和官僚资本主义的长期压迫和剥削，内蒙古经济社会十分落后，民不聊生。正如中国人民最真挚的老朋友——埃德加·斯诺所描述的那惨不忍睹、可怕的场景那样，"使他成为人生觉醒点"的萨拉齐（内蒙古包头市土默特右旗），当时（1929 年）连年遭遇大旱灾，斯诺在街上抓拍的两张新闻照片中，一张是一个小女孩端着要饭碗，另一张是被剔了肌肉的尸体。他写道：街道上许多排房里住着的男人、女人和儿童都已经快要饿死了。他们手里拿着小小的木饭碗、铁皮罐头盒或是破茶壶罐子，他们正在等待着救世军施粥站开门。很难理解为什么他们能够那么安静地坐着等待，也许这是几个星期以来他们能尝到的第一碗像样的食物。但是这毕竟还不是最叫人吃惊的。叫人吃惊的事情是,在许多这种城市里,仍有许多有钱人、囤积大米小麦的商人、地主老财,有武装警卫保护着他们在大发其财。更叫人吃惊的事情是,在城市里,做官的和歌妓舞女跳舞打麻将,那里有的是粮食谷物,而且好几个月一直都有,成千上万吨小麦和小米无法运给灾区,因为西北的一些军阀扣留了他们的全部铁路车皮。我看到成千上万的儿童由于饥饿奄奄待毙,这场饥荒最后夺去了五百多万人的生命!那是我一生中的一个觉醒的起点。

1911年,辛亥革命推翻清朝统治,中华民国诞生,内蒙古是中华民国疆域的一部分。抗日战争时期,中国共产党领导并建立(在今内蒙古地区)伊克昭盟抗日统一战线政权、大青山抗日游击根据地政权。

1947年5月1日,在中国共产党的领导下,内蒙古自治区政府宣告成立。在国民经济恢复期(1950~1952年),内蒙古各地区制定了"大力恢复和发展农牧业生产,逐步恢复和发展其他经济、文化、教育、卫生事业"的方针,顺利地完成了国民经济的恢复工作。第一个五年计划时期,1953年,根据毛泽东主席的建议,党中央从中国的实际情况出发,提出了过渡时期的总路线,内蒙古结合当时的区情,提出了"农牧结合"、支持国家工业化等经济建设的方针和任务。大力发展以互助合作为中心的农牧业生产,支援国家社会主义工业化;大力支援国家重点建设,特别是包头工业基地的建设,按计划积极发展地方工业、林业、运输业、邮电、商业、教育、卫生、文化等事业。1957~1966年,内蒙古在全国一盘棋思想的指导下,重点发展钢铁、冶金、电力、煤炭、森工、机械、纺织工业,以发展农牧业支持工业体系建设。在第三个五年计划时期,1966年1月1日,内蒙古自治区人民政府主席乌兰夫提出,要很好地总结自治区成立以来的经验,提高认识水平;认真贯彻农牧林结合、多种经营、因地制宜、各有重点的农牧业生产方针,以及以水为主的各项措施,促进我区农牧业大发展。尽管制定了合理的发展战略,但是受"左"的错误思想影响,导致了经济发展比例严重失调。

改革开放以来,内蒙古自治区坚决执行"以牧为主,围绕畜牧业生产,发展多种经济"的方针;半农半牧区贯彻"农牧并举,全面发展"和农区贯彻"以养猪为中心,全面发展畜牧业"的方针。1981年8月,从内蒙古各地区实际出发,因地制宜地突出自己的优势,提出除了几个中等城市以外,把全自治区划分成五个经济类型实行分类指导。1986年,内蒙古自治区在"七五"计划里提出大力发展横向经济联系，建立纵横交错、富有生机活力的经济网络。"在总体设想上，要抓根本，打基础，突破'短线'，发挥优势，理顺关系，搞活全局。发展重点是农牧业、交通、能源、原材料和科技教育。"

1992年，在邓小平"南方谈话"后，内蒙古提出了"以开放驱动全局"的"两带""一区"总体战略。1995年8月，内蒙古正式提出了加快经济发展的"五大战略"，即资源转换、开放带动、科教兴区、人才开发和名牌推进。1999年，国家实施西部大开发战略之后，内蒙古突出抓好"一线""三区"，全面实施"十大工程"，努力实现"三大目标"，再造新优势，实现新飞跃，力争使内蒙古成为21世纪我国经济增长的重要支点。

2006年，内蒙古提出，"继续深化改革，扩大开放，深入实施科教兴区和人才强区战略，调整经济结构，转变增长方式，推进社会主义新农村新牧区建设，加速农牧业产业化、新型工业化和城镇化进程，强化生态和基础设施建设，构筑我国重要的能源重化工业基地、绿色农畜产品生产加工基地和北方生态屏障。坚持以人为本，全面发展社会事业，努力建设和谐内蒙古"。2007年8月2日，国家实施《东北老工业基地振兴规划》，呼伦贝尔市、兴安盟、通辽市、赤峰市、锡林郭勒盟被列入其中。内蒙古主动与东北三省加强区域协作，为东北老工业基地振兴发展提供了重要支撑。

2003~2008年，内蒙古自治区党委和政府连续召开呼包鄂经济工作协调推进会。2010年，内蒙古提出了"呼包鄂经济一体化"的概念，2011年4月6日，内蒙古《以呼包鄂为核心沿黄河沿交通干线经济带重点产业发展规划（2010~2020年）》获国家发展和改革委员会批准。2012年，内蒙古政府批准实施《呼包鄂城市群规划（2010~2020）》。2011年，内蒙古在"十二五"中提出，要鼓励以呼包鄂为核心的西部地区率先发展，促进东部地区跨越式发展，支持老少边穷地区加快发展。2015年，《全国及各地区主体功能区规划》中把呼包鄂地区确定为国家级重点开发区域。2016年，自治区实施《呼包鄂协同发展规划纲要（2016~2020年）》。2018年，国家实施《呼包鄂榆城市群发展规划》，明确提出要将呼包鄂榆地区建成全国高端能源化工基地、向北向西开放战略支点、西北地区生态文明共建区、民族地区城乡融合发展先行区。

2013年8月，国家实施《京津冀协同发展规划纲要》。内蒙古作为京津冀协同发展的辐射区，在京津冀协同发展中有着不可替代的地位。内蒙古在"十三五"中提出要积极融入京津冀协同发展包括完善区域基础设施体系建设、推进重点地区生态综合治理合作、继续深化京蒙对口帮扶和区域合作、创新京蒙产业合作模式、创新与天津自贸试验区合作模式。2016年1月，在《"十三五"时期京津冀国民经济和社会发展规划》中再次提出支持乌兰察布、大同等周边毗邻地区融入京津冀协同发展国家战略。通过区域合作，内蒙古融入京津冀协同发展不断深化，在生态建设、基础设施建设、承接北京非首都功能和产业转移、旅游、对口帮扶等经济建设、科技合作和文化交流等方面都取得了很好的成果，尤其是2019年12月30日，张呼高铁与京张高铁同步全线开通运营，标志着北京至呼和浩特高铁全线贯通运行，进一步加快了内蒙古融入京津冀协同发展的步伐。

2013年9月，习近平总书记提出共建"一带一路"倡议，赋予古丝绸之路以崭新的时代内涵。2015年，国家实施《推动共建丝绸之路经济带和21世纪海上丝绸之路的愿景与行动》。2016年9月国家发展和改革委员会发布《建设中蒙俄经济走廊规划纲要》。内蒙古积极参与中蒙俄经济走廊建设，推动中蒙、中俄建立基础设施规划双边协调机制，加强同蒙方、俄方口岸和运输通道的规划衔接，推进形成以满洲里、二连浩特、珠恩嘎达布其、甘其毛都、策克等为龙头、其他边境口岸为支撑的充满活力的沿边经济带等。

2016年，内蒙古提出，"以提高发展质量和效益为中心，加强供给侧结构性改革，加快形成引领经济发展新常态的体制机制和发展方式，坚持稳中求进，统筹推进经济建设、政治建设、文化建设、社会建设、生态文明建设，加快'五大基地''两个屏障''一堡一带'建设步伐，走新型工业化、信息化、城镇化、农牧业现代化'四化'同步发展之路"。促进呼包鄂协同发展、乌海及周边地区一体化发展、东部地区加快发展、县域经济发展及少数民族聚居地区加快发展。2016年12月22日，内蒙古提出建设内蒙古和林格尔新区的决定。

党的十八大以来，以习近平同志为核心的党中央对内蒙古的发展提出了一系列重要讲话，深刻阐述了新时代内蒙古需要把握和解决好的一系列根本性、方向性、全局性问题，明确了内蒙古的时代坐标、前进方向和战略重点，这是内蒙古开创新时代改革发展新局面的行动纲领和根本遵循。

2014年1月，习近平总书记在考察内蒙古时明确要求："通过扩大开放促进改革发展，发展口岸经济，加强基础设施建设，完善同俄罗斯、蒙古国合作机制，深化各领域合作，把内蒙古建成我国向北开放的重要桥头堡。"

2018年3月，习近平指出，内蒙古是我国最早成立民族自治区、党的民族区域自治制度最早付诸实施的地方，地处祖国北疆，战略地位十分重要。内蒙古改革发展稳定工作做好了，在全国、在国际上都有积极意义。希望内蒙古的同志们再接再厉，打好三大攻坚战，扎实解决好发展不平衡不充分问题，推动经济发展质量变革、效率变革、动力变革，全面做好稳增长、促改革、调结构、惠民生、防风险等各项工作，推动经济社会发展再上新台阶。要锐意创新、埋头苦干，守望相助、团结奋斗，扎实推动经济高质量发展，扎实推进脱贫攻坚，扎实推进民族团结和边疆稳固，把祖国北部边疆这道风景线打造得更加亮丽。

2019年3月5日，习近平又强调，要保持加强生态文明建设的战略定力，探索以生态优先、绿色发展为导向的高质量发展新路子，加大生态系统保护力度，打好污染防治攻坚战，守护好祖国北疆这道亮丽的风景线。要坚持稳中求进工作总基调，按照高质量发展要求，正确处理稳和进的辩证关系，统筹推进稳增长、促改革、调结构、惠民生、防风险、保稳定各项工作，推进全面从严治党，保持经济持续健康发展和社会大局稳定，不断增强各族群众获得感、幸福感、安全感，以优异成绩庆祝新中国成立70周年。

经过70多年的发展，内蒙古综合实力明显增强。尤其是2002~2009年内蒙古地区生产总值连续八年"蝉联"全国各省区市第一，形成了"内蒙古现象"。产业结构不断优化，基础设施不断完善，公路、铁路里程大幅度增加，盟市运输机场实现全覆盖，信息通信业发展迅速。生态环境质量显著改善，内蒙古全面实施了京津风沙源治理、三北防护林、天然林资源保护、退牧还草、退耕还林还草等国家重点生态修复工程，内蒙古生态环境状况呈现出"整体恶化趋缓，治理区明显好转"态势，森林覆盖率和草原植被盖度"双提高"，荒漠化和沙漠化面积"双减少"。民族团结事业稳步推进，"三个离不开"的思想深入人心，各族人民拧成一股绳，共创美好生活。民族文化强区建设迈出坚实步伐，公共文化基础设施日益完善，内蒙古草原文化节、呼和浩特昭君文化节等公共文化品牌的知名度和美誉度、吸引力和影响力不断提升。在内蒙古区域协调发展上，确立呼包鄂三市差别化发展功能定位，调整优化乌海及周边地区重大生产力布局，加快锡赤通经济区发展，推动霍乌哈金三角区域协调发展，打造区域增长极。

经过 70 多年的建设，内蒙古打造了享誉国内、世界知名的"三张名片"：一是民族文化繁荣兴盛，乌兰牧骑成为全国文化战线的一面旗帜，并被习近平总书记寄语"永远做草原上的'红色文艺轻骑兵'"。二是生态环境实现了由整体恶化到"总体遏制、有效好转"的历史性转变，坚守了祖国北疆生态屏障。库布其沙漠治理被联合国粮农组织誉为"中国治沙奇迹"，库布其被联合国环境规划署确定为全球首个"沙漠生态经济示范区"。三是民族关系和谐稳定，创造了新中国史上众多的第一次和先进经验，20 世纪 50 年代内蒙古就被周恩来总理誉为"模范自治区"，多年来始终如一地呵护着这个崇高荣誉，成为矗立在祖国北疆的一道亮丽的风景线。

在全面开启社会主义现代化建设的新征程中，内蒙古要全面把握战略地位，强化使命担当，狠抓具体落实，更好建设和服务西部大开发、黄河流域生态保护和高质量发展，更好地融入和服务中蒙俄经济走廊建设，京津冀协同发展和东北振兴等国家开放、合作和区域协调发展战略中。要把内蒙古建设成我国北方重要的生态安全屏障、我国向北开放的重要桥头堡、国家绿色农畜产品生产加工输出基地、国家现代能源经济示范区，同时内蒙古还要为保障国家粮食安全多做贡献。牢牢守住发展、生态和民生三条底线，努力开创内蒙古发展新局面。

未来的内蒙古是锐意进取、创新发展的内蒙古，是优势互补、高质量发展的内蒙古，是东中西协调发展、南北边开放合作的内蒙古，是"万里绿色长城"更加稳固的内蒙古，是守望相助、更加亮丽的内蒙古。

张满银

2019 年国庆节于北京

目　录

第一篇　条件与资源

第二篇　产业与经济

第三篇 区域、城市与可持续发展

第四篇　战略与展望

第一篇

条件与资源

第一章　空间区位

第一节　地理位置及地缘特点

一、内蒙古的地理位置

内蒙古是我国最早成立民族自治区、党的民族区域自治制度最早付诸实施的地方，地处祖国北部边疆，由东北向西南斜伸，呈狭长形；东起东经126°04′，西达东经97°12′，横跨经度28°52′，东西直线距离2400多千米；南起北纬37°24′，北至北纬53°23′，纵占纬度15°59′，南北跨度1700千米；横跨东北、华北、西北三大区。国土面积118.3万平方千米，占全国总面积的12.3%，在全国31个省区市中位列第三位。东、南、西依次与黑龙江、吉林、辽宁、河北、山西、陕西、宁夏和甘肃8省区毗邻，北与蒙古国、俄罗斯接壤，国境线长4200千米，是我国向北开放的重要桥头堡。在"中蒙俄经济走廊"建设中具有独特优势，是国家"一带一路"建设中的重要纽带。

内蒙古自治区现辖呼和浩特市、包头市、乌海市、赤峰市、通辽市、鄂尔多斯市、呼伦贝尔市、乌兰察布市、巴彦淖尔市、兴安盟、阿拉善盟、锡林郭勒盟12盟市。52个旗（其中包括鄂伦春、鄂温克、莫力达瓦达斡尔3个少数民族自治旗），17个县，11个县级市，23个市辖区。

内蒙古自治区是一个多民族边疆省份，自古以来就是众多民族生息繁衍之地。在内蒙古广袤的土地上，生活着除珞巴族以外的蒙古族、汉族、满族、回族、达斡尔族、鄂温克族、鄂伦春族、朝鲜族、锡伯族、土家族、东乡族、苗族

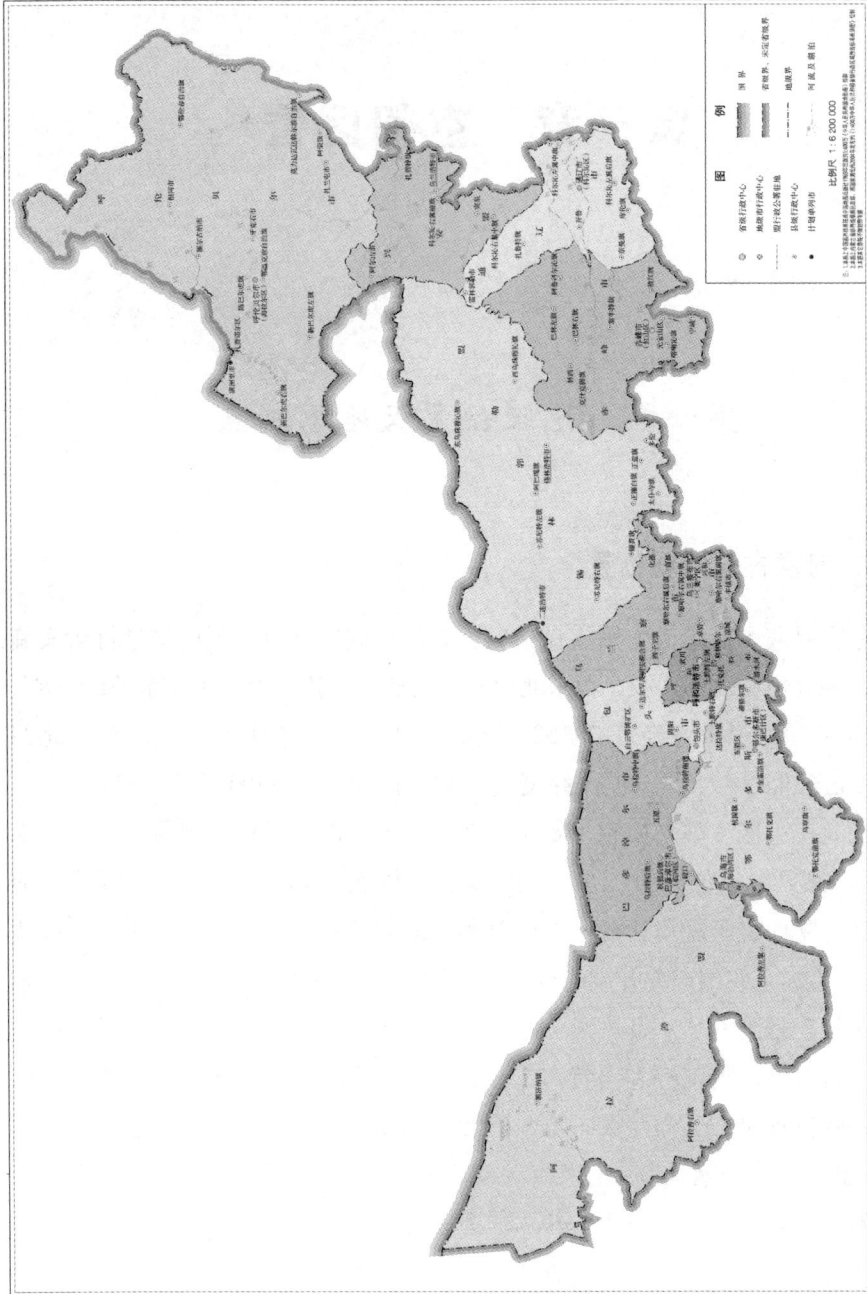

图1-1 内蒙古自治区地图

资料来源：内蒙古自治区测绘地理信息局。

等 55 个民族。

据 2010 年第六次全国人口普查数据，全区常住人口 2470.6 万人，其中少数民族人口 505.6 万人，占全区总人口的 20%；蒙古族人口 442.6 万人，占全区总人口的 17.1%。截至 2016 年底全区常住人口 2520.1 万人。其中，城镇人口 1542.1 万人，乡村人口 978.1 万人；常住人口城镇化率 61.2%。

内蒙古自治区地处蒙古高原东南部，有一半以上的地方基本上是一个高原型的地貌区，大部分地区海拔 1000 米以上。内蒙古高原是我国四大高原之一，除了高原以外，还有山地、丘陵、平原、沙漠、河流、湖泊。

由于受到地理位置和地形特点的影响，内蒙古形成了以温带大陆性气候为主的复杂多样的气候。春季气温骤升，多大风天气；夏季短促温热，降水集中；秋季气温剧降，秋霜冻往往过早来临；冬季漫长严寒，多寒潮天气。全年降水量为 100~500 毫米，无霜期为 80~150 天，年日照量普遍在 2700 小时以上。大兴安岭和阴山山脉是全区气候差异的重要自然分界线，大兴安岭以东和阴山以北地区的气温和降雨量明显低于大兴安岭以西和阴山以南地区。

二、内蒙古的主要地缘经济

由于地理空间上的邻近性、发展的互补性以及创新网络性的客观存在和主观需求，内蒙古的经济地理特征既受国内其他省区市的影响，也受俄罗斯、蒙古国等邻近国家的影响。

1. 内蒙古与国内的主要地缘经济

（1）内蒙古与东北振兴。从经济地理角度看，作为一个比较完整的地理经济单元，东北三省与内蒙古东部盟市（呼伦贝尔市、兴安盟、通辽市、赤峰市、锡林郭勒盟）山水相连、人文相亲、经济相融。内蒙古东部地区与东北三省陆路相通、渊源深厚，早已形成非常密切的经济交往、人脉关系和社会联系。其中，从经济关系看，内蒙古东部地区与东北三省之间互补性强，东北三省工业基础雄厚，但资源枯竭问题不断显现，其中石油、煤炭、有色金属等资源的存储量已明显下降，正处在以全面深化改革推动经济全面转型的关键时期，内蒙古东部地区资源禀赋条件优越，其中煤炭和有色金属资源非常丰富，大体分为两个矿产资源集中区：锡林郭勒—赤峰—通辽煤炭及多金属矿产资源集中区和呼伦贝尔煤炭及多金属矿产资源集中区，是东北三省重要的能源、原材料接续地。

此外，内蒙古东部地区还是东北三省重要的生态防线，是东北地区可持续发展的安全线，是根治松辽流域洪涝灾害的生命线。2007 年，内蒙古东部五盟市呼伦贝尔市、兴安盟、通辽市、锡林郭勒盟、赤峰市及两个计划单列市（满洲里市、二连浩特市）被纳入国家振兴东北等老工业基地战略实施范围。国家东北振兴战略持续实施，将为内蒙古发展提供难得的历史机遇。

（2）内蒙古与西部大开发。内蒙古是西部大开发中重点进行生态建设的前沿地区。从西向东，内蒙古境内有黄河上中游近千千米河段，还是几大水系的源头，内蒙古处于季风主风的向上风头，境内横亘着巴丹吉林、腾格里、毛乌素、库布其、浑善达克、科尔沁等大片沙漠和沙地。内蒙古生态状况如何，不仅关系全区各族群众生存和发展，而且还关系华北、东北、西北乃至全国的生态安全。距离首都北京最近的沙地仅 180 千米，京、津地区要保持良好的自然环境离不开内蒙古的生态建设，内蒙古是我国北方的一道天然生态屏障。这里的生态环境如何，不仅关系到内蒙古各族人民的生存与发展，也关系到华北、东北、西北生态环境的保护与改善，其意义和作用十分重大。

内蒙古积累了中华人民共和国成立以来可供西部大开发借鉴的历史经验。20 世纪 50 年代，在国家"一五"计划建设时期，以包钢和大兴安岭为重点的开发建设，内蒙古形成了百万人口的草原钢城和国内最大的森工基地。60 年代，内蒙古又在国家大力帮助和兄弟省份帮助下，建设形成了新型工矿业城市乌海市。21 世纪以来，内蒙古对鄂尔多斯高原的煤炭、天然气、陶瓷等能矿资源的开发，把鄂尔多斯市变成了一个自治区最具生机活力的现代城市之一。改革开放以来，特别是 21 世纪以来，内蒙古经济总量不断实现新的跨越，2002～2009年连续八年"蝉联"全国各省区市第一，形成了"内蒙古现象"。内蒙古发展取得的成就与做法，为西部大开发战略的深入实施提供了坚实基础和宝贵经验。

内蒙古参与西部大开发是国家长治久安的需要。内蒙古是我国的边疆少数民族地区，是"模范自治区"。长期以来，内蒙古一直保持着边疆安全、民族团结和政治稳定的良好局面。加快内蒙古的开发与建设，对于进一步巩固和发展安定团结的政治局面，实现国家长治久安有着十分重要的现实意义和极其深远的历史意义。

（3）内蒙古与京津冀协同发展。实现京津冀协同发展，是面向未来打造新的首都经济圈、推进区域发展体制机制创新的需要，是探索完善城市群布局和形态、为优化开发区域发展提供示范和样板的需要，是探索生态文明建设有效路径、促进人口经济资源环境相协调的需要，是实现京津冀优势互补、促进环渤海经济区发展、带动北方腹地发展的需要，是一个重大国家战略。内蒙古幅员广阔、连接海陆，区位条件优越、自然资源丰富、生态地位重要、产业基础坚实，是我国推动京津冀协调发展的重要内陆协作区，具有重要的战略地位。

资源禀赋互补性强。内蒙古资源种类多、储量大、开采条件好、综合优势明显。京津冀地区海洋、农业、科教、旅游等资源丰富，地区间优势资源的差异性、互补性明显，为资源优化配置与产业联动发展奠定了坚实基础。

产业层次梯度明显。京津冀地区是我国重要的农业、化工、加工制造业、现代服务业基地，电子信息、金融商务、文化创意、现代旅游等新兴产业发展迅猛，内蒙古与这些地区间的产业层次具有一定梯度，分工体系正在逐步建立，这为产业协作提供了内在动力。

合作开放优势突出。首都北京政治地位突出，文化底蕴深厚，科技创新领先，人才资源密集，国际交往密切。天津、河北等地港口群密集，在沿海开放大局中地位突出。内蒙古重点口岸众多，在沿边开放大局中地位独特。区域内汇聚了深化沿海、沿边、内陆开放的多种要素，具备共同构建开放型经济体系的良好条件。

内蒙古地区是京津冀地区可靠的能源保障基地。内蒙古富集的煤炭、石油天然气、电力和可再生能源，对京津冀协同协调发展和国家的发展将继续做出重大的贡献。随着全国产业能级的提高和产业结构的转型，这种保障价值将明显增大。

（4）内蒙古与其他主要省份和地区的发展。内蒙古与山西省自古就有着紧密的联系。近代史上著名的"走西口"就是内蒙古与山西进行交流的集中体现。"走西口"，亦称"走口外"，是指山西、陕西等地民众前往长城以外的内蒙古草原垦荒、经商的移民活动。从山西人"走西口"的大致路线图看，主要从山西省中部和北部出发，一条路向西，经杀虎口出关，进入草原；一条路向东，过大同，经张家口出关进入草原。晋商从中原地区到草原地区进行经商活动，成为在内蒙古地区做生意的主流群体。在内蒙古地区的晋商又被称为旅蒙商，其业务范围主要体现在两个方面：一是商业，如烟、酒、糖、茶、绸缎、布匹、皮毛等日常生活用品和畜产品;二是金融业,如票号、钱庄、当铺等。到了现代,由于内蒙古和山西省山水相连、人缘相亲,资源禀赋、产业特点相近,相互借鉴、深化经济社会合作的空间十分广阔,特别是在推进蒙晋冀(乌大张)长城金三角合作区建设以及共同建设"中蒙俄经济走廊"等方面的潜力很大。

内蒙古与长江三角洲地区合作潜力巨大。我国长江三角洲在国家现代化建设大局和开放格局中具有举足轻重的战略地位,是国家经济发展和科技创新中心,是"一带一路"与长江经济带的重要交会地带,是我国参与国际竞争的重要平台,是长江经济带的引领者。在经济、科技、教育、文化、旅游及人才交流等方面,内蒙古与长江三角洲区域有巨大的跨地域合作潜力。

内蒙古自治区与粤港澳大湾区合作前景广阔。粤港澳大湾区是中国开放程度最高、经济活力最强的区域之一,在国家发展大局中具有重要的战略地位。在现代农业、工业和信息化、资源和能源、商贸和物流、科技和教育、旅游和文化、金融和资本等产业转移和合作等方面,内蒙古与深圳、广州和中国香港、澳门同样有十分广阔的跨地缘合作前景。

2. 内蒙古与国外的主要地缘经济

在新时代中国全面对外开放的大背景下,内蒙古的发展在一定程度上取决于对外地缘经济开放与合作的广度和深度。

(1)内蒙古与中蒙俄经济走廊。内蒙古在"一带一路"中蒙俄经济走廊建设中的战略地位十分重要。我国将中蒙俄经济走廊建设放在国际经济合作"六大走廊"中的第一位,并且将其上升到与周边国家合作,建立与亚洲各次区域以及亚非欧之间基础设施互联互通网络的战略高度。俄罗斯把其提升到了与欧亚经济联盟战略合作的高度,将西伯利亚和远东地区作为地缘经济和对外政策的一个关键发展方向,俄罗斯支持亚太自由贸易区,并要将符拉迪沃斯托克自由港优惠制度推广到远东的各个主要港口。蒙古国实施以公路、铁路、石油管道、天然气管道、输电电路"五大通道"为核心的"草原之路倡议",这是其基于自身处于中俄之间和内陆国家的区位特征、领土范围和经济需要而做出的发展战略选择。内蒙古根据自身的地理位置和条件,以欧亚大陆桥为依托,建设以乌兰察布、二连浩特、满洲里为战略节点,对接蒙古国"草原之路倡议"和俄罗斯"欧亚经济联盟",实施向北开放的政策,在产业、贸易、基础设施、人文等领域与俄蒙合作,可以在政策沟通、设施联通、贸易畅通、资金融通、民心相通中采取切实可行的措施，进一步实现内蒙古在中俄蒙发展战略对接中的地缘价值。

内蒙古与俄罗斯地区合作的潜力巨大。内蒙古的呼伦贝尔市与俄罗斯接壤，与俄罗斯进行流通的口岸有满洲里陆运铁路、公路口岸（国际性常年开放）、满洲里航空口岸、海拉尔航空口岸、黑山头水运口岸、室韦水运口岸。内蒙古与俄罗斯均有很强的经济互补性，其毗邻地区能源资源丰富，俄罗斯有矿产资源、煤炭、石油、天然气、木材等资源，内蒙古在农畜产品、机电、纺织、建材等产业拥有较大的优势，其产品在俄蒙市场有较大的市场潜力。内蒙古依托自身的区位优势，可以成为俄罗斯与内地省份合作的一个平台，特别是中俄在电力、煤炭、天然气、核电等能源领域的合作潜力很大。

内蒙古与俄罗斯在贸易、投资、旅游和文化方面的合作与交流的前景十分广阔。近几年来，尤其是金融危机之后，中俄贸易一直呈现快速增长趋势，中俄贸易增速高于中国与其他主要贸易伙伴增速，且中国成为俄罗斯的第一大贸易伙伴国，俄罗斯成为内蒙古第二大贸易伙伴。内蒙古已开通北京—海拉尔—赤塔、满洲里—伊尔库茨克、满洲里—赤塔、满洲里—乌兰乌德、满洲里—克拉斯诺亚尔斯克等稳定运营的国际客运航线，同时，内蒙古先后开行了"苏满欧""广满俄""郑满欧"等铁路联运班列，其中"苏满欧"线路是当前速度最快、运价最低的欧亚货运大通道。内蒙古可以利用其独特的地缘优势，加强对俄能源、采矿业、森林采伐、木材加工、制造业、住宿业、批发零售业、农业种植、仓储业等领域的跨境投资，以进一步加强与俄罗斯远东及西伯利亚地区的合作。内蒙古依托其深厚的历史文化、中俄蒙"万里茶道"和沙漠休闲等开展与俄罗斯的边境跨境旅游，在未来依然有非常广阔的前景。

内蒙古与蒙古国合作的互补性很强。内蒙古与蒙古国交界3193千米，占我国与蒙古国边境线4600千米的70%。内蒙古与蒙古国流通的口岸有二连浩特陆运铁路、公路口岸（国际性常年开放），阿日哈沙特公路口岸（双边性季节开放），珠恩嘎达布其公路口岸（双边性季节开放），策克公路口岸，满都拉公路口岸，额布都格水运口岸，呼和浩特航空口岸。

内蒙古与蒙古国商品结构和资源结构互补性强。从对蒙边贸出口商品的品种看，多为我国具备比较优势的劳动密集型产品，主要是农副产品、轻工产品、纺织产品、机电产品、家用电器和装饰材料等商品。进口商品为蒙古国资源密集型产品，主要有化工原料、有色金属原料、废钢铁、煤等。蒙古国自然资源丰富，但市场相对较小，缺少资金和技术，在未来一段时间里还需要大量的外国投资。而中国的市场巨大，资金和技术力量相对雄厚。因此，利用我国的资金和技术开发蒙古国的矿产资源，具有很强的互补性，可实现两国经济发展的双赢。

内蒙古由于独特的地缘优势，是中国最早开展与蒙古国进行边境贸易和经济技术等合作的省区之一。近年来，内蒙古与蒙古国的贸易规模不断扩大，目前蒙古国已经超过俄罗斯成为内蒙古第一大贸易伙伴国。内蒙古投资蒙古国的领域逐渐由畜牧业、原材料、食品加工等单一产业扩展到了煤炭、铜、金等矿产开发、建筑建材、冶炼加工与制造、铁路交通、房地产开发、仓储业、信息传输服务、批发和零售业、电器装配、有线电视、勘探和物流园区等领域。内蒙古与蒙古国在蒙医、蒙药、蒙古族文化等方面交流与合作的前景广阔，其中，中国与蒙古国合作申报的蒙古族长调民歌已经入选"人类非物质文化遗产代表作"。

随着我国"一带一路"倡议的落地实施，内蒙古已初步形成了面向蒙古国和俄罗斯全方位开放的基本格局。

（2）内蒙古与日本、韩国等国家的经贸合作。内蒙古与日本、韩国都是东北亚经济圈的主要地区，日本经济高度发达，韩国是新兴的工业化国家，内蒙古则是发展中区域。三者发展水平、经济结构梯次明显，资源条件也各具特点，互补性强，合作空间大。近年来，内蒙古与日韩的经贸合作不断深化。内蒙古与日本在绿色农业、合作造林、节能环保、交通航线、投资贸易、产品展销、旅游文化、学术交流，以及产学研对接和科技成果转化等方面开展了多方面的合作。多年来，内蒙古与韩国地区在经济、文化、教育、科技以及城市间交往等领域的合作不断加强。内蒙古与韩国在有色金属加工、服装加工、食品加工、医药产业、文化旅游、商业流通、贸易出口等方面开展广泛合作，建设中韩创新经济总部基地、韩国（东大门）国际商区、保税物流、企业加工及综合物流等项目；持续开展航空运输、沙漠治理、大学间交流。双方在国际技术转移、创新创业服务、技术成果转化等方面互联互通、优势互补和资源共享，推动双方地区科技创新能力持续提升和共同发展科技产业，共同扩大科技交流，加强资源和信息共享。近年来，内蒙古呼和浩特市、扎兰屯市等分别与韩国首尔特别市、庆尚北道庆山市等缔结为友好城市。

第二节 行政区划及演化

一、内蒙古行政区划的演化过程

内蒙古这个名称，来源于清代的"内札萨克蒙古"，系指清朝编制的哲里木、昭乌达、卓索图、锡林郭勒、乌兰察布、伊克昭6盟及其下属49旗。从历史的角度来说，人们把蒙古高原以大漠为界的南半部称为内蒙古或内蒙古高原。内蒙古从远古时期就有人类活动。今天，内蒙古西部地区的"河套人"及"河套文化"、呼和浩特市东郊的"大窑文化"遗址，就是旧石器时代人类活动的见证；东起呼伦贝尔，西至鄂尔多斯的广大地区分布着新石器时代100多处文化遗址，这些都是人类频繁活动的历史见证。内蒙古出土的大量人类文化遗址和文物，既有夏商文化的特征，又有古代北方游牧民族的特点，反映出中原华夏文化与北方游牧文化相互交融，共同发展①。从先秦时期起，内蒙古地区先后有东胡、匈奴、乌桓、鲜卑、契丹、室韦、柔然、突厥、蒙古等民族在此聚居，建立各自的政权，管辖着一定范围的行政区域。从秦朝至满清再到民国，中央政权都在这一地区推行特殊的行政区划体制，以此来维护统一的多民族国家。这里，我们把内蒙古行政区划的沿革，划分为古代、近现代和当代三个主要历史时期。

1. 内蒙古古代行政区划沿革（公元前221年至1840年）

公元前221年，秦统一中国后，遂在全国推行郡县制，即把地方政权分为郡和县，在华夏族聚居的地方实施以郡县为基础的行政区划体制。秦朝中央政府在今内蒙古包头西南部、托克托东北部设置九原和云中两郡，作为边防重镇，内蒙古部分地区由此纳入中国的版图②。汉朝基本承袭秦制，全盛时期在漠南地区设置五原郡、朔方郡，管辖着相当于今巴彦淖尔市、包头市和鄂尔多斯市一

---

① 郝维民. 内蒙古革命史［M］. 呼和浩特：内蒙古大学出版社，1997：24－26.
② 谭其骧. 中国历史地图集［M］. 北京：中国地图出版社，1982.

带。① 隋统一后,对北方少数民族奉行"以夷制夷"的政策。隋开皇十九年（599 年）,隋文帝册封突利可汗为启民可汗②。在中央政府的大力扶持下,突利可汗政权在内蒙古地区建立,并与隋朝中央政府保持着密切的宗藩关系和使臣往来,控制着今内外蒙古的大部分地区。唐朝在今内蒙古地区设置单于都护府,包括云中都督府、定襄都督府、呼延都督府、桑乾都督府四个都督府③,并以内蒙古地区少数民族首领为都督、刺史,管辖东至大兴安岭、西到阿拉善、南到陕西、北到蒙古国南部的地域。明朝隆庆年间,与漠南蒙古右翼达成了颇具历史意义的"隆庆和议",蒙古方面接受王封,对明朝俯首称臣。忽必烈建立元朝后,设置中书省（1307 年）,管辖范围扩至今内蒙古北部、蒙古国全境、西伯利亚南部;今内蒙古东部的呼伦贝尔市、兴安盟、通辽市、赤峰市以及中西部的一部分地区,则分别由辽阳、陕西、甘肃等行省④。1616 年,东北建州女真部首领努尔哈赤建立金国,以联姻与蒙古科尔沁部结盟修好。其子皇太极即位后,同样以联姻的方式相继使蒙古扎鲁特、巴林、敖汉、奈曼等部及索伦、达呼尔诸部归附。

1636 年,内蒙古 16 部 49 个封建主聚会于盛京,尊皇太极为"博克多彻辰汗",改国号为大清。接着,克什克腾、东乌穆沁、阿巴嘎、阿巴哈纳尔、苏尼特、浩齐特等部相继归附清朝。至此,漠南蒙古基本上成为清朝的下属。清朝参照满族的八旗制,将漠南蒙古各部编制为 49 个旗,并分别在 6 处会盟,参加同一处会盟的各旗组为盟,从而在漠南蒙古建立了盟旗制度。旗长和盟长均由清王朝委派蒙古王公贵族担任。此后,清政府以漠南蒙古为基础,北征漠北喀尔喀蒙古,西讨漠西厄鲁特蒙古,漠北、漠西蒙古相继归附清朝。蒙古民族在大漠南、北和漠西形成三个最大而且稳定的聚居区域,蒙古高原以大漠为界的内、外蒙古的称谓为世人所公认。直到 1911 年,内蒙古地区在清王朝的有效管辖下延续 270 余年⑤。

2. 内蒙古近现代行政区划沿革（1840 年至 1949 年）

辛亥革命时期,沙俄策动内外蒙古"独立",企图吞并这一地区并分裂中

① 范文澜. 中国通史（第二册）[M]. 北京:人民出版社,2008:45.
② 范文澜. 中国通史（第三册）[M]. 北京:人民出版社,2008:21.
③④ 谭其骧. 中国历史地图集 [M]. 北京:中国地图出版社,1982.
⑤ 郝维民. 内蒙古革命史 [M]. 呼和浩特:内蒙古大学出版社,1997:30.

国。1911 年 12 月 28 日，外蒙古宣布"独立"。与此同时，内蒙古地区开始了从将军都统监督下的盟旗制度向省制管理下的盟旗制度的转型过程。总体而言，从民国初建到抗日战争结束后以及内蒙古地区全境解放的 30 多年时间里，行政区划管理的基本制度——盟旗制度逐步走向瓦解，国民政府最终确立了省县管理体制的主导地位，但是盟旗与省县间的权力分配关系没有理顺，内在矛盾得不到根本解决。1914 年，北洋政府改变内蒙古地区的行政建制，先后设立绥远、察哈尔、热河三个特别行政区，由中央政府委任都统管辖；1928 年 9 月，南京民国政府决定将热河、察哈尔、绥远等改为省，呼伦贝尔部、哲里木盟以及伊克明安旗分别划归黑龙江、吉林、辽宁三省，卓索图盟、昭乌达盟划归热河省，锡林郭勒盟、察哈尔左翼和 4 牧群划归察哈尔省，乌兰察布盟、伊克昭盟和土默特旗划归绥远省，阿拉善旗划归宁夏省，额济纳旗划归甘肃省①。

伪满洲国时期，今内蒙古东部地区被划成兴安省、热河省，其中兴安省分东南西北四个省。

1945 年 8 月，中国人民抗日战争的胜利，使内蒙古大部分地区从日本帝国主义的殖民统治下解放出来。中国共产党历来关心内蒙古地区的解放事业，1945 年 11 月 26 日，内蒙古自治运动联合会成立大会在张家口隆重开幕，选举产生了以乌兰夫同志为主席的内蒙古自治运动联合会执行委员会。从此，内蒙古的民族解放运动在党的正确领导下开始沿着正确的道路不断前进。1947 年 5 月 1 日，内蒙古自治政府在兴安盟王爷庙（今乌兰浩特市内）宣告正式成立，直接管辖呼伦贝尔、纳文慕仁、兴安、锡林郭勒、察哈尔、卓索图 6 个盟，共 30 个旗、1 个县和 3 个市②。内蒙古自治政府的成立，标志着内蒙古自治区行政区划的初步形成。1949 年 5 月 1 日，东北行政委员会发布命令，将原属热河省的昭乌达盟划归内蒙古自治政府；同年 5 月 9 日，又将原属辽北省管辖的哲里木盟划归内蒙古自治政府③。

3. 内蒙古当代行政区划沿革（1949 年至今）

在民族地区设置专门地方行政建制是当代中国行政区划的一大特色。自治区，作为当代中国民族区域自治地方的最高行政建制，相当于我国"省"的地

①　郝维民．内蒙古革命史［M］．呼和浩特：内蒙古大学出版社，1997：161 – 162.
②　郝维民．内蒙古自治区史［M］．呼和浩特：内蒙古大学出版社，1991：21.
③　郝维民．内蒙古自治区史［M］．呼和浩特：内蒙古大学出版社，1991：84.

方行政建制，是国家结构体系的重要组成部分①。

内蒙古的当代行政区划及演化，是与党的民族政策和我国实行民族区域自治基本政治制度紧密联系在一起的。1949年10月1日，中华人民共和国宣告成立，内蒙古进入了一个新的历史发展时期。内蒙古各族干部群众在党的坚强领导下，开始了内蒙古的民族区域自治进程。1949年11月24日，内蒙古自治政府由乌兰浩特迁至张家口；12月2日，中华人民共和国中央人民政府委员会第4次会议通过了任命乌兰夫同志为内蒙古自治区人民政府主席的决议。至此，内蒙古自治政府改称内蒙古自治区人民政府。

1949年11月，绥远省集宁专员公署成立，驻集宁县城关镇，辖丰镇、兴和、集宁、龙胜、陶林、武东6个县；同时，绥远省和林专员公署成立，驻和林格尔县城。1950年1月1日，新的绥远省人民政府宣告成立。绥远省人民政府成立后，开始调整全省的行政区划；3月，隶属绥远省陕坝专员公署在陕坝镇成立，辖五原县、临河县、安北县、狼山县、米仓县、晏江县和陕坝镇6县1镇；6月16日，伊克昭盟自治区人民政府成立，下辖郡王旗、准格尔旗、达拉特旗、杭锦旗、鄂托克旗和东胜县；8月，和林专员公署被撤销，所辖凉城县划归集宁专员公署；乌兰察布盟自治区人民政府成立，下辖四子王旗、达尔罕贝勒旗、茂明安旗、东公旗、中公旗、西公旗。同时，把绥远省代管的五当召区和设在武川县的乌兰镇地区划归乌兰察布盟自治区管辖②。

1952年5月12日，中共中央和中央人民政府委员会决定绥远省人民政府由中央人民政府政务院和内蒙古自治区人民政府双重领导，即一般行政事宜和非民族区域自治问题重点由中央人民政府政务院领导，各盟旗民族事务重点由内蒙古自治区人民政府领导；6月，内蒙古自治区人民政府由张家口迁至归绥③。

甘肃省额济纳旗于1949年11月5日成立了额济纳旗自治区人民政府；宁夏阿拉善旗于1950年3月31日成立了阿拉善旗自治区人民政府④。

1950年8月，中央人民政府政务院决定将原属察哈尔省管辖的多伦、宝昌、

---

① 田穗生，罗辉，曾伟.中国行政区划概论［M］.北京：北京大学出版社，2005：98.
② 郝维民.内蒙古自治区史［M］.呼和浩特：内蒙古大学出版社，1991：68.
③ 郝维民.内蒙古自治区史［M］.呼和浩特：内蒙古大学出版社，1991：85.
④ 郝维民.内蒙古自治区史［M］.呼和浩特：内蒙古大学出版社，1991：69.

化德三县划归内蒙古自治区①。1954 年 6 月 19 日，中央人民政府批准将绥远省划归内蒙古自治区，撤销绥远省建制②。原绥远省所辖归绥市、包头市、乌兰察布盟自治区、伊克昭盟自治区、集宁专员公署、绥东 4 旗中心旗、陕坝专员公署亦随之划入内蒙古自治区。同时，归绥市被确定为内蒙古自治区首府；并将归绥市改称呼和浩特市，伊克昭盟自治区改称伊克昭盟，乌兰察布盟自治区改称乌兰察布盟。1956 年 1 月 1 日，中华人民共和国国务院根据 1955 年 7 月 30 日第一届全国人民代表大会第二次会议的决定，撤销热河省建制，将原属热河省管辖的赤峰县、宁城县、乌丹县和翁牛特旗、喀喇沁旗、敖汉旗划归内蒙古自治区昭乌达盟。4 月 3 日，国务院决定，将甘肃省巴彦浩特蒙古族自治州和额济纳蒙古族自治旗划归内蒙古自治区，并将其合并为巴彦淖尔盟，下辖阿拉善、额济纳两旗以及磴口县和巴彦浩特市③。至此，内蒙古自治区行政区划正式形成。为实现鄂伦春、鄂温克、达斡尔三个人口较少民族实行民族区域自治的愿望，1951 年 10 月 31 日，鄂伦春自治旗成立，成为新中国成立后第一个少数民族自治旗④；1956 年 8 月 25 日，撤销呼伦贝尔盟莫力达瓦旗，设立莫力达瓦达斡尔族自治旗⑤；1958 年 8 月 1 日，撤销呼伦贝尔盟索伦旗，设立鄂温克族自治旗⑥。

"文化大革命"期间，内蒙古自治区的行政区划发生了重大变化。1969 年 7 月，内蒙古东部地区的昭乌达盟划归辽宁省管辖；哲里木盟划归吉林省管辖；呼伦贝尔盟划归黑龙江省管辖，其中的突泉县和科尔沁右翼前旗划归吉林省。内蒙古西部地区巴彦淖尔盟所辖阿拉善左旗、阿拉善右旗、额济纳旗分别划归宁夏回族自治区和甘肃省管辖，巴彦淖尔盟革命委员会驻地由磴口县三盛公迁驻临河县。1970 年 10 月，乌兰察布盟的土默特左旗、托克托县划归呼和浩特市管辖，土默特右旗、固阳县划归包头市管辖。1975 年 8 月，撤销巴彦淖尔盟所辖乌达市和伊克昭盟所辖海勃湾市，合并设立乌海市（地级），直属内蒙古自治区。

① 郝维民. 内蒙古自治区史［M］. 呼和浩特：内蒙古大学出版社，1991：85.
② 郝维民. 内蒙古自治区史［M］. 呼和浩特：内蒙古大学出版社，1991：115.
③ 郝维民. 内蒙古自治区史［M］. 呼和浩特：内蒙古大学出版社，1991：135.
④ 郝维民. 内蒙古自治区史［M］. 呼和浩特：内蒙古大学出版社，1991：514.
⑤ 郝维民. 内蒙古自治区史［M］. 呼和浩特：内蒙古大学出版社，1991：518.
⑥ 郝维民. 内蒙古自治区史［M］. 呼和浩特：内蒙古大学出版社，1991：521.

党的十一届三中全会后，为进一步贯彻落实党的民族区域自治政策，恢复"文化大革命"前的行政区划，1979 年 5 月 30 日，中共中央、国务院决定恢复内蒙古自治区 1969 年 7 月以前的行政区划，从 1979 年 7 月起将原属东北三省的昭乌达盟、哲里木盟、呼伦贝尔盟，甘肃省的额济纳旗、阿拉善右旗，宁夏回族自治区的阿拉善左旗，重新划归内蒙古自治区。这是内蒙古自治区拨乱反正，落实党的民族区域自治政策的重大成果。

为了进一步完善内蒙古自治区行政区划和行政建制，1979 年 12 月 12 日，国务院批准设立阿拉善盟，辖阿拉善左旗、阿拉善右旗、额济纳旗，盟行政公署设在巴彦浩特（阿拉善左旗境内），并于 1980 年 5 月 1 日举行正式成立大会①。1980 年 7 月 26 日，经国务院批准，恢复内蒙古自治区兴安盟建制，辖原属呼伦贝尔盟的扎赉特旗、科尔沁右翼前旗、突泉县和原属哲里木盟的科尔沁右翼中旗，并恢复乌兰浩特市，盟行政公署设在乌兰浩特市，并于 10 月 1 日举行正式成立大会②。1983 年 10 月，撤销赤峰县，并入赤峰市；撤销昭乌达盟，赤峰市由县级市升为地级市，原昭乌达盟所属各旗、县（市）划归赤峰市。1999 年 8 月，撤销哲里木盟建制，成立通辽市（地级），同时将原县级通辽市撤销改为科尔沁区。2001 年 9 月，撤销伊克昭盟，设立鄂尔多斯市（地级）；撤销县级东胜市，设立东胜区。同年 10 月，撤销呼伦贝尔盟，设立呼伦贝尔市（地级）；撤销县级海拉尔市，设立海拉尔区。2003 年 12 月，撤销巴彦淖尔盟，设置巴彦淖尔市（地级），同时将原县级临河市撤销改为临河区；撤销乌兰察布盟，设立乌兰察布市（地级），将原县级集宁市撤销改为集宁区。

此外，1985 年 1 月二连浩特市、满洲里市升格为准地级市；1986 年 3 月二连浩特市、满洲里市被列为计划单列市。

二、行政区划的现状

目前，内蒙古自治区的行政区域划分如下：①自治区划分为自治区辖市（地级市）、盟（自治区人民政府派出机关）；②自治区辖市（地级市）、盟（自治区人民政府派出机关）划分为旗、自治旗、县、市（县级市）、区（市辖

---

① 郝维民. 内蒙古自治区史 [M]. 呼和浩特：内蒙古大学出版社，1991：371.
② 郝维民. 内蒙古自治区史 [M]. 呼和浩特：内蒙古大学出版社，1991：372.

区）；③旗、自治旗、县、市（县级市）、区（市辖区）划分为镇、乡、苏木、民族乡。从而形成内蒙古自治区的四级地方行政建制结构及其体系，并相应设置四级地方政权及其权力机关、行政机关或派出机关。

截至 2016 年 12 月底，内蒙古自治区有 9 个自治区辖市（地级市）、3 个盟（自治区人民政府派出机关），以及 103 个自治旗、旗、县、市（县级）、区（市辖区）。其中，锡林郭勒盟二连浩特市、呼伦贝尔盟满洲里市为内蒙古自治区计划单列市，为副地级市。其中，呼和浩特市辖 4 个市辖区、4 个县、1 个旗；包头市辖 6 个市辖区、1 个县、2 个旗；乌海市辖 3 个市辖区；赤峰市辖 3 个市辖区、2 个县、7 个旗；通辽市辖 1 个市辖区、1 个县、5 个旗，代管 1 个县级市；鄂尔多斯市辖 2 个市辖区、7 个旗；呼伦贝尔市辖 2 个市辖区、4 个旗、3 个自治旗，代管 5 个县级市；巴彦淖尔市辖 1 个市辖区、2 个县、4 个旗；乌兰察布市辖 1 个市辖区、5 个县、4 个旗，代管 1 个县级市；兴安盟辖 2 个县级市、1 个县、3 个旗；锡林郭勒盟辖 2 个县级市、9 个旗、1 个县；阿拉善盟辖 3 个旗（见表 1 - 1）。

表 1 - 1　内蒙古自治区 12 个地级行政区划单位、103 个县级行政区划单位一览表

地级行政区划	所辖县级行政区划
呼和浩特市 （辖 4 个市辖区、 4 个县、1 个旗）	回民区、玉泉区、新城区、赛罕区
	托克托县、清水河县、武川县、和林格尔县
	土默特左旗
包头市 （辖 6 个市辖区、 1 个县、2 个旗）	昆都仑区、青山区、东河区、九原区、石拐区、白云鄂博区
	固阳县
	土默特右旗、达尔罕茂明安联合旗
乌海市 （辖 3 个市辖区）	海勃湾区、乌达区、海南区
赤峰市 （辖 3 个市辖区、 2 个县、7 个旗）	红山区、元宝山区、松山区
	宁城县、林西县
	巴林右旗、喀喇沁旗、巴林左旗、敖汉旗、阿鲁科尔沁旗、翁牛特旗、克什克腾旗
通辽市 （辖 1 个市辖区、1 个县、 5 个旗，代管 1 个县级市）	科尔沁区
	开鲁县
	库伦旗、奈曼旗、扎鲁特旗、科尔沁左翼中旗、科尔沁左翼后旗
	霍林郭勒市

续表

地级行政区划	所辖县级行政区划
鄂尔多斯市 （辖2个市辖区、7个旗）	东胜区、康巴什区
	达拉特旗、准格尔旗、鄂托克前旗、鄂托克旗、杭锦旗、乌审旗、伊金霍洛旗
呼伦贝尔市 （辖2个市辖区、4个旗、 3个自治旗，代管5个县级市）	海拉尔区、扎赉诺尔矿区（由满洲里代管）
	阿荣旗、陈巴尔虎旗、新巴尔虎左旗、新巴尔虎右旗
	莫力达瓦达斡尔族自治旗、鄂伦春自治旗、鄂温克族自治旗
	满洲里市、牙克石市、扎兰屯市、额尔古纳市、根河市
巴彦淖尔市 （辖1个市辖区、 2个县、4个旗）	临河区
	五原县、磴口县
	乌拉特前旗、乌拉特中旗、乌拉特后旗、杭锦后旗
乌兰察布市 （辖1个市辖区、5个县、 4个旗，代管1个县级市）	集宁区
	卓资县、化德县、商都县、兴和县、凉城县
	察哈尔右翼前旗、察哈尔右翼中旗、察哈尔右翼后旗、四子王旗
	丰镇市
兴安盟 （辖2个县级市、 1个县、3个旗）	乌兰浩特市、阿尔山市
	突泉县
	科尔沁右翼前旗、科尔沁右翼中旗、扎赉特旗
锡林郭勒盟 （辖2个县级市、 9个旗、1个县）	锡林浩特市、二连浩特市
	多伦县
	东乌珠穆沁旗、西乌珠穆沁旗、阿巴嘎旗、苏尼特左旗、苏尼特右旗、镶黄旗、正镶白旗、正蓝旗、太仆寺旗
阿拉善盟 （辖3个旗）	阿拉善左旗、阿拉善右旗、额济纳旗

资料来源：行政区划网．内蒙古自治区行政区划［EB/OL］. http：//www. xzqh. org/html/，2019 - 12 - 26.

三、行政区划的主要特点

第一，内蒙古的行政区划是党和国家基于维护民族团结、国家统一、边疆稳固的需要而设置的，因而具有鲜明的政治性。内蒙古自治区属于民族区域型地方行政建制类型，享有宪法、民族区域自治法和其他法律规定的民族自治权，这种制度称为"民族区域自治制度",是我国的一项基本政治制度。同时,自治区的设立既符合我国基本国情,又是在借鉴国内经验基础上的重大创新。内蒙古自治区的设置是从中国的具体国情出发的,是中华人民共和国统一行使主权的地方行政区域,是中华人民共和国神圣不可分割的组成部分,受中央人民政府领导和管辖,与国家的关系是地方与中央的关系,不具有独立主权的性质。民族区域自治制度的实施不仅有利于主体民族,而且也有利于实行自治和享受民族平等权利的各少数民族。它在实现民族平等和维护少数民族权利的基础上,通过民族团结、共同发展和共同繁荣,有利于国家主权和领土完整,有利于巩固我国人民民主专政的国家政权,为中国特色社会主义现代化建设、构建社会主义和谐社会,以及实现"两个一百年"奋斗目标、中华民族伟大复兴的"中国梦",都发挥着积极的作用。

第二,内蒙古的行政区划承袭了历史上蒙古民族传统的行政组织结构和建制,因而具有明显的历史继承性。盟、旗是蒙古族传统的行政组织结构和建制。民国时期,盟、旗均设"长",由蒙古族的王公贵族担任,且世袭。如若世袭中断,则由蒙古王公会议推选产生。世袭、推选产生的盟长、旗长,须报中央政府批准。盟、旗内部事务由其自行管理。旗为基本单位,盟由旗组成,盟长在王公会议协助下管理盟内部事务。新中国成立后,蒙古族内部的封建制度被摧毁,王公制度被废除,但盟、旗这种行政组织结构被保留下来作为地方行政建制的基本单位。旗的地位相当于县,作为正式的一级地方行政建制,从未变动。但盟的性质则有变化:1958 年前,盟设一级政权机关,是一级正式行政建制;1958 年后,盟成为自治区的行政分治单位或派出机关,地位与地区(专区)相同。1968~1978 年,盟同内地的地区一样,成为正式的地方行政建制单位。1978 年后,盟恢复其行政分治单位或派出机关的地位。近年来,随着改革开放和社会主义现代建设的需要,内蒙古盟、旗的设置逐步减少。截至 2016 年 6 月底,内蒙古自治区有 3 个盟、49 个旗(其中 3 个旗为自治旗)。

第三,内蒙古的行政区划从有利于经济社会发展与人口、资源、环境的综合协调,因而具有相对稳定性。行政区划是国家行政管理的基本手段,行政区划是否合理、稳定,直接关系到国家政权结构和行政管理体制,关系到民族团结和国家稳定,关系到生产力的合理布局和经济持续健康发展。通常情况下,行政区域是不轻易变动的,应尽可能保持相对稳定。内蒙古自治区成立以来,特别是改革开放以来，尽管撤盟改市，内蒙古由原来的9盟3市发展成为目前的9市3盟，但多数盟市的行政区域没有变动或变动较小。例如，阿拉善盟、鄂尔多斯市、乌海市、锡林郭勒盟、赤峰市、通辽市、兴安盟、呼伦贝尔市等8个盟市的行政区域就保持了连续性和稳定性；呼和浩特市、包头市、乌兰察布市和巴彦淖尔市行政区域尽管有一定范围上的调整，但都是局部性的，仅是个别旗县的划入或划出。

第四，内蒙古的行政区划随着其发展阶段、发展基础、发展条件的变化具有动态适应性，因而具有一定的动态调整性。从内蒙古行政区划演进看，党和国家充分尊重和满足内蒙古实施民族区域自治制度和推动经济社会发展的愿望和要求，先后多次调整行政区划。例如，从纵向功能结构调整来看，1956年1月1日，中华人民共和国国务院根据1955年7月30日第一届全国人民代表大会第二次会议的决定，撤销热河省建制，将原属热河省管辖的赤峰县、宁城县、乌丹县和翁牛特旗、喀喇沁旗、敖汉旗划归内蒙古自治区昭乌达盟。4月3日，国务院决定将甘肃省巴彦浩特蒙古族自治州和额济纳蒙古族自治旗划归内蒙古自治区，并将其合并为巴彦淖尔盟，下辖阿拉善、额济纳两旗以及磴口县和巴彦浩特市。[①] 例如，从横向功能结构调整看，1980年10月，内蒙古自治区有呼和浩特、包头、乌海3个自治区辖市，阿拉善、巴彦淖尔、伊克昭、乌兰察布、锡林郭勒、昭乌达、哲里木、兴安、呼伦贝尔9个盟。2016年6月，内蒙古自治区9个盟中，已有6个撤盟建市（自治区辖市）。目前，内蒙古自治区有呼和浩特、包头、乌海、赤峰、通辽、鄂尔多斯、呼伦贝尔、巴彦淖尔、乌兰察布9个市（自治区辖市），以及阿拉善、锡林郭勒、兴安3个盟。同一时期，呼伦贝尔、兴安、锡林郭勒和乌兰察布4个盟市的牙克石、扎兰屯、额尔古纳、根河、阿尔山、锡林浩特、丰镇等7个旗县也撤县设市，成为县级市。

第五，内蒙古的行政区划由东北向西南斜伸，呈狭长形状，空间跨度大，因而具有较大的自然差异性。内蒙古行政区划建立及调整都充分考虑了自然地理特征的要求。例如，东部地区的赤峰市、通辽市、兴安盟以及呼伦贝尔市的一部分地区处于我国的东部季风区，气候湿润，森林茂密，我国著名的大兴安岭林区即在这一地区；中西部地区的锡林郭勒盟、乌兰察布市、呼和浩特市、

---

① 郝维民.内蒙古自治区史［M］.呼和浩特：内蒙古大学出版社，1991：135.

包头市、巴彦淖尔市、鄂尔多斯市、乌海市和阿拉善盟则处于我国的西北干旱半干旱区，特别是我国9个主要沙漠中的巴丹吉林、腾格里、毛乌素、库布其、乌兰布和5个沙漠即分布在内蒙古西部地区的阿拉善盟、鄂尔多斯市和巴彦淖尔市。内蒙古东部地区拥有富饶的森林、草原等资源，中西部地区则蕴藏着丰富的煤炭、天然气以及铁、稀土等矿产资源。

参考文献

［1］刚格尔．内蒙古经济地理［M］．北京：新华出版社，1992：1.

［2］内蒙古政府网．盟市概况［EB/OL］. http：//www. nmg. gov. cn/col/col301/index. html，2018 – 07 – 02.

［3］内蒙古政府网．民族人口［EB/OL］. http：//www. nmg. gov. cn/col/col118/index. html，2018 – 07 – 02.

［4］内蒙古政府网．区情概况［EB/OL］. http：//www. nmg. gov. cn/col/col115/index. html，2018 – 07 – 02.

［5］肖艳．内蒙古东部地区与东北三省的经济合作对策分析［D］.内蒙古师范大学硕士学位论文，2007.

［6］内蒙古招商局．新一轮东北振兴，内蒙古再放大招，这几个关键词一定要读懂［EB/OL］. http：//www. nmginvest. gov. cn/content. aspx？id = 4863，2017 – 04 – 24/2018 – 07 – 03.

［7］陈和平，牛森．内蒙古在西部大开发中的地位和战略选择［J］．实践，2002（7）：83 – 84.

［8］韦文英．试述内蒙古地区在京津冀协同发展中的战略地位——基于区域价值视角的分析［J］．广西社会科学，2014（7）：67 – 68.

［9］百度百科．走西口［EB/OL］. https：//baike. baidu. com/item/% E8/% B5%/B0/% E8/% A5/% BF/% E5/% 8F/% A3/35909？fr = aladdin，2018 – 07 – 10.

［10］腾讯网.300万旅蒙晋商仍是商界弄潮儿［EB/OL］. https：//new. qq. com/cmsn/20130719/20130719005034，2013 – 07 – 19/2018 – 07 – 10.

［11］张江河．内蒙古在中俄蒙三国发展战略对接中的地缘价值［J］．北方经济，2016（10）：41 – 43.

［12］杨文兰．内蒙古向俄罗斯远东开放战略［J］．开放导报，2014

（4）：25.

［13］丁晓龙. 内蒙古与俄罗斯贸易形势分析及建议［J］. 北方经济，2015
（2）：36.

［14］内蒙古统计局. 内蒙古统计年鉴 2017［DB/OL］. http：//www. nmgtj.
gov. cn/acmrdatashownmgpub/ifnormalsmp. htm？u =/files_ nmg_ pub/html/nmgtjnj/
2017/indexch. htm&h =700，2018 － 07 － 14.

［15］国家统计局. 中国统计年鉴 2017［DB/OL］. http：//www. stats.
gov. cn/tjsj/ndsj/2017/indexch. htm，2018 － 07 － 14.

［16］网易新闻. 内蒙古自治区与俄罗斯结成 9 对友好城市［EB/OL］. ht-
tp：//money. 163. com/14/0704/13/A0AISFB400253B0H. html，2014 － 07 － 04/
2018 － 07 － 14.

［17］内蒙古商务厅. 2016 年我区对俄投资情况［EB/OL］. http：//swt.
nmg. gov. cn/news － d09d0e3a － 1398 － 48b9 － 90f6 － e254371e5461. shtml，2017 －
02 － 20/2018 － 07 － 14.

［18］李洋. 以区位优势带动内蒙古同俄罗斯远东跨境经济合作［J］. 北
方经济，2015（5）：27 － 28.

［19］周英杰，丁玉莲. 内蒙古自治区中蒙边境贸易发展研究［J］. 内蒙
古师范大学学报，2008（11）：41 － 42.

［20］韩澍乔. "一带一路"建设背景下内蒙古与蒙古国合作研究［J］. 现
代商业，2015（21）：143.

［21］文虎. 内蒙古自治区对蒙古国投资现状及发展思路［J］. 内蒙古财
经学院学报，2009（6）：50.

［22］内蒙古商务厅. 2016 年我区对蒙投资情况［EB/OL］. http：//swt.
nmg. gov. cn/news － 5cd6a7cf － ba8a － 4dac － 822d － 1a8915e1a535. shtml，2017 －
02 － 20/2018 － 07 － 16.

［23］中国文明网. 内蒙古辉煌 70 年系列述评之文化建设篇［EB/OL］. ht-
tp：//www. wenming. cn/specials/zxdj/zxdj_ nmgclzn/nmgclzn_ jujiao/201708/
t20170803_ 4369948. shtml，2017 － 08 － 03/2018 － 07 － 16.

［24］董淑彦. 如何进一步加强内蒙古与日韩的经贸合作［J］. 区域经济，
2010（8）：43.

［25］中国政府网．第九届中日经济合作会议在内蒙古呼和浩特市召开［EB/OL］．http：//www. gov. cn/jrzg/2009 –08/06/content_ 1385198. htm，2009 – 08 – 06/2018 – 07 – 17.

［26］中国林业网．日本小渊基金合作造林项目落户内蒙古赤峰敖汉［EB/OL］．http：//www. forestry. gov. cn/portal/main/s/102/content –222593. html，2009 – 11 – 10/2018 – 07 – 17.

［27］中国高校之窗．内蒙古大学和日本国立千叶大学签署学术交流合作协议［EB/OL］．http：//www. gx211. com/news/20101230/n456029350. html，2010 – 12 – 30/2018 – 07 – 17.

［28］国务院新闻办公室．内蒙古直飞日本的首条国际航线将于6月30日首航［EB/OL］．http：//www. scio. gov. cn/dfbd/dfbd/document/1433964/1433964. htm，2015 – 05 – 14/2018 – 07 – 17.

［29］内蒙古新闻网．呼市侨联与日本内蒙古经济文化交流协会访问团座谈［EB/OL］．http：//inews. nmgnews. com. cn/system/2015/12/30/011845792. shtml，2015 – 12 – 30/2018 – 07 – 17.

［30］全球纺织网．内蒙古羊绒"绽放"日本国际服装展［EB/OL］．https：//www. tnc. com. cn/info/c – 003 – d – 3574006. html，2016 – 05 – 30/2018 – 07 – 17.

［31］正北方网．内蒙古9家产学研机构在"创新日本2017"产学研对接会上达成11项合作意向［EB/OL］．http：//www. northnews. cn/2017/0911/2624827. shtml，2017 – 09 – 11/2018 – 07 – 18.

［32］中国民族广播网．内蒙古赤峰市与韩国签订"中韩创造经济合作城"战略合作框架协议［EB/OL］．http：//www. cnrmz. cn/mzjj/201411/t20141118_ 865601. html，2014 – 11 – 18/2018 – 07 – 18.

［33］浙江省发展和改革委员会．中韩合作内蒙古乌兰布和沙漠治理项目通过验收［EB/OL］．http：//www. zjdpc. gov. cn/art/2012/5/8/art _ 791 _ 51616. html，2012 – 05 – 08/2018 – 07 – 18.

［34］中国网．"韩国世宗学堂"落户内蒙古高校［EB/OL］．http：//news. china. com. cn/rollnews/education/live/2014 – 07/15/content_ 27658663. htm，2014 – 07 – 15/2018 – 07 – 18.

［35］内蒙古政府网．内蒙古自治区科技厅与韩国产业技术试验院深化科技合作促进创新成果跨国转移［EB/OL］．http：//www. nmg. gov. cn/art/2018/4/4/art_ 151_ 149527. html，2018 - 04 - 04/2018 - 07 - 19.

［36］内蒙古商务之窗．"中国内蒙古·韩国友好周"在呼和浩特开幕为期3天［EB/OL］．http：//im. mofcom. gov. cn/aarticle/sjshangwudt/201007/20100707040543. html，2010 - 07 - 23/2018 - 07 - 18.

［37］达力扎布．蒙古史纲要［M］．北京：中央民族大学出版社，2006.

［38］范文澜．中国通史（第二、第三、第七册）［M］．北京：人民出版社，2008.

［39］费孝通等．中华民族多元一体格局［M］．北京：中央民族学院出版社，1989.

［40］郝维民．内蒙古自治区史［M］．呼和浩特：内蒙古大学出版社，1991.

［41］郝维民．内蒙古革命史［M］．呼和浩特：内蒙古大学出版社，1997.

［42］候景新，蒲善新，肖金成．行政区划与区域管理［M］．北京：中国人民大学出版社，2006.

［43］孙建民．中国历代治边方略研究［M］．北京：军事科学出版社，2004.

［44］谭其骧．中国历史地图集［M］．北京：中国地图出版社，1982.

［45］韦庆远．中国政治制度史［M］．北京：中国人民大学出版社，2003.

［46］乌云毕力格，白拉都格其．蒙古史纲要［M］．呼和浩特：内蒙古人民出版社，2007.

［47］萧一山．清代通史［M］．北京：中华书局，1986.

［48］国家民族事务委员会经济发展司，国家统计局国民经济综合统计司．中国民族统计年鉴2005［M］．北京：民族出版社，2006.

［49］周振鹤．行政区划史研究的基本概念与学术用语刍议［J］．复旦学报，2001（3）．

［50］行政区划网．内蒙古行政区划［EB/OL］．http：//www. xzqh. org/quhua/15nmg/index. htm. 2019 - 06 - 17.

第二章　资源禀赋

第一节　自然与生态资源

　　自然环境中与人类社会发展有关的、能被利用产生使用价值并影响劳动生产率的自然诸要素，通常称为自然资源，可分为有形自然资源（如土地、水体、动植物、矿产等）和无形的自然资源（如光资源、热资源等）。自然资源具有可用性、整体性、变化性、空间分布不均匀性和区域性等特点，是人类生存和发展的物质基础和社会物质财富的源泉。生态资源则是指在人类生态系统中，一切被生物和人类的生存、繁衍和发展所利用的物质、能量、信息、时间和空间，都可以视为生物和人类的生态资源。

一、地势地貌

　　在世界自然区划中，内蒙古位于亚洲中部蒙古高原的东南部及其周沿地带，大部分地区海拔在 1000 米以上，是中国四大高原中的第二大高原，具有复杂多样的形态，地貌结构上呈现出高原、山地、平原相间分布的带状结构。高原总面积占全区面积的 53.4%，山地占 20.9%，丘陵占 16.4%，平原与滩川占 8.5%，河流、湖泊、水库等水面面积占 0.8%。高原是由呼伦贝尔高原、锡林郭勒高原、乌兰察布高原、巴彦淖尔高原、鄂尔多斯高原和阿拉善高原组成，平均海拔 1000 米左右，海拔最高点为贺兰山主峰 3556 米。东西走向的阴山山脉位于内蒙古中部，东端与大兴安岭山脉相连，西端与贺兰山相连，形成内蒙古高原地貌的一条山带。山带的北部为著名的内蒙古高原，是内蒙古地貌的主体，山带的南部为嫩江西岸平原、西辽河平原、土默特平原、河套平原，这里地势较为平坦。沙漠与沙地主要分布在高原上，丘陵则分布较为广泛。

1. 高原

内蒙古各类地形中高原面积最广，占全区总面积的 53.4%。根据地貌组合特征与内部差异，内蒙古高原自东向西分为前面所提到的六大高原。高原在地貌特征上经过长期的剥蚀和侵蚀作用，准平原化很显著，表面平坦开阔，分割轻微，地面完整。夏季风弱，冬季风强，气候干燥，冬季严寒，日照丰富。高原无较大河流，无流范围广大，水资源缺乏。内蒙古高原草原资源十分丰富，是我国最大的天然牧场和主要的畜牧业生产基地。高原上除牧草外，还盛产中草药，如黄芪、甘草、肉苁蓉、麻黄等。矿产资源也十分丰富，有煤、铁、铌、稀土等 70 多种。

2. 山地

内蒙古山地面积占全区土地总面积的 20.9%，主要有大兴安岭山脉、阴山山脉以及贺兰山脉。这些山脉在地质构造上属于不同的构造单元，但在中生代以后的发展却经历了一致的过程，所以在地貌轮廓上有许多相似之处。浑圆的山顶，单面山形，向平原的一侧山麓分布着洪积冲积扇，向高原的一侧堆有风沙层，这些山脉对山前的平原都起了屏障作用，减轻了风沙与冷空气的侵袭。山地蕴藏着丰富的矿产资源，如大兴安岭地区矿产资源富集，素有"乌金铺地，黄金镶边"之美誉，已发现的有色金属、贵金属和非金属等矿产 43 种（含亚矿种），已被国家列为重点找矿靶区。山地地势较高，降水多，对森林的生长、河流的发育有重要的影响，内蒙古森林基本分布于山地。

3. 丘陵

内蒙古丘陵面积占全区土地总面积的 16.4%，在大兴安岭东麓和西麓，燕山北麓，阴山的北麓和南麓，贺兰山的西麓都有呈带状分布的丘陵，是山地和高原、平原之间的过渡地区。丘陵的地质结构复杂，蕴藏着多种矿产资源，如大兴安岭两侧丘陵的有色金属，以及阴山北麓丘陵的稀土资源。丘间盆地坡度缓和，较适合农牧林生产。

4. 平原

内蒙古平原面积占全区土地总面积的 8.5%，主要由嫩江西岸平原、西辽河平原以及土默特—河套平原三部分组成。平原地面平坦、起伏较小，由洪积平原、冲积洪积平原、冲积平原、河漫滩组成。有河流贯穿，地表、地下水资源丰富。这里是内蒙古生产商品粮、油料和糖的主要基地。平原地区也是内蒙古人口最密集、经济最发达的地区。

5. 沙地

内蒙古沙地面积为 16.61 万平方千米，主要有科尔沁沙地、毛乌素沙地、浑善达克沙地、呼伦贝尔沙地、乌珠穆沁沙地，是我国荒漠化严重的地区。在水、热状态上，属于半干旱和半湿润类型。沙丘坡度较小，固定程度高，容易改造与利用。

6. 沙漠

内蒙古沙漠面积为 12 万平方千米，占全区总土地面积的 10.1%，分布于内蒙古中部和西部。内蒙古沙漠主要有巴丹吉林沙漠、腾格里沙漠、毛乌素沙漠（即将消失）、库布其沙漠、乌兰布和沙漠等。内蒙古沙漠中蕴藏着十分丰富的矿产资源、特色动植物资源以及中草药资源。

二、气候

内蒙古地域辽阔，南北纬度相差 15°59′，地形复杂，因此气候类型多样，四季分明。大兴安岭北端部分地区为寒温带季风性针叶林气候；大兴安岭其他地区、岭东地区以及多伦、集宁、凉城以南地区为中温带季风性气候；大兴安岭西麓以东，多伦、集宁、凉城以北以西广大地区为中温带大陆性气候。从东向西由湿润、半湿润区逐步过渡到半干旱、干旱区。内蒙古气候有以下几个特征：

1. 冬季漫长而寒冷，夏季温热而短暂

内蒙古大部分地区冷季长达 5 个月到半年之久，呼伦贝尔市冬季长达 7 个月。其中，1 月最冷，月平均气温由南至北从零下 10℃ 递减到零下 32℃。内蒙古夏季短暂，全区平均有 62 天，仅有 2 个月，部分地区基本无夏季如呼伦贝尔大兴安岭岭上、岭北。最热月份在 7 月，夏季平均气温为 20.1℃~25.3℃，最高气温为 35℃~43℃，气温变化剧烈，冷暖差异大。

2. 降水集中于夏季且降水变率大

内蒙古全年降水量为 50~500 毫米，2015 年平均降水量为 271.0 毫米，折合降水总量 3134.43 亿立方米。降水量时空分布极不均匀，年内降水量主要集中在 6 ~ 9 月，大部分地区夏季降水量占年降水量的 65% ~ 75%。年降水量空间分布趋势是由东向西逐渐递减。内蒙古年降水相对变率较大，在 15% ~ 40%，尤其是呼和浩特以西的地区，降水变率大于 25%，阿拉善盟西部年降水变率达到 40%，是我国降水变率最大的地区之一。

3. 气温年较差和日较差大，无霜期短

内蒙古大部分地区，多年平均最冷月和最热月的气温年较差平均为 31℃ ~ 46℃，比同纬度欧洲地区高近 20℃。而一日之内，最高气温与最低气温的差值平均为 11℃ ~ 17℃，比华北平原地区高 3℃ ~ 5℃，比同纬度欧洲地区高 5℃ ~ 8℃。一年之内，日最低气温大于 2℃ 的无霜期，全区为 50 ~ 160 天，比华北平原少 30 ~ 50 天。其中，大兴安岭地区不足 80 天。内蒙古地区 ≥10℃ 的年活动积温相差较大，达到 2200℃。

4. 春、冬季多大风

内蒙古多年平均风速为 1.4 ~ 5.5 米/秒，其中春季风速最大，冬季次之。春季平均风速为 2.2 ~ 6.5 米/秒，除大兴安岭北端及呼和浩特等地风速小于 3.0 米/秒以外，其余地区风速均在 4.0 米/秒以上。中西部偏北的地区 8 级以上大风日数每年可达到 50 ~ 80 天，是我国风能资源最丰富的地区之一。

5. 日照充足

内蒙古大部分地区全年日照数在 2700 小时以上，特别是阿拉善盟西部日照时数多达 3400 小时以上，全区日照百分率为 60% ~ 80%。年太阳总辐射总量为 4500 ~ 6500 兆焦耳/平方米，其中二连浩特、呼和浩特、集宁、东胜一线以西的地区年辐射总量高于 6000 兆焦耳/平方米，是我国太阳能最丰富的地区之一。

6. 沙尘天气

沙尘天气过程对民航、公路运输、设施农业等均造成一定影响，同时使空气质量下降，影响人民群众的正常生活，危害人民群众的身体健康。

2017 年春季，内蒙古共出现 4 次较大范围的沙尘天气过程，比 2016 年同期少 2 次，比常年同期少 5 次。阿拉善盟的西北部沙漠地区、鄂尔多斯市中部和包头一带是内蒙古沙尘天气日数最多的地区，兴安盟西北部、呼伦贝尔市中部、大兴安岭林区沙尘天气日数最少。随着森林、草地覆盖率的增加，沙尘日数明显减少。

三、水资源

内蒙古境内分布着数千条河流和近千个湖泊（见表2-1），我国的第二大河——黄河，由宁夏石嘴山附近进入内蒙古，由南向北围绕鄂尔多斯高原，形成一个马蹄形。流域面积在1000平方千米以上的河流有107条，分属黄河、海河、滦河、西辽河、嫩江、额尔古纳河6个外流水系和乌拉盖河、塔布河、黄旗海、岱海等内流水系，流域面积大于300平方千米的有258条。有近千个大小湖泊，大小湖泊星罗棋布，较大的湖泊有295个。其中，湖泊在200平方千米以上的有呼伦湖、达里诺尔和乌梁素海，其中呼伦湖为全国第五大湖，面积约为2043平方千米，蓄水量约为138.5亿立方米。

表2-1 内蒙古境内河流、湖泊数量情况

河流			湖泊		
流域面积	河流数量（条）	总长度（千米）	水面面积	湖泊数量（个）	总面积（平方千米）
50平方千米及以上	4087	144785	1平方千米及以上	428	3916
100平方千米及以上	2408	113572	10平方千米及以上	28	2854
1000平方千米及以上	296	42621	100平方千米及以上	5	2328
10000平方千米及以上	40	14735	1000平方千米及以上	1	1847

资料来源：《内蒙古自治区第一次水利普查公报》。

内蒙古地表水资源量为402.12亿立方米，地下水资源量为224.57亿立方米，水资源总量为536.97亿立方米，占全国水资源总量的1.90%。内蒙古地处季风环流的过渡带，降水普遍不足、降水变率大，水资源时空分布不均匀，且与人口和耕地分布不相适应。东部地区黑龙江流域土地面积占全区的27%，耕地面积占全区的20%，人口占全区的18%，而水资源总量占全区的65%，人均占有水量8420立方米，为全区均值的3.6倍。中西部地区的西辽河、海滦河、黄河3个流域的面积占全区的26%，耕地面积占全区的30%，人口占全区的66%，但水资源仅占全区的25%，其中除黄河沿岸可利用部分过境水外，其余大部分地区水资源紧缺。

四、矿产资源

内蒙古地域辽阔，地层发育齐全且岩浆活动频繁，有较好的成矿条件，因此矿产资源十分丰富，是我国发现新矿物最多的省区。1958 年以来，中国获得国际上承认的新矿物有 50 余种，其中 10 种发现于内蒙古，包括钡铁钛石、包头矿、黄河矿、索伦石、汞铅矿、兴安石、大青山矿、锡林郭勒矿、二连石、白云鄂博矿。包头白云鄂博矿山是世界上最大的稀土矿山。截至 2017 年底，保有资源储量居全国之首的有 18 种、居全国前 3 位的有 47 种、居全国前 10 位的有 92 种。内蒙古是我国重要的能源、有色金属冶炼和煤化工基地。内蒙古矿产资源具有以下特点：

1. 能源矿产种类繁多、储量大

内蒙古的能源矿产煤炭、石油、天然气均储量丰富，特别是煤炭处于我国北方露天矿群的集中地带，储量极其丰富，素有世界最大"露天煤矿之乡"之称。中国五大露天煤矿中内蒙古有四个，分别为伊敏、霍林河、元宝山和准格尔露天煤矿。全区煤炭累计勘查估算资源总量 9120.32 亿吨，其中查明的资源储量为 4331.57 亿吨，预测的资源量为 4788.75 亿吨。全区煤炭保有资源储量为 4205.25 亿吨，占全国总量的 25.03%，居全国第二位。查明天然气地质储量 18154.12 亿立方米，探明石油地质储量 62361.28 万吨，经济效益十分可观。

2. 稀土矿产得天独厚

中国占世界稀土资源的 41.36%，稀土查明资源储量居世界之首，是我国稀土最为集中的地区。现已查明境内有白云鄂博稀土矿和"八〇一"稀土矿两处。其中白云鄂博稀土矿与铁共生，主要稀土矿物有氟碳铈矿和独居石，其比例为 3∶1，都达到了稀土回收品位，故称混合矿，稀土总储量 REO（氧化物）为 3500 万吨，约占世界储量的 38%，堪称世界第一大稀土矿。"八〇一"稀土矿以重稀土为主，与铌、钽、锆、铍稀有金属共生，资源潜力巨大。

3. 有色金属储量大且分布较集中

有色金属也是内蒙古重要的优势矿产，现已探明具有铜、铅、锌、钨、锡、镍、钴、钼、铋、锑十种有色金属，查明总金属矿产资源量为 2261 万吨。主要分布在呼伦贝尔市西部、大兴安岭中南段和狼山三个地区，三个地区的有色金属占有色金属总量的 95% 以上，分布较为集中，有利于开发成大型原材料基地。金矿保有资源储量 815.14 吨，银矿 86867.90 吨；铜、铅、锌三种有色金属保有资源储量 5831.66 万吨。

4. 非金属矿产分布广泛，矿种优势明显

内蒙古境内高岭土、石膏、芒硝、天然碱、盐等矿产资源储量极其丰富，并且矿种优势明显。已探明储量并具有转化能力的矿种有石灰岩、硅沙、萤石、石墨、石膏、花岗岩、大理石等 10 多种。

五、新能源

新能源包括太阳能、风能和水能，这三种能源统称绿色能源，是可再生资源。内蒙古是我国绿色能源最富集的地区之一，合理开发这些能源不仅能够产生巨大的经济效益，还能够解决当前资源过度利用、环境恶化等一系列问题。

1. 太阳能

内蒙古大部分地区海拔在 1000 米以上，特别是阴山部分地区海拔在 2000 米左右，由于海拔高、晴天较多，因此太阳辐射较强，日照时数多，太阳能资源极其丰富。太阳能年总辐射量为 1342～1948 千瓦时/平方米，年日照时数为 2600～3400 小时，是全国高值地区之一。太阳能资源分布呈自东向西递增的特点，其中呼和浩特市年太阳辐射总量为 6241.19 兆焦耳/平方米。鄂尔多斯市以年日照小时数 3205 小时居首位。

2. 风能

风能是指风所承载的能量，与传统能源相比具有可再生、清洁、易利用、总量大的特征。内蒙古处于北半球盛行西风带，大风、多风天气主要分布在春、秋、冬三季，特别是秋末至来年春初。内蒙古风能资源仅次于浙江舟山群岛，是我国风能资源十分丰富的地区之一。内蒙古 10 米高度层的年平均风速为 3.7 米/秒，年平均 8 级以上大风日数为 40 天。据中国气象科学院的估算，内蒙古理论上可开发风能储量为 78690 万千瓦，可开发风能储量为 6180 万千瓦，占全国总风能储量的 24.4%。内蒙古 70% 以上的牧区适合风力发电，有效风能出现时间达 70%，这些地区大部分较为平坦，适宜建设大型风电场。

3. 水能

内蒙古水能资源理论蕴藏量在 500 千瓦以上的河流有 95 条，理论蕴藏量共 499.07 万千瓦，可能修建的电站有 155 座，装机容量为 334.08 万千瓦，年度发电量 83.3 亿度。主要分布在东四盟市的嫩江干流及其右岸诸支流、额尔古纳河、西辽河和西部的黄河干流等。其中以水量大、落差集中的黄河干流河段居首，理论蕴藏量 179.51 万千瓦，占总蕴藏量的 35.96%。

六、土壤

内蒙古地域辽阔，形成土壤的环境条件差别很大，因此土壤种类比较多，其性质和生产性能也大为不同，但共同的特点是土壤形成过程中钙积化强烈，有机质累多。根据土壤形成过程和土壤属性，分为 9 个土纲、22 个土类。在 9 个土纲中，以钙层土分布最少。内蒙古土壤最东为黑土壤，向西依次为暗棕壤、黑钙土、栗钙土、棕壤土、黑垆土、灰钙土、风沙土、灰棕荒漠土等中温带地带性土壤。其中，黑土壤的自然肥力最好，易于耕作适合发展农业。黑钙土的自然肥力次之，适宜农林牧业发展。

内蒙古土壤类型的分布体现出了相当完整的地带性规律。土壤地带性更替变化表现为东南—西北明显的水平地带分布。内蒙古自东向西有大兴安岭山脉、阴山山脉、贺兰山脉等山地。这些山地不仅对内蒙古水热分布有明显影响，而且也使土壤水平地带发生变化。随着海拔高度的不同，土壤也呈现较明显的垂直地带的分布规律。

七、生物资源

1. 草场资源

草原是我国面积最大的陆地生态系统，内蒙古草原广阔，东起大兴安岭，西至居延海畔，绵延 4000 多千米，是欧亚大陆草原的重要组成部分。全国 11 片重点草原，内蒙古就有 5 片，呼伦贝尔草原、锡林郭勒草原、科尔沁草原、乌兰察布草原以及鄂尔多斯草原。内蒙古草地总面积 8800 万公顷，占全区土地总面积的 66.6%，占全国草地面积的 22%，位居全国首位。其中，可利用面积 6800 万公顷，是目前世界上草地类型最多、保持最完整的草地之一。由于内蒙古受东南海洋性季风影响不同，气候干湿状况不一，以及大兴安岭山脉、阴山山脉、贺兰山脉等山地隆起的影响，出现了复杂多样的草地类型和景观。内蒙古水平分布的地带性天然草原植被，从东向西分为草甸草原、典型草原、荒漠草原、草原化荒漠和荒漠五大类。草甸草原是内蒙古最优良的天然植被，总面积 862.87 公顷，占全区草地总面积的 10.95%。草甸草原土质最好，植物种类丰富、发育茂盛、水草丰美、畜产富饶。

2. 森林资源

内蒙古辽阔的地域以及复杂多样的自然地理状况，孕育了类型多样、种类、结构丰富的森林景观。内蒙古共有 1 片原始林和 11 片次生林区。全区林地面积 6.6 亿亩，森林面积 3.73 亿亩，均居全国第一位，森林覆盖率 21.03%；人工造林保存面积 9732 万亩；活立木总蓄积量 14.84 亿立方米，森林蓄积量 13.45 亿立方米，均居全国第 5 位。

3. 野生动植物资源

内蒙古疆域辽阔，气候多样，为野生动植物的繁衍提供了有利的条件，内蒙古野生动植物资源十分丰富，是野生动植物的"乐园"。

（1）野生植物资源。内蒙古野生植物资源丰富，目前已找到维管束植物共计 2167 种，分属于 131 科、660 属。其中，蕨类植物 61 种，分属于 17 科、20 属；种子植物 2106 种，分属于 114 科、640 属。在种子植物中，裸子植物 23 种，分属于 3 科、7 属；被子植物 2083 种，分属于 111 科、624 属。区内生长着经济价值较高的野生植物 660 多种，其中罗布麻、芦苇等 70 多种纤维植物是造纸、制绳和人造棉的重要原料；椿子、山杏、红豆、蓝莓等是良好的油料和制酒野果。内蒙古还是我国中草药生产基地之一。现已发现药用植物 500 多种，有补气药材之最的黄芪，还有人参、灵芝、天麻、麻黄等药材十几种。

（2）野生动物资源。内蒙古生态系统复杂多样，所以野生动物不仅种类繁多，资源也很丰富。鸟类 376 种，隶属 17 目 48 科，占全国鸟类 1186 种的 31%，经济价值较高的是雁鸭类和雄鸡类，羽毛可以制作成羽绒制品。兽类 118 种，隶属 7 目 20 多科，占全国兽类 450 种的 25.3%，珍贵稀有动物 10 余种。其中蒙古野驴和野骆驼属于世界最珍贵的兽类，驯鹿是内蒙古特有的动物。野生鱼类约 90 种，两栖爬行类 27 种。

第二节　人口、民族与文化资源

一、人口

人口是指在一定地域和社会范围内人群的总体，是社会生产的主体和基础，是一切社会关系的体现者。2017 年末内蒙古常住人口为 2528.6 万人，比 2016 年增加 8.5 万人。其中，城镇人口为 1568.2 万人，乡村人口为 960.4 万人；常住人口城镇化率达 62.0%，比 2016 年提高 0.8 个百分点。全年出生人口为 23.9 万人，出生率为 9.47‰；死亡人口为 14.5 万人，死亡率为 5.74‰；人口自然增长率为 3.73‰。

1. 人口发展

内蒙古是人类最早的栖息地之一，据史料记载，从西汉至清朝时期就有人口 200 万左右。到内蒙古自治区成立时，人口为 561.7 万人。1953～2010 年内蒙古人口增长速度极快，总人口从 610.02 万人增加到 2470.63 万人，增加了 3.05 倍（见表 2-2）。

表 2-2　　内蒙古六次人口普查基本情况　　　　　　　　　　　单位：万人

项目	第一次 （1953 年 7 月 1 日）	第二次 （1964 年 7 月 1 日）	第三次 （1982 年 7 月 1 日）	第四次 （1990 年 7 月 1 日）	第五次 （2000 年 11 月 1 日）	第六次 （2010 年 11 月 1 日）
总人口	610.02	1233.41	1927.43	2145.65	2375.54	2470.63

资料来源：内蒙古自治区人口普查。

从内蒙古总人口变化趋势（见图 2-1）可以看出，人口增速极不平衡，大致可以分为两个阶段：第一阶段（1949～1975 年），这是人口急剧增长的一个时期，主要是由于人口大量迁入以及人口出现补偿性生育高峰，年均增加 43.45 万人；第二阶段（1976～2017 年），这是人口缓慢增长时期。主要是由于政府大力推行计划生育，同时人口迁移速度明显减慢。从 1990 年第四次人口普查到 2000 年第五次人口普查人口增加 229.89 万人，年均增加 22.99 万人，人口增长速度减缓；2000 年第五次人口普查到 2010 年第六次人口普查净增人口只有 95.09 万人，年均增加 9.5 万人，全区总人口占全国人口的 1.80%，在大陆 31 个省（市、自治区）中排第 23 位。

内蒙古人口增长主要有两个原因：一是人口自然增长，即出生人口数减去死亡人口数，内蒙古人口自然增长率随着计划生育政策的实施基本上在逐年减小（见表 2-3），人口自然增长率得到有效控制。二是人口的机械增长，即人口迁入与迁出而引起的人口数量变化（见本章"人口迁移变动"部分）。

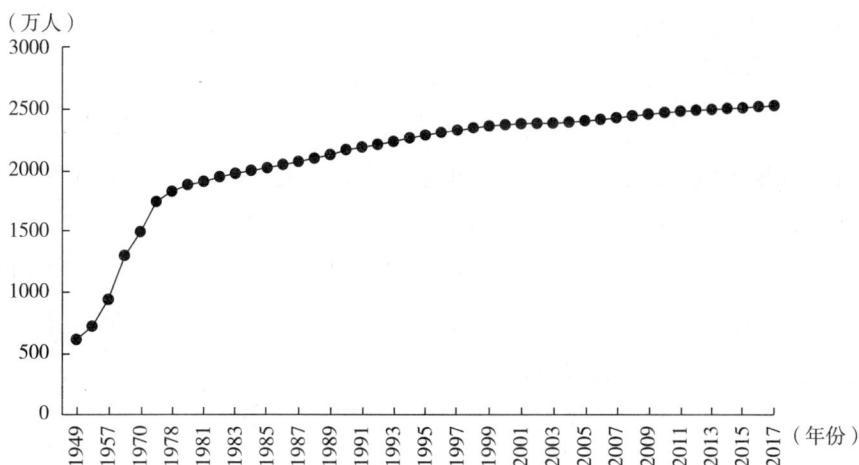

图 2 - 1　1949~2017 年内蒙古人口数变化趋势

表 2 - 3　1957~2017 年内蒙古总人口及人口自然变动情况

年份	总人口（万人）	出生率（‰）	死亡率（‰）	自然增长率（‰）	年份	总人口（万人）	出生率（‰）	死亡率（‰）	自然增长率（‰）
1957	936.00	37.20	10.50	26.70	2005	2403.10	10.10	5.50	4.60
1965	1296.40	40.00	9.30	30.70	2006	2415.10	9.87	5.91	3.96
1970	1491.00	32.30	6.20	26.10	2007	2428.80	10.21	5.73	4.48
1975	1737.90	23.30	6.10	17.20	2008	2444.30	9.81	5.54	4.27
1980	1876.50	16.50	4.90	11.50	2009	2458.20	9.57	5.61	3.96
1985	2015.90	17.20	5.70	11.50	2010	2472.20	9.30	5.50	3.80
1990	2162.60	21.20	7.20	14.00	2011	2481.70	8.90	5.40	3.50
1995	2284.40	17.20	6.70	10.50	2012	2489.90	9.20	5.50	3.70
2000	2372.40	12.05	5.94	6.10	2013	2497.60	9.00	5.60	3.40
2001	2381.40	10.77	5.79	4.98	2014	2504.81	9.31	5.75	3.56
2002	2384.10	9.60	5.90	3.70	2015	2511.04	7.72	5.32	2.40
2003	2385.80	9.24	6.17	3.07	2016	2520.10	9.00	5.70	3.30
2004	2392.70	9.50	6.00	3.60	2017	2528.60	9.47	5.74	3.73

资料来源：各年《内蒙古统计年鉴》。

2. 人口构成

（1）人口城乡构成。内蒙古成立初期，由于经济结构较为单一，农牧业占主导地位，因此在人口城乡结构上表现为城镇人口少，乡村人口多。1949 年总人口为 608.1 万人，其中城镇人口为 75.2 万人，占总人口的 12.34%，而乡村人口则高达 532.9 万人，占总人口的比重为 87.66%。随着改革开放政策的实施，经济发展迅猛，产业结构也有了相应改变，因此城镇人口逐年增多。1990 年全区城镇人口达 1001.1 万人，占全区总人口比重为 42.20%，比 1949 年提高了 29.86 个百分点。2017 年末内蒙古城镇人口为 1568.2 万人，乡村人口为 960.4 万人；常住人口城镇化率达 62.02%，较 1949 年上升了 49.68 个百分点。城镇化进程明显加快（见图 2 - 2）。

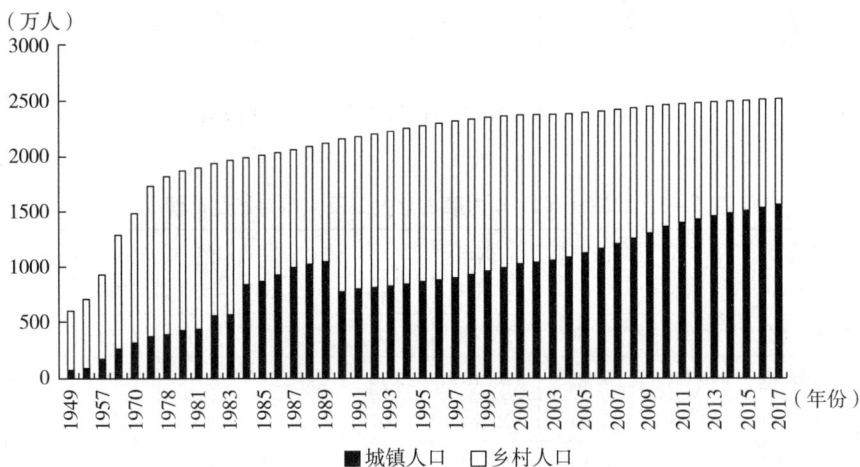

图 2 - 2　1949~2017 年内蒙古城乡人口变化趋势

（2）人口性别结构。在内蒙古成立初期，妇女社会地位低下且存在严重的重男轻女的封建思想，导致 1949 年人口性别构成中，女性只占总人口的 45.07%，男性则占到 54.93%，人口性别比（以每 100 位女性所对应的男性数目对女性的比例）高达 121.85，严重超出人口性别比的范围（人口出生性别比合理范围是 103~107）。严重的男女性别比例失调对内蒙古人口、经济、社会治安造成了严重危害。之后，由于妇女社会地位的不断上升以及封建迷信思想的破除，使内蒙古人口性别比不断下降，到 1980 年为 109.6，与 1949 年相比下降了 12.25。2000 年第五次人口普查时，内蒙古男性人口为 1227.2 万人，女性人口为 1145.2 万人，男女性别比为 107.16。2010 年第六次人口普查时，全区男性人口为 1283.9 万人，女性人口为 1188.3 万人，性别比为 108.05，较 2000 年上升了 0.89 个百分点。2017 年，全区男性人口为 1305.2 万人，女性人口为 1223.4 万人，性别比为 106.68，已趋于合理范围。

尽管内蒙古全区人口性别比趋于正常，但是性别比存在着地区差异，农区、牧区性别比偏高，且不同盟市性别比也存在较大差异。

（3）人口年龄构成。人口的年龄构成不仅直接影响劳动力供给，也影响着未来人口发展趋势以及经济社会的可持续发展。2017 年内蒙古常住人口中 0～14 岁人口为 341.1 万人，占总人口的比重为 13.49%；15～64 岁人口为 1936.4 万人，占 76.58%；65 岁及以上人口为 251.1 万人，占 9.93%。与 2010 年第六次人口普查相比，0～14 岁人口所占比重下降了 0.61 个百分点，15～64 岁人口比重下降了 1.76 个百分点，65 岁及以上人口所占比重上升了 2.37 个百分点。从历次人口普查数据（见图 2－3）可以看出，内蒙古 0～14 岁人口比重在 1964～2010 年呈急剧下降趋势，2010～2017 年下降幅度变缓；65 岁及以上人口比重则由 2000 年的 5.35% 上升到 2017 年的 9.93%，17 年间上升了 4.58 个百分点，说明人口老龄化速度加快。内蒙古已步入人口老龄化社会阶段（国际上通常把 65 岁以上老人占总人口的 7% 定义为该地区处于人口老龄化社会），人口年龄结构由成年型人口转变为老年型人口，人口老龄化将对社会经济发展产生多方面的影响。

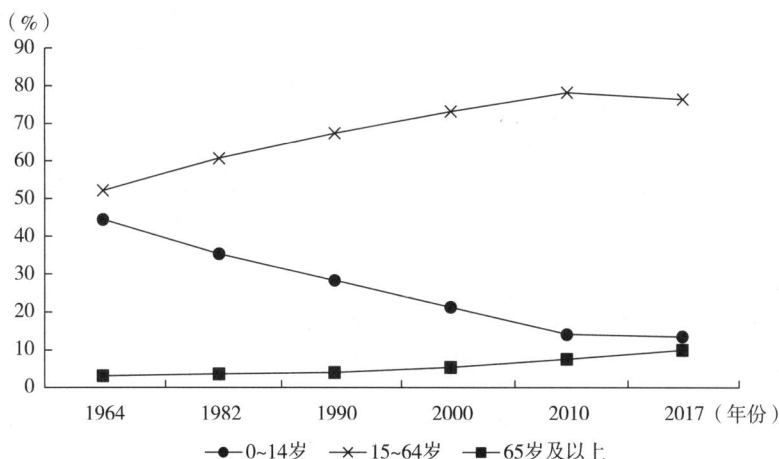

图 2－3　1964～2017 年内蒙古人口年龄构成

（4）人口文化结构。新中国成立后在党和国家对教育事业的重视下，内蒙古文化教育事业有了很大的发展，人口文化素质得到逐步提高。2010年第六次人口普查显示，在全区总人口中，具有大学及以上文化程度的人口占全区总人口的比重为10.21%，具有高中文化程度的人口占总人口的比重为15.13%，具有初中文化程度的人口占总人口的比重为39.22%，具有小学文化程度的人口占总人口比重为25.42%，未上学人口占总人口的10.02%。与2000年第五次人口普查相比，具有大学及大学以上文化程度的人口占全区总人口的比重上升了9.83个百分点，具有高中及中专文化程度的人口占总人口的比重上升了13.75个百分点，具有初中文化程度的人口比重上升了35.74个百分点，具有小学文化程度的人口比重上升了22.3个百分点，文盲、半文盲人口数量大幅减少（见表2-4）。由此可以看出，内蒙古各种受教育程度人口均有所上升，文化程度显著提高。

表2-4　第三次到第六次人口普查内蒙古人口受教育程度变化

单位：万人

各种文化程度人口	1982年 （第三次人口普查）	1990年 （第四次人口普查）	2000年 （第五次人口普查）	2010年 （第六次人口普查）
大学	11	31.73	90.35	252.19
中专	—	42.97	89.66	—
高中	143.68	173.07	237.22	373.69
初中	371.99	546.55	826.65	968.93
小学	631.58	716.68	739.6	627.99
文盲、半文盲	422.29	332.82	240.93	113.23

资料来源：内蒙古人口普查资料。

尽管内蒙古教育事业迅速发展，人口受教育程度的快速提高，但是仍然存在一些问题。第一，由于内蒙古各盟市经济社会教育水平不同，导致各盟市人口受教育水平差距较大。第二，内蒙古人口受教育程度同我国发达地区有一定差距，2010年内蒙古每10万人中具有大学程度的为10208人，在全国31个省（市、自治区）中排第9位。内蒙古应以"一带一路"经济带和西部大开发发展为契机，进一步加大对农村、牧区教育投入，努力提高人口素质，缩小区内以及同经济发达地区的差距。

（5）职业结构。2016 年内蒙古人口构成中，第一产业从业人员为 590.5 万人，第二产业从业人员为 233.7 万人，第三产业从业人员为 649.8 万人。随着人口文化素质的不断提高，第一产业从业人员比重不断下降，第二产业从业人员比重在 17% 左右波动，第三产业从业人员比重不断上升（见表 2 - 5）。这与内蒙古近几年第三产业蓬勃发展相一致。

表 2 - 5　1995～2016 年内蒙古按三次产业分的就业人员构成　　单位：%

年份	构成（以就业人员为100）		
	第一产业	第二产业	第三产业
1995	52.10	21.90	26.00
2000	52.20	17.10	30.70
2005	53.83	15.64	30.53
2010	48.20	17.40	34.40
2016	40.06	15.85	44.09

资料来源：各年《内蒙古统计年鉴》。

3. 人口分布

2017 年内蒙古人口密度为 21.37 人/平方千米，远远小于全国 144 人/平方千米的平均人口密度。尽管内蒙古人口密度较小，但人口分布极不平衡。内蒙古人口分布具有以下特点：各个盟市、旗县间人口分布差异大；地区分布为东多西少（见表 2 - 6）；交通便利地区人口稠密，交通闭塞地区人口稀疏。

表 2 - 6　2010 年与 2017 年内蒙古常住人口地区分布

	2010 年人口数（万人）	2017 年人口数（万人）	比重（%）		
			2000 年	2010 年	2017 年
全区	2470.62	2528.60	100	100	100
呼和浩特市	286.66	310.48	10.26	11.60	12.30
包头市	265.04	287.77	9.67	10.73	11.38
呼伦贝尔市	254.92	252.92	1.83	10.32	10.00
兴安盟	161.32	160.42	19.02	6.53	6.34

	2010 年人口数（万人）	2017 年人口数（万人）	比重（%）		
			2000 年	2010 年	2017 年
通辽市	313.92	312.87	12.98	12.71	12.37
赤峰市	434.12	431.48	11.52	17.57	17.06
锡林郭勒盟	102.80	106.16	6.81	4.16	4.20
乌兰察布市	214.36	210.25	4.18	8.68	8.31
鄂尔多斯市	194.07	206.87	9.79	7.86	8.18
巴彦淖尔市	166.99	168.48	5.87	6.76	6.66
乌海市	53.29	56.11	7.21	2.16	2.22
阿拉善盟	23.13	24.80	0.84	0.94	0.98

资料来源：《内蒙古统计年鉴》《内蒙古自治区第六次全国人口普查主要数据公报》。

2017 年全区总人口为 2528.6 万人，就盟市来看，赤峰市和通辽市总人口分别为 431.48 万人和 312.87 万人，是人口数最多的两个市，两市总人口占内蒙古总人口数的 29.43%，而阿拉善总人口最少，为 24.80 万人；从人口密度来看，盟市中人口密度最高的乌海市，达到 330.06 人/平方千米，阿拉善人口密度最低，为 0.89 人/平方千米。

4. 人口迁移变动

内蒙古第六次全国人口普查数据显示（见表 2-7），2010 年内蒙古迁移总人口为 724 万人，较 2000 年内蒙古迁移总人口增加了 291 万人，10 年内增长幅度为 40.19%。在 2010 年迁移总人口中，区内跨旗县迁移人口数为 573 万人，2010 年比 2000 年增加了 246 万人，10 年内增长幅度为 75.23%。此外，在省际人口迁移中，2010 年区外迁入人口为 144 万人，区内迁出人口为 107 万人，迁入人口较迁出人口多 37 万人；同 2000 年数据相比较，区外迁入人口增长 89 万人，区内迁出人口增长 57 万人，十年内增幅分别达到 161.82%、114%。由此可以看出，内蒙古迁移总人口大幅上升，区外迁入人口多于区内迁出人口，迁入人口主要是由于内蒙古经济进一步发展对于劳动力的吸引力增大。

表 2 – 7　2000 年和 2010 年内蒙古省际人口流动状况

流动类型	2000 年		2010 年	
	人口数量（万人）	占总人口比重（%）	人口数量（万人）	占总人口比重（%）
迁移人口数	433	18.23	724	29.30
区内跨县迁移人口数	327	10.36	573	23.19
区外迁入人口	55	2.32	144	5.83
区内迁出人口	50	2.10	107	4.33

资料来源：《内蒙古统计年鉴》《内蒙古自治区第五次、第六次全国人口普查主要数据公报》。

二、民族构成

内蒙古是一个多民族聚居的地区，2010 年第六次人口普查数据显示，内蒙古包括除珞巴族以外 55 个民族的常住人口。截至 2016 年末，内蒙古少数民族总人数为 556.40 万人，占总人口的比重为 22%，比 2000 年增加了 63.25 万人，增长 12.83%。人口在万人以上的少数民族有 6 个，分别是蒙古族、回族、满族、朝鲜族、达斡尔族和鄂温克族，这 6 个少数民族总人口占内蒙古少数民族的比重为 99.43%，其中人口最多的为蒙古族，有 462.39 万人（见表 2 – 8）。

表 2 – 8　2016 年内蒙古民族构成情况

民族	人数（人）	占总人数比重（%）	民族	人数（人）	占总人数比重（%）
汉族	18890601	77.25	藏族	1820	0.01
蒙古族	4623940	18.91	锡伯族	3709	0.02
回族	216953	0.89	苗族	2156	0.01
满族	549532	2.25	土家族	2062	0.01
朝鲜族	22990	0.09	彝族	1831	0.01
达斡尔族	86428	0.35	维吾尔族	196	
鄂温克族	32484	0.13	其他少数民族	12934	0.05
鄂伦春族	4571	0.02	外国人加入中国国籍	76	
壮族	2337	0.01			

资料来源：《内蒙古统计年鉴》（2016）。

内蒙古少数民族人口多分布在内蒙古中东部。2010 年内蒙古少数民族人口主要分布在通辽市（30.6%）、赤峰市（19.49%）、兴安盟（14.61%）、呼伦

贝尔市（8.92%）、呼和浩特市（7.28%）等盟市，其他7个盟市少数民族人口
合计仅占内蒙古少数民族人口的19.1%。半数以上少数民族人口分布在乡村，
2010年内蒙古少数民族人口中，23.76%分布在城市，24.94%分布在镇，
51.3%分布在乡村。内蒙古少数民族人口是总人口的重要组成部分，同时也是
推进内蒙古经济社会发展的重要力量。

三、文化资源

自古以来，内蒙古就是中华民族重要的生息繁衍地之一。内蒙古旧石器时
代的物质文化遗存就有30多处，在阴山南麓、鄂尔多斯高原、赤峰丘陵、科尔
沁草原以及呼伦贝尔高原均有发现。境内黄河、辽河、额尔古纳河（黑龙江上
游）等几大河流，孕育了兼具农耕游牧及森林渔猎特色的"草原文明"。内蒙古
东部地区于公元前6世纪后半段便出现了原始农业经济。自旧石器时代以来呼
和浩特的"大窑文化"、鄂尔多斯的"河套文化"、呼伦贝尔的"扎莱诺尔文
化"和赤峰的"红山文化"都见证了内蒙古大地是中国古代人类文明的发祥地
之一。

（1）红山文化。红山文化以辽河流域中辽河支流西拉沐沦河、老哈河、大
凌河为中心，分布面积达20万平方千米，距今五六千年左右，延续时间达两千
年之久，是中国已知出现最早的文明。赤峰红山的经济形态以农业为主，兼以
牧、渔、猎并存。它的遗存以独具特色的彩陶与之字形纹陶器共存且兼有细石
器文化的新石器时代文化。彩陶多为泥质，以红陶黑彩常见，花纹十分丰富，
造型生动朴实。玉器制作为磨制加工而成，表面光滑，晶莹明亮，极具神韵。
到目前为止，红山文化的玉器已出土近百件，其中出土自内蒙古赤峰红山的大
型碧玉C型龙，周身卷曲，吻部高昂，毛发飘举，极富动感，是红山文化玉器
的代表作，被誉为"天下第一龙"。因赤峰境内多有龙表玉器出土，故赤峰被称
为龙的故乡。

（2）契丹、辽文化。发源于赤峰境内的契丹民族，是中国古代北方草原的
强族，从公元四世纪始兴至十三世纪初西辽灭亡为止，共存在近千年，契丹民
族所建立的辽王朝，自公元907年建国到公元1125年灭亡，是契丹社会经济文
化大放异彩的时期。辽王朝的统治中心始终在赤峰地区，因此赤峰境内辽代遗
产丰富，出土文物甚多，是中外学者研究契丹、辽文化的中心，也是中华民族

文化宝库中一颗璀璨的明珠。

（3）蒙古文化。蒙古文化是由蒙古民族创造的一种游牧文化，蒙古族文化已经有上千年的历史。蒙古族人民世居草原，以畜牧为生计。马奶酒、手扒肉、烤羊肉是他们日常生活最喜欢的饮料食品和待客佳肴。每年的七八月，成千上万的蒙古牧民身着节日盛装聚集在绿草如茵的草原上，庆贺一年一度的盛大节日——那达慕。蒙古文化是草原文化的主体，是中国当代文化的有机组成部分，也是中华文明长期保持多元文化所必需的重要物质和精神财富之一。

（4）"三少民族"文化。"三少民族"是指鄂伦春族、鄂温克族和达斡尔族，"三少民族"人口分布相对集中的地域为内蒙古呼伦贝尔市的鄂伦春自治旗、鄂温克族自治旗、莫力达瓦达斡尔族自治旗，"三少民族"人口不多，但他们的历史源远流长，有数千年的历史和文化，其中达斡尔族源于中国古代夏部族，而鄂温克族和鄂伦春族则源于中国古代的东夷族。在"三少民族"传统文化中，既包含北方地域特色的农牧渔猎生产方式和技艺，也包含了有关野生动物习性、野生植物食用、药用等民间知识。这些民族的传统文化，以其丰富性、独特性和地域性，为中华文化的多样性做出了重要贡献。

（5）大窑文化。"大窑文化"遗址位于呼和浩特市东郊33千米处，保合少乡大窑村南。大窑遗址年代为距今70万年至1万年前，分旧石器时代早期、中期、晚期三个阶段。依据石器类型，将晚期定名为"大窑文化"，这个时期的石制品种类多样，有石核、石片，多种砍砸器和刮削器，其中龟背形刮削器独具特色，是该文化的典型石器。大窑文化遗址的发现把内蒙古人类活动历史推前到六七十万年前，证明了内蒙古阴山地带曾有远古人类活动，是中华民族远古文明的发祥地之一。

（6）敕勒川文化。敕勒川地区是中华文明的起源区域之一，范围大致包括现行行政区划中的呼和浩特市、包头市、巴彦淖尔市中东部、乌兰察布市西部、鄂尔多斯市北部沿黄河的准格尔旗、达拉特旗、杭锦旗等地区。敕勒川虽地处塞外，但由于毗邻黄河、背靠阴山，且气候温和，十分适合农牧业发展，因此敕勒川文化是复合型文化，是草原文化与农耕文化反复交融的产物。敕勒川文化以其鲜明的地域特色、民族特色和文化内涵成为中华民族文化中璀璨的瑰宝。

第三节　科技与交通资源

一、科技资源

内蒙古一直积极推进科技创新，科技队伍不断壮大，科技成果大批涌现，科技创新能力和科技整体实力不断提升。

"十二五"期间各类科技计划资金拨款总额达到 32.08 亿元，是"十一五"的 6.5 倍。"十二五"期间全社会研发经费年均增速 16.38%，新增 4 家自治区重点实验室，总数达 94 家；新增 76 家自治区工程技术研究中心，总数达 128 家；新建院士专家工作站 69 家，引进院士 81 名，联系院士专家团队 480 个；新组建 38 家新型研发机构。已建有 10 个自治区级（以上）高新区、78 个特色科技产业化基地、19 个科技企业孵化器、17 个产业技术创新战略联盟、41 个众创空间试点或培育基地；重新认定 237 个国家高新技术企业。2017 年共取得重大科技成果 533 项，其中，基础理论成果 110 项，应用技术成果 421 项，软科学成果 2 项，获得国家级奖励的科技成果 1 项。全年专利申请 11701 件，授权专利 6271 件。全社会研发经费达到 136.06 亿元（见图 2-4、图 2-5）。

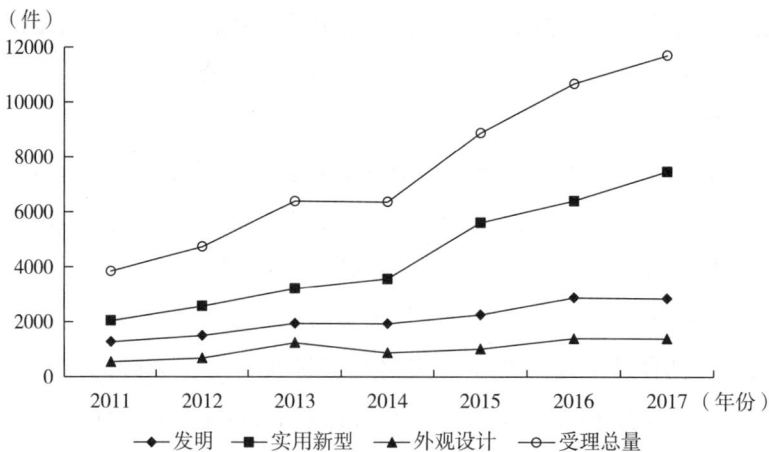

图 2-4　2011~2017 年内蒙古三种专利申请受理量变化

（件）

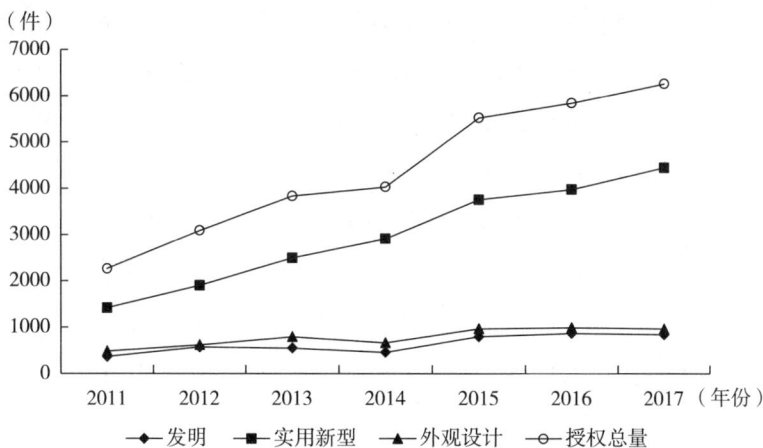

图 2 - 5　2011～2017 年内蒙古三种专利授权量变化

2017 年，内蒙古研究与试验发展（R&D）经费 132.2 亿元，R&D 经费投入强度 0.82%。内蒙古自治区共拥有国家级高新区 3 个，自治区级高新区 9 个；国家级各类高新基地 10 个，自治区级高新技术特色产业基地 39 个；国家级科技企业孵化器 11 家，自治区级科技企业孵化器 35 家；自治区级企业研发中心 340 家。共取得重大科技成果 533 项，其中，基础理论成果 110 项，应用技术成果 421 项，软科学成果 2 项，获得国家级奖励的科技成果 1 项。

1. 高新技术

内蒙古紧紧围绕经济发展的重点领域，通过科技项目支持，大力发展高新技术产业。在新能源领域，重点支持了太阳能干燥器开发研究与示范、SPT15—NMS 低温型风力发电机组、多晶硅冷氢化节能增质技术研究和 20 千瓦太阳能蝶式空气轮发动机发电系统开发等项目。在新材料领域，稀土清洁高效选冶、尾矿清洁处理、稀土功能材料及终端应用产品开发等项目均获得较大进步。其中，稀土清洁高效选冶获得国家科技支撑计划项目支持；贮氢合金材料工艺技术及设备达到国际先进水平；稀土抛光粉、发光材料、磁致伸缩材料、热障涂层靶材、磁制冷材料的研究均达到国内先进水平。在煤炭清洁高效利用领域，由内蒙古企业自主研发的煤制富勒烯技术，填补了我国工业化生产富勒烯的空白；高铝粉煤灰综合利用项目实现了年消耗高铝粉煤灰 60 万吨，年产优质活性硅酸钙 15 万吨，产值 1.8 亿元的建设目标。伊泰集团建设的我国首条煤间接液化制取煤基合成油生产示范线，实现年产煤基合成油 16 万吨；年产 60 万吨煤制烯烃项目落户包头，成为我国最大的煤制烯烃项目；世界最大规模的固体热载体法快速热解褐煤生产线在锡林郭勒盟建成，与褐煤提取金属锗技术一道，为内蒙古广泛的褐煤资源提质利用提供了技术支撑。在先进装备制造领域，围绕内蒙古优势特色产业，重点支持了大规模储能装备、风力发电机相关装备、磁共振影像仪、农牧业高端装备等的研发及产业化示范。在生物产业领域，益生菌菌株培养技术达到全国最高水平，已分离、鉴定、收集乳酸菌菌种 1200 余株，并筛选出用于益生发酵乳制品和功能性乳酸菌制剂生产的益生菌菌种 2 株。

2. 农牧业科技

内蒙古粮食丰产工程已建立可持续超高产研究平台 3 个、粮食丰产高效技术示范基地 10 个、专业性试验基地 2 个，覆盖赤峰、通辽、呼伦贝尔和兴安盟 4 个盟市 18 个旗县区。工程累计推广玉米超高产技术 4683.6 万亩，有 24 个点次小面积玉米高产攻关田实测亩产达到 1000 千克以上，最高产量达 1254.1 千克/亩，百亩高产示范最高产量达 1241.4 千克/亩，使内蒙古的玉米单产从 2011 年的 408 千克/亩提高到 500 千克/亩以上，有效支撑了全区粮食增产、农业增效、农民增收。

目前，内蒙古共拥有国家级农业科技园区 3 个，已建成核心示范区面积 130.4 万亩，辐射带动面积 1866 万亩。认定内蒙古级农业科技园区及特色科技产业化基地 68 个，覆盖全部 12 个盟市的农业、畜牧和生态领域，涉及玉米、小麦、马铃薯、大豆、奶业、肉业、生态治理和可持续发展 8 大产业，在农牧业新产品、新品种、新技术研发推广过程中，发挥了较强的示范、辐射、引领、带动作用，推动了传统农牧业向现代农牧业转变。

3. 医药科技

赤峰荣济堂药业有限公司开发的"调节肿瘤细胞凋亡的新型高效抗肿瘤药物 RJT101"和内蒙古奇特集团研究的"抗肿瘤—一类新药安替安吉肽"获得国家"重大新药创制"专项支持。内蒙古科技重大专项"人畜共患病防治关键技术研究"项目，从布鲁氏菌病的机理研究、预防关键技术、疾病病因诊断、临床治疗研究及疗效判断等多方面入手，全方位开展布鲁氏菌病防治关键技术研究，并计划建立全区布鲁氏菌病综合监测防控平台，该项目的实施对解决布鲁氏菌病这一困扰草原人民多年的地方病，具有重大意义。

二、交通

改革开放特别是"十二五"时期以来，内蒙古交通得到了长足的发展，取得了前所未有的成就，极大地促进了运输业的发展。2017 年末，运输线路总长度达到 214221 千米，其中国家铁路营业里程为 11056 千米，地方铁路营业里程为 1339 千米，公路运输线路长度为 199423 千米，内河运输线路长度为 2403 千米。客运量总计 16061 万人，旅客周转量总计 362.75 亿人/千米；货运量总计 227459 万吨，货物周转量总计 5206.49 亿吨/千米。内蒙古交通运输方式主要有四种，包括铁路、公路、航空、水运，其中铁路和公路运输占绝对主导地位。

1. 铁路

2017 年全区铁路运输业完成货运量 8.0 亿吨，比 2016 年同期增长了 14.5%；货物周转量 2442.02 亿吨/千米，增长了 20.3%；完成客运量 5452.21 万人，增长了 1.1%；旅客周转量 220.10 亿人/千米，下降 1.0%。境内的铁路线路由铁道部下属的三个铁路局管辖：

（1）哈尔滨铁路局管辖：呼伦贝尔市全境。

铁路干线 2 条：滨洲线（哈尔滨—满洲里）、牙林线（牙克石—满归）。

铁路支线 7 条：博林线（博克图—塔尔气）、伊加线（伊图里河—加格达奇）、伊敏线（海拉尔东—伊敏）、朝乌线（朝中—莫尔道嘎）、伊阿线（伊敏—伊尔施）、阿扎线（阿荣旗—扎兰屯）。

（2）沈阳铁路局管辖：兴安盟全境、通辽市全境、赤峰市南部。

铁路干线 4 条：平齐线（四平—齐齐哈尔）、京通线（北京北—通辽西）、通霍线（通辽北—霍林郭勒）、大郑线（大虎山—郑家屯）。

铁路支线 6 条：通让线（通辽东—让湖路）、叶赤线（叶柏寿—赤峰）、赤锦线（赤峰—锦州）、赤大白线（赤峰—大板—白音华）、珠珠线（珠斯花—珠恩嘎达布其）、霍白线（霍林郭勒—白音华）。

（3）呼和浩特铁路局管辖：内蒙古中西部地区：呼和浩特市、包头市、乌海市、鄂尔多斯市、巴彦淖尔市、乌兰察布市、阿拉善盟、锡林郭勒盟、赤峰市北部。

铁路干线 7 条：京包线（北京北—包头）、包兰线（包头西—兰州东）、集二线（集宁—二连浩特）、集通线（集宁—通辽北）、包西线（包头—西安）、集张线（集宁南—张家口南）、集包线（集宁南—包头）。

铁路支线8条（含一条环线）：包白线、包石线、包环线、乌吉线、海公线、郭查线、包神线、临策线。

高铁1条：张呼客运专线、呼（和浩特）准（格尔）鄂（尔多斯）铁路。

2. 公路

2017年，内蒙古自治区公路建设完成投资702亿元，公路总里程突破19.9万千米，其中高速公路6300千米、一级公路7000千米、二级公路17200千米，高级、次高级路面15.12万千米，实现了全部乡镇（苏木）通油路，所有具备条件的嘎查村通水泥路。全区公路运输完成营业性客运量9421万人，旅客周转量143亿人·千米；货运量147482万吨，货物周转量2764亿吨·千米。已形成了与国民经济发展相适应、与其他运输方式相协调的内蒙古公路网系统。

3. 航空

截至2017年底，内蒙古辖区正式运营的机场有22个，通勤机场3个、通用机场3个。基地运输航空公司1家。2017年内蒙古地区旅客吞吐量达到2231.8万人次，货邮吞吐量达到7.5万吨。2017年，霍林河运输机场投入使用；新巴尔虎右旗通用机场准备开放使用；阿荣旗、莫旗、达茂旗、阿鲁科尔沁旗等通用机场正在建设中；林西运输机场、东乌旗运输机场、鄂托克前旗、奈曼旗、克什克腾旗等通用机场正在筹建中。呼和浩特白塔国际机场备降保障工程建成并投入使用，新增机位20个，极大地提升了呼和浩特机场作为首都机场备降场的航班备降保障能力。

4. 水运

内蒙古境内主要河流有黄河、额尔古纳河、根河、嫩江等，分属三大水系，均可发展水上交通。2017年内蒙古内河的航道里程为2403千米，民用船舶数为832艘。内河航道作为其他运输方式的补充，促进了社会经济的发展。但是，由于境内内河航运受自然条件影响较大，运输速度慢等缺点，内河航运成为地区综合运输体系中最薄弱的一环。

参考文献

[1] 王静爱. 中国地理教程［M］. 北京：高等教育出版社，2007.

[2] 韩俊丽，杜君兰. 内蒙古自治区地理［M］. 呼和浩特：远方出版

社，2005.

　　［3］陶健，葛力大．内蒙古区情［M］．呼和浩特：内蒙古人民出版社，2005.

　　［4］中国林业网．我国八大沙漠、四大沙地概况［EB/OL］．http：//www. forestry. gov. cn/Zhuanti/content_ 201406hmhghr/682823. html，2014－06－11/ 2019－06－13.

　　［5］内蒙古自治区水利厅．2015年内蒙古自治区水资源公报［EB/OL］．http：// slt. nmg. gov. cn/xxgk/jcms_ files/jcms1/web2/site/art/2017/6/3/art_ 56_ 2941. html， 2017－06－03/2019－06－13.

　　［6］内蒙古政府网．自然地理［EB/OL］．http：//www. nmg. gov. cn/col/col116/ index. html，2019－06－13.

　　［7］百度百科．呼伦湖［EB/OL］．https：//baike. baidu. com/item/%E5%91%/ BC%/E4%/BC%/A6%/E6%/B9%/96/825655? fr＝aladdin，2019－06－13.

　　［8］内蒙古政府网．矿产资源［EB/OL］．http：//www. nmg. gov. cn/col/ col207/index. html，2019－06－13.

　　［9］搜狐网．详解稀土资源及全球分布情况［EB/OL］．http：//www. so- hu. com/a/29279044_ 211128，2015－08－26/2019－06－13.

　　［10］国家可再生能源数据库［EB/OL］．http：//www. renewable. org. cn/， 2019－06－17.

　　［11］内蒙古区情网．内蒙古概览［EB/OL］．http：//www. nmgqq. com. cn/ quqing/ShowArticle. asp? ArticleID＝18893，2018－07－03/2019－06－14.

　　［12］百度图片．http：//image. baidu. com/search/detail? ct＝503316480&z＝ 0&ipn＝d&word＝蒙古野驴图片，2019－06－14.

　　［13］百度图片．http：//image. baidu. com/search/detail? ct＝503316480&z＝ 0&ipn＝d&word＝野骆驼图片，2019－06－14.

　　［14］续伊特．内蒙古自治区人口迁移特征与影响因素研究［D］．吉林大 学硕士学位论文，2015.

　　［15］杨源．内蒙古少数民族人口发展状况［J］．内蒙古统计，2014（5）： 41－43.

　　［16］百度百科．红山文化［EB/OL］．https：//baike. baidu. com/item/%E7%/ BA%/A2%/E5%/B1%/B1%/E6%/96%/87%/E5%/8C%/96/1034250? fr＝aladdin，

2019 – 06 – 14.

[17] 恩和巴图. "三少民族" 文化源于中原地区 ［J］. 文化学刊, 2009 (6)：25 – 28.

[18] 毅松. "三少民族" 文化保护与传承亟待新思路 ［N］. 中国社会科学报, 2011 – 06 – 14 （006）.

[19] 杨莉莉. 内蒙古远古历史文化系列大窑文化——旧石器时代（早、中、晚期）［J］. 西部资源, 2006 （3）：59.

[20] 内蒙古统计局. 内蒙古统计年鉴 （2018）［DB/OL］. http：//tj. nmg. gov. cn/files/tjnj/2018/zk/indexce. htm, 2019 – 11 – 26.

[21] 中华人民共和国科学技术部. 内蒙古自治区高新技术领域科技创新平台载体建设取得新突破 ［EB/OL］. http：//www. most. gov. cn/dfkj/nmg/zxdt/201801/t20180112_ 137659. htm, 2018 – 01 – 12/2019 – 12 – 26.

[22] 中华人民共和国科学技术部. 2017 年全国科技经费投入统计公报 ［EB/OL］. http：//www. most. gov. cn/mostinfo/xinxifenlei/kjtjyfzbg/kjtjbg/kjtj2018/201902/P020190225562371257913. pdf, 2018 – 10 – 9/2019 – 12 – 26.

第二篇

产业与经济

第三章　经济概况

第一节　区域开发历史与特点

一、绥远近代经济概况

绥远省为中华民国时的塞北四省（热河省、察哈尔省、绥远省、宁夏省）之一，简称绥，省会归绥（今呼和浩特市），在今内蒙古自治区中部。绥远在清朝为归绥道，属山西省管辖，1914 年袁世凯北洋政府将之分出山西，与兴和道建立绥远特别区，1928 年改称绥远省，省会为归绥。

1. 抗战前经济概况

1924～1937 年，绥远省总种植面积为 11060 万亩，年均粮食总产量为 18.31 亿斤（除灾荒年）。以实际耕种的土地来计算，20 世纪 30 年代绥远平均每户实耕地面积为 72 亩，农村人均实耕地 13.8 亩，每一农业劳动力平均实耕地 22.5 亩。劳动力的平均产量分别为：1929 年为 800 斤，1930 年为 1341 斤，1934 年为 1803 斤，1936 年为 1963 斤。1930 年，各县平均畜禽养殖及副产品年收入为 31.68 万元，农村土特产猎采及种植年收入为 9.12 万元，渔业的收入为 4215 元，农村采矿业的挖掘与运输收入为 3.89 万元。各县局年产煤约为 24 万吨，可以供应全省户均约 0.65 吨，产量最高为集宁县 10 万吨，但质量较差；其次为萨拉齐县、固阳县，年产在四五万吨；再次为安北设治局年产约 2 万吨；其余各县年产均在 1 万吨以下，凉城、托克托、和林格尔三县没有煤窑。绥远省各县局年产食盐共计 617 吨，可以供应全省户均食盐约 3 斤，产盐主要集中在托克托、萨拉齐、安北三个县局，年产量在100吨以上，其余产盐各县仅在年产几吨而已，另有七个县没有盐池，采盐收入则一般在每吨10元。

傅作义主政时期，由于连年灾害与战乱，再加上政府统治极其腐败，使交通、工商、工农业发展受到阻碍，社会经济大萧条。1931年8月，傅作义就任绥远省主席，仅一月余，"九一八"事变爆发，傅作义为挽救时局，制定并实施有效的经济措施，使绥远摆脱了经济低迷局面。

自1933年起，绥远开始兴办实业，并涉足多个领域，如采矿、纺织、皮革、制糖等。与此同时，毛布厂、纸厂、皮件厂、毡厂以及皮革厂等相继成立。牧业方面，按以进入绥远的马匹统计，1931年不过7101匹，到1934年增加到13046匹。1929~1933年，绥远省输出各色羊皮共计211.87万张，价值3000多万元，每年产毛量（包括羊毛和驼羊毛）2501.2万斤。1936年，绥远马匹、驼、羊的数量合计达435.18万只。

2. 抗战时期经济概况

绥远省政府在抗战时期，经历了两个阶段：1937年10月至1939年2月流亡于晋陕阶段；1939年3月至1945年9月西移于绥西阶段。傅作义作为绥远主政者，面对当时复杂的历史条件和艰难的战争环境，他将返绥后的重建与复兴，视作得以坚持抗战的基础，是争取抗战胜利的前提。1940年，五原战役胜利后，绥远省政府开展治水和经济复兴工作。①农业经济的恢复和发展。土地集中度高，为大地主垄断。通过共有荒地的垦殖、私有荒地的垦殖、开展增产运动等，土地使用管理和粮食生产统制的实施，使绥西农业得以初步恢复和发展。②商业。随着农业的发展，商业日渐兴旺，1946年河套境内私营商户达到鼎盛时期。五原县是境内重镇，商业开发早，1926年坐商就有20余户，到40年代后期，全县商户发展到972户，从业人员达1309人。安北县境内有商户50余家，坐商30户，流动商贩20户。③工业。河套地区土地肥沃，人民以农业为主，工业很不发达，为了适应战时需要，开办了"复兴公司毛织厂、皮革厂、印刷厂、造纸厂各一处"，并开设了被服厂、军鞋厂。据《大公报》报道"绥西因敌区"封锁商路，后方分区统制经济，故布匹甚是缺乏，土布工业应运勃兴，陕坝、五原、临河之土布工厂，共计58家。1940年以后河套地区工商业虽然得到恢复和发展，特别是1946年河套境内私营商业达到鼎盛时期，但总体上看城镇不过是农业经济的附属物，自给自足的农业经济依旧成为乡村和城镇共同赖以存身的基础。

二、内蒙古经济的恢复

1947 年 5 月 1 日，内蒙古自治区成立，成为我国建立最早的民族自治区。自治区成立之初，内蒙古仅有耕地 396.7 万公顷，粮食产量 18.5 亿千克，年末牲畜总头数只有 851.8 万只。工业基础薄弱，只有一些简单的皮毛加工、煤炭开采、森林采伐和农产品加工工业，1947 年，内蒙古工业增加值仅为 0.37 亿元，占地区生产总值的 6.9%。

1949 年 10 月 1 日，中华人民共和国成立，自此揭开了内蒙古经济发展的新篇章。在 3 年国民经济恢复时期，内蒙古自治区在农村实行土地改革政策，废除地主阶级的封建土地所有制，实现"耕者有其田"，解放和发展农村经济。1952 年与 1949 年相比，播种面积由 5840 万亩扩大到 7420 万亩，粮食总产量由 1949 年的 42.5 亿斤增加到 1952 年的 169.7 亿斤。在牧区进行以废除封建特权为主要内容的民主改革，制定了"自由放牧""不斗不分""不划阶级"和"牧工牧主两利"政策。1952 年，内蒙古地区牲畜总头数增加到 1467.6 万只，比 1949 年的 968.6 万只增长了 51.5%。其中，大畜由 262.9 万头增加到 430.3 万头。在工业方面，全区建立了一批森工、电力、煤炭、乳品、皮毛、纺织、砖瓦、粮油食品加工等工业企业。到 1952 年，内蒙古地区工业总产值达 1.63 亿元，产品种类增加到 92 种。1952～1960 年，虽然期间有一定的回落，但内蒙古生产总值与人均生产总值总体上呈现一种递增态势。1953～1960 年，国家在内蒙古也进行了一系列重点项目建设，如包头工业基地、大兴安岭林区的建设等。

自 1958 年以来，中国获得国际上承认的新矿物有 50 余种，其中 10 种发现于内蒙古，包括钡铁钛石、包头矿、黄河矿、索伦石、汞铅矿、兴安石、大青山矿、锡林郭勒矿、二连石、白云鄂博矿。凭借丰富的矿产和农牧林业的资源优势，在国家政策的大力扶持与内蒙古政府与人民的不懈努力之下，内蒙古自治区的经济稳步前进着。

三、内蒙古经济的徘徊

1961～1976 年，内蒙古经济发展进入停滞时期。20 世纪 60 年代初，在受到国内大跃进"左"的思想，苏联撕毁协议、撤走所有在中专家、中断贸易以及三年自然灾害等一系列问题的影响之下，内蒙古经济面临严重困难，被迫进行调整。内蒙古在全国统一发展思想的指引下，重点发展煤炭、电力、钢铁、冶金、机械等工业行业，并以农牧业发展作为辅助，同时注重发挥自治区作为能源原材料基地在国民经济体系发展中的作用，使经济下滑趋势得以遏制，并开始缓慢回升。

1966 年"文化大革命"开始，全国进入政治动乱当中，内蒙古经济遭受了巨大的损失。1973 年，内蒙古经济依然低迷，如居民消费指数相较于 1952 年为 171.6，20 年间增长幅度很小。

1976 年，国民经济濒于崩溃的边缘，自治区财政收入也跌至低谷，当年仅完成收入 12771 万元，相当于 1952 年的水平。人民生活水平下降，全民所有制单位职工的平均年工资由 1966 年的 732 元跌到 1976 年的 702 元，农村人民公社平均每个劳动日的分值由 0.77 元下降到 0.51 元，牧区每个劳动日分值由 1.20 元下降到 1.14 元。

1978 年底，内蒙古自治区坚决执行了国家"调整、改革、整顿、提高"的方针，进行了农村牧区与城市的经济体制改革，对企业进行了全面的整顿。1981 年 8 月，内蒙古为促进经济发展，确定了新的方针，"林牧为主，多种经营"。依据地区支柱产业不同，方便进行分类指导，将自治区（除了几个中等城市以外）划分为 5 个不同的经济型类别：农牧经济型、畜牧经济型、林牧经济型、小城镇经济型、城乡经济型。

1978~1985 年，是内蒙古对基本农业政策的实施阶段。1980 年粮食缺口达到了最低谷，粮食产量因灾减产二成左右，总产量 80 亿斤上下，这一时期粮食生产的发展严重滞后于粮食需求的增长。1982 年，中央发布了改革开放以来首个"一号文件"，该文件给予家庭联产承包制一定的法律保障。1984 年，自治区又效仿农区的"家庭联产承包责任制"，在全国五大牧区中率先实行了"草场公有、承包经营、牲畜作价、户有户养"的"草畜双承包责任制"。第一轮结构调整时期的结构变动态势是：农业产值占第一产业产值的比重由 1978 年的 61.3% 调整为 1985 年的 57.7%。到 1985 年，粮食种植面积比 1978 年下降了 67.2 万公顷，下降了 16.4%，但粮食总产量却比 1978 年增产了 105.1 万吨；肉类总产量也由 1979 年的 21.8 万吨增长到 1985 年的 35.9 万吨，增长了 64.7%。

（亿元）

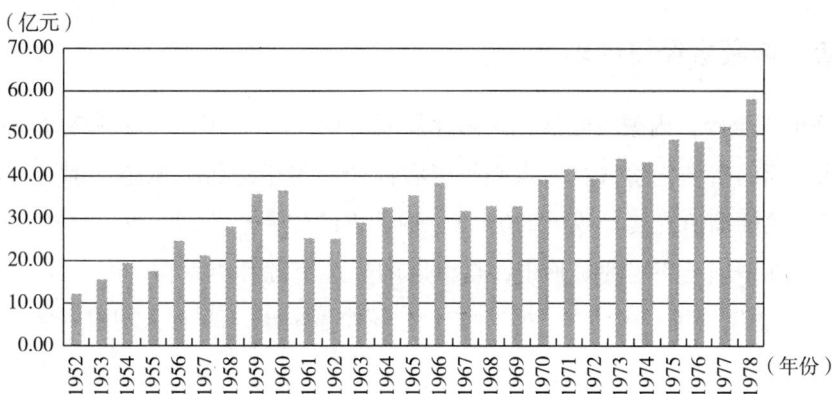

图 3 – 1 1952 ～ 1978 年内蒙古生产总值变化趋势

资料来源：各年《内蒙古统计年鉴》。

（亿元）

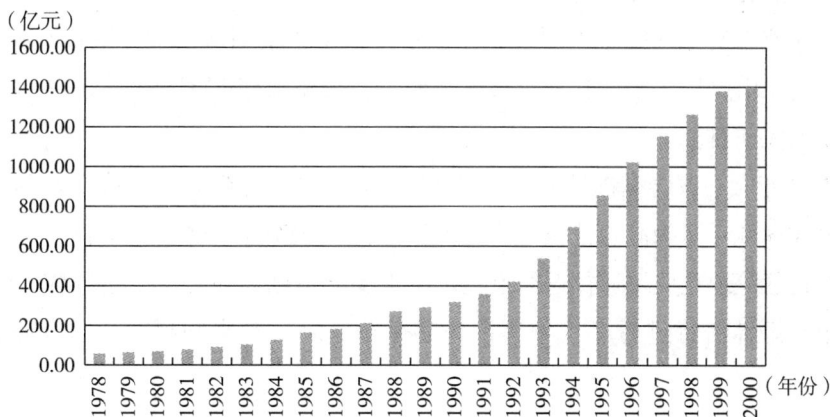

图 3 – 2 1978 ～ 2000 年内蒙古生产总值变化趋势

资料来源：各年《内蒙古统计年鉴》。

　　1989 ～ 1991 年，全区规模以下工业进入治理整顿阶段。自治区规模以下工业在大环境不利的条件下，努力克服市场疲软、产品积压滞销、资金短缺、三角债困扰等困难，保持了适当的发展速度。1999 ～ 2001 年，是内蒙古农业生产波动时期。1998 年后，由于农产品价格全面下跌。农民收入增速减缓，这次的结构调整政策表现在压缩粮食生产，大力发展经济作物以及继续调整发展畜牧业、渔业等方面。参见图 3 – 1、图 3 – 2。

四、内蒙古经济的崛起

2001 年至今，内蒙古经济进入高速发展时期。2002 年国家宏观经济调控开始进入全面的市场化阶段，对煤炭等资源性产品价格进行了调整，国民经济开始了新一轮的高速发展。截至 2005 年，内蒙古的矿产资源潜在价值已达到 13.4 万亿元，在全国已探明的矿种中，自治区的矿产资源种类就占 78%，并且这其中有 28 种储量位居全国前三，66 种储量位居全国前十，20 种人均占有量远高于全国。

2003~2008 年的五年间，内蒙古利用丰富的资源完成了内蒙古电力等 11 家大中型国有企业和外贸、物资、商粮三大流通集团改革。建成投产大唐托克托电厂一、二、三期，海勃湾电厂三期，岱海电厂一期，霍煤集团煤电铝联营，包钢集团热轧薄板、冷轧薄板，包头希望铝业电解铝，赤峰远航水泥，蒙牛兴安盟乳业液态奶等一批重点项目，开工建设了神华集团煤制油、宝日希勒煤电联营、乌拉山电厂二期、胜利煤田露天矿、吉盐化集团 PVC 等一批具有重要带动作用的大项目。

2009 年，在改善基础设施方面再度发力，分别新修建公路、铁路为 3400 千米（其中 300 千米为高速公路）和 2600 千米。铁路的修建为呼和浩特、北京、赤峰和通辽等地建成快速往返通道奠定了重要的基础。同时，二连浩特、通辽、满洲里和锡林浩特进行了机场等设施的完善。海勃湾水利枢纽项目获得国家批复。

2013 年，在自治区贯彻全国两会精神大会上，党委书记王君就今后自治区的发展提出了 "8337" 的发展思路，概括起来就是："八个建成""三个着力""三个更加注重""七个重点工作"。

2014 年 5 月，习近平总书记在河南考察时指出，我国经济发展进入了新常态，机遇与挑战并存，我们要增强信心，依据当前经济发展的阶段性特征制定合理的规划。自治区围绕 "8337" 发展思路，推动以科技创新为核心的全面创新，深入实施《内蒙古自治区创新驱动发展规划》，引领经济发展新常态。

2016 年，我国正处于经济形势严峻与改革发展的关键时期，内蒙古自治区适应新常态，落实新理念，积极推进供给侧改革，扩大对外开放，保障民生，防控风险。在确保平稳发展的前提下，提高发展质量，提升经济效益，实现了

"十三五"的良好开局。

2016 年 11 月 22 日，内蒙古自治区召开了第十次党代会，党委书记李纪恒做了题为《紧密团结在以习近平同志为核心的党中央周围把祖国北部边疆这道风景线打造得更加亮丽》的报告，对今后五年的工作做了部署。要以经济建设为中心，加快转型升级，促进"五化"协同，深化改革开放。经过未来五年的不懈努力，到建党 100 周年时，祖国北疆这道经济发展、民族团结、文化繁荣、边疆安宁、生态文明、各族人民幸福生活的风景线一定会更加亮丽！

2017 年 10 月 18 日，中国共产党第十九次代表大会召开，习近平代表第十八届中央委员会向大会做了题为《决胜全面建成小康社会夺取新时代中国特色社会主义伟大胜利》的报告，指出中国特色社会主义进入了新时代，是决胜全面建成小康社会、进而全面建设社会主义现代化强国的时代，同时社会的主要矛盾已经转化为人民日益增长的美好生活需要和不平衡不充分的发展之间的矛盾，我国仍将长期处于社会主义初级阶段的基本国情没有变。

从 2000 年开始，内蒙古 GDP 持续上升（见图 3-3），内蒙古 GDP 占全国的份额也呈现上升趋势（见图 3-4），2013 年开始略有下降。2000 年，内蒙古自治区提出以"呼包鄂"为核心的经济圈，提出三地协同发展的战略，"呼包鄂"依托各自产业发展的优势，近年来迅速崛起，有内蒙古"金三角"的美称。

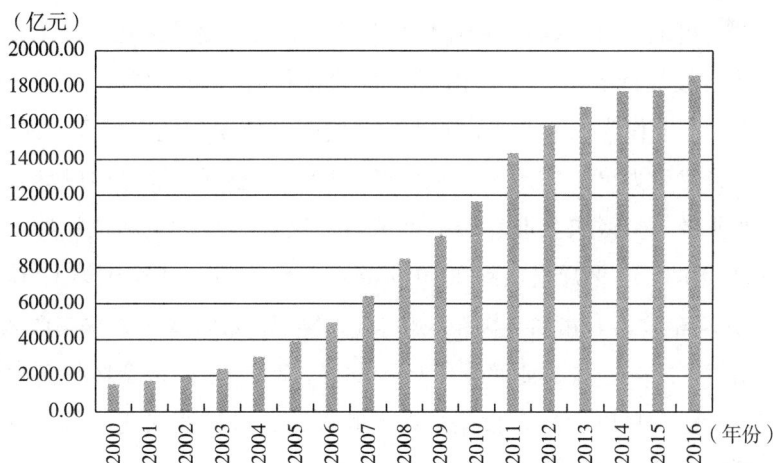

图 3-3 2000～2016 年内蒙古国内生产总值（GDP）

资料来源：《内蒙古自治区国民经济和社会发展统计公报》（2000～2016）。

（%）

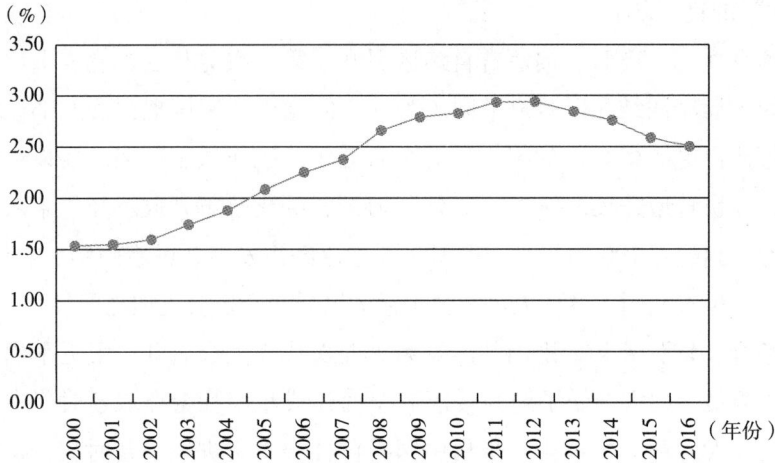

图 3 – 4　2000～2016 年内蒙古生产总值占全国生产总值的份额

资料来源：《内蒙古自治区国民经济和社会发展统计公报》（2000～2016）。

1. 内蒙古农牧业的迅速崛起

内蒙古天然草场总面积达 8666.7 万公顷，位居全国五大草原之首，其中可利用草场面积占全国草场总面积的 25%，是大规模畜牧业生产的重要依托。内蒙古现有呼伦贝尔、锡林郭勒、科尔沁、乌兰察布、鄂尔多斯和乌拉特 6 个著名大草原。

"十五"期间，全区农牧业产业化经营从小到大，由慢到快，成为全国农牧业产业化发展较快的省区之一。内蒙古自治区将乳、肉、绒、粮油、马铃薯、饲料饲草六大产业作为农业产业化的主导。同时，依据不同区域农产品的优势，加大基地设施建设力度，实现专业化生产，集约化经营，最终形成具有区域特色的优势产业带。全区农牧业克服了严重自然灾害和国际金融危机冲击，粮食产量从 2005 年的 332 亿斤增加到 2010 年的 431.64 亿斤，由全国第 13 位上升到第 11 位，人均粮食占有量居全国第三位，已经成为我国 13 个粮食主产区和 5 个粮食净调出省区之一。畜牧业实现了稳步发展，2005 年以来全区牲畜存栏连续六年稳定在 1 亿头只以上。农牧业结构不断优化，畜牧业快速增长，成为第一产业的主要增长点，农牧并举的农牧业结构逐步形成。

"十二五"时期，内蒙古农牧业提质增效，粮食产量由 431.6 亿斤增加到 565.4 亿斤，牲畜存栏由 1.08 亿头只增加到 1.36 亿头只，牛奶、羊肉产量居全国首位，农畜产品加工转化率由 51% 提高到 58%。2000～2016 年农业增加值如图 3-5 所示。

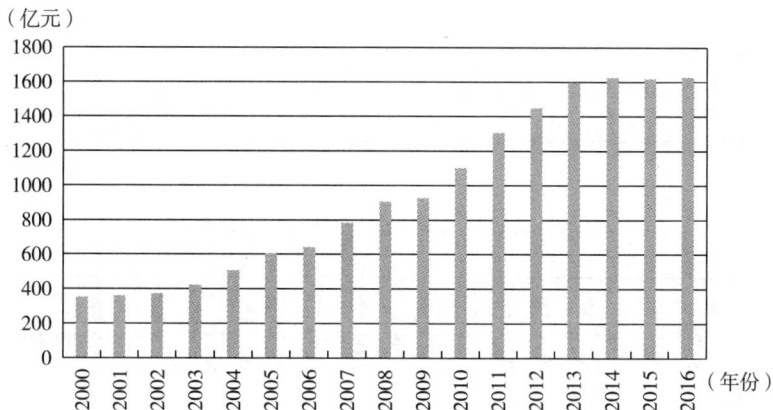

（亿元）

图 3-5 2000～2016 年内蒙古农业增加值

资料来源：《内蒙古自治区国民经济和社会发展统计公报》（2000～2016）。

2. 内蒙古工业的快速发展

近几年来，内蒙古利用资源优势，重点发展能源、冶金、化工、农畜产品加工、装备制造业和高新技术等优势产业。根据资源禀赋、产业基础和国家产业政策，大力建设呼和浩特—包头—鄂尔多斯、霍林河—白音华—胜利、蒙西（棋盘井—乌斯太—西来峰）以及呼伦贝尔等能源、重化工业基地。以乳、肉、绒、粮、油为重点，建设各具特色的绿色农畜产品生产加工基地。重点建设包头、呼和浩特机械装备制造业基地，发展运输机械和特种工程机械，使产品系列化、产业规模化。重点发展电子信息产品制造、稀土深加工和生物制药。

2002～2006 年连续 4 年增速居全国第 1 位，2007 年仅次于海南居全国第 2位，2008 年以来继续保持全国第 1 位。由工业化初期进入了工业化中期，以工业经济迅速崛起、形成新型工业化格局为目标，尽快实现产业多元化的延伸与升级。从图 3-6 中可以看到，2000～2016 年内蒙古自治区工业增加值增速较快，2013 年在经济新常态下有较小幅度下降。2015 年，深入贯彻党的十八届四中全会、中央经济工作会议和自治区党委九届十三次会议的精神，坚持稳中求进总基调，坚持以提高工业经济质量和效益为中心，以改革创新为动力，以依法行政、"两化融合"为抓手,稳运行、抓项目、调结构、促转型、提质增效,促进工业经济和信息化建设持续健康发展。

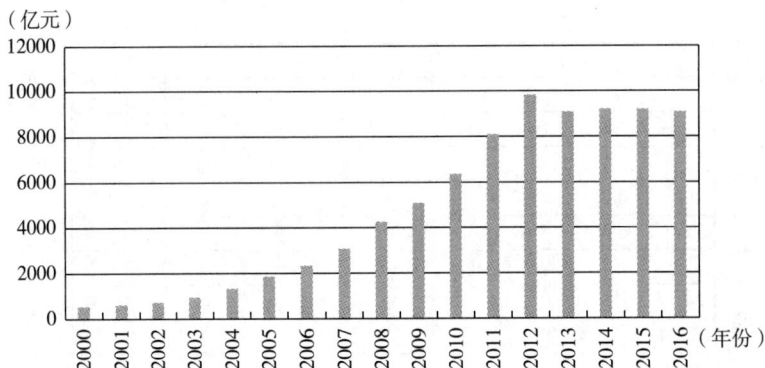

（亿元）

图3-6　2000~2016年内蒙古工业增加值

资料来源:《内蒙古自治区国民经济和社会发展统计公报》(2000~2016)。

"十二五"时期,内蒙古工矿业转型升级,由"一煤独大"向产业多元转变,煤炭对工业增长贡献率由33.5%下降到11.3%,装备制造、高新技术、有色金属和农畜产品加工业贡献率由31.7%上升到49%。电力装机由6458万千瓦增加到1亿千瓦,风电装机由968万千瓦增加到2316万千瓦,均居全国首位。现代煤化工、稀土新材料、云计算等产业规模居全国前列。

3. 内蒙古服务业的发展

在服务业方面,从规划指导、政策扶持和优化环境入手,将推进服务业快速发展作为经济发展的重点。不同行业需不同发展理念,传统优势行业,如商贸流通和运输邮电等继续较快发展趋势;房地产业、社区业、文体娱乐业等,需随着城市化进程实现快速发展;金融保险业和信息服务业,由于经济规模不断扩张获得较大发展空间;旅游业经过精心培育已成长为内蒙古的支柱产业。

内蒙古服务业发展规模迅速扩大,服务业增加值连年加速递增,呈现出良好的发展态势。但是,与全国平均水平相比,如表3-1所示,内蒙古服务业增加值和服务业增加值占当年生产总值的比重都较低,且服务业增加值占当年生产总值的比重与全国的距离在不断拉大。

表 3 - 1　2000 ~ 2016 年内蒙古、全国服务业增加值

年份	内蒙古生产总值（亿元）	内蒙古服务业增加值（亿元）	内蒙古服务业增加值比重（%）	内蒙古与全国服务业增加值比重之差
2000	1400.0	496.0	35.4	1.8
2001	1545.5	559.7	36.2	2.6
2002	1732.5	630.6	36.4	2.7
2003	2092.9	723.1	34.6	2.3
2004	2712.1	837.5	30.9	-0.9
2005	4059.3	1588.5	39.1	-1.1
2006	4790.0	1818.8	38.0	-1.5
2007	6081.8	2154.9	35.4	-3.6
2008	7761.8	2583.8	33.3	-6.8
2009	9725.8	3695.4	38.0	-4.6
2010	11655.0	4187.8	35.9	-7.0
2011	14246.1	4849.1	34.0	-9.1
2012	15988.3	5508.4	34.5	-10.1
2013	16832.4	6148.8	36.5	-9.6
2014	17769.5	6922.6	39.0	-9.2
2015	18032.8	7213.5	40.0	-10.5
2016	18632.6	7925.1	42.5	-9.1

资料来源：《国民经济和社会发展统计公报》（2000 ~ 2016）。

虽然内蒙古经济发展与全国平均水平相比还存一定差距，但总体来看依然保持着快速发展的趋势。

第二节　经济与产业结构和特征

一、内蒙古经济总量

内蒙古自治区始终坚持发展是硬道理的战略思想，以科学发展为主题，以加快转变经济发展方式为主线，推动新型工业化、信息化、城镇化、农牧业现

代化同步发展，综合经济实力迈上新台阶。

1. 生产总值迅速增加

1978 年，全区生产总值为 58.04 亿元，人均生产总值为 317 元。经过改革开放以来的发展，国民经济快速发展，生产总值持续增加。到 2016 年，全区生产总值已经达到 18632.57 亿元，人均生产总值达到 74069 元。在改革开放之初，内蒙古生产总值占全国比重仅为 1.58%，而 2016 年内蒙古生产总值占全国比重为 2.51%；1978 年，内蒙古人均生产总值只相当于全国的 82.34%，2016 年已是全国人均生产总值的 1.37 倍（见表 3 - 2）。

表 3 - 2　1978～2016 年内蒙古与全国生产总值与人均生产总值的比较

年份	内蒙古生产总值（亿元）	内蒙古人均生产总值（元）	全国生产总值（亿元）	全国人均生产总值（元）	内蒙古生产总值占全国比重（%）	内蒙古人均生产总值相当于全国人均生产总值（%）
1978	58.04	317	3678.7	385	1.58	82.34
1985	163.83	809	9123.6	866	1.80	93.42
1990	319.31	1478	18923.3	1663	1.69	88.88
1995	857.06	3772	60356.6	5091	1.42	74.08
2000	1539.12	6502	99066.1	7942	1.55	81.87
2005	3905.03	16285	185998.9	14368	2.10	113.34
2010	11672.00	47347	411265.2	30876	2.84	153.35
2015	17831.51	71101	686449.6	50251	2.60	141.49
2016	18632.57	74069	741440.4	53980	2.51	137.22

资料来源：内蒙古统计局. 内蒙古统计年鉴（2017）［DB/OL］. http://tj. nmg. gov. cn/Files/tjnj/2017/zk/indexce. htm，2019 - 12 - 26.；中国统计局. 中国统计年鉴（2017）［DB/OL］. http://www. stats. gov. cn/tjsj/ndsj/2017/indexch. htm，2019 - 12 - 26.

2. 财政收入大幅度提高

1979 年，内蒙古自治区财政收入为 4.56 亿元，1979～1981 年财政收入平稳，1982 年开始连续稳步增收。1999 年全区财政收入达到 100.82 亿元，2000～2005 年，全区财政收入由 155.6 亿元增加到 536.37 亿元，到 2016 年财政收入达到 2016.5 亿元（2000～2016 年，内蒙古财政收入从 155.6 亿元增加到 2016.5 亿元，年均增长率 17.36%，较全国的 16.75% 多出 0.61 个百分点）。表 3 - 3 为自治区地方财政收入与全国财政收入比较，从表3-3可以看出，内蒙古自治区财政收入在全国财政收入中所占比例从2000年的1.16%上升到2011年的2.17%，之后又呈下降趋势，但总体上内蒙古财政收入的增长快于全国。

表3-3　2000~2016年内蒙古自治区地方财政收入与全国财政收入比较

年份	内蒙古财政收入（亿元）	全国财政收入（亿元）	占全国比重（%）
2000	155.6	13395.23	1.16
2001	167.85	16380.9	1.02
2002	201.09	18903.64	1.06
2003	258.1	22581.2	1.14
2004	363.14	26397.5	1.38
2005	536.37	31650.6	1.69
2006	712.88	39373.2	1.81
2007	1018.14	51571.0	1.97
2008	1107.31	61627.4	1.80
2009	1378.12	68837.8	2.00
2010	1738.13	83500.2	2.08
2011	2261.81	104208.3	2.17
2012	2497.28	117546.9	2.12
2013	2658.42	129301.6	2.06
2014	1843.2	140421.6	1.31
2015	1964.4	152217.0	1.29
2016	2016.5	159552.0	1.26
年均增长率（%）	17.36	16.75	—

资料来源：《中国统计年鉴》（2017）、《国民经济和社会发展统计公报》（2000~2016）。

3. 经济实力相较西部其他省区地位明显提升

内蒙古生产总值与西部其他省区相比，由2000年的排名第6位上升至2016年的第3位；人均生产总值由2000年的排名第2位上升至2016年的第1位；地方一般预算收入由2000年的排名第5位上升至2016年的第3位（见表3-4）。

表3-4　内蒙古与西部其他省份的比较

省份	2000 年			2016 年		
	生产总值（亿元）	人均生产总值（元）	地方一般预算收入（亿元）	生产总值（亿元）	人均生产总值（元）	地方一般预算收入（亿元）
内蒙古	1400.00	5872	95.0	18632.60	72064	2016.50
广西	2050.14	4319	147.1	18317.64	38027	1556.27
重庆	1589.34	5157	87.2	17740.59	58502	2227.91
四川	4010.25	4784	233.9	32934.54	40003	3388.85
贵州	993.53	2662	85.2	11776.73	33246	1561.34
云南	1955.09	4637	180.8	14788.42	31093	1812.29
西藏	117.46	4559	5.4	1151.41	35184	155.99
陕西	1660.92	4549	115.0	19399.59	51015	1833.99
甘肃	983.36	3838	61.3	7200.37	27643	786.97
青海	263.59	5087	16.6	2572.49	43531	238.51
宁夏	265.57	4839	20.8	3168.59	47194	387.66
新疆	1364.36	7470	79.1	9649.70	40564	1298.95

资料来源：《中国统计年鉴》（2001）、《中国统计年鉴》（2017）。

二、内蒙古的产业结构

1. 三次产业结构

内蒙古三次产业在全区生产总值中的比重由1978年的32.7∶45.4∶21.9，演进到2016年的8.8∶48.7∶42.5，初步形成了多元发展、多极支撑的产业格局（见表3-5）。

表3-5　1978～2016年内蒙古生产总值构成变化

年份	生产总值（亿元）	第一产业		第二产业		第三产业	
		总值（亿元）	比重（%）	总值（亿元）	比重（%）	总值（亿元）	比重（%）
1978	58.0	19.0	32.7	26.4	45.4	12.7	21.9
1985	163.8	53.5	32.7	57.0	34.8	53.3	32.5
1990	319.3	112.6	35.3	102.4	32.1	104.3	32.6
1995	857.1	260.2	30.4	308.8	36.0	288.1	33.6

年份	生产总值（亿元）	第一产业		第二产业		第三产业	
		总值（亿元）	比重（%）	总值（亿元）	比重（%）	总值（亿元）	比重（%）
2000	1400.0	352.0	25.1	552.0	39.4	496.0	35.4
2005	4056.0	605.4	14.9	1862.1	45.9	1588.5	39.2
2010	11655.0	1101.4	9.4	6365.8	54.6	4187.8	35.9
2015	18032.8	1618.7	9.0	9200.6	51.0	7213.5	40.0
2016	18632.57	1628.65	8.8	9078.87	48.7	7925.05	42.5

资料来源：《内蒙古统计年鉴》（2016、2017）、《国民经济和社会发展统计公报》（2000~2015）。

由表3-6可知，改革开放以来内蒙古自治区农业所占比重不断下降，林业、渔业所占比重有所上升，牧业获得长足发展，结构不断优化。

表3-6 1978~2016年内蒙古农、林、牧、渔业占
农林牧渔业总产值及比重变化情况

年份	农林牧渔业总产值（亿元）	农业		林业		畜牧业		渔业	
		总值（亿元）	比重（%）	总值（亿元）	比重（%）	总值（亿元）	比重（%）	总值（亿元）	比重（%）
1978	28.35	18.80	66.3	1.05	3.7	8.42	29.7	0.08	0.3
1985	73.20	46.56	63.6	4.83	6.6	21.40	29.2	0.40	0.5
1990	156.92	103.13	65.7	6.23	4.0	46.41	29.6	1.15	0.7
1995	373.60	231.17	61.9	12.12	3.2	127.16	34.0	3.14	0.8
2000	543.16	308.36	56.8	23.61	4.3	205.46	37.8	5.73	1.5
2005	980.21	473.89	48.3	39.79	4.1	444.58	45.4	7.24	0.8
2010	1843.57	900.45	48.8	76.57	4.2	822.42	44.6	15.86	0.9
2015	2751.55	1418.31	51.5	99.42	3.6	1160.85	42.2	30.75	1.1
2016	2794.22	1415.07	50.6	98.64	3.5	1202.90	43.0	33.03	1.2

资料来源：《内蒙古统计年鉴》（2016、2017）。

牲畜总头数（年末数）从1978年的3586.5万头上升到2016年的7001.1万头，年均增长率为1.78%，其中，羊的头数年均增长率为2.23%，猪的头数年均增长率为0.4%（见表3-7）。

表3-7　1978～2016年内蒙古牲畜总头数

年份	年中数（万头）				年末数（万头）			
	合计	大牲畜	羊	猪	合计	大牲畜	羊	猪
1978	4162.3	697.5	2860.5	604.3	3586.5	659.3	2378.1	549.1
1985	4341.8	775.3	3060.7	505.8	3667.4	736.6	2468.4	462.4
1990	5307.5	784.9	3955.2	567.4	4254.4	707.5	3023.9	523.0
1995	6065.7	783.8	4302.5	979.4	4795.0	708.3	3321.0	765.7
2000	7300.5	803.3	5406.2	1090.9	4912.0	622.1	3551.6	738.3
2005	10615.3	934.2	8713.0	968.1	6903.5	783.2	5420.0	700.3
2010	10798.5	1140.1	8408.0	1250.5	6845.7	883.4	5277.2	684.4
2015	13585.7	1358.3	10736.5	1491.0	7307.7	884.6	5777.8	645.3
2016	13597.9	1389.0	10730.53	1478.4	7001.1	854.9	5506.2	640.0
年均增长率（%）	3.16	1.83	3.54	2.38	1.78	0.69	2.23	0.40

资料来源：《内蒙古统计年鉴》（2016、2017）。

工业发展迅速，2016年已经有119659家工业企业，工业总产值达到23820.79亿元。其中，661家国有及国有控股企业，产值达6327.41亿元；73629家轻工业企业，产值达6908.03亿元；46030家重工业企业，产值达16912.76亿元；国有企业和集体企业数占内蒙古企业总数的1.6%，其工业产值占内蒙古工业总产值的4.6%。

由表3-8可看出，1978～2016年内蒙古主要工业产品产量大幅增长，如1978年原煤产量仅为2194万吨，2016年产量达到84559万吨；发电量、原盐、钢、生铁、水泥等主要工业产品产量也大幅度增长，势头强劲。

表3-8　1978～2016年内蒙古主要工业产品产量变化情况

年份	原煤（万吨）	原盐（万吨）	发电量（亿千瓦时）	钢（万吨）	生铁（万吨）	水泥（万吨）
1978	2194	65.18	37.78	99	107.00	91.91
1985	3204	66.34	80.46	170	182.00	185.11
1990	4762	93.28	169.54	273	281.00	227.97
1995	7055	76.13	278.54	355.36	345.78	349.27

续表

年份	原煤（万吨）	原盐（万吨）	发电量（亿千瓦时）	钢（万吨）	生铁（万吨）	水泥（万吨）
2000	7247	126.68	439.22	423.60	440.84	630.00
2005	25608	215.84	1056.59	805.49	922.69	1632.25
2010	78913	278.42	2483.90	1232.84	1358.97	5454.30
2015	90957	164.57	3928.77	1735.11	1461.4	5830.75
2016	84559	154.90	3949.81	1813.24	1469.37	6313.56
年均增长率（%）	10.09	2.30	13.02	7.95	7.14	11.77

资料来源：《内蒙古统计年鉴》（2017）。

"十一五"以来，内蒙古对规模小、安全水平低、资源浪费严重的矿山进行整合，淘汰资源占用多，生产条件简陋，资源浪费率高的矿山企业，使拥有先进技术设备的大、中型矿山企业的产量占内蒙古自治区产量的比重在不断上升。同时，内蒙古自治区大力促进产业多元化，产业延伸和升级，加快其资源深加工产业的发展，促进资源就地转化和增值。

与2015年相比，2016年内蒙古金融业增幅最大为19.65%，信息传输、软件和信息技术服务业增幅为18.94%，卫生和社会工作增幅为14.45%，公共管理、社会保障和社会组织增幅为13.69%，教育增幅为11.99%，科学研究和技术服务业增幅为11.87%，居民服务、修理和其他服务业及租赁和商务服务业增幅均在10%以上（见表3-9）。服务业的结构不断优化，传统服务业比重降低，现代服务业比重提升，服务业发展明显加快，新兴服务业不断壮大。

表3-9 2015～2016年内蒙古第三产业增加值

行业	2015年（亿元）	2016年（亿元）	增幅（%）
农、林、牧、渔服务业	25.08	26.48	5.58
金属制品、机械和设备修理业	1.77	1.87	5.65
批发和零售业	1728.30	1841.71	6.56
交通运输、仓储和邮政业	1087.32	1141.97	5.03
住宿和餐饮业	628.87	682.12	8.47
信息传输、软件和信息技术服务业	206.75	245.90	18.94
金融业	829.20	992.14	19.65

续表

行业	2015 年（亿元）	2016 年（亿元）	增幅（%）
房地产业	441.37	453.80	2.82
租赁和商务服务业	278.64	308.50	10.72
科学研究和技术服务业	181.40	202.93	11.87
水利、环境和公共设施管理业	89.58	95.86	7.01
居民服务、修理和其他服务业	393.06	437.34	11.27
教育	363.42	407.00	11.99
卫生和社会工作	245.43	280.89	14.45
文化、体育和娱乐业	102.00	111.53	9.34
公共管理、社会保障和社会组织	611.31	695.01	13.69

资料来源：《内蒙古统计年鉴》（2017）。

2. 城市区域产业结构

根据《全国资源型城市可持续发展规划》（2013~2020 年）界定的全国 262 个资源型城市，内蒙古共有 9 个地级市、县级市及市辖区入列规划。其中，地级市呼伦贝尔市、鄂尔多斯市，县级市霍林郭勒市、锡林浩特市被划定为成长型城市；地级市赤峰市被划定为成熟型城市；地级市包头市被划定为再生型城市；地级市乌海市、县级市阿尔山市和包头市辖区石拐区则被划定为衰退型城市。包头市是稀土矿的后备基地，呼伦贝尔市是煤炭的后备基地，鄂尔多斯市是天然气的后备基地。另外，赤峰市被称为有色金属类资源型城市，锡林浩特市被称为石油类资源型城市。

2016 年，内蒙古各盟市生产总值、产业结构和人均生产总值变化情况如表 3-10 所示。鄂尔多斯市、包头市和呼和浩特市分别位列自治区生产总值前三名，而人均生产总值最高的盟市为鄂尔多斯市，其次是阿拉善盟和包头市。

表 3-10   2016 年内蒙古各盟市生产总值、人均生产总值与产业结构

地区	生产总值（亿元）	人均生产总值（万元）	产业结构（亿元）		
			第一产业	第二产业	第三产业
呼和浩特市	3173.59	10.32	113.49	884.43	2175.67
包头市	3867.63	13.60	95.04	1822.15	1950.44

续表

地区	生产总值 （亿元）	人均生产 总值（万元）	产业结构（亿元）		
			第一产业	第二产业	第三产业
呼伦贝尔市	1620.86	6.41	248.43	724.02	648.40
兴安盟	522.46	3.26	125.61	207.46	189.39
通辽市	1949.38	6.24	262.64	977.68	709.06
赤峰市	1933.28	4.49	292.41	908.57	732.30
锡林郭勒盟	1045.51	10.01	115.30	613.71	316.50
乌兰察布市	938.87	4.45	127.92	460.28	350.67
鄂尔多斯市	4417.93	21.55	107.60	2461.38	1848.95
巴彦淖尔市	915.38	5.45	158.14	463.41	293.83
乌海市	572.23	10.27	4.88	323.76	243.58
阿拉善盟	342.32	14.00	12.67	227.16	102.49

资料来源：《内蒙古统计年鉴》（2017）。

3. 各产业就业结构

比较 1952～2016 年数据发现，内蒙古自治区第一、第三产业就业人数均有上升，其中 2016 年第二产业就业人数略有下降（见表 3－11）；但就其总就业人数构成来看，第一产业就业比例呈下降趋势，第二产业略有下降，第三产业就业比例呈快速上升趋势。说明传统的劳动密集型服务业逐渐被技术型和资本型服务业所取代，导致就业吸附能力有所下降。2016 年，批发和零售业、住宿和餐饮业和交通运输、仓储和邮政业就业总人数达到 345179 人，电力燃气及水的生产和供应业、教育、公共管理和社会组织就业人员总数达到 935564 人。同时，新兴行业吸纳就业能力逐步增强。

表 3－11　1952～2016 年内蒙古三次产业年末就业情况

年份	就业人员 （万人）	数量构成（万人）			百分比构成（%）		
		第一产业	第二产业	第三产业	第一产业	第二产业	第三产业
1952	652.8	438.0	120.5	94.3	67.10	18.45	14.45
1978	698.4	460.7	129.7	108.0	65.97	18.57	15.46
1985	856.6	517.8	174.8	164.0	60.45	20.40	19.15
1990	924.6	515.5	201.4	207.7	55.76	21.78	22.46

续表

年份	就业人员 （万人）	数量构成（万人）			百分比构成（%）		
		第一产业	第二产业	第三产业	第一产业	第二产业	第三产业
1995	1029.4	536.8	225.0	267.6	52.15	21.85	26.00
2000	1061.6	553.7	182.4	325.5	52.20	17.10	30.70
2005	1041.1	560.5	162.7	317.9	53.83	15.64	30.53
2010	1184.7	571.0	206.2	407.5	48.20	17.41	34.39
2015	1463.7	572.3	249.7	641.7	39.10	17.06	43.84
2016	1474.0	590.5	233.7	649.8	40.06	15.85	44.09

资料来源：《内蒙古统计年鉴》（2017）。

第三节　内蒙古经济发展存在的区域性问题

内蒙古经济的增长和发展虽然居于西部地区前列，甚至一度居于全国前列，但总的说来还处于从粗放型增长模式向集约型增长模式的过渡阶段。若要继续保持经济增长和发展的态势，必须直面和解决其存在的实际问题，必须不断优化和提高其产业结构的质量和韧性，必须在提高技术水平的同时，完善市场经济体制，提高资源配置效率和全要素生产率。

一、区域性"资源诅咒"

1. 采掘业对制造业存在"挤出效应"

所谓"荷兰病"效应，实则是在资源富集地区，因大量开采自然资源，相应的采掘业繁盛，直接导致的后果是抑制制造业的发展，即存在"挤出效应"，这也是"资源诅咒"形成的根源。其"挤出效应"表现为以下几个方面：①采掘业与制造业占工业产值的比重呈反向变动关系，长此以往将出现逆向选择问题；②由于从事采掘业收入较高，故吸引大量劳动力从事该行业，同时，采掘业属于产业上游，对于知识和技能需求较小，从而导致该行业劳动力忽视教育的重要性；③采掘业的固定投资增长率逐年上升，甚至超过了制造业，若政府不及时采取措施，将阻碍内蒙古未来经济的发展。

2. 资源型产业对教育和技术进步存在"挤出"效应

近年来，资源型产业带动内蒙古经济迅速增长，GDP 增长率均在全国平均水平之上，虽然财政收入在增加，但教育、卫生、科技等人力资本投资缓慢。依据"挤出效应"的表现，采掘业对于劳动力和资本有极强的吸附能力，然而人力资本又是经济增长的关键因素。人力资本的培育和存量直接决定未来经济增长和技术进步是否具有可持续性。在资源富集地区，由于采掘业占比较大，相应会忽视对劳动力知识与技能的培养，教育支出和人力资本投入较少，另外就个人而言，教育对于收入增加的影响并不显著。因此，事实上在资源丰裕地区，由于人力资本投入较低，抑制了经济的可持续发展。

二、牧区总体发展状态落后

1. 生态系统脆弱，自然灾害频繁

内蒙古地处祖国北部边疆，地域辽阔，总面积为 118.3 万平方千米，可利用土地面积稀少，土壤酸碱化严重，肥力极低，夏季容易出现干旱、冰雹等极端天气，冬季大雪、暴雪频发，生态系统极其脆弱，加上部分牧民过度放牧，全区退化草地面积达 2503.68 万平方公顷，占全区草地可利用面积的 39.37%，其中重度退化面积占退化草地总面积的 17.41%。

2. 牧区经济落后，极易致贫返贫

①内蒙古贫困牧民生产结构单一，市场化程度低，在草场的经营以及牲畜的养殖上仍然按照传统畜牧业方法，生产经营方式简单粗放，靠天吃饭，常常花费大量人力物力来满足基本需要；②牧民收入来源单一，收难抵支，一旦遭遇天灾人祸，或者其中一人病倒，那就可能会导致整个家庭因病致贫。

3. 基础设施薄弱，人力资本水平低

农村牧区基础设施包括交通、水利、能源设施、通信设施、教育及科技设施等方面。内蒙古自治区贫困旗县多为偏僻地区，牧民居住分散，交通不便、市场信息闭塞，路况建设、人畜饮水、邮电通信、医疗卫生、科技教育事业等都相对滞后。由于受教育机会少，贫困牧民普遍教育文化程度低，综合能力差，难以掌握先进科学技术的生产技能，很难运用科技手段脱贫致富。

三、城乡收入差距不断扩大

1. 经济增长与城乡收入差距

自 2002 年以来，内蒙古经济增长速度一度位居全国前列，但城乡收入差距也在不断扩大，这不利于内蒙古区域协调发展。也就是说，内蒙古经济的快速增长，并未缓解城乡二元结构的分割程度，反而呈现加剧的态势，而受益主体主要是城市居民。关于内蒙古经济增长的影响因素众说纷纭，一方面许多学者认为自然资源禀赋是内蒙古经济增长的主要推动因素，另一方面依据"资源诅咒"假说，丰富的自然资源反而抑制经济增长，主要表现为城乡收入差距的扩大。

2. 自然资源禀赋与城乡收入差距

内蒙古因其独特的地理位置和广阔的地域，导致不同盟市之间各项经济指标有很大的差异，如呼和浩特、包头和鄂尔多斯的生产总值一直居于全区前三，相应的教育水平也优于其他盟市。但从资源富集程度和城乡经济发展水平的关系看（见图 3 - 7），2004～2009 年各盟市资源丰裕度与城乡收入差距之间的关系，即在没有控制其他影响因素的情况下，二者呈反向变动趋势。

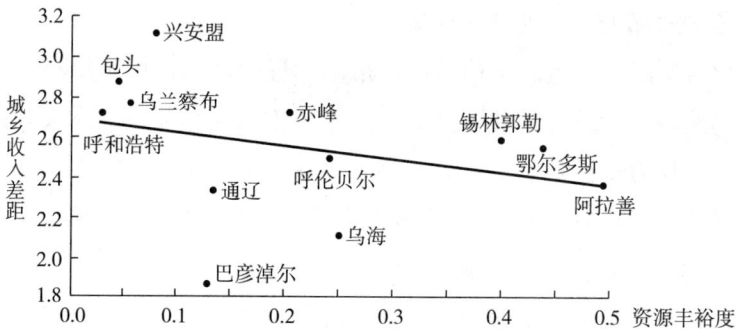

图 3 - 7　2004～2009 年内蒙古各盟市城乡收入差距与资源丰裕度关系

现阶段，大部分自然资源的一系列生产活动掌握在政府和国有企业手中，农民无法从中获利，这就导致了城乡二元结构分割程度逐渐加大。由此可知，自然资源的开发与城乡差距的拉大呈正相关，这样会降低城市化水平。

四、中蒙俄贸易对边境区域经济拉动作用弱

中国对俄蒙贸易并没有像沿海地区发展对外贸易一样能够迅速改善当地经济，其可能的原因如下：

1. 内蒙古地区经济结构与俄蒙地区相似

中蒙俄主要以能源、资源等初级产品和资源性产业为主，内蒙古深加工能力较弱，进口货物主要输往内地，落地加工比例较低。

2. 中国与俄蒙贸易规模还不够高

2018 年，中国与蒙古国进出口贸易额为 79.89 亿美元，其中中国出口额为 16.45 亿美元，进口额为 63.44 亿美元，分别占中国当年进出口贸易额、出口额和进口额 0.17%、0.07% 和 0.30%；中国与俄罗斯进出口贸易额为 1071.07 亿美元，其中中国出口额为 479.65 亿美元，进口额为 591.42 亿美元，分别占中国当年进出口贸易额、出口额和进口额 2.32%、1.93% 和 2.77%。

3. 中国与俄蒙区域合作程度、合作范围有待提高和扩大

目前，中国与蒙俄的合作范围仅限于能源、资源等方面，在物流、环境保护、旅游、文化、技术以及非资源产业领域还有待深入合作。边境区域合作方面还有待切实提高跨境经济合作的规模和水平。

参考文献

［1］于首涛. 绥远省的粮食生产与家庭副业（1928－1937）［D］. 内蒙古大学博士学位论文，2015.

［2］杜延年. 绥远实业观察记［M］. 北京：中华印刷书局，1933.

［3］王漳. 傅作义先生对绥远省金融机构的整顿［M］. 北京：北京文史资料出版社，1985.

［4］郭颂铭. 绥远考察记略［M］. 出版者不详，1942.

［5］廖兆骏. 绥远志略［M］. 南京：南京正中书局，1937.

［6］丁君陶. 今日的绥远［M］. 上海：三江书店出版社，1937.

［7］内蒙古自治区畜牧业厅. 内蒙古自治区志——畜牧志［M］. 呼和浩特：内蒙古人民出版社，2000.

［8］临河事务所三十一年下半年工作计划［Z］. 内蒙古巴彦淖尔市档案馆

档案，全宗号1，目录号1，案件卷号133.

［9］绥蒙鳞爪［N］.大公报，1944－04－04.

［10］王智辉.自然资源禀赋与经济增长的悖论研究：资源诅咒现象辨析［D］.吉林大学博士学位论文，2008.

［11］Gylfason T. Natural Resources, Education and Economic Development［J］. European Economic Review，2001（45）：847－859.

［12］冯之浚，方新.适应新常态　强化新动力［J］.科学学研究，2015（33）.

［13］李智.新常态下中国经济发展态势和结构动向研究［J］.价格理论与实践，2014（11）：7－12.

［14］李实，赵人伟.中国居民收入分配再研究［J］.经济研究，1999（4）：3－17.

［15］景普秋，王清宪.煤炭资源开发与区域经济发展中的"福"与"祸"：基于山西的实证分析［J］.中国工业经济，2008（7）.

第四章　传统优势产业

第一节　高载能产业发展

一、内蒙古高载能产业概况

1. 概念界定

能源与高载能产业之间既相互制约又相互促进，从产业的角度来看，生产高载能产品的产业就是高载能产业，也称高耗能产业，即能源成本在产值中所占比重较高的产业，或者称为能源消耗密集型产业。

高载能产品是指在产品价值构成中能源价值所占比重较高的工业产品。从某种意义上说，高载能产品的生产过程是对能源价值的转移过程，即在生产过程中，能源的价值转移到高载能产品中，从而表现为一个价值转移过程。

从加工工艺上看，高载能产品的生产过程就是对加工对象施加能的作用，通过烧结、熔融、电解、合成，以改变其物质形态，通过分离、提取或合成，而形成高载能产品。在加工过程中，包括电能、煤炭、焦炭等能源的物质形态已经转化成热能而消耗，能源的价值形态进入高载能产品。对于能源价值所占比重达到多少才算是高载能产品，很难作出一个准确的判断，因为不同产品之间能源价值所占比重相差很大，学术界也无统一的认识。一般来说，在产品价值构成中能源价值达到20%以上的产品，就可视为高载能产品。

高载能产业跨越了冶金、化工等多个行业。《中华人民共和国2017年国民经济和社会发展统计公报》中划定六大高载能行业分别为化学原料及化学制品制造业、非金属矿物制品业、黑色金属冶炼及压延加工业、有色金属冶炼及压延加工业、石油加工、炼焦及核燃料加工业、电力、热力的生产和供应业①。

2. 发展概况

截至2016年底，内蒙古自治区规模以上工业企业中现有六大高耗能企业1662户，占全部规模以上工业企业总户数的38.71%，六大高耗能行业合计实现产值8357.65亿元，占全部规模以上工业产值的40.34%，实现利润214.50亿元，占全部规模以上工业的17.23%，如表4-1所示。

表4-1 2016年内蒙古高载能行业指标完成情况

行业	户数	工业总产值增速（%）	总产值比重（%）	利润（亿元）	利润增速（%）
全部规模以上工业	4293	8.29	100	1244.90	29.01
石油加工、炼焦和核燃料加工业	44	0.40	3.04	1.71	-103.57
化学原料和化学制品制造业	314	8.86	7.86	31.48	-19.30
非金属矿物制品业	393	9.20	3.95	39.64	53.67
黑色金属冶炼和压延加工业	233	2.80	7.82	12.19	-122.35
有色金属冶炼和压延加工业	173	13.19	8.09	60.53	191.38
电力、热力生产和供应业	505	1.43	9.58	68.96	-34.20
其中，六大高耗能行业合计	1662	—	40.34	214.51	—

从行业增速看，化学原料和化学制品制造业、非金属矿物制品业和有色金属冶炼及压延加工业总产值增速高于全区规模以上工业平均增速；从财务指标看，虽然六大行业利润无亏损，但其中四大行业利润增速下降，石油加工、炼焦及核燃料加工业和黑色金属冶炼及压延加工业两行业利润增速下降尤为明显。电力、热力生产和供应业实现的利润占全区规模以上工业利润总额的5.54%，但利润同比下降34.20个百分点。

从高耗能产品产量来看，内蒙古是全国最主要的电石和铁合金生产和出口基地之一。"十二五"期间，内蒙古经济结构调整也取得了一定成效，2015年电解铝、电石、甲醇等初级工业产品加工转化率达到70%、60%和41%，分别

① 《中华人民共和国2017年国民经济和社会发展统计公报》。

比 2010 年提高 27 个、25 个和 36 个百分点。截至 2016 年，内蒙古自治区电石累计产量 991.45 万吨，同比增长 2.33%，占全国电石产量的 36.3%，铁合金累计产量 903.68 万吨，同比下降 7.04%，占全国铁合金产量的 25.4%；其他高耗能产品中，生铁累计产量 2008.00 万吨，同比小幅下降 2.74%，粗钢累计产量 2906.00 万吨，同比增长 7.28%，水泥累计产量 10855 万吨，同比增长 0.87%，平板玻璃累计产量 1080 万重量箱，与 2015 年产量持平，原铝累计产量 351.70 万吨，同比下降 4.04%；可以看出，高耗能产品生产运行仍呈增长趋势。但高载能工业产品出厂价格不容乐观，部分行业亏损严重。

二、高载能产业在工业经济和地区经济发展中的作用和贡献

从"十五"开始，内蒙古自治区依托丰富的煤炭、硅石、石灰石、铁矿、铜铅锌等的资源优势，六大高载能行业得以迅猛发展，并由此成为全国重要的电石、铁合金、电力、黑色和有色金属产品重要生产和输出基地。经过多年来的发展，高载能产业已成为内蒙古自治区工业的重要支柱，高耗能行业的贡献率和增加值比重也一度占到全部工业的半壁江山，对内蒙古自治区的经济发展做出了重要的贡献。但随着市场需求的变化，特别是国家和自治区产业政策的调整，经济发展更加注重保护生态环境，对产能过剩的高耗能产品实行新增产能"限批"和既有产能的"限产"措施，使内蒙古以高耗能行业为主的工业经济结构得到了有效调整，工业结构正在向清洁绿色、环境友好、资源节约和能耗低的发展之路转变。但是，内蒙古要通过产业转型升级实现新型工业化和信息化，从根本上转变其工业经济结构依然任重道远。

1. 内蒙古高载能产业集群的形成

按照迈克尔·波特的定义，产业集群是指以一个主导产业为核心的产业在某一特定领域中，大量产业联系密切的企业以及相关支撑机构在空间上集聚，并形成强劲、持续竞争优势的现象。伴随着东部地区产业结构转移和西部大开发战略的实施，内蒙古利用生产要素的低价格优势及区位与资源优势，承接东部产业转移形成了大量的高载能产业集群。

（1）市场因素。在新一轮经济增长周期中，东部沿海地区包括长三角、珠三角、环渤海湾三大增长极地区的生产要素的价格普遍上涨，除了地价、水价、劳动力价格等生产要素价格上涨外，能源价格也上涨很快；而东部地区土地等

自然资源有限，发展空间有限，在要素价格上涨的情况下，东部地区的一些能源密集型产业向资本、技术密集型产业升级，使东部地区逐步成长为我国乃至世界的制造业中心。但由于高载能产业往往是占地多、高耗水的产业，东部原有的高载能产业发展空间必然受到严格的限制，客观上东部地区的高载能产业需要向中西部进行大跨度的转移。此外，西部地区自身工业化、城市化的发展也对高载能产业集群产生了巨大的需求。

（2）区位资源环境因素。内蒙古自治区具有发展高载能产业的资源条件。从全国来看，内蒙古自治区的土地资源、矿产资源、能源资源相对丰富，属于资源储备密集或富足的区域。特别是实施西部大开发战略以来，国家对内蒙古自治区的交通、通信、能源等基础设施与基础产业进行了大规模的投入，使内蒙古自治区发展高载能产业集群的硬件基础条件已经完全具备。

2. 高载能产业在发展中对工业的贡献

内蒙古自治区规模以上工业企业中六大高载能企业，2000～2013年工业总产值总体上一直保持快速增长趋势（见图4－1），但从2013年开始有色金属冶炼和压延加工业、黑色金属冶炼和压延加工业、石油加工、炼焦和核燃料加工业等有下降趋势，特别是有色金属冶炼和压延加工业工业总产值减少了264.54

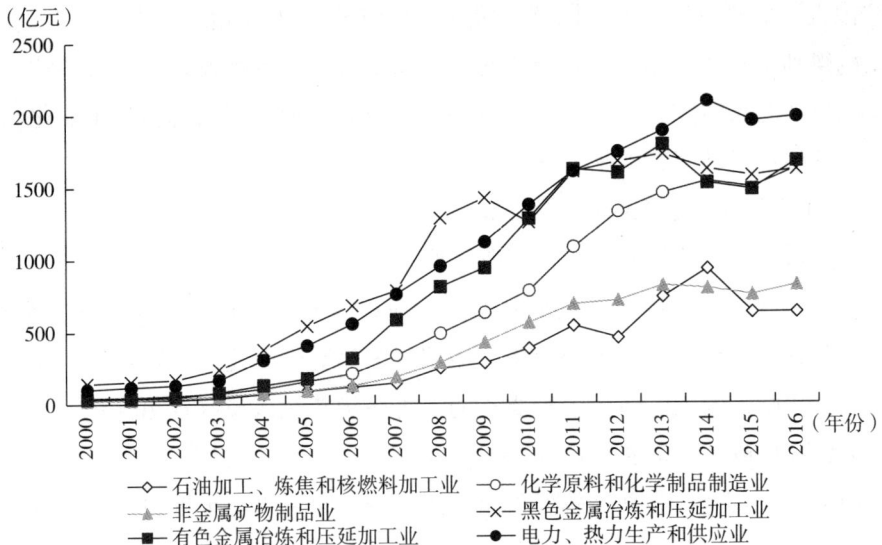

图4－1　2000～2016年内蒙古六大高载能产业工业总产值

亿元。2014～2015 年六大高载能行业工业总产值均呈下降趋势，2016 年略有回升。其中，六大高载能产业工业总产值与经济总量的比例从 2000～2013 年保持增长趋势（见图 4－2），自 2014 年起开始下降，2016 年的比率下降为 44.86%，但总的说来，内蒙古自治区高载能产业对推动其经济增长起到了重要作用。

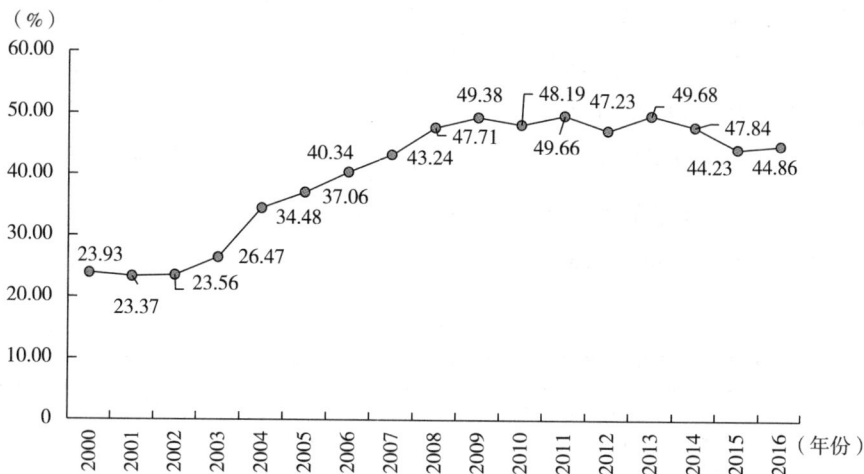

图 4－2　2000～2016 年内蒙古六大高载能产业工业总产值与经济总量的比率

3. 高载能产业出现的问题与困难

经过十多年的快速发展，高载能产业对国家和自治区经济发展做出了重大贡献，但其高耗能、高排放、高产能，给内蒙古资源环境保护带来了很大的压力。

（1）产能过剩。产能过剩是指工业企业能够实现的生产能力和服务能力高于均衡价格下的市场需求，也就是工业企业的总供给大于总需求。高耗能产业能源需求弹性大，当整体经济增速回落时，会直接导致整体需求的下滑，在过去粗放型发展模式中，产能过剩已相当严重。

钢铁冶金业是国民经济发展的重要支柱性产业之一，也是六大高耗能产业中能源消耗量最多的产业。钢铁工业是国民经济发展的基础性行业，是资金、技能、能源、从业者等要素密集型产业，同时也是产能过剩现象最为突出、产生影响最大的产业之一。欧美发达国家通常认为产能利用率在 79%～83% 范围内是比较合理的，低于 75% 的产能利用率即出现了严重的产能过剩现象。在 2007～2013 年的 7 年中，我国钢铁行业的产能利用率在 81% 左右波动（79.5%～82.3%），总体上处在合理水平上。但在 2012 年之后，钢铁产业产能利用率明显下降,产能过剩现象非常明显。2012~2014年,我国粗钢产能依次达到10亿吨、10.4亿吨及11亿吨以上,对应年份的粗钢产量依次是7.2亿吨、7.79亿吨和8.23亿吨,产能利用率分别为72%、74.9%和低于74.8%,表明我国钢铁冶金业的产能过剩已相当严重。2003年以来,我国钢铁行业的销售利润率呈下降趋势,并在2012年达到历史最低的0.04%,甚至出现卖一吨钢的利润不如一瓶矿泉水。

就内蒙古自治区来说,2016年内蒙古自治区钢产品的产量和生产能力分别从2005年的805.49万吨和854.55万吨增长到2016年的1813.24万吨和2906.00万吨,分别增长了125.11%和240.06%,钢产品生产能力增长比产量多增长了114.95个百分点。产能利用率在2016年降到62.40%,也就是说其生产能力过剩已非常严重,如表4-2所示。

表4-2   2005~2016年内蒙古钢产品和成品钢材产量与生产能力

年份	钢产品产量(万吨)	钢产品生产能力(万吨)	产能利用率(%)
2005	805.49	854.55	94.26
2006	861.86	1257.82	68.52
2007	1040.36	1235.17	84.23
2008	1211.03	1546.09	78.33
2009	1261.94	1573.29	80.21
2010	1232.84	1778.1	69.33
2011	1669.75	1820.1	91.74
2012	1734.14	2269.02	76.43
2013	1978.56	2522.81	78.43
2014	1661.48	3036.00	54.73
2015	1735.11	3117.50	55.66
2016	1813.24	2906.00	62.40

资料来源:《内蒙古统计年鉴》(2006~2017)。

(2)固定资产投资仍较高。2016年内蒙古六大高耗能行业合计完成投资3233.03亿元,占全部工业企业固定资产投资总额的50.31%。从分行业投资量看,电力、热力生产和供应业、有色金属冶炼及压延加工业这两个行业的投资额居41个工业行业前两位,分别为1505.91亿元和579.71亿元,合计占规模以上工业投资总额的32.46%。

如图 4 - 3 所示，内蒙古自治区规模以上工业企业中六大高载能行业固定资产投资从 2000 年到 2016 年呈现不断增加的趋势，其中 2014 年六大高载能产业投资都有所下降，电力、热力生产和供应业虽然在 2010 年后呈下降趋势，但在 2014 年后又迅速增长，于 2016 年达到 17 年来六大高载能产业中投资额最大的产业。

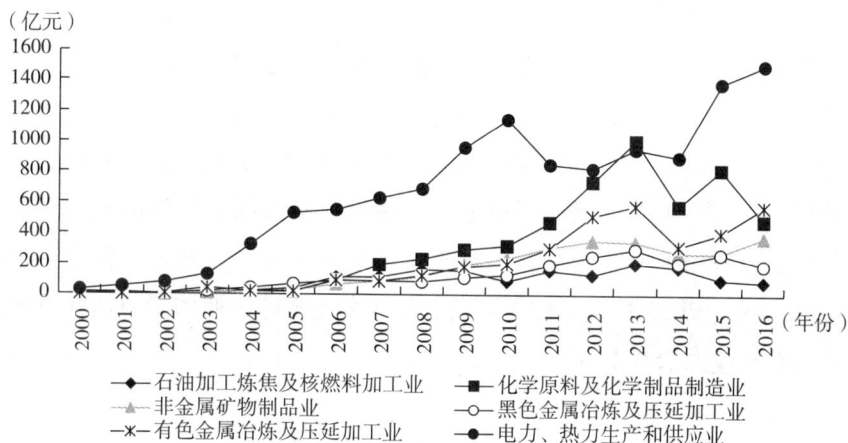

图 4 - 3　2000～2016 年内蒙古六大高载能产业固定资产投资

（3）能耗大。2016 年，全区规模以上工业企业综合能源消费量 15217.50 万吨标准煤，比 2015 年同期增加了 2.45%（见表 4 - 3），全区六大高耗能行业综合能源消费量为 13647.27 万吨标准煤，占规上工业的 89.68%，说明六大高耗能行业仍是内蒙古自治区能源消费的主体。其中，电力、热力生产和供应业的能源消费量为 5179.76 万吨标准煤，同比下降了 1.47%，占全区规模以上工业的 34.04%，对全区规模以上工业能耗影响最大。

表 4 - 3　2016 年内蒙古六大高载能行业能源消费量

行业	消费量（万吨标准煤）	同比增长（%）
规模以上工业企业	15217.5	2.45
石油加工炼焦和核燃料加工业	986.53	- 5.23
化学原料和化学制品制造业	3364.62	5.38
非金属矿物制品业	483.96	11.06

续表

行业	消费量（万吨标准煤）	同比增长（%）
黑色金属冶炼和压延加工业	2073.31	3.48
有色金属冶炼和压延加工业	1559.09	7.51
电力、热力生产和供应业	5179.76	-1.47

资料来源：《内蒙古统计年鉴》（2017）。

如图 4-4 所示，内蒙古自治区六大高载能产业从 2000 年以来总体上能源消费总量保持增长趋势，其中电力、热力生产和供应业在 2015 年达到最高值为 5257.08 万吨标准煤。从行业来看，化学原料和化学制品制造业、有色金属冶炼和压延加工业近几年基本保持平稳增长，黑色金属冶炼和压延加工业、石油加工炼焦和核燃料加工业、非金属矿物质品有小幅的波动，电力、热力生产和供应业在 2006 年、2015 年发生较大波动。但六大高载能产业的能源消耗总量一直占规模以上工业的 75% 以上。

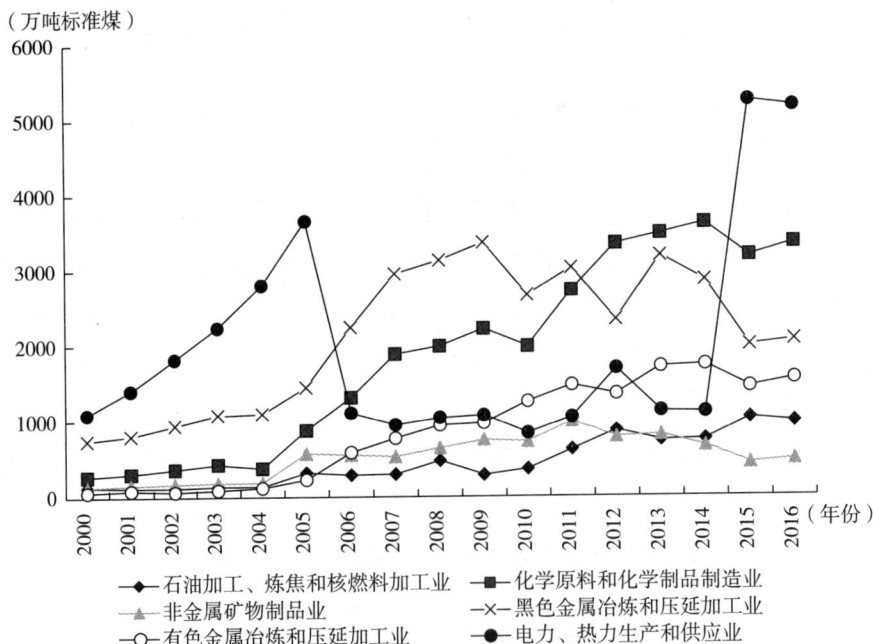

图 4-4 2000~2016 年内蒙古六大高载能产业能源消费总量

用电量是工业经济运行的晴雨表。2016 年，全部工业用电量 2286.41 亿千瓦时，同比上升 1.82%，占全社会用电量的比重为 87.77%，六大高耗能行业共计用电 2007.06 亿千瓦时，占全部工业用电量的 87.78%。其中，电力、热力生产和供应业明显下降，同比下降 39.85%，石油加工、炼焦和核燃料加工业、黑色金属冶炼和压延加工业电量同比增长较快，分别为 165.11% 和 38.74%（见表 4 -4）。

表 4 -4 2016 年内蒙古六大高载能行业用电情况

行业	用电量（亿千瓦时）	增速（%）
石油加工炼焦和核燃料加工业	44.27	165.11
化学原料和化学制品制造业	518.14	-16.02
非金属矿物制品业	62.92	14.11
黑色金属冶炼和压延加工业	481.01	38.74
有色金属冶炼和压延加工业	635.80	26.50
电力、热力生产和供应业	264.92	-39.85

资料来源：《内蒙古统计年鉴》（2017）。

从图 4 -5 可知，2000 ~ 2016 年内蒙古自治区六大高载产业用电量除 2008 年外都呈现增长趋势，特别是黑色金属冶炼和压延加工业，化学原料和化学制品制造业，电力、热力生产和供应业，有色金属冶炼和压延加工业增长幅度较大，化学原料和化学制品制造业和电力、热力生产和供应业在 2012 年之后有所回落，但 2013 年又开始增长，并于 2015 年达到了近 17 年来的最高值；非金属矿

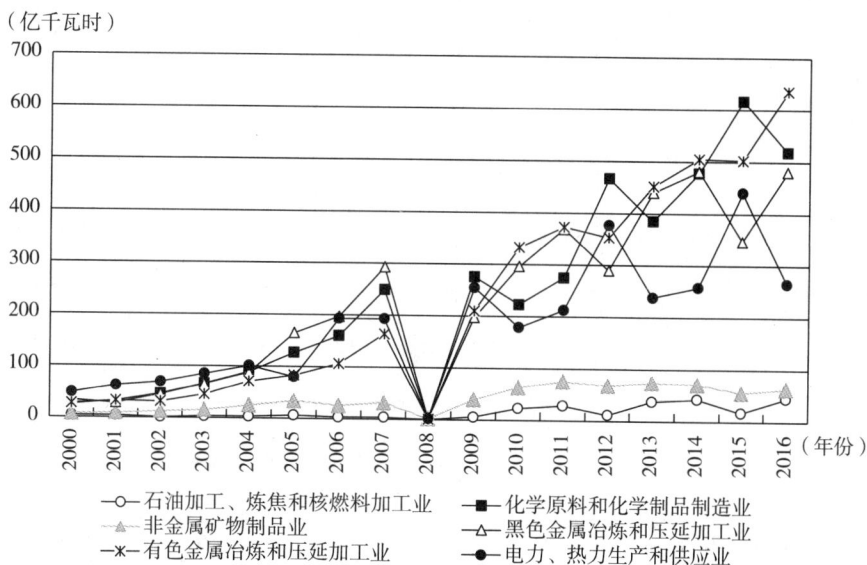

图 4 -5 2000 ~ 2016 年内蒙古六大高载能产业电力消费总量

物制品业与石油、加工炼焦和核燃料加工业相比其他四大高载能产业用电量较小，但也一直呈增长趋势。

（4）工业"三废"排放较高。内蒙古自治区作为我国高载能产业集聚的大省区，工业"三废"排放问题与全国的基本情况相同，甚至更严重。我国的高耗能产业发展模式多以粗放式经营为主，在大量消耗能源的同时，产生大量的废固、废渣及废气。化工、冶金、建材、火电行业都是工业"三废"的重要来源。其污染物排放量在工业行业总排放量的半数以上。2015 年我国工业"三废"的排放情况整理如表 4-5 所示。

表 4-5　2015 年我国工业废水、工业废气、工业固体废弃物排放情况

指标	废气排放（亿立方米）	比重（%）	二氧化硫排放量（万吨）	比重（%）	氮氧化合物排放量（万吨）	比重（%）	烟（粉）尘排放量（万吨）	比重（%）	废水排放量（万吨）	比重（%）	固体废物产生量（万吨）	比重（%）
石油加工、炼焦及核燃料加工业	22074	3.22	0.23	0.02	0.16	0.01	0.20	0.02	84822	4.67	3804.3	1.22
化学原料及化学品制造业	36752	5.36	65.32	4.66	43.64	4.01	33.23	3.00	256428	14.12	32808	10.55
非金属矿物制品业	124687	18.20	8.66	0.62	2.91	0.27	3.93	0.35	28241	1.56	7550.8	2.43
黑色金属冶炼及压延加工业	173826	25.37	203.78	14.55	267.11	24.55	240.29	21.68	91159	5.02	42733.5	13.74
有色金属冶炼及压延加工业	39807	5.81	173.63	12.40	104.29	9.58	357.21	32.23	32106	1.77	13180.2	4.24
电力、热力生产和供应业	207431	30.27	0.08	0.01	0.04	0.00	0.16	0.01	88108	4.85	59857.2	19.25
六大行业合计	604577	88.23	451.71	32.25	418.15	38.43	635.03	57.30	580864	31.99	159934	51.43
工业行业总计	685190	100	1400.74	100	1088.11	100.00	1108.25	100	1815527	100	310999.2	100

资料来源：《中国环境统计年鉴》（2016），2015 年之后缺少统计数据。

由表 4 - 5 可知，我国高耗能产业的工业废气排放量达到排放总量的 80% 以上；工业二氧化硫、工业氮氧化物均达到各指标工业排放总量的 30% 以上；工业烟尘排放量达到工业排放总量的 50% 以上。六大行业中工业废气排放量最高的是电力、热力生产和供应业，占工业废气排放总量的 30%；电力、热力生产和供应业、黑色金属冶炼及压延加工业和非金属矿物制品占工业废气排放总量的 70% 以上，表明工业废气主要由高耗能行业排放。在高耗能行业中，黑色金属冶炼及压延加工业的工业二氧化硫、工业氮氧化合物排放量最高，分别占工业排放总量的 10% 和 20% 以上；有色金属冶炼及压延加工业的工业烟尘排放量最高，占工业排放总量的 30% 以上。由此可见，黑色金属冶炼及压延加工业和有色金属冶炼及压延加工业的生产活动是我国工业废气排放的重要源头，高耗能行业是我国工业废气的主要排放源。

从工业废水排放的情况来看，我国高耗能产业工业废水排放量占工业行业排放总量的 30% 左右。化学原料及化学品制造业的工业废水排放量占六大行业的 40% 以上。

从工业固体废弃物排放指标来看，六大高耗能产业固体废弃物产生量占工业行业总排放量的 50% 以上。其中电力、热力生产和供应业和黑色金属冶炼及压延加工业排放量分别占 15% 和 10% 以上。

从以上对高耗能行业废水、废气、废固排放水平的分析可以看出，我国高耗能行业工业"三废"的总排放量较高。

三、内蒙古高载能产业发展的趋势

1. 高载能产业转型升级是客观趋势

内蒙古抓住国家能源资源需求增长的机遇，凭借资源禀赋，依靠资源型产业的投资实现了高速增长，但是，经济增长的投资拉动和资源贡献率明显偏高，大部分产业处于"微笑曲线"的底端。2010 年以来，随着中国经济增速放缓，受经济增长阶段性减速、传统能源市场收窄、产能过剩等一系列因素的冲击，内蒙古经济增速持续下降，由 2010 年 15% 的经济增速下降至 2016 年的 7.3%，也就是经济下行压力持续加大。产业结构单一、产业链短、产品附加值低；耗能过高、环境污染严重，二氧化碳等主要污染物排放量严重超标，发展遇到了很大的困难。

内蒙古自治区高耗能产业增速、产品产量、固定资产投资仍然保持增长的主要因素有：一是内蒙古自治区高耗能行业经过多年的快速发展，基础厚，底子大，"十五"和"十一五"期间高耗能产业企业集中上马较多，导致现阶段高耗能产品产能存量较高；二是企业为了维持市场份额即使高耗能产品出厂价格和利润双降也不愿减产；三是在单位高耗能产品产量利润下降的情况下只有扩大生产才能保证一定的利润；四是高耗能行业在内蒙古自治区仍受惠于个别地方政府补贴，仍有利润空间；五是高耗能行业对工业经济增长拉动效应十分明显，地方政府抓增长、上项目的意愿性仍比较大。

六大高耗能行业主要产品不同程度地存在产能过剩、产品质量不高、市场竞争力低下等问题，在国家去产能、调结构、供给侧改革等宏观调控政策的冲刷下，其成长空间趋窄。传统的发展路径不仅影响着地区经济的持续健康发展，也严重影响着当地生态环境的改善、社会和民生事业的发展。

习近平总书记2014年在内蒙古考察时要求内蒙古着力做好四个方面的重点工作，其中之一就是着力转变经济发展方式，要求在转方式、调结构上有新作为、见新成效。内蒙古自治区第十次党代会明确提出要坚持在加快发展中转型升级、在转型升级中加快发展，痛下决心减少对传统发展路径的依赖。习近平总书记在党的十九大报告中指出："各地区各部门要把思想和行动统一到党中央决策部署上来，重点推进'三去一降一补'，不能因为包袱重而等待、困难多而不作为、有风险而躲避、有阵痛而不前，要树立必胜信念，坚定不移把这项工作向前推进。"明确要求坚持去产能、去库存、去杠杆、降成本、补短板，优化存量资源配置，扩大优质增量供给，实现供需动态平衡。

2. 内蒙古高载能产业的未来发展

"十三五"及"十四五"期间，是践行"创新、协调、绿色、开放、共享"发展理念的关键时期，绿色低碳智能成为工业转型升级的基本方向。内蒙古自治区高载能产业必须坚持绿色发展，加强节能减排硬约束，加快工业绿色化改造，大力推进清洁生产，节约集约利用资源，推动资源综合利用，大力发展循环经济。按照做优、做强"四大传统工业基地"的规划，把控制新增产能和承接产业转移结合起来，通过技术改造升级一批、兼并重组整合一批、对外投资转移一批、严格标准淘汰一批、完善政策扶持一批，助力煤炭等高载能行业健康发展。未来高载能产业将不断地通过产业重组和结构调整，突破传统思维，走出高能耗、高污染、低效率的发展模式，向集团化、集约化发展。

（1）传统能源产业。适应能源"消费、供给、技术、体制"革命新形势，加快转变能源工业发展方式。在减量置换前提下，采取与煤炭转化项目联合重组、市场化配置煤炭资源等方式，要保障重大能源战略项目和重大煤化工项目用煤；要抓住国家电源布局向煤炭基地转移等有利时机，加快电力外送通道及配套火电装机规划建设，支持大型坑口燃煤电站建设，合理布局热电联产项目；要稳定石油产量，扩大天然气产量，推进煤层气开发利用。

（2）化工产业。以煤化工、氯碱化工、硅化工和氟化工、精细化工为重点，推动新型化工产业一体化、集群化、循环化、安全化发展。瞄准国际新技术、新工艺，高起点开发引进国内外新型化工先进技术和装备。加快新型化工产业纵向延伸，提高资源就地加工转化增值水平，推动传统化工产业向精细化工产业延伸发展。加快煤化工、氯碱化工、硅化工和氟化工、精细化工产业耦合发展，推动新型化工与装备制造、轻工、纺织、建材、新材料等产业融合发展，进一步丰富终端产品品种。

（3）有色金属产业。推动"煤电冶加""探采选冶加"一体化循环发展，加快高铝粉煤灰提取氧化铝技术攻关，降低生产成本，推动示范技术产业化应用。提高有色金属延伸加工能力，丰富有色金属产品种类，培育形成有色金属循环产业链、产业集群和集聚区。

第二节　重要矿产资源开发及加工

一、内蒙古矿产资源概况

内蒙古自治区地域辽阔，地质成矿条件好，资源分布广泛，矿产资源极为丰富。经过广大地质工作者长期不懈的努力，截至2016年底，先后共发现各类矿产144种（亚矿种为163种），占全国发现矿种的83.72%；其中，具有查明资源储量的矿种有115种（亚矿种为109种），占全国查明资源储量矿种的50%（见表4-6）。

表4-6　内蒙古已发现矿产一览表

矿产分类	具有查明资源储量的矿产		已发现但尚无查明资源储量的矿产	
	矿种数量	矿产名称（共92种、109亚种）	矿种数量	矿产名称（共43种、46亚种）
能源矿产	6种	煤、石油、天然气、铀、油页岩、地热	4种	页岩气、煤层气、天然沥青、钍
黑色金属矿产	5种	铁矿、锰矿、铬矿、钛矿、钒矿	4种	铝土矿、汞、锶、铼
有色金属矿产	11种	铜矿、铅矿、锌矿、镁矿、镍矿、钴矿、钨矿、锡矿、铋矿、钼矿、锑矿		
贵金属矿产	8种	金矿、银矿、铂矿、钯矿、铱矿、铑矿、锇矿、钌矿		
稀有稀土及分散元素矿产	14种	铌矿、钽矿、铍矿、锂矿、锆矿、铷矿、铯矿、稀土矿（10种元素）、锗矿、镓矿、铟矿、镉矿、硒矿、碲矿		
冶金辅助原料非金属矿产	12种	蓝晶石、红柱石、普通萤石、熔剂用灰岩、冶金用白云岩、冶金用石英岩、冶金用砂岩、铸型用砂岩、铸型用砂、冶金用脉石英、耐火黏土、铁矾土	32种	自然硫、水晶（压电水晶、熔炼水晶、工艺水晶）、硅灰石、刚玉、滑石、石棉、蓝石棉、叶蜡石、透辉石、透闪石、重晶石、明矾石、菱镁矿、宝石、泥灰岩、粉石英、含钾岩石、凹凸棒石黏土、伊利石黏土、累托石黏土、黑曜岩、松脂岩、浮石、凝灰岩（水泥用凝灰岩、建筑用凝灰岩）、辉长岩、粗面岩、火山灰、火山渣、片麻岩、钾盐、麦饭石、磨刀石
化工原料非金属矿产	14种	硫铁矿、芒硝、天然碱、电石用灰岩、制碱用灰岩、化工用白云岩、化肥用蛇纹岩、泥炭、盐矿、镁盐、溴矿、砷矿、硼矿、磷矿		
建筑材料及其他非金属矿产	38种	石墨、云母、长石、电气石、石榴子石、蛭石、沸石、石膏、方解石、冰洲石、玉石、玛瑙、水泥用灰岩、制灰用灰岩、玻璃用石英岩、玻璃用砂岩、水泥配料用砂岩、玻璃用砂、建筑用砂、玻璃用脉石英、硅藻土、水泥配料用页岩、高岭土、陶瓷土、膨润土、砖瓦用黏土、水泥配料用黏土、建筑用橄榄岩、饰面用辉石岩、饰面用玄武岩、饰面用辉绿岩、饰面用闪长岩、建筑用花岗岩、饰面用花岗岩、珍珠岩、饰面用大理岩、水泥用大理岩、水泥配料用板岩		
水气矿产	3种	地下水、矿泉水、二氧化碳气	0种	

资料来源：《内蒙古自治区矿产资源年报》（2017）。

截至 2016 年底，列入《内蒙古自治区矿产资源储量表》的矿产资源中（不包括石油、天然气、铀矿、地热等国家统一管理的矿种），有 87 种矿产的保有资源储量位居全国前十位，保有资源储量占全国总量 10% 以上的有 44 种。其中，位居全国首位的有 18 种，位居全国第二位的有 17 种，位居全国第三位的有 10 种，位居全国第四位的有 14 种，位居全国第五位的有 12 种。煤炭、天然气、银、铅、锌、稀土、铌、钽、铍、铟、锆、锗、铬、钌、铑、钯、锡、铋以及萤石、芒硝、石墨、硫铁矿等一大批矿产，探明的资源储量均在全国占有重要的位置（见表 4 - 7）。

表 4 - 7　内蒙古主要矿产的保有资源储量在全国的占比情况

矿产名称	在全国的位次	在全国的占比（%）	资源储量单位	保有资源储量
煤炭	1	26.12	矿石亿吨	4173
天然气	2	15.81	亿立方米	21129
石油	11	2.32	万吨	64993
铁	6	5.01	矿石亿吨	42.1
金	3	6.93	Au 吨	792.5
银	1	28.76	Ag 万吨	6.2
铜	5	7.55	Cu 万吨	790.4
铅	1	17.60	Pb 万吨	1503.8
锌	1	17.77	Zn 万吨	3163.6
钨	7	3.34	WO_3 万吨	37.3
钼	2	17.57	Mo 万吨	506.4
锡	2	17.03	Sn 万吨	63.9
锗	1	39.32	Ge 吨	2672.7
稀土	1	98.64	稀土氧化物亿吨	1.5
镁矿	2	1.5	矿石亿吨	3.8
普通萤石	1	84.43	矿石万吨	548.6
硫铁矿	6	5.40	矿石亿吨	16.7
芒硝	2	14.69	矿石亿吨	43.2
天然碱	2	5.22	$Na_2CO_3 + NaHCO_3$ 万吨	1204.4
盐矿	16	0.01	NaCl 万吨	10715.4
石墨	2	27.36	矿石万吨	8202.6
石膏	5	3.74	矿石亿吨	36.4
高岭土	9	2.49	矿石万吨	8444.2
水泥灰岩	4	5.98	矿石亿吨	80.3

资料来源：《内蒙古自治区矿产资源储量通报》（2016）。

在 107 种矿产中，共查明矿产地 1920 处。其中，能源矿产地 447 处，金属矿产地 1074 处，非金属矿产地 399 处；达到大、中型规模的矿产地共有 710 处。

一是以煤、石油、天然气、铀为主的能源矿产资源极为丰富，优势明显，潜力巨大。全区已查明和预测含煤盆地 180 余个，面积约 11.8 万平方千米，蕴含着丰富的能源矿产。煤炭资源查明保有资源储量位居全国首位。石油、天然气资源也随着勘查工作的推进，其资源保障程度得到大幅提高。在非常规能源矿产勘查开发方面，也取得了许多新突破、新进展。煤层气资源的开发利用得到重视，发现并打出了页岩气资源，潜层地温能开始示范使用，冻土地带的"可燃冰"资源已经开始调查，干热岩资源的存在也有了初步论证。特别是在煤系地层中，新发现的大量铀矿资源，使全区铀矿资源储量跃居全国首位。

二是贵金属、有色金属矿产资源分布集中，共生、伴生组分多，开发利用前景可观。全区金属矿产分布相对比较复杂，但在空间产出位置、成因类型、成矿时代、矿产组合等方面，表现出了极具特色的规律性。从地域特征看，主要体现为中西部富集铜、铅锌、铁、稀土，中南部富集金，东部富集银、铅锌、铜、锡、稀有分散元素。而且在丰富的金属矿产中，共生、伴生矿床多，单一矿种的矿床少，尤其是有色金属矿床多数属于多组分共伴生矿。在全区的金属矿区中，除铁、钨的单一矿床相对较多，钨、钼、金的单一矿床约能接近总数一半，其余的铜、铅、锌、银的单一矿床不足 1/3，主要以共生、伴生矿产出，而锡、铟、镉、锗等基本都是共生、伴生矿床。多组分共生、伴生虽给矿产的采选冶带来一定难度，但共生、伴生稀有稀散组分又使资源的潜在价值尤为珍贵，多样性的矿种构成也一定程度上能够缓解矿山应对主矿产品市场变化的风险。

三是稀土矿产资源得天独厚、储量巨大。内蒙古稀土矿产资源主要分布在白云鄂博和"八〇一"两大稀土稀有矿床中，已查明其保有资源储量具有占领世界市场的潜力。

四是非金属矿产种类繁多，资源匹配性好。石墨、萤石、电气石、膨润土等一大批极具潜在优势的非金属矿产，正在通过技术创新和新型产业发展，实现其潜能释放和优势转化。

二、矿产资源开发利用现状

丰富的矿产资源，奠定了内蒙古自治区矿业发展的基础。大批工矿企业随着勘探工作的开展和工业化进程的加快全面兴起。自"十五"以来，矿业开发力度不断加大。矿产资源开发利用，尤其是煤炭资源的开发利用，成为整个"十一五"和"十二五"期间拉动内蒙古经济增长的重要力量和支柱产业。

截至 2016 年底，内蒙古共有矿山企业 4517 家（不含油气类矿产），开采矿种 118 种，其中能源（不含石油、天然气、铀矿）矿山企业 563 家，黑色金属矿山 390 个，有色金属矿山 239 个，贵金属矿山 153 个，稀有元素矿山 2 个，冶金、化工、建材及其他非金属矿山 3139 个，地下水及矿泉水矿山 31 个。其中，大型矿山企业 200 个、中型 372 个、小型 2346 个、小矿 1599 个，小矿数量和化工类及其他非金属矿山逐年减少，一定程度反映了新常态下非大宗矿产品供需市场的趋冷，另外也反映了矿山企业规模化开采的发展趋势（见图 4-6）。

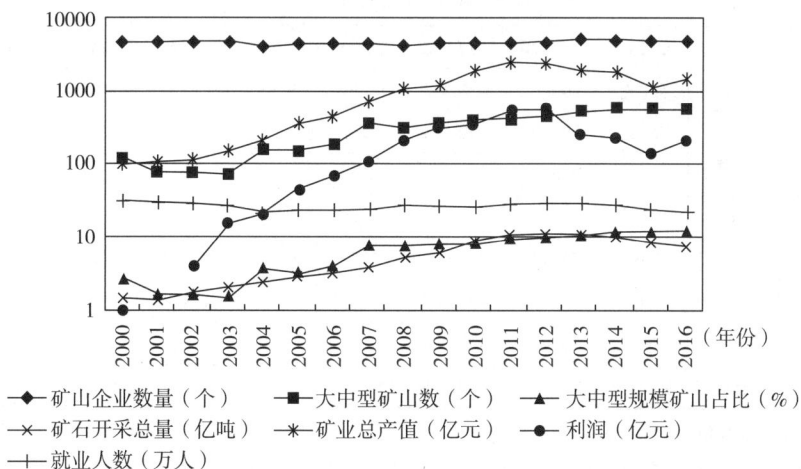

图 4-6　2000~2016 年内蒙古矿山企业基本情况对比

内蒙古的矿山企业绝大部分属于内资企业，目前仅有 15 家港、澳、台商投资企业和 8 家外资企业，整体全区矿山经济结构相对较为简单。

受国际矿业市场趋冷、国际矿产品价格普遍下滑的影响，以及大批位于自然保护区内的工矿企业关停、退出等因素，全区矿石开采总量以年均 19% 的速度连续四年递减，矿石的供应（除个别矿种过剩外）也由短缺逐步转为总体供需均衡。预示着整个矿业经济步入了一个新常态，矿业经济将由过去简单的数量型、规模化逐步向高质量、高效益发展转变。

2016 年，全区矿山的矿石开采总量为 7. 28 亿吨，较 2015 年减少 10.4%；全区矿山企业产值为 1299. 04 亿元，比 2015 年增长了 22.0%；全区矿山企业从业人员共计 21.84 万人，较 2015 年减少 6.4%；矿山创造利润 202.52 亿元，较 2015 年增加了 47.1%（见表 4 – 8）。

表 4 – 8　2016 年内蒙古主要矿产资源开发利用情况统计

矿种	矿山企业数（家）		年矿石产量（万吨）		完成工业总产值（亿元）		利润总额（亿元）		实际产能（万吨/年）
煤炭	556	– 2.6%	57945.06	– 2.6%	1125. 31	25.3%	163. 89	51.1%	68419. 47
铁矿	382	– 1.54%	2957. 23	– 15.8%	57. 05	– 12.2%	– 0.80	37.9%	6174. 39
铜矿	66	– 3.1%	1724. 25	– 54.4%	43. 71	– 17.9%	4. 07	– 7.3%	2019. 38
铅矿	71	1.4%	186. 76	– 17.3%	17. 13	– 7.8%	5. 46	– 20.3%	322. 74
锌矿	63	5.0%	495. 62	– 30.0%	33. 97	9.9%	7. 54	48.6%	751. 60
钼矿	24	– 8.3%	179. 92	– 72.2%	2. 71	– 0.1%	0. 95	82.4%	718. 15
金矿	127	3.3%	2649. 81	12.9%	40. 47	16.5%	8. 69	53.0%	2349. 89
银矿	26	8.3%	169. 56	– 1.7%	14. 00	– 4.5%	2. 94	– 13.4%	181. 71
硫铁矿	9	12.5%	578. 06	96.6%	31. 71	109.9%	8. 45	141.3%	437. 00
天然碱	12	20.0%	68. 22	– 33.5%	0. 58	– 84.6%	0. 0001	– 99.73%	80. 22
盐矿	11	0%	157. 64	– 3.9%	4. 45	– 23.5%	0. 51	– 55.9%	198. 65
水泥灰岩	155	– 2.5%	1678. 42	– 22.2%	9. 95	– 6.6%	0. 68	107.0%	2474. 20

注：带% 的数值为与上年相比的增减比例。

资料来源：《内蒙古自治区国土资源厅 2016 年度矿产资源开发利用统计分析报告》。

其中，煤炭矿石产量 5. 79 亿吨，占全区年产矿石总量的 79.53%，较 2015 年增加 0.73%，以煤为主的能源矿产完成工业总产值 1125.76 亿元，同比增加 29.10%。铁矿石年产量 2957.23 万吨；较 2015 年减少 15.8%，以铁为主的黑色金属矿产完成工业总产值 57.06 亿元，同比减少 12.19%。以铜、铅、锌、钼为主的有色金属矿山企业共完成工业总产值 97.52 亿元，同比减少 8.57%。以金银为主的贵金属及稀有金属矿产完成工业总产值 54.48 亿元，同比增加 6.64%。冶金辅助原料矿产开发完成工业总产值 5.89 亿元，同比增加 38.26%；化工原料矿产开发完成工业总产值 38.33 亿元，同比增加 48.45%；建材及其他非金属矿产开发完成工业总产值 22.25 亿元，同比减少 7.48%。矿泉水和地下水矿产开发完成工业总产值 1.06 亿元，同比增加 63.08%。

三、矿产资源深加工产业

丰富的矿产资源不仅为工业的发展提供了足够的资源保证，通过矿产资源的开发利用，也有力地推动了工业化初期整个国民经济的快速发展。内蒙古在"十一五"和"十二五"期间，矿业在全区国民生产总值的贡献率达到 10% 以上，矿业产值达到了工业总产值的 30% 左右，支撑了内蒙古国民经济连续多年的高速发展，也奠定了其工业化的基础，逐步成长为以煤炭、石油、天然气、铀矿等为主导的国家能源基地，成为以稀土、锗、金、银、铜、铅、锌、钨、锡、钼等重要金属矿产为主导的有色金属生产加工基地，以及萤石、芒硝、石墨、硫铁矿等非金属矿产为重要供给与资源接续的新型工业化基地。特别是新材料产业快速发展，稀土材料、高端金属结构材料、光伏材料、石墨材料、先进高分子材料等已逐步形成了较具影响力的产业集群，为打造我国战略性新兴产业基地奠定了基础。

1. 以煤电、煤化工为主的现代煤化工产业初具规模

从"十二五"以来，内蒙古自治区加快发展现代煤化工产业，以煤制油、煤制烯烃、煤制甲烷气、煤制乙二醇、煤制二甲醚为现代煤化工路径的产业化示范项目均已建成，较好地构建了煤电、煤制油、煤制气等以煤炭资源一体化开发利用的新型产业，形成了煤—电—冶金、煤—电—化工和煤—电—建材等优势特色循环经济产业链，在能源高效利用上取得了重大进展，传统产业链条进一步延伸，煤电、煤化一体化比重达到 90% 以上。

2017 年底，全区火电发电量达到 4422.3 亿千瓦时，总装机容量达 8170 万千瓦，居全国第三位，电力外送能力达到 4400 万千瓦以上。煤电产业中所形成的粉煤灰等尾矿资源的综合利用，也有了长足发展。

全区多个煤化工项目落地生产。神华鄂尔多斯百万吨煤直接制油项目、伊泰 16 万吨/年煤间接制油项目建成；大唐克什克腾年产 40 亿立方米煤制天然气

项目、神华包头炼制烯烃项目、大唐多伦炼制烯烃项目、通辽金煤 180 万吨煤制乙二醇项目、巴彦淖尔天河化工年产甲醇、二甲醚各 100 万吨项目都已建成，较好地构筑了蒙东、蒙西能源重化工基地和清洁能源输出基地。但受远离消费市场、水资源相对不足、产业结构不尽合理、部分深加工产品市场需求过剩、环境保护压力大等因素制约，内蒙古现代煤化工产业也将面临诸多挑战。

2. 稀土产业异军突起

内蒙古稀土资源主要分布在包头市白云鄂博矿区，远景资源储量 1.35 亿吨，已探明资源储量 5738 万吨，保有资源储量 4350 万吨，约占世界已探明储量的 38%，占全国的 84% 左右。白云鄂博稀土矿是铁、稀土、铌等多元素共生的大型金属矿床，含有 71 种元素，矿物种类多达 174 种。除铁矿资源外，稀土资源主要以轻稀土为主，镧、铈、镨、钕、钐占 97% 以上，同时富含铕（Eu）。

白云鄂博矿年产 1200 万吨铁矿石，同时顺采约 60 万吨稀土（REO），以目前的生产能力计算，稀土精矿回收利用了稀土总量的 14%，另有约 4% 进入铁精矿中，剩余近 80% 的稀土储存在尾矿库中。目前尾矿库堆存量约为 2 亿吨，其中含稀土超过 1380 万吨。

随着包头市稀土新材料基地的建设，以"稀土原料—稀土新材料—稀土终端应用产品"为产业链的产业格局初步形成。在新兴稀土材料方面，逐步延伸了稀土永磁、储氢、抛光等产业链；在稀土有色金属合金、中间合金、稀土钢、特种电机、动力电池、核磁共振成像仪及稀土颜料等深加工产品在全国形成了一定影响力。包钢稀土产业具备了年 42 万吨选矿、混合碳酸（氯化）稀土 24.5 万吨、稀土萃取分离 10.9 万吨、金属冶炼 1 万吨的能力；稀土下游的永磁、储氢、抛光、发光材料产业也已分别达到 3 万吨、1 万吨、2 万吨和 200 吨的规模。稀土化合物产能居全国首位。

内蒙古还建成了全国最大的稀土研究机构——包头稀土研究院、稀土冶金及功能材料国家工程研究中心，吸引了全国稀土行业近 20% 左右稀土科技人员。2014 年，又建立了中国首家稀土产品交易所——包头稀土产品交易所。

在铁铌稀土矿石有用元素的综合利用方面，包钢积极引进先进技术工艺，正在着手钪、铌、钍等元素的分离选矿厂建设和稀土产业废弃物的再回收利用项目论证。

3. 有色金属、贵金属深加工产业基地渐成规模

内蒙古金属矿山分布相对集中，在采矿业大力发展的同时，以铁、铜、铅、锌、镍、铝为基础的冶金工业、装备制造业逐步兴起，黑色和有色金属矿产资源的深加工能力得到大幅提升，矿产品结构不断得以优化。

2016年，全区成品钢材为2016.8万吨，较2015年同比增长6.3%；电解铝248.5万吨，较2015年同比减少4.3%；铁合金600.58万吨，较2015年同比增长11.4%；精炼铜17.40万吨，较2015年同比减少37.1%；十种有色金属334.2万吨，较2015年同比减少1.8%。

以矿产品深加工为特点的产业链逐步集聚于各大工业园区。包头市除了钢铁、铝业、稀土深加工方面具有较强产能优势以外，石墨、镁深加工产业也有了一定基础。鄂尔多斯市在铝、镍的冶金及深加工方面也形成了一定的产能。巴彦淖尔市的铜、铅、锌、金、镍冶炼深加工产业已形成了较大生产规模。赤峰市基本形成了以铜、铅、锌冶金为主导的自治区级有色金属产业示范基地。

4. 非金属矿产资源的高水平开发得到重视

非金属矿的精细化工项目开始落地。在矿产品结构方面，在全力打造资源产业基地和高新技术工业园区的同时，其产品逐步向多元化和高附加值转化。阿拉善盟已构建起了以聚氯乙烯、电石、烧碱、水泥、金属钠、高纯钠、氯酸钠等特色矿产品为主体的盐化工、精细化工产业。乌海及周边地区正在建成全国重要的焦化、聚氯乙烯生产加工基地。乌兰察布市形成了具有一定产能基础的石墨、萤石等一批高水平精细化产业。鄂尔多斯在氯碱化工、天然气化工以及水泥、陶瓷、高岭土深加工、风积沙综合利用等方面形成了较有特点的主导产业。包头市除了钢铁、铝业、稀土深加工方面具有较强产能优势以外，镁深加工以及水泥、醋酸乙烯、电石、冶金石灰、轻质碳酸钙、氟化工、磷铵、珍珠岩无机保温耐火材料等化工建材产业均有了一定基础。

但受技术水平和开发利用程度所限，我国非金属矿产资源的开发利用水平和产业发展水平一直相对较低，矿产品结构单一、附加值极低。多数仅停留在细粒、超细粒的加工上，资源的优势远未得到充分发挥。包括当前国际上最为看好的21世纪战略性资源——石墨，虽经近年产业快速发展，但也仅仅是由过去单一的石墨电极发展到现在的高纯石墨、中粗颗粒石墨材料，急需加大科研投入，需要在产品结构上有大的突破，尽快构建一个完善的石墨烯产业体系。

在完成新矿产品研发的同时，更需加大新兴材料应用市场和应用技术的拓展，通过市场需求来促进矿产品结构的优化。

非金属矿产资源的开发利用，必须要借助我国传统产业技术升级和供给侧结构性改革的政策以及生态环境保护与环保产业发展政策的支持，在化工、机械、能源、汽车、轻工、冶金、建材等传统产业转型换代之际，针对高技术、新材料产业和环保产业的需求，通过自主研发、创新和引进技术，不断开发出具有高附加值的非金属深加工产品，真正实现非金属矿产品深加工产业的彻底改造和升级，真正把非金属矿产的资源优势发挥出来。

第三节　重大装备制造业

装备制造业号称"工业之母"，是为国民经济各行业提供技术装备的战略性产业，其产业关联度高、技术和资金密集、吸纳就业能力强，是各行业产业升级、技术进步的重要保障和国家综合实力的集中体现，其现代化水平直接决定着国民经济的现代化水平。党的十九大报告中明确指出要"加快建设制造强国，加快发展先进制造业""促进我国产业迈向全球价值链中高端，培育若干世界级先进制造业集群"。内蒙古的装备制造业的产业密集度较高，吸纳就业能力较强。

一、内蒙古重大装备制造业发展现状

近年来，随着产业规模不断扩大，产品结构进一步优化，技术装备水平逐步提高，装备制造业已成为内蒙古自治区发展速度较快的优势特色产业之一。内蒙古通过制定中长期发展规划，协调落实多项重大政策措施，在乘用车、载重汽车、铁路车辆、非公路矿用车等车辆制造，煤、矿机械、工程机械、风电设备制造等领域快速推进。2016 年内蒙古装备制造业主营业务收入 1348 亿元，其中 2000～2016 年专用设备制造业、金属制品业、电器机械及器材制造业和通用设备制造业的年均增长速度分别达到 33.52%、31.99%、29.97% 和 26.79%，如表 4－9、图 4－7 所示。

表 4 – 9　2000～2016 年内蒙古装备制造业主营业务收入　单位：万元

分类 年份	金属 制品业	通用设备 制造业	专用设备 制造业	交通运 输设备 制造业	电器机械 及器材 制造业	电子及 通信设备 制造业	仪器仪表 及文化办公 用品设备 制造业
2000	58212	58141	21020	—	45453	105042	—
2001	62472	57599	21688	—	43770	158886	—
2002	49107	66036	23725	—	41757	340765	—
2003	61482	72851	551875	—	54164	415863	—
2004	90307	128780	644599	—	81093	455712	—
2005	126608	177052	787270	—	81814	634448	—
2006	148150	308551	957225	—	160228	795703	—
2007	261482	502343	1242103	—	244494	915382	—
2008	406739	778427	2048477	—	395890	932445	—
2009	937927	1501771	2699278	—	990447	1023760	—
2010	1607413	1674187	3507619	—	1786924	549658	—
2011	1521284	2230919	2452406	—	2514873	513788	—
2012	4054221	1589865	1090316	375029	2446959	840912	37831
2013	4305003	2013106	1844874	429652	3088677	823816	46217
2014	5098859	2185272	1657158	422505	2538646	865509	69001
2015	2674908	2516531	2136378	290277	3111067	600682	93972
2016	4939124	2594701	2144333	260865	3012618	439038	93381
年均增长 率（%）	31.99	26.79	33.52		29.97	9.35	

资料来源：各年《内蒙古统计年鉴》。

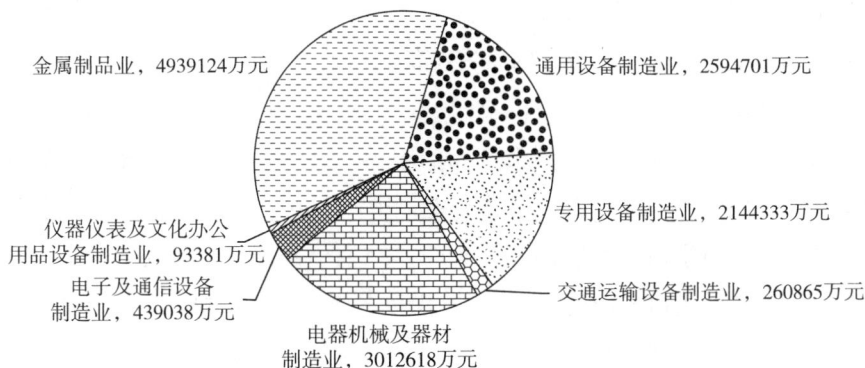

图 4 – 7　2016 年内蒙古装备制造业各类别主营业务收入

1. 已形成装备制造产业集群

经过多年的发展，内蒙古的包头市、呼和浩特市、鄂尔多斯市已成为国家重型汽车制造基地和机械装备制造基地。包头市拥有一机集团、北重集团、北奔重汽集团、中国重汽等骨干企业，筹建于 2006 年的包头装备制造园区已成为自治区第一个产值超千亿元装备制造园区；包头市已形成年产 10 万辆汽车整车及零部件配套产能，6000 辆铁路车辆及车轴等零部件产能，5000 台各种非公路矿用车、1000 台装载机、2000 台液压挖掘机、1000 台推土机等工程机械及配套产能，3500 台（套）煤炭综采和 3500 吨石油综采设备产能，1.5 兆瓦、3.0 兆瓦 2400 台（套）风电整机及零部件产能，基本形成了以汽车及零部件、工程机械、铁路设备及零部件、煤炭石油综采设备、风光新能源设备、电力设备等行业为主、门类比较齐全的产业集群。呼和浩特市装备制造业经过结构调整后，拥有一汽亿阳、重庆力帆、航天集团六院、维斯塔斯、众环集团等骨干企业，正在发展风电设备、汽车及零部件、机床附件等制造业。鄂尔多斯市产业园区形成了以汽车及零部件生产、煤矿机械制造、新能源设备生产和电子信息为主导的产业集聚，三个装备制造业基地发展迅速。建于 2007 年的东胜装备制造业基地，正在建设的项目有煤炭机械制造与维修、载重汽车、矿用车辆、电子仪器、风能太阳能设备制造、煤化工设备制造等。2008 年开始建设的阿镇装备制造业基地，依托煤炭产业，大力发展以煤炭机械制造与维修、矿用设备、煤化工设备制造为主的装备制造业。康巴什装备制造业基地以华泰汽车的整车及汽车零部件生产为主。

2. 高端装备初具规模

通过调整结构、优化升级，内蒙古装备制造业正在向现代装备制造业进军。拥有国家级技术中心的内蒙古一机集团，自主研发、制造的 TY230 履带式大马力推土机填补了我国西北地区同类产品的空白；高速动车组大型铝合金枕梁和抗侧滚扭杆总成系列产品，打破了国外垄断并列入国内高铁国产化配套供应商目录。北重集团自主研制生产的 P92 钢管，结束了我国百万千瓦以上火电机组关键材料长期依赖进口的历史；3.6 万吨黑色金属垂直挤压机是世界最大、国内首套重型垂直挤压设备，被列为国家新时期十大技术装备之一；大吨位电动轮非公路矿用自卸车、1800 吨精锻机、井下救生舱、防暴运输设备、百米线控掘进机、核磁共振影像系统、AP1000 三代核燃料元件等填补国家空白或达到行业领先。

3. 培育了一批骨干企业集团

以内蒙古一机集团、内蒙古北方重工集团等为代表的企业，具有很强的竞争实力。内蒙古一机集团已形成以军品、铁路车辆、车辆零部件、石油机械、工程机械等核心产品，有世界先进水平进口设备 1000 多台（套），拥有冶炼、铸造、加工、整机装配等较为完整的工艺技术体系。北方重工集团自主研发的超高压钢管、内燃机车曲轴光坯、风力发电机主轴、石油钻具和高级镜面模具钢等产品的性能均已达到世界领先水平。全国各地的企业投资也为内蒙古装备制造业发展注入新的活力，如内蒙古瑞隆汽车动力有限公司的 5 万台变速箱和 35 万台发动机制造、阿拉善盟空天电子科技公司飞艇基地建设等一批先进的装备制造项目陆续建成投产。其中，空天电子科技公司飞艇基地生产的飞艇填补了我国平流层飞艇技术国产化的空白。

二、内蒙古重大装备制造业发展存在的问题

目前，与工业发达国家相比，我国装备制造业仍存在较大差距，正如国内有专家对我国装备制造业发展现状有六点概括，即"有规模缺实力、有数量缺巨人、有速度缺效益、有体系缺原创、有单机缺成套、有出口缺档次"。内蒙古装备制造业不论在研究开发经费投入还是设备及产品的技术含量上都显落后，产品供给结构还不能适应市场需求结构的变化，特别是大型、大容量、高精度的重大技术装备与国外差距更大。在很多产品领域，单项技术比较先进，但系统成套能力比较差，成套设备生产能力弱，大量成套设备不得不依赖进口。与我国其他发达地区相比，内蒙古装备制造业在整体竞争力方面也处于弱势。

1. 规模偏小，企业市场影响力低

内蒙古装备制造业虽然起步较早，但多数企业规模较小、影响力低，行业产品结构不完善，多数产品市场占有率不高，对相关产业拉动作用不大。与国内装备制造业发达地区相比，其差距明显。从我国装备制造业的竞争力来看，排在前 10 位的省市依次是江苏、山东、广东、浙江、辽宁、河南、安徽、上海、湖北、河北，而内蒙古排名靠后。

2. 尚未形成大中小企业协作配套的格局

装备制造业对产业关联要求较高，但受客观原因制约，内蒙古装备制造业

产业内部尚未建立明确的区域市场分工和完整的配套协作体系，企业间协作关系较弱，配套能力不足，专业化分工落后，基础零部件和基础工艺配套企业缺乏，其技术水平有待提高。装备制造业大企业和骨干企业对相关企业带动力不强，导致中小企业无法大量聚集在龙头企业周围进行配套生产。部分企业各自为战，中小企业不专不精，缺乏特色，没有形成专业化的生产优势，无法为骨干企业提供配套服务，骨干企业的很多零部件需要采用区外产品，没有形成大中小企业协作配套的格局。

3. 创新机制不完善，技术创新能力较弱

目前，内蒙古装备制造业创新体系存在以下主要问题：一是其创新机制不完善，自主创新动力不足，企业与科研院所的合作不够紧密，长效的产学研合作机制没有建立起来，科技成果转化率低。二是科技创新投入不足。2017 年，内蒙古研究与试验发展经费投入强度为 0.82%，位列全国第 25 位，而全国同期平均水平为 2.13%；全年共投入研究与试验发展经费 132.33 亿元，比 2016 年下降 15.18 亿元，下降幅度为 10.29%，占全国研究与试验发展经费的比重仅为 0.75%；2017 年，内蒙古万人 R&D 人员数为 16 人年，居全国第 17 位；R&D 研究人员数为 17972 人年，居全国第 24 位；万人 R&D 研究人员数为 7 人年，居全国第 18 位。可见，内蒙古的创新资源投入水平与其自身经济发展水平和发展需求存在较大差距。三是高素质人才缺乏。装备制造业人才总量不足，多数企业由于没有形成良好的激励机制，对人才的吸引力不强，存在人才流失现象，企业发展所需的中高级管理人才和技术人才缺乏。技术工人供给存在结构性问题，高技能人才短缺。

三、内蒙古重大装备制造业发展对策

随着经济全球化、区域经济一体化趋势的不断加强，以及我国发展战略、重大规划和重大政策的持续支持，为我国装备制造产业发展提供了良好的环境，贯彻落实内蒙古自治区发展规划，充分发挥自身优势，采取切实有效的措施，是进一步提升内蒙古现代装备制造业发展水平和质量的关键。

1. 加大政策扶持力度

认真贯彻落实国家和内蒙古有关装备制造业发展的各项政策措施，统筹运用内蒙古各类支持工业发展的专项资金，向符合规划引导的装备制造业重点领

域、重大技术装备研发、骨干企业培育、基地建设等项目倾斜。积极争取国家有关扶持资金对内蒙古装备制造业项目的支持。内蒙古有关部门支持科技创新、品牌建设、中小企业发展等专项资金要向装备制造业倾斜，各盟市也要相应加大财政支持力度。对列入规划的重点装备制造业项目和产业集群，各级政府和有关部门要在资金投入、土地、环保等方面给予优先扶持。

2. 增强自主创新能力

加快建立和完善以企业为主体、市场为导向、产学研结合的技术创新体系。鼓励和支持企业技术中心、工程中心建设，一般大中型企业都要建立研发中心或联合研发中心，并保证研发投入持续增长。加强装备制造业的科研社会化协作，实现自主创新和引进技术再创新，不断掌握核心技术和关键技术，提高成套设备研发和制造能力。鼓励科研基础设施和大型科学仪器、设备等科技资源共享；鼓励广泛开展联合设计、联合制造，逐步实现自主制造的目标；鼓励制造业骨干企业向自主创新型企业发展；鼓励企业与高等院校、科研院所开展产学研合作，实现技术资源互补。

3. 引导产业集群发展

重点建设装备制造产业基地，形成强大的产业集群优势。着力建设包头装备制造产业园区、鄂尔多斯装备制造产业园区、呼和浩特装备制造产业园区等基础较好的工业园区成为内蒙古装备制造业的集聚区和招商引资的主平台，发挥龙头企业的作用，发展协作配套的中小企业，积极承接产业转移，壮大产业规模。积极帮助其他盟市装备制造业提升产业结构，向产业园区集聚，形成一批特色鲜明的装备制造业基地。

4. 大力培育优势企业

要坚持实施龙头带动战略，瞄准先进水平、对标先进企业，着力推进产品的信息化、数字化、智能化，重点扶持一机集团、北重集团、北方奔驰等装备制造骨干企业，支持企业以工程配套、主机配件结合为主要途径，通过多种形式和途径进行兼并、重组与联合，形成一批大型企业集团。支持中小企业与骨干企业建立配套协作关系，发挥专业化生产优势，形成以大型企业为主导，中小型企业协调发展的新格局。鼓励装备制造企业与上下游企业、研发机构和大学组建战略联盟，实现优势互补，提高产业整体竞争力。

5. 加快装备制造业"走出去"

抓住"一带一路"发展机遇,特别是中蒙俄经济走廊建设的关键期,政府制定扶持激励政策、设立专项资金、加大支持力度,在持续加强自主研发和创新的前提下,推动内蒙古装备制造业与东北亚、东南亚、非洲、大洋洲以及北美洲国家等重点区域开展合作,引导市场主体积极参与国际产能合作,带动区内装备制造和设备"走出去",从而进一步提高内蒙古自治区开放水平,推进内蒙古自治区经济结构调整和产业转型升级。

6. 加强专业化人才队伍建设

制订实施企业人才队伍培育和开发计划,构建并完善产业创新人才政策支持体系。在装备制造业园区内建立研发中心,通过研发中心,引进标杆地区的师资资源、培训资源等,形成人才共享、讲学共享、技术共享。发挥校企联合优势,发挥大专院校、职业院校的作用,建立多层次的装备制造业人才培养体系,加大熟练技术工人、专门技术人才和高级管理人才的培养力度。建立和完善企业家和科技人才选拔任用的激励保障机制,争取设立专项资金对生产服务的一线技能人才、装备制造业的领军团队、领军人物的支持力度,实行优秀技能人才特殊奖励政策和激励办法,为高素质人才的凝聚和园区产业的升级提供有利条件。

第四节　乳制品产业

内蒙古乳制品产业经济是内蒙古现代农牧业的重要标志,全国乳制品产业经济经过几次清理洗牌和转型升级,目前已进入奶牛养殖、生鲜乳运输、乳制品生产、物流配送、经营销售等环节基本实现现代化,乳制品质量得到前所未有的提高,成为最安全的健康食品。正如党的十九大提出的"构建现代农业产业体系、生产体系、经营体系",在内蒙古乳制品产业经济领域已基本实现。内蒙古的奶牛养殖和乳制品加工及品牌建设等方面,在国内均有明显的比较优势。因为内蒙古自古以来就有饲养蒙古牛生产生鲜乳,运用传统工艺生产各种奶豆腐、奶皮子、奶酪、奶油等奶制品,加之清香的奶茶和炒米,是蒙古高原蒙古族餐桌必备的营养食品,天然无污染的草原美味佳肴举世闻名,流传至今。天然大草原品牌和蒙古民族的饮食文化为现代版的奶业经济发展提供了坚实的文化根基。自从2000年以来，受国家政策的推动、市场的拉动、龙头企业的带动和养殖效益的驱动，内蒙古现代版的乳业经济得到了快速发展，一条绵延上千千米的"奶牛带"在内蒙古形成。"奶牛带"东起呼伦贝尔草原、西至八百里河套，以呼和浩特市、包头市为中心，基本上沿北纬40度线两侧分布，穿过内蒙古阿拉善盟、乌海市之外的10个盟市。这里气候适宜、农牧业交错分布，属世界最佳养牛带。该区域饲养乳牛头数最多达到301.56万头，成为全国最大的奶牛饲养和奶源基地，也是乳制品加工基地。内蒙古乳业的快速发展带动了农牧民收入增长，促进了地区经济发展，尤其是新常态下，乳制品企业已成为推动当地经济社会健康稳定发展的主力军。

一、内蒙古奶业发展现状

1. 奶牛头数

乳牛是奶业发展的基础。根据表4-10分析内蒙古乳牛数量变化情况，乳牛由2001年的74.7万头增加到2006年的301.56万头，增长303.7%；2008年"三聚氰胺"事件发生后，2009年乳牛头数下降到227.3万头。2010年，原料奶市场逐步好转，奶牛头数增加到292.5万头，同比增长28.7%。2011~2013年乳牛头数小幅下降，2013年乳牛头数229.25万头，较2010年减少63.25万头，下降21.6%。2014年和2015年有所增长，2015年乳牛头数为238.0万头，较2013年增加8.75万头，增长3.8%。2016年乳牛数量大幅下降，为120.5万头，较2015年下降49.4%。2017年和2018年乳牛数量较2016年变化不大。同时也可以看出，随着乳牛数量的变化乳牛头数占全国比重也随之发生变化，2006年占比最高，达28.2%，2016~2018年占比比较稳定，为11.4%~11.6%。

表4-10 2001~2018年内蒙古奶类产量、牛奶产量、乳牛头数变动

年份	奶类产量（万吨）	同比增长（%）	奶类产量占全国比重（%）	牛奶产量（万吨）	同比增长（%）	牛奶产量占全国比重（%）	乳牛头数（万头）	同比增长（%）	乳牛头数占全国比重（%）
2001	109.04	31.4	9.7	106.23	33.2	10.4	74.70	3.9	13.2
2002	168.90	54.9	12.1	165.20	55.5	12.7	98.36	31.7	14.3

年份	奶类产量（万吨）	同比增长（%）	奶类产量占全国比重（%）	牛奶产量（万吨）	同比增长（%）	牛奶产量占全国比重（%）	乳牛头数（万头）	同比增长（%）	乳牛头数占全国比重（%）
2003	312.21	84.8	16.7	308.02	86.5	17.6	144.46	46.9	16.2
2004	502.10	60.8	21.2	497.90	61.6	22.1	221.54	53.4	19.9
2005	696.85	38.8	24.3	691.05	38.8	25.1	268.57	21.2	22.1
2006	877.45	25.9	26.6	869.16	25.8	27.2	301.56	12.3	28.2
2007	924.66	5.4	25.5	943.92	8.6	26.8	251.33	-16.7	20.6
2008	921.20	-0.4	24.4	934.92	-1.0	26.3	245.60	-2.3	19.9
2009	934.00	1.4	25.4	903.12	-3.4	25.6	227.30	-7.5	18.0
2010	945.68	1.3	25.2	905.18	0.2	25.3	292.50	28.7	20.6
2011	931.44	-1.5	24.5	908.20	0.3	24.8	275.14	-5.9	19.1
2012	930.65	-0.1	24.1	910.20	0.2	24.3	263.20	-4.3	17.6
2013	778.55	-16.3	21.3	767.30	-15.7	21.7	229.25	-12.9	15.9
2014	800.00	2.8	20.8	788.00	2.7	21.2	236.00	2.9	15.7
2015	812.00	1.5	21.0	803.20	1.9	21.4	238.00	0.8	16.2
2016	592.90	-27.0	18.7	585.70	-27.1	19.1	120.50	-49.4	11.6
2017	559.60	-5.6	17.8	552.90	-5.6	18.2	123.40	2.4	11.4
2018	571.80	2.2	18.0	565.60	2.3	18.4	120.80	-2.1	11.6

资料来源：《中国统计年鉴》（2001～2019）、《内蒙古统计年鉴》（2001～2019）、《中国奶业统计资料》（2019）。

2. 牛奶产量

牛奶产量随着奶牛头数的增加而变化。根据表 4 - 10 分析，牛奶产量由 2001 年的 106.23 万吨增长到 2007 年的 943.92 万吨，年均增长 10.2%；2008 年 "三聚氰胺"事件后由于清理整顿小规模奶站，乳牛头数减少牛奶产量也随之下降，2009 年下降为 903.12 万吨；2012 年恢复到 910.2 万吨。2013 年牛奶产量断崖式下跌仅为 767.3 万吨，同比下降 15.7%；2015 年产量恢复到 803.2 万吨。2016～2018 年随着乳牛数量减少，牛奶产量也随之减产，2016 年产量较 2015 年减少 27.1%。2016～2018 年牛奶产量变化不大。内蒙古牛奶产量占全国牛奶总产量的比重 2004～2015 年在 20.0% 以上，2016～2018 年下降为 20.0% 以下。

3. 生鲜乳价格

生鲜乳价格走势直接关系到奶牛饲养业的发展。生鲜乳价格高时奶农养殖奶牛积极性高,从而奶牛饲养头数较快增长,可是生鲜乳价格走低时奶农亏损运行,被迫无奈卖掉奶牛或者送达屠宰场宰杀奶牛,这或许是内蒙古奶源市场发展的规律,其中重要原因是原料奶市场需求和供给信息不畅通、季节性供需及进口原料奶的冲击较大。如表 4 - 11 所示,凡是生鲜乳价格高时需求大于供给,而生鲜乳价格走低时供给大于需求。2018 年同 2006 年各月生鲜乳价格相比较,近 10 多年来生鲜乳价格由 2006 年的 1.94 元/千克涨到了 2018 年的 3.5 元/千克左右,10 多年来各月价格年均增长率基本呈春夏走低、秋冬走高的趋势。

表 4 - 11 2006 ~ 2018 年全国主产区生鲜乳月度平均收购价格

单位:元/千克

年份 月份	2006	2009	2010	2011	2012	2013	2014	2015	2016	2017	2018	各月年均增长率(%)
1 月	1.94	2.62	2.68	3.18	3.26	3.40	4.23	3.56	3.56	3.54	3.50	5.04
2 月	1.96	2.57	2.73	3.20	3.28	3.42	4.26	3.44	3.56	3.54	3.47	4.88
3 月	1.95	2.49	2.74	3.20	3.28	3.42	4.23	3.42	3.54	3.53	3.46	4.89
4 月	1.96	2.43	2.79	3.20	3.27	3.43	4.21	3.40	3.47	3.50	3.45	4.82
5 月	1.91	2.37	2.82	3.19	3.27	3.45	4.16	3.40	3.46	3.45	3.41	4.95
6 月	1.93	2.32	2.86	3.20	3.27	3.50	4.08	3.41	3.42	3.42	3.39	4.81
7 月	1.91	2.32	2.89	3.19	3.27	3.55	4.00	3.41	3.41	3.41	3.37	4.85
8 月	1.90	2.31	2.93	3.18	3.27	3.61	3.95	3.41	3.39	3.41	3.39	4.94
9 月	1.90	2.36	2.98	3.20	3.28	3.70	3.92	3.44	3.44	3.46	3.45	5.10
10 月	1.89	2.43	3.02	3.22	3.31	3.81	3.90	3.47	3.45	3.48	3.51	5.29
11 月	1.91	2.52	3.07	3.23	3.34	3.98	3.84	3.50	3.47	3.55	3.55	5.30
12 月	1.92	2.60	3.13	3.25	3.38	4.12	3.79	3.54	3.52	3.52	3.59	5.35

注:2008 年及以前年度数据为北京、天津、河北、内蒙古、山西、黑龙江 6 个主产区监测数据;2008 年之后为河北、河南、山东、山西、黑龙江、辽宁、内蒙古、新疆、陕西、宁夏 10 个主产区监测数据。

资料来源:豆明. 2019 中国奶业统计资料 [M]. 荷斯坦,2019:89.

4. 乳制品加工业发展分析

(1) 乳制品企业经营情况。根据《2019 中国奶业统计资料》数据,截至

2018 年，100 亿元以上企业有伊利、蒙牛，伊利日处理鲜奶 2 万吨、销售额为789.76 亿元，主要产品是液态奶、奶粉、冰激凌、奶酪、乳饮料等；蒙牛日处理鲜奶 2.2 万吨，销售额为 689.77 亿元，主要产品有液态奶、乳饮料、奶粉、冰激凌等。

（2）液态奶产量趋势。液态奶包括鲜奶和酸奶。内蒙古两大乳品企业伊利和蒙牛的主打产品是保质期长的高端液态奶。2005 ~ 2018 年内蒙古液态奶产量处于下降的趋势，虽然 2016 年产量达到了 313.84 万吨，但是也比 2005 年下降了 48.92 万吨，到 2018 年液态奶产量仅为 237.1 万吨。同时，内蒙古液态奶产量占全国液态奶产量比重整体上呈现下降趋势，到 2018 年仅占全国的 9.5%。而河北省液态奶产量达到 357.42 万吨，比内蒙古高出 120.32 万吨，河南省液态奶产量为 251.57 万吨，也就是内蒙古液态奶产量在全国排第三位，如表 4 - 12所示。

表 4 - 12 2005 ~ 2018 年内蒙古液态奶产量趋势

年份	全国（万吨）	内蒙古（万吨）	内蒙古液态奶产量占全国比重（%）
2005	1145.79	362.76	31.7
2010	1845.59	308.92	16.7
2011	2060.79	309.71	15
2012	2146.57	273.39	12.7
2013	2335.97	272.97	11.7
2014	2400.12	246.47	10.3
2015	2521	276.37	10.9
2016	2737.17	313.84	11.5
2017	2691.66	246.79	9.2
2018	2505.59	237.1	9.5

资料来源：豆明. 2019 中国奶业统计资料［M］. 荷斯坦，2019：147.

（3）干乳制品生产趋势。干乳制品包括奶粉、乳清、炼乳、奶油、干酪、奶茶粉等。内蒙古干乳制品产量趋势不稳定，呈现波浪式增长态势，从 2005 年的 14.03 万吨上升为 2011 年的 73.5 万吨，增长高达 423.9%，到 2018 年减少为17.72 万吨，较 2011 年下降 75.9%。2011 年干乳制品产量历史最高，达到 73.5

万吨，占全国的 22.5%。2013 年后，干乳制品产量呈现显著下降的主因在于受到消费疲软，其主因是倾向于国外产品，导致内蒙古干乳制品销量下滑，最终产品积压、生产动力下降，如表 4 - 13 所示。

表 4 - 13 2005～2018 年内蒙古干乳制品产量趋势

年份	全国（万吨）	内蒙古（万吨）	内蒙古干乳制品产量占全国比重（%）
2005	164.63	14.03	8.5
2010	313.8	36.44	11.6
2011	326.7	73.50	22.5
2012	398.62	52.28	13.1
2013	362.06	27.95	7.7
2014	251.7	23.36	9.3
2015	261.53	17.18	6.6
2016	256.06	22.67	8.9
2017	243.38	16.62	6.8
2018	181.52	17.72	9.8

资料来源：豆明.2019 中国奶业统计资料［M］.荷斯坦，2019：148.

5. 乳制品消费趋势分析

内蒙古是中国乳制品生产大区，但并不是消费大区，主要以输出产品为主。根据《2019 中国奶业统计资料》数据整理，城镇居民家庭人均年鲜乳品购买量由 2015 年的 28.7 千克/人下降为 2017 年的 28.4 千克/人，人均下降 0.3 千克；农村居民家庭人均购买量由 2015 年的 12.5 千克/人上升为 2017 年的 14.6 千克/人，增加 2.1 千克/人。农村居民家庭人均年乳制品消费量高于全国城镇消费平均水平，例如，2015 年全国为 6.3 千克/人，内蒙古为 12.5 千克/人，内蒙古比全国平均水平高出近 1 倍；2016 年，全国农村居民人均乳制品消费量为 6.6 千克，内蒙古为 13.1 千克；2017 年全国农村居民人均乳制品消费量为 6.9 千克，内蒙古为 14.6 千克。可见，内蒙古农村居民乳制品消费量明显高于全国平均水平。

6. 奶业贸易情况分析

根据《2019 中国奶业统计资料》数据整理，内蒙古干乳制品进口 2017 年为

46187.15 吨，2018 年为 36475.55 吨，同比下降 21.03%，其进口额为 13293.15 万美元，2018 年为 10961.33 万美元，同比下降 17.54%。其中，2017 年奶粉进口量为 41896.57 吨，2018 年为 33090.75 吨，同比下降 21.02%，其进口额为 12028.67 万美元，2018 年为 9696.94 万美元，下降 19.38%；乳清进口量 2017 年为 4056.30 吨，2018 年为 3300.80 吨，同比下降 18.63%，其进口额为 1154.71 万美元，2018 年为 1210.59 万美元，同比增长 4.84%，可见乳清价格上涨；液态奶出口量 2017 年为 2173.27 吨，2018 年为 2198.56 吨，同比增长 1.16%，在全国位居第三位，其出口额为 213.73 万美元，2018 年为 240.45 万美元，同比增长 12.5%。

二、奶业发展中存在的问题

1. 牛奶生产中存在的问题

（1）奶牛存栏头数整体上呈现下降趋势。根据《2019 中国奶业统计资料》数据整理，"三聚氰胺"事件后内蒙古奶牛存栏头数由 2006 年的 301.56 万头锐减为 2009 年的 227.3 万头，减少了 74.26 万头，到 2015 年逐步恢复为 238.0 万头，较 2009 年增加 10.7 万头，2015 年后奶牛头数减少，2016～2018 年内蒙古奶牛稳定在 120 万头左右。可见，内蒙古奶牛存栏量进入稳定期，不过奶牛单产量呈现增长态势，由 2015 年的 5094 千克/牛增加到 2018 年 7804 千克/牛，单产量增加 2710 千克/牛，增加了 53.2%，可见内蒙古在提高奶牛单产量上下了功夫。

（2）市场化运作奶站是扰乱奶源市场的元凶。奶站是奶农与企业之间的特殊中间经销环节，也是保障牛奶安全的关键环节。20 世纪 90 年代奶站是企业的分支机构，企业直接管理的中间环节，所以内蒙古牛奶市场井然有序稳定发展，后来随着收奶企业的增多和市场需求量猛增，收奶流动车泛滥到处高价收购牛奶，严重扰乱了牛奶市场和有些企业的正常经营管理奶站，之后有些企业无法直接管理奶站，将奶站推向市场，奶站完全市场化运作。从此，内蒙古牛奶市场价格的波动性较大，无论奶农还是奶站甚至企业都为了实现利润最大化，采取一切办法赚取利益。奶站市场化运行后扰乱了乳业市场，造成了"三聚氰胺"事件的发生，换言之，这是发生"三聚氰胺"事件的根本原因。事实证明，奶站不能市场化运行，应该成为企业的直属机构。

2. 主要乳品企业效益波动较大

2018 年，伊利乳品企业日处理鲜奶 20000 万吨，销售额为 789.76 亿元，同比增长 16.92%，净利润为 64.40 亿元，同比增长 7.31%；蒙牛乳品企业日处理鲜奶 22000 吨，销售额为 689.77 亿元，同比增长 14.66%，净利润为 30.43 亿元，同比增长高达 48.6%。可见，蒙牛公司净利润增幅明显快于伊利公司。

3. 乳品行业领域已呈现从寡头垄断走向垄断趋势

首先，目前国内乳业市场产生了寡头垄断。寡头垄断产生主要有两种途径：一是市场经济的推动，某产业发展中必定出现生产同类产品的诸多企业，这些企业在市场竞争中有的企业逐步走强、有的企业衰退亏损淘汰出局，公平竞争中战胜的企业其资本更加强大，进一步吞并其他企业，最终在市场上剩下几家企业，寡头垄断整个市场，这是一种市场经济发展结果。二是政策的推动，政府为更好管理某个行业，要提高门槛、出台高标准的政策，淘汰不符合政策的中小型企业，因为中小型企业因无力投资设备以适应政策的需求而淘汰出局，只有资本实力雄厚的大企业有能力更新设备适应政策，剩下的大型企业进一步分割被淘汰企业的市场，扩大实力，最终在市场上出现几家企业寡头垄断整个市场。目前，在中国近 45% 的乳品企业被停产整改或淘汰出局，让渡出约占全国市场 20% 的市场空间，新一轮市场争夺战已开始。由此，事实上 2010 年以来，乳业市场清理整顿后产生的寡头垄断，属于政策推动型的寡头垄断，寡头垄断后乳制品质量安全高枕无忧了吗？仍有待实践的检验。

其次，逐步显现垄断趋势。在国内 100 亿元以上乳品企业只有三家：伊利、蒙牛和光明。2018 年，伊利、蒙牛销售额、净利润同比增长较快，可是光明的销售额和净利润同比呈大幅下滑趋势。目前，在我国乳业领域，伊利、蒙牛乳品企业实现垄断市场。

4. 保护和发展具有民族文化特色的乳制品产业

自从西部大开发以来，西部民族地区乳业经济迅速崛起发展的根本因素在于挖掘了民族乳业文化，从而产生了大品牌和中小品牌种类较齐全的乳制品。例如，在内蒙古除有伊利、蒙牛等大品牌产品外，还有诸多手工制作或规模较小的机械制作的奶豆腐、奶皮、奶片、奶酪、奶茶、酸奶、黄油、奶油等奶制品，这些奶制品销往全国各地，在旅游旺季时还出现供不应求现状。这些奶制品是蒙古族优秀饮食文化的集成，是营养价值高的健康的人体易吸收的食品，是内蒙古发展民族旅游业的重要商品。目前消费群体呈不断增长趋势，受到全国各地消费者的青睐。如果我们出台新政策清理整顿乳业市场时不考虑上述民族特色的乳制品生产的特点，若对中小企业采取"一刀切"政策，这些中小企业必将难以通过国家的统一标准，导致诸多中小乳制品生产企业不得不关停业整顿或者关门退出市场，这样会使内蒙古地区具有民族特色的乳制品遭到重创，最终影响旅游业发展。所以，民族地区实施国家政策的同时，又如何保护和更好地发展民族文化特色的乳制品产业是有待研究的重大课题。

三、对策建议

1. 合理确定规模养殖奶牛头数

内蒙古地区规模养殖奶牛头数到底控制在多少头以内？到目前为止没有公认的答案。内蒙古从粗放的奶牛养殖业向现代奶牛养殖业过渡期间，如果能够正确评估本地区的科技、财力、人才、土地资源等条件和认真总结西方奶源基地建设的经验，从中吸取教训，才能够少走弯路。根据内蒙古的实际情况，一般建议内蒙古地区规模养殖头数应控制在 100 ~ 500 头，即一般发展 100 ~ 500 头的养殖牧场，这抑或是适合内蒙古养殖牧场的奶牛头数。当然这有待实践的检验和专家学者的指正。

2. 持续做好乳品企业的安全管理和扶持

乳品企业是奶业产业链上的核心环节，乳制品生产营销的诸多环节必须安全运行。这就需要全产业链上的全部企业的全体员工牢记产品质量和诚信是企业生存发展的生命。企业应切实建立奖惩机制，充分调动员工积极性，齐心协力做好各个环节安全工作，确保产品质量。要加大对乳制品企业的支持力度，如乳制品企业为学生提供了安全的营养奶，有关部门应该酌情减免学生奶的税收，减轻企业负担，降低生产经营成本，扶持乳品企业健康发展。

3. 宣传科学饮用乳制品

目前多数消费者饮用乳制品的方法不符合乳制品的要求。例如，有的消费者购买酸奶后不冷藏，如果在保质期内变质的话把责任推给企业，并发布到网上，实际上，这个责任不在于企业而是消费者。因为乳制品需要在冷藏状态下存放，如果不冷藏的话在保质期内变质是正常的，所以消费者必须按照乳制品存放的要求冷藏，以免产品在保质期内变质。再如，由于有的消费者直接从奶农手里购买生鲜乳制作奶皮子，或者部分消费者认为奶农卖的生鲜乳营养价值高于企业生产的纯牛奶营养。这是重大误区。因为奶农手工挤奶的生鲜乳或许卫生不合格，并且奶牛是否有病或是否打了抗生素等情况消费者无法知道，而企业生产当中把奶皮子打碎到牛奶里便于人体易吸收，这是现代工业技术的优势。再有，消费者必须先吃点主食后再饮用牛奶便于人体吸收，可是很多消费者不知情，经常让孩子空腹饮用。所以，当务之急是利用各种手段大力宣传科学饮用乳制品的方法。

4. 提振消费

采取有力措施提振消费。例如，组织不同消费群体和媒体不定期参观产品生产线，让消费者亲眼目睹安全生产的过程；关爱弱势群体，不定期组织孕妇或老年人免费健康体检；适当增加赠送产品以吸引消费者。广泛调查不同消费者的爱好，生产花色多样的产品，例如，伊利等以巴氏奶为主的保质期较短的纯牛奶在北方地区有一定的市场，成为主打产品之一，这本身就是创新的过程。

5. 建立稳定的产品价格调节机制

每一种产品的边际收益接近或低于边际成本时，其产品销售价格必须上涨；反之，企业销售收入大幅下降甚至亏损运行，这不利于企业的持续发展和提高其国际竞争力。2012年以来，无论生鲜乳生产还是企业生产，其成本普遍上涨，相对而言，牛奶收购价格和企业产品销售价格上涨远赶不上成本的上涨。所以，内蒙古奶业经济发展急需研究建立其产品价格稳定的调节机制，引导奶业合理发展。确保奶农、企业和消费者利益，促进企业和奶牛饲养业健康发展。

6. 建立挽救乳品行业的风险基金

乳品市场价格的大幅波动，往往会给乳制品企业的生产和经营带来很大困难，特别是一些中小型乳制品企业甚至濒临倒闭。银行出于风险控制等因素的考虑，愿意给经营状况好的企业贷款，而企业在经营状况好时，又不需要银行贷款，这是目前中小企业面临的尴尬境地，虽说优胜劣汰是市场经济的规律，但对于产品质量好和市场信誉好的一些企业，需要切实建立风险保障基金。

7. 建立完善的诚信体系

近十多年来，食品领域发生的产品安全事件说明，一些食品企业在快速发展的同时忽视了诚信制度和诚信体系的建设。一个成功的食品企业首要的社会责任不在于给社会公益事业捐了多少资金和物资，而在于给社会持续提供安全可靠的食品。一个企业的产品一旦出现安全问题，那么这个企业以前为社会捐了多少资金和物资也挽救不了企业的损失，因为企业一旦失去了公众的信任，该企业的诚信度将一落千丈。因此，永续的诚信将是企业发展的根本基础。同样，乳制品企业可持续发展的根本在于建立完善的诚信体系。

参考文献

［1］陈达云，郑常德．中国少数民族地区的经济发展：实证分析与对策研究［M］．北京：民族出版社，2006.

［2］安树伟．西部优势产业和特色经济发展［M］．北京：科学出版社，2014.

［3］赵海东．资源富集地区低碳循环经济发展研究［M］．呼和浩特：内蒙古大学出版社，2013.

［4］中国社会科学院研究生院国际能源安全研究中心．世界能源发展报告［M］．北京：社会科学文献出版社，2016.

［5］崔民选，王军生，陈义和．中国能源发展报告［M］．北京：社会科学文献出版社，2015.

［6］内蒙古自治区人民政府研究室．适应新常态　再造新优势［M］．呼和浩特：内蒙古人民出版社，2016.

［7］内蒙古自治区人民政府．内蒙古自治区"十三五"工业发展规划［EB/OL］．http：//www.nmg.gov.cn/art/2017/4/14/art＿1686＿137725.html，2017－04－14/2019－06－18.

［8］崔彬，葛新权，邹愉等．矿产资源产业发展［M］．北京：中国发展出版社，2015.

［9］杭栓柱，胡益华，朱晓俊，杨蕴丽等．新常态下内蒙古必须走"效益优先"之路［M］．呼和浩特：内蒙古大学出版社，2015.

［10］郝俊峰，高征西，闵慧．浅析我国潜在优势非金属矿产资源的开发利用与保护——以内蒙古乌兰察布市石墨、萤石、电气石矿为例［J］．西部资源，2015，65（2）：86－91.

［11］郝俊峰，赵迷锁，张梅．优势矿产总量调控——内蒙古煤炭资源例析［J］．资源与产业，2010，12（2）：6－9.

［12］郝俊峰. 内蒙古自治区矿产资源整合模式与有效途径研究［D］. 中国地质大学（北京）博士学位论文，2014.

［13］内蒙古自治区国土资源厅. 内蒙古自治区矿产资源年报［R］.2017.

［14］赵平. 内蒙古自治区装备制造业发展情况报告［J］. 北方金融，2015（8）：104－105.

［15］惠国琴. 内蒙古装备制造业现状及发展策略研究［J］. 商业经济，2015（10）：57－58.

［16］张立伟. 内蒙古地区装备制造业可持续发展对策研究［J］. 财经理论研究，2014（5）：46－51.

［17］内蒙古统计局. 拓展非资源性产业思路，内蒙古努力打造现代装备制造业基地［EB/OL］. http：//tj. nmg. gov. cn/information/nmg＿tjj37/msg10487188524. html，2016－08－03/2019－06－18.

［18］韩成福. 我国民族乳业经济面临的危机与应对之策［N］. 乳业时报，2015－05－31.

［19］韩成福. 我国乳业经济安全运行问题的思考［J］. 中国畜牧杂志，2015（10）.

［20］韩成福. 我国奶业经济发展走势的简要分析［N］. 乳业时报，2016－03－06.

［21］张利庠，孔祥智.2010 中国奶业发展报告［M］. 北京：中国经济出版社，2011.

［22］刘玉满，李胜利. 中国奶业经济研究报告 2010［M］. 北京：中国农业出版社，2011.

第五章　战略性新兴产业

第一节　高新技术产业

发展中国高新技术产业是实现中国经济结构调整和升级的直接途径。内蒙古高新技术产业虽然取得了长足的发展，但其规模、结构和质量等还远未形成促进内蒙古经济持续增长的新动能。

一、内蒙古高新技术产业总体情况

1. R&D 投入人员和单位规模不断扩大

2000～2016 年，内蒙古大中型工业企业有 R&D 活动的企业单位数和人员总量逐年增加（见图 5-1），科技活动人员的增长速度处于平稳上升状态，R&D 人员（全时当量）从 2000 年的 2635 人增长到 2016 年的 25235 人，年平均增长率为 15.17%；R&D 活动单位数 2000～2008 年没有显著增长，2009～2016 年数量显著增加，2000～2016 年年均增长率为 7.39%。

2. R&D 经费内部支出持续增长

从图 5-2 可以看出，2000～2016 年内蒙古大中型工业企业 R&D 经费内部支出，（除 2014 年、2015 年有所放缓外）基本处于持续增加状态。2000～2016 年，内蒙古大中型工业企业 R&D 经费内部支出总额从 1.33 亿元增长到 100.35 亿元，年均增长率达到 31.02%。

（人年）

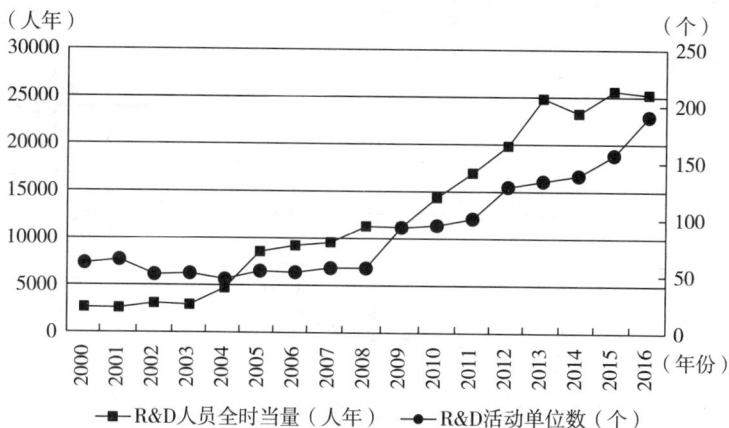

图 5-1 2000～2016 年内蒙古大中型工业企业 R&D 活动人员
全时当量和 R&D 活动单位数

3. 三种专利受理量及批准量持续增长

内蒙古自治区三种专利申请受理量和授权量在 2000～2016 年呈持续上升的趋势。尤其在 2010～2016 年期间三种专利受理量和授权量（除 2014 年外）大幅上升（见图 5-3）；2000～2016 年，三种专利申请受理量从 1138 件上升到 10672 件，授权量从 775 件增加到 5846 件，三种专利申请受理量和授权量 2000～2016 年年均增长率分别为 15.02% 和 13.46%，授权量占受理量的年平均值为 61.08%。

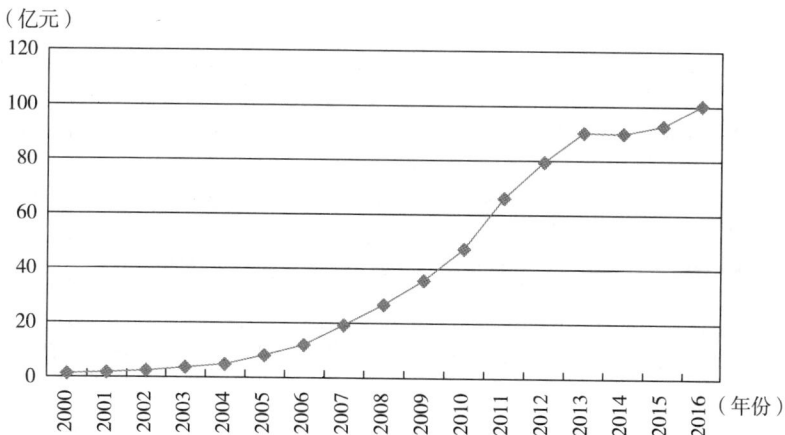

图 5-2 2000～2016 年内蒙古大中型工业企业 R&D 经费内部支出总额

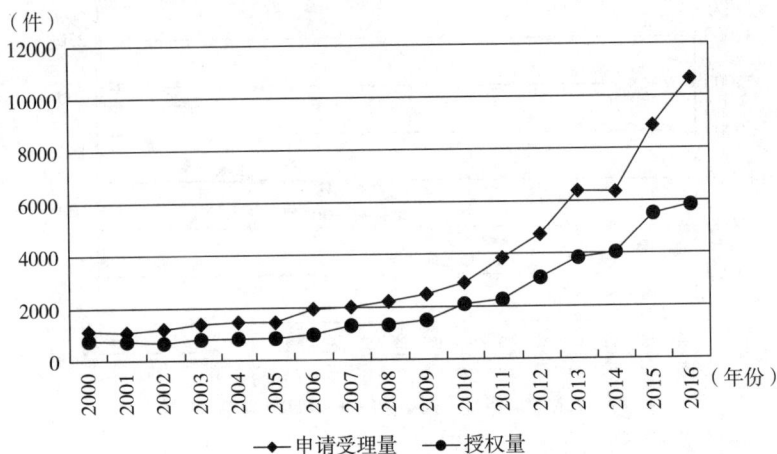

图5-3 2000~2016年内蒙古三种专利申请受理量和授权量

4. 内蒙古自治区科技活动规模不断增加

如图5-4所示，内蒙古自治区科技活动人员呈持续增长趋势，从2001年的33402人上升到2016年的97263人，年均增长率为7.39%，2001~2007年增长较为平缓，2009年人数快速增长，2010~2014年增长较为平缓，2015~2016年人数增长速度加快。

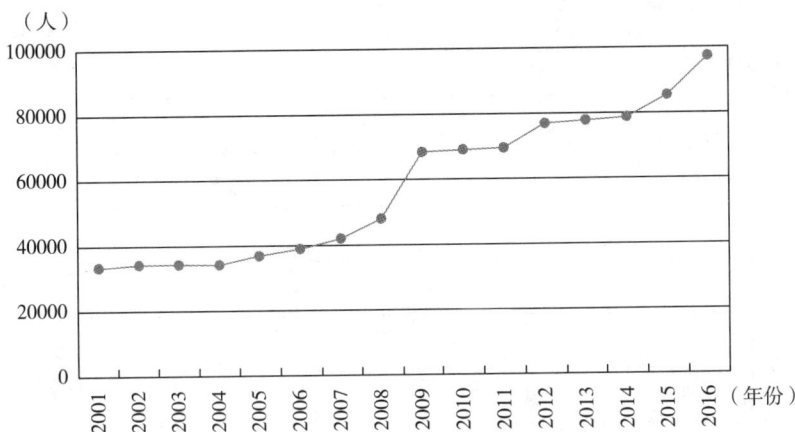

图5-4 2001~2016年内蒙古科技活动人员数量

从图 5 – 5 可以看出，内蒙古技术市场成交额总体呈上升趋势，从 2001 年的 6. 24 亿元增加到 2016 年的 144. 19 亿元，年均增长率为 23. 29% 。但是波动比较大，2001 ~ 2011 年成交额都在 100 亿元以下，2012 ~ 2016 年成交额在 100 亿元以上，其中 2012 年更是达到了 218. 43 亿元。

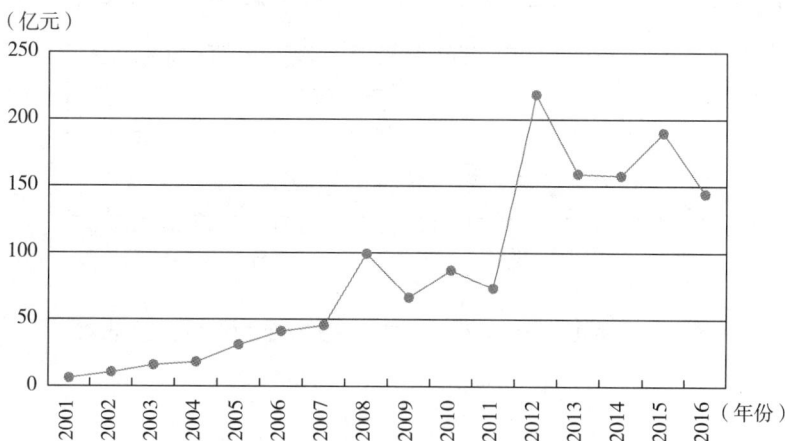

图 5 – 5   2001 ~ 2016 年内蒙古技术市场成交总额

注：由于 2000 年与 2001 年以后的统计口径不一致，故从 2001 年开始统计。

5. 科技投入总额持续增长

从研究与实验发展经费内部支出及其占生产总值比重两个角度来分析内蒙古自治区 2001 ~ 2016 年的科技投入情况，可以看出，内蒙古科技投入总体呈持续增长趋势。研究与实验发展经费内部支出从 2001 年的 38. 83 亿元增加到 2016 年的 147. 51 亿元，年均增长率为 27. 44% 。研究与发展经费支出占生产总值比重也从 2001 年的 0. 25% 增长到 2016 年的 0. 76% ，年均增长率为 7. 97% 。如图 5 – 6、图 5 – 7 所示。

6. 高等学校科技活动规模增长较快

内蒙古高等学校科技活动主要表现在：第一，科技活动相关人员逐年增加。内蒙古自治区高等学校科技活动人员（见图 5 – 8）在 2000 ~ 2008 年平缓增长，甚至 2005 年曾出现负增长，但 2009 年大幅增长，2010 ~ 2014 处在平缓增长的状态，2015 ~ 2016 年快速增长。高等学校科技活动人员从 2000 年的 3922 人快速增加到 2016 年的 27634 人，年均增长率为 12. 98% 。

（亿元）

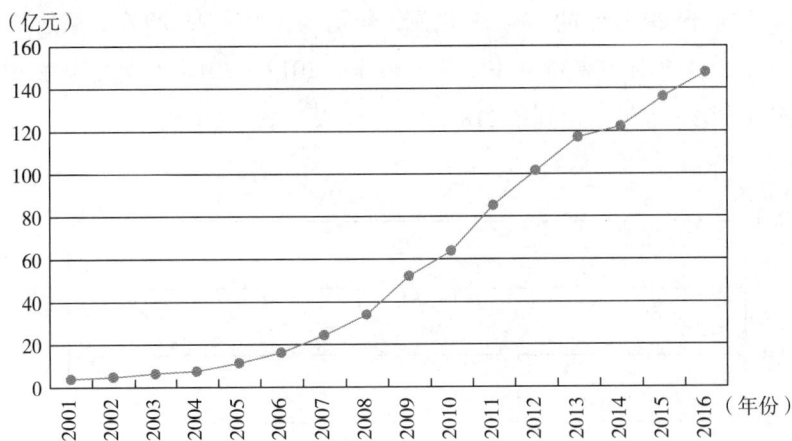

图 5 - 6　2001 ~ 2016 年内蒙古研究与实验发展经费内部支出额

（%）

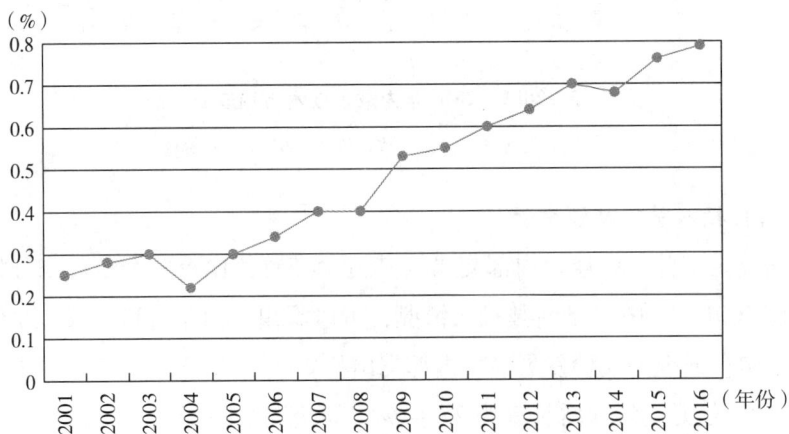

图 5 - 7　2001 ~ 2016 年内蒙古研究与实验发展经费支出占国内生产总值比重

　　第二，R&D 经费支出逐年上升。从图 5 - 9 可以看出，内蒙古高等学校 R&D 经费内部支出总体上呈上升趋势，2000 ~ 2014 年（除 2007 年、2008 年外）基本表现为快速增长趋势，但是 2015 年、2016 年较 2014 年出现下滑；高等学校 R&D 经费内部支出从 2000 年的 2687 万元增长到 2016 年的 3.86 亿元，年均增长率为 18.13%。

（人）

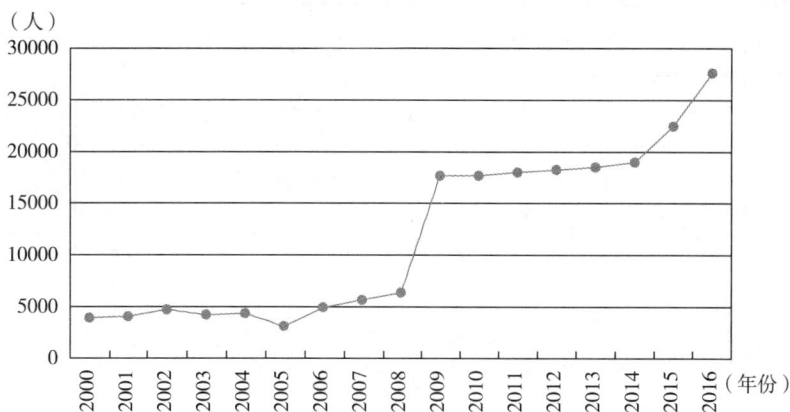

图 5-8 2000~2016 年内蒙古高等学校科技活动人员数量

（亿元）

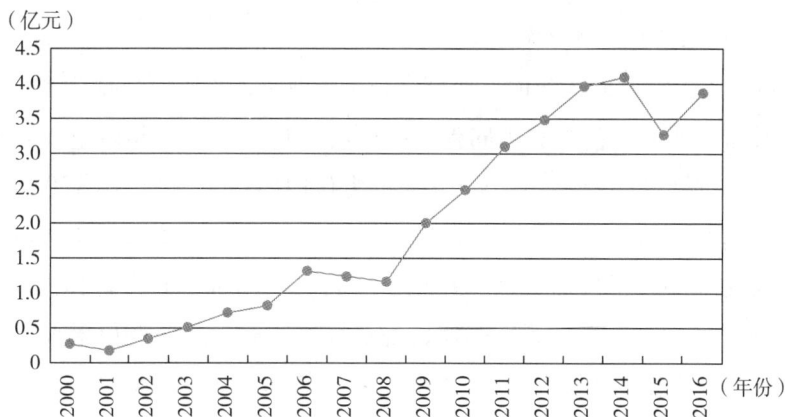

图 5-9 2000~2016 年内蒙古高等学校 R&D 经费内部支出

第三，R&D 人员全时当量逐年增长。2000~2016 年，内蒙古高等学校 R&D 人员全时当量（见图 5-10）基本处于增长态势（除 2005 年、2015 年和 2016 年外），从 2000 年的 1577 人年增加到 2016 年的 3328 人年，年均增长率为 4.78%。

（人年）

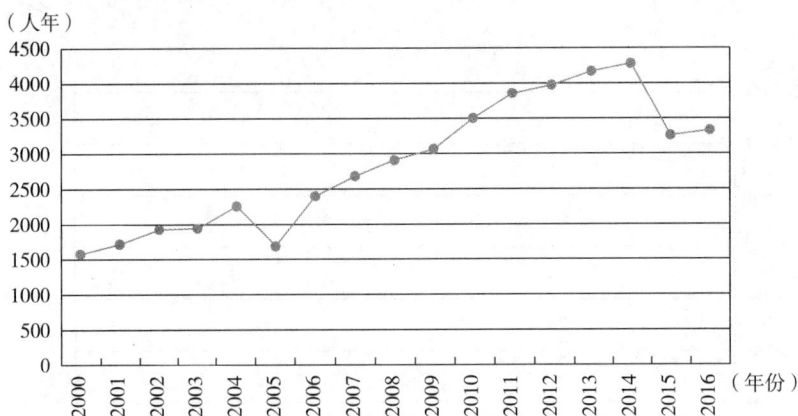

图 5－10　2000～2016 年内蒙古高等学校 R&D 人员全时当量

二、高新技术产业行业结构分析

1. 高新技术产业产值分布

与 2000 年相比，2015 年的《中国高技术产业统计年鉴》数据显示，内蒙古 5 个高新技术行业的产值都有不同程度的变动。其中，2015 年航空、航天器及设备制造业产值为 12.5 亿元，2000 年产值为 0.91 亿元，2015 年较 2000 年增长了 13.7 倍。其中，医药制造业产值增加了 312.311 亿元，增长了 1.4 倍；电子及通信设备制造业产值增加了 65.29 亿元，增长了 8.5 倍；电子计算机及办公设备制造业产值减少了 0.3 亿元；医疗设备及仪器仪表制造业产值增加了 8.5 亿元，增长了 51.2 倍（见表 5－1）。在 5 个高新技术产业中，变动幅度最大的行业是医疗设备及仪器仪表制造业。

表 5－1　2000 年与 2015 年内蒙古高新技术行业产值分布　　单位：亿元

行业分组	2000 年	2015 年
航空、航天器及设备制造业	0.91	12.5
医药制造业	9.29	321.6
电子及通信设备制造业	8.71	74
电子计算机及办公设备制造业	1.5	1.2
医疗设备及仪器仪表制造业	0.17	8.7

注：2015 年后缺少统计资料。

资料来源：《中国高技术产业统计年鉴》（2000～2015）。

2. 高新技术产业利润分布

与 2000 年相比，内蒙古 5 个高新技术行业的利润有不同程度的变动。2016 年医药制造业利润额为 23.8 亿元，较 2000 年增长了 82.1 倍；电子及通信设备制造业、电子计算机及办公设备制造业，利润出现了负增长；2016 年医疗设备及仪器仪表制造业利润较 2000 年，利润额由负增长转为增长，实现利润额 0.3 亿元（见表 5 - 2）。在 5 个高新技术产业中，变动幅度最大的行业是医药制造业。总体看，内蒙古医药制造业增长速度较快，经济效益好，仍是未来内蒙古高新技术产业重要的发展方向。

表 5 - 2　2000 年与 2016 年内蒙古高新技术行业利润额　　　单位：亿元

行业分组	2000 年	2016 年
航空、航天器及设备制造业	0.03	0.3（2015 年数）
医药制造业	0.29	23.8
电子及通信设备制造业	0.01	- 0.03
电子计算机及办公设备制造业	0.12	- 0.1
医疗设备及仪器仪表制造业	- 0.06	0.3

注：2016 年内蒙古航空、航天器及设备制造业数据在《中国高技术产业统计年鉴》（2017）没有统计，所以采用 2015 年数据。

资料来源：《中国高技术产业统计年鉴》（2000～2017）。

3. 高新技术产业就业分布

与 2000 年内蒙古高新技术产业就业人数相比，2016 年内蒙古高新技术产业就业人数普遍增加（除航空、航天器及设备制造业没有统计数字）。但高新技术产业迅猛发展的同时，也意味着其技术构成的提高；技术构成的提高所带来的现象是科学技术越来越多的代替人工，进而导致高新技术产业的高增长、低就业现象。也就是说，现代高新技术产业不像传统产业那样能吸收和带动社会大量就业。

2016 年，内蒙古高新技术产业中平均就业人数最多的行业是医药制造业，其次是电子及通信设备制造业（见表 5 - 3）。总体来看，内蒙古的高新技术产业还不具备带动地方就业的能力。

表5-3 2000年与2016年内蒙古高新技术产业年平均就业人数 单位：人

行业分组	2000年	2016年
航空、航天器及设备制造业	1841	—
医药制造业	11951	29546
电子及通信设备制造业	2963	4638
电子计算机及办公设备制造业	98	212
医疗设备及仪器仪表制造业	352	923

注：《中国高技术产业统计年鉴》其中缺少2016年航空、航天器及设备制造业年平均就业人数数据。

资料来源：《中国高技术产业统计年鉴》（2000～2017）。

4. 规模结构

从总产值和单个企业的平均产值看，大中型企业在高新技术产业发展中占据主导地位。2016年根据内蒙古大中型工业企业科技活动基本情况统计，有R&D活动单位数191家，相比2000年的61家，增长了130家，年平均增长率为7.39%。从2000～2016年内蒙古大中型工业企业有R&D活动单位数变化趋势图（见图5-11）来看，有R&D活动的单位数目逐年增加，且从2004年开始增长速度明显加快，有R&D活动单位数目从2003年的52家增至2004年的97家，且从2011年至今仍有明显高速增加的势头。

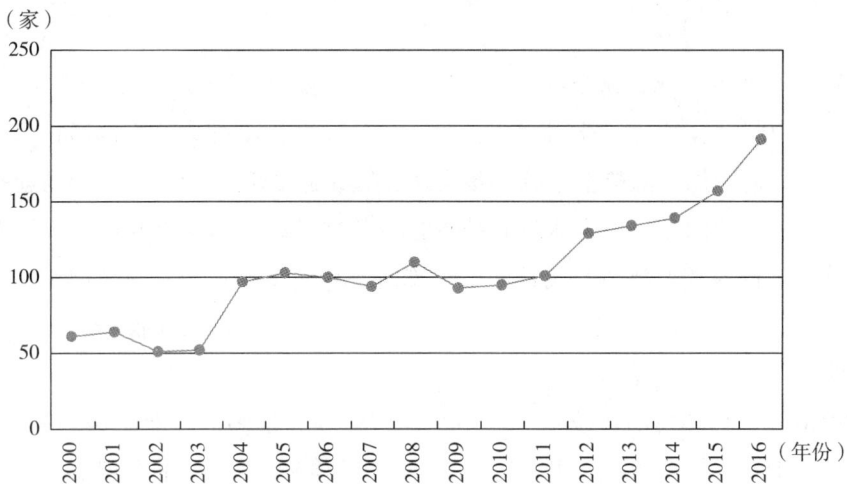

图5-11 2000～2016年内蒙古大中型工业企业有R&D活动单位数变化趋势

从 2000 ~ 2016 年内蒙古大中型工业企业有 R&D 活动单位数占总单位数的比例变化趋势（见图 5 – 12）来看，2004 年占比最大，为 0.29；2004 ~ 2011 年其占比逐年下降，2012 ~ 2016 年其占比从 0.15 增至 0.25。

大中型企业尤其是中型企业承担了内蒙古自治区高新技术产业科技活动投入的大部分经费，是技术创新的主体，另外内蒙古小型高新技术企业在数量上占有绝对优势，所以扶持中小型高新技术产业的科技创新也是未来发展内蒙古高新技术产业的重要举措。

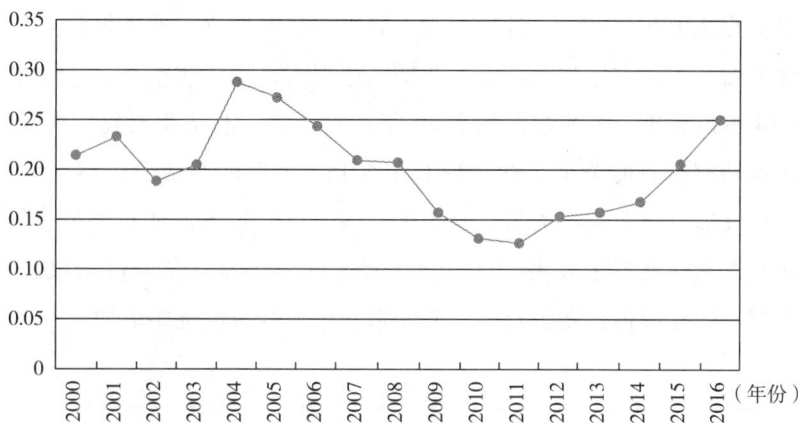

图 5 – 12　2000 ~ 2016 年内蒙古大中型工业企业有 R&D
活动单位数占总单位数的比例变化趋势

三、内蒙古高新技术产业发展

1. 重点高新技术产业发展

内蒙古高新技术企业在九大领域都有分布，特别在生物医药制造业、新材料领域、高新技术改造传统产业、电子信息、新能源及节能五个领域集中了80% 以上的企业。其中新材料、新能源有专门的章节进行阐述，在本部分重点介绍生物医药、和航空、航天器及设备制造业两个方面。

（1）生物医药制造业。内蒙古依托丰富的自然资源，生物医药制造业迅速发展。在内蒙古高新技术产业中，生物医药制造业是生产总值最高的产业，也是吸纳就业人数最多的行业。生物医药产业布局主要分布在呼市、通辽、赤峰、巴彦淖尔市等地区。其中，呼和浩特市托克托工业园是内蒙古自治区发展生物产业的核心区，集中了一批规模大、技术水平高、产业特色鲜明的生物制药企业，如内蒙古大唐制药有限公司、齐鲁制药厂、亿利中蒙药制药厂等。这些企业涉及的主要类别有生物发酵、制药、生物农药、生物制品、兽用药物制剂等。各大企业带动了生物医药制造业的快速发展，也推动了自治区的经济发展。

2016 年内蒙古自治区医药制造业工业企业数共计 75 家，从业人员平均人数 29546 人，资产总计 363.2 亿元，主营业务收入为 276.3 亿元，利润总额 23.8 亿元，出口交货值 6.8 亿元，各项指标均居于内蒙古高新技术产业首位。

总体来看，内蒙古生物医药制造业增长速度快，经济效益好。比较图 5－13 和图 5－14 可以看出，企业数量从 2009 年开始下降，但从业人数增加较快，说明内蒙古医药制造业的单个企业规模有扩大趋势。医药制造业仍将是内蒙古高新技术产业发展的重要支撑力量，是未来内蒙古高新技术产业重要的发展方向。另外，医药制造业良好的发展前景，也带动了医疗仪器设备及仪器仪表制造业的快速发展，医疗仪器设备及仪器仪表制造业企业数目也逐年增加。

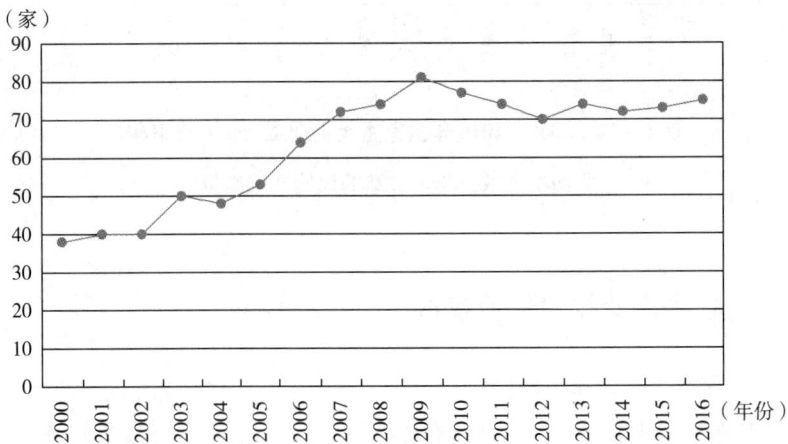

图 5－13　2000～2016 年医药制造业企业数目变动情况

资料来源：《中国高技术产业统计年鉴》（2000～2017）。

（2）高端设备制造业。与医药制造业相比，内蒙古设备制造业发展相对缓慢。近年来企业数量变化不大，但企业就业人数呈现下降趋势（见图 5－15）。航

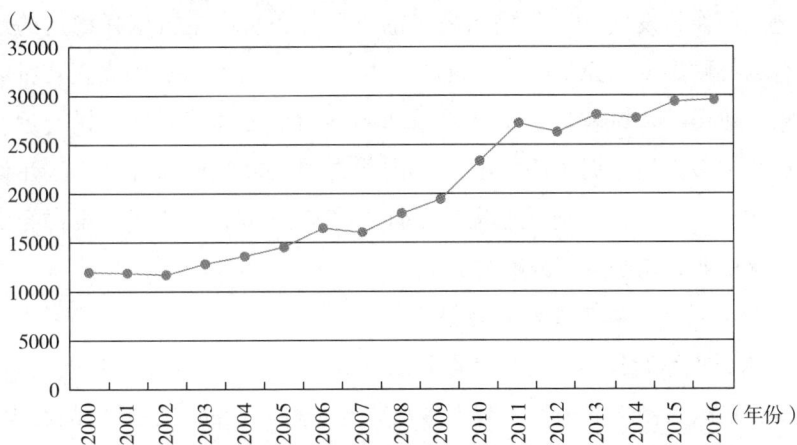

图 5－14　2000～2016 年医药制造业从业人员年平均人数变动情况

资料来源：《中国高技术产业统计年鉴》。

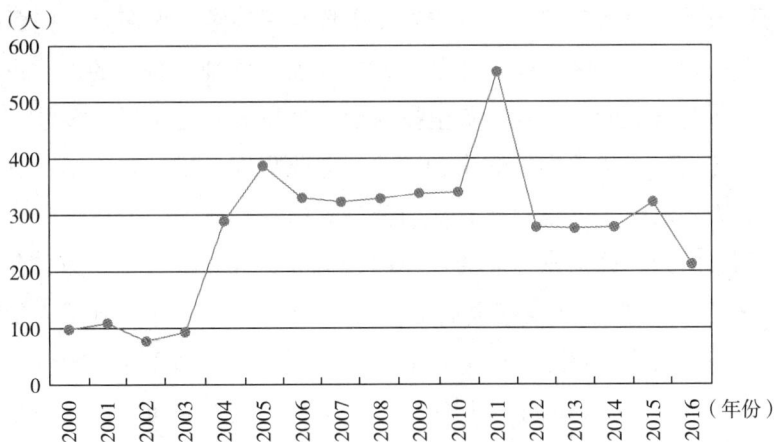

图 5－15　2000～2016 年计算机及办公设备制造业从业人员年平均人数变动情况

资料来源：《中国高技术产业统计年鉴》。

空、航天器及设备制造业在内蒙古有了较稳定的规模。2016 年内蒙古电子及通信设备制造企业共 14 家，从业人员年平均人数 4638 人，资产总计 379.5 亿元；计算机及办公设备制造企业数为 2 家，从业人员年平均人数 212 人，资产总计 1.2 亿元；医疗设备及仪器仪表制造企业数为 9 家，从业人员年平均人数 923 人，资产总计 9.0 亿元。

（3）云计算技术产业。随着我国云计算产业的发展，国家把促进云计算研发和示范应用作为发展新一代信息技术的重要任务。内蒙古依托稳定的地质条件、适合的气候温度和充足的电力资源，2016 年 10 月 8 日，国家正式批复内蒙古为国家大数据综合试验区，依托盛乐和鸿盛两个云计算园区，投资近 500 亿元，建成全国最大的数据中心。随着《内蒙古国家大数据综合试验区建设实施方案》的出台，内蒙古也把重点发展云计算产业当作加快转变内蒙古经济发展方式、调整产业结构的发展战略之一。

2. 内蒙古高新技术产业发展趋势

（1）内蒙古高新技术产业发展面临的挑战。①研发水平低，创新能力不足。以内蒙古生物医药制造业为例，其大多数制药企业新产品自主研发的能力较弱，大都依托现有的产品进行再生产或是选择生产技术含量低、短期效益高的仿制产品。②企业发展不均衡，产业集聚效应有待提高。内蒙古的高新技术企业发展规模不均衡，以生物医药企业为例，其大型生物医药制造企业的年产值保持在数千万元以上，设备完善、技术成熟、市场需求稳定，大多是一些西药制药厂，这一类企业占全区医药企业总数的 32% 左右；而独具特色的内蒙古中、蒙药企业，多数为分散的小企业，资金投入少，且发展速度缓慢，多数企业是单纯依托当地传统资源优势发展起来的，其产业化程度严重不足。③产业市场发展不均衡，人才缺乏。以新发展起来的云计算信息产业为例，在国家大力扶持下，呼包两市的云计算信息产业的规模已经搭建完成，国家大数据综合试验区内吸引了全国 25 家企业、15 家电商平台入驻。尽管 2017 年计划引入健康、养老、生物医药、农业物联网、现代金融等领域的 50 家大数据企业入驻，但与国家试验区大数据产业基地的定位相比，现在面临的最大的问题仍然是数据共享应用市场还没有形成规模，其供给与需求的不均衡将会影响产业的进一步发展。另外，相对于区内云计算产业的发展，这一领域专业人才尤其是高端人才显得较为缺乏，成为制约自治区云计算产业发展的又一重要因素。

（2）内蒙古高新技术产业发展的趋势。①逐步形成高新技术产业自主研发的能力。将高新技术产业的发展与国家重大科技计划项目紧密结合，开展自主创新和源头创新，引进具有高新技术、高附加值产品的企业及研发机构，与国内外科研机构、高等院校共同建设技术研究中心。建立有效的高端人才引进机制、完善研发人员培养体系、构建技术人员激励政策，不断吸收扩建科技研发队伍，提高科技团队综合素质，培养企业创新文化。②逐步扩大高新技术产业规模。无论是生物医药还是高端设备制造业等，在立足于提高其科技含量的基础上，通过扩大其投资、企业兼并重组和提升其管理水平等手段，拓展高新技术产业的规模。③以市场需求为导向，逐步开发拓展服务市场。如对于云计算而言，其最基本的特征就是"服务"，无论是基础设施即服务还是软件即服务，其本质就是把 IT 变成一种市场服务来提供。但客观上目前全国范围内的云计算市场，由于业内尚未形成统一的行业标准，再加上云计算领域服务提供商参差不齐，市场竞争激烈，用户信任度低，导致云计算服务用户市场不足。内蒙古云计算产业今后发展的方向应是在高质量满足用户需求的前提下，逐步开发拓展云计算服务市场。

在未来，内蒙古地区应该着力强化知识产权的创造、保护及运用，为高新技术产业的蓬勃发展提供一个良好的环境：一是要强化知识产权创造。瞄准世界科技前沿，加强学习并跟上世界前沿技术，进而提升自己的创新能力，为提升知识产权质量提供活跃的源头。二是要强化知识产权的保护。要从完善知识产权保护法律法规、提高知识产权审查效率、加大对侵权违法行为的惩罚力度、提升社会公众对于知识产权的意识等多个方面着手，推动知识产权保护从不断加强向全面从严转变。三是要强化知识产权运用。"三管齐下"，推进知识产权运用从单一效益向综合效益的转变。深化知识产权的权益分配的改革，构建科学的权益分配机制，调动各个单位和发明人实施成果转化的积极性和主动性。同时，建立健全知识产权运营平台体系，为知识产权的收购托管、交易流转、质押融资等提供优质的平台支撑，促进知识产权的综合运用，不断提高内蒙古对知识产权的创造、保护和综合运用的能力和水平。

第二节　新能源产业

一、内蒙古新能源禀赋及新能源产业发展历程

1. 内蒙古新能源禀赋

内蒙古自治区地域广阔，土地面积 118.3 平方千米，草原面积占 74.5%，地处北半球西风带，风能资源丰富，可技术开发的风能总量位居全国之首。内

蒙古自治区地形以高原为主，全区大部分地区气候干旱少雨，太阳能资源丰富，年均日照辐射量高，居全国第二位。

（1）内蒙古风能资源丰富。内蒙古地处北半球西风带，属温带大陆性季风气候，风能资源丰富，而且风向稳定，冬季受蒙古高压影响以西风、西北风为主，夏季受大陆低压和副热带高压影响，以偏南风、偏东风为主，全年风速相对稳定，破坏性风速小。全区年平均10米高度风速3.2米/秒，有效风速的风（风速3~25米/秒）年累积发生日数176.6日，占全年日数的48.4%，其中春季风速最大，有效风速发生日占全年日数的15.6%（见表5-4）。内蒙古风能丰富和较丰富区占全区总面积的80%，可技术开发利用的风能资源在1.5亿千瓦左右，占全国陆地可技术开发风能总量的50%左右，位居全国之首。年风能有效利用小时数在4380~7800小时，年风能利用率在50%~90%[①]，且风能连续性、稳定性好，风速的季节变化和日变化规律基本与生产和生活用电规律相吻合，大部分风能丰富区域为平坦的草场，适宜建设大型风电场。由于内蒙古地区邻近华北、东北和西北电网负荷中心，被国家确定为"风电三峡"基地[②]。总体而言内蒙古风能分布广泛，春季是利用风能发电的黄金季节。

表5-4　内蒙古各季节平均风速和风力发电有效风速的风累积发生日数

要素	全年 （1~12月）	春季 （3~5月）	夏季 （6~8月）	秋季 （9~11月）	冬季 （上年12月~ 次年2月）
平均风速（米/秒）	3.2	3.9	2.9	3.0	3.0
有效风速的风发生日数（日）	176.6	57.1	39.7	40.6	39.3
占全年日数百分率（%）	48.4	15.6	10.9	11.1	10.8

资料来源：高涛，乌兰，邸瑞奇，肖苏君. 内蒙古绿色能源及能源领域应对气候变化对策的思考［J］. 西部资源，2009（1）：18-26.

和其他地方相比，内蒙古自治区的风能有以下几个特点。①分布面广。年平均风速在5.5米/秒以上的风能富集区有8.3万平方千米，年平均风速4.5~5.5米/秒的区域有20万平方千米，是全国最大的风能富集区。②品位较高。风中不含盐雾，能量密度大，且极少有破坏性风速；连续性好，最长连续无有效

---

① 董军，冯天天. 内蒙古新能源发展现状与战略研究［J］. 电子世界，2014（5）：191-192.
② 高晨鸣，吴雅梅，刘丽贞. 发挥资源优势　大力发展内蒙古新能源［C］. 2012年中国农业机械学会国际学术年会论文集，2012：10-13.

风时小于 100 小时，已进行年检测的 10 大风场全年累计有效风时均大于 6000 小时。③稳定性佳。历年风能平均稳定度小于 10%；时空分布规律较理想，风能的月变化规律与我国的农牧业用电量的月变化规律相吻合，风速的日变化规律与日负荷曲线近似。

此外，内蒙古邻近华北、东北和西北电网的负荷中心，距离华东约 1500 千米、华中约 1100 千米、华南约 2300 千米，都在超高压、特高压电网输电技术合理半径之内，输电距离相对风资源同样丰富的西北地区要近很多。并具有土地环保、电网建设、电力装机规模等方面的优势，是国家落实可再生能源发展规划目标、开发建设百万及千万千瓦级风电基地的重要地区，被国家确定为"风电三峡"基地。① 内蒙古提出要"把内蒙古建成保障首都服务华北面向全国的清洁能源输出基地"。

同时，内蒙古也是我国风电建设成本最低的地区之一，加之风电年利用小时数高，风力发电完全成本低于 0.46 元/度，再加上清洁发展机制（CDM）及碳惠贸易，风电每度电可得到 0.1 元左右的补偿。在内蒙古开发风电，风电企业的投资效益和社会节能减排效益都相当可观②。

（2）内蒙古太阳能资源充足。内蒙古的地形以高原为主，大部分地区干旱少云，日照充足，光能资源丰富，总辐射量为 4800～6400 兆焦耳/平方米，年平均太阳辐射量达到 5676.2 兆焦耳/平方米，根据《太阳能资源评估方法》（QX/T89－2008），内蒙古太阳能资源仅次于青藏高原，居中国第二位（见表 5－5）。

表 5－5　太阳能丰富程度等级

等级	年总辐射量 （兆焦/平方米）	年总辐射量 （千瓦时/平方米）	平均日辐射量 （千瓦时/平方米）
最丰富带	≥6300	≥1750	≥4.8
很丰富带	5040～6300	1400～1750	3.8～4.8
丰富带	3780～5040	1050～1400	2.9～3.8
一般	<3780	<1050	<2.9

资料来源：国能日新网. 如何根据最新上网电价和资源分布为光伏电站选址［DB/OL］. http：//www. sprixin. com/news/detail2－1370. htm，2016－03－02/2019－06－19.

---

① 目前，国家在甘肃酒泉、新疆哈密、河北、吉林、内蒙古东部、内蒙古西部、江苏、山东等风能资源丰富的地区打造了 8 个千万千瓦级风电基地。

② 谢文川. 蓝色高原筑起风电三峡［N］. 中国电力报，2015－06－13（6）.

从太阳能资源的季节分布来看，内蒙古夏季辐射量最强，为1962.1兆焦耳/平方米，其次是春季，为1783.0兆焦耳/平方米，春夏季太阳辐射量占全年辐射量的65.8%；年平均累积晴天日数达到115.1日，冬季最多，为43.7日；秋季次之，为36.7日，秋冬季晴天日占全年晴天日69.8%；全区年日照射时数为2600~3200小时，春夏季较多，合计达1654.8小时，占全年日照时数的55.5%（见表5-6）。

表5-6 内蒙古各季节累积太阳辐射量、晴天日数和日照时数（1971~2000年平均）

要素	全年 （1~12月）	春季 （3~5月）	夏季 （6~8月）	秋季 （9~11月）	冬季 （上年12月 至次年2月）
太阳辐射量（兆焦耳/平方米）	5686.3	1783.0	1962.1	1151.2	790.0
占全年辐射量百分率（%）	100	31.4	34.4	20.3	13.9
晴天日数（日）	115.1	22.0	12.7	36.7	43.7
占全年晴天日数百分率（%）	100	19.1	11.0	31.9	37.9
日照时数（小时）	2982.6	828.7	826.1	706.5	621.3
占全年日照时数百分率（%）	100	27.8	27.7	23.7	20.8

资料来源：高涛，乌兰，邸瑞奇，肖苏君. 内蒙古绿色能源及能源领域应对气候变化对策的思考[J]. 西部资源，2009（1）：18-26.

从太阳能资源的区域分布来看，内蒙古大部分地区阳光年辐射总量达5000兆焦耳/平方米，属于太阳能资源丰富区，大部分地区年日照时数都大于2700小时，其中西部阿拉善盟的额济纳地区太阳辐射量最强，达到6536.28兆焦耳/平方米，年日照时数高达3400小时以上，太阳辐射强度和日照时数从西南向东北递减，因此内蒙古中西部地区是开发和利用太阳能的黄金区域。根据气象站数据计算，内蒙古各地区多年平均的太阳辐射数据显示，呼和浩特市年太阳总辐射量为6241.19兆焦耳/平方米，居首位（见表5-7、表5-8）。

表5-7 内蒙古自治区太阳能资源指标

地域	年总辐射量 （兆焦耳/ 平方米·年）	相当标准 煤（千克）	年日照时 数（小时）	年利用天 数（日）	说明
阿拉善盟大部、巴彦淖尔市、鄂尔多斯市北部、包头市及乌兰察布市西北地区	6000~6439	212~220	3084~3452	300~330	太阳能资源丰富，稳定性好

续表

地域	年总辐射量（兆焦耳/平方米·年）	相当标准煤（千克）	年日照时数（小时）	年利用天数（日）	说明
阿拉善盟巴丹吉林沙漠以南、鄂尔多斯市东南部、乌兰察布市大部、锡林郭勒盟西部	5550～5985	190～210	2870～3286	270～310	太阳能资源次丰富，日照季节变化稳定
呼伦贝尔市岭西、锡林郭勒盟东部、兴安盟南部、通辽市西北部、赤峰市	5036～5483	173～190	2752～3121	265～300	日照季节变化稳定
呼伦贝尔市大兴安岭及以东以北地区	4590～4992	158～173	2530～2750	240～270	太阳能资源少，季节变化大

资料来源：赵明智，刘志璋. 内蒙古建设大型并网光伏沙漠电站的可行性分析 ［J］. 可再生能源，2007（2）：106－108.

表5－8　2015年内蒙古自治区所属各市太阳辐射气候平均值

地区	太阳总辐射（兆焦耳/平方米）	地区	太阳总辐射（兆焦耳/平方米）
呼和浩特市	6241.19	呼伦贝尔市	5902.94
巴彦淖尔市	6189.27	满洲里市	5902.94
二连浩特市	6093.14	鄂尔多斯市	5838.63
乌海市	6079.20	包头市	5815.76
锡林浩特市	6063.39	赤峰市	5784.72
乌兰察布市	6052.98	通辽市	5362.72
阿拉善盟	6035.29	兴安盟	5362.46

资料来源：中国储能网. 内蒙古自治区光资源深度分析 ［DB/OL］. http：//www. escn. com. cn/news/show－225877. html，2015－03－20.

此外，内蒙古有丰富的优质硅矿资源，是我国硅矿资源大省，储量大，品位高，仅巴彦淖尔市硅石资源储量就达3.37亿吨，已发现矿产地40余处，大部分矿床硅矿石品位达到97%以上，其中有3处矿点矿石经取样化验，其品位均已超过99.4%，属于世界上优质的生产多晶硅原料。同时内蒙古中西部温度适中，气候较为干燥，尤为适合光伏组件的生产①。

综上所述，基于内蒙古自治区丰富的风能、太阳能资源，在国家大力倡导低碳经济、绿色发展的背景下，发展风电产业和光伏产业是可行的。

2. 内蒙古新能源产业发展历程

内蒙古牧区地域辽阔，人口密度低，牧区居民能源利用问题长期成为制约社会经济发展的重要问题，20 世纪 60 年代国家投入大量财力、物力解决牧区居民用电问题，仅使大约 5% 的牧户实现了用电，当时架设高压电网每千米就需要投资 4 万元，由于牧区单点能耗小，巨额投资的经济效益很差②。牧区居民使用柴草、秸秆和畜粪作为主要生活燃料，造成毁林和草场破坏等严重的生态环境问题，可见依靠常规能源解决量大面广且极度分散的牧区能源问题十分困难。正是出于解决农村牧的能源使用和保护生态环境的问题，内蒙古新能源产业逐步发展起来。

内蒙古新能源开发与利用始于 20 世纪 50 年代，经历了四个阶段③。

第一阶段：新能源产业起步阶段（1958~1979 年）。这一时期内蒙古对于风能、太阳能等新能源的开发尚处于分散的技术开发阶段，未形成技术推广及规模化利用。20 世纪 70 年代初，内蒙古水电部门、农机化研究所、草原研究所等先后研制小型风力发电机，电管局组织了千瓦级以上风力发电机的研制工作；内蒙古大学物理系着手太阳能光电方面的研究，先后进行了硫化镉太阳能电池、单晶硅太阳能电池的研究，进展良好；这一时期基本解决了家用沼气池的建池、产气及池型结构等科研问题。

第二阶段：有组织有计划发展新能源产业阶段（1980~1983 年）。这一时期，内蒙古加强了对全区新能源工作的统一领导、确定了新能源发展的方向，组织科技攻关，建成科研、生产、推广联合体。1980 年 11 月，内蒙古成立了新能源领导小组，确定了"新能源开发利用要以解决牧区及边远地区能源问题为主要目标，优先发展作为独立电源使用的小型风力发电机、太阳能电池及配套产品"，以"使用可靠、维护方便、牧民买得起"为新产品研究原则，以"小型

---

① 杨亮，葛力大，戴宏. 内蒙古光伏产业 从资源优势到全产业链优势［J］. 北方经济，2012 (6)：31 – 33.

②③林莉. 内蒙古自治区新能源开发利用工作回顾与展望［J］. 内蒙古科技与经济，1997（4）：27 – 30.

为主、生活用能为主，生产生活相结合；民办为主，国家给予适当扶持"的发展方针。1981～1983 年，首先以锡林郭勒盟牧区为试点，组织了风力发电、太阳能电池、太阳房等的牧区新能源综合利用示范试验，共安装风力发电机 141台，总装机容量 18.2 千瓦，并同时组织区外几十个单位参与科技攻关、质量攻关和示范试点工作。

第三阶段：小型风力发电机等户用新能源推广，新能源产业初步形成阶段（1984～1990 年）。1986 年内蒙古自治区政府制定并颁发了《关于新能源开发利用的暂行规定》和《风力发电机、硅太阳能电池经济扶持办法》等新能源扶持政策，1986～1990 年，政府财政拨付补贴经费 1600 万元，促进了对风能和太阳能利用的技术研发和新能源推广工作，效果明显。这一时期内蒙古研制出 20 多种型号的风力发电机，使小型风力发电机从 50W、100W、200W、300W、500W、750W、1kW、2kW、5kW 形成系列，还研制出单晶硅、多晶硅太阳能电池及低倍跟踪聚光太阳能电池、电围栏、被动式太阳房、太阳能畜舍等。将锡林郭勒盟阿巴嘎旗作为牧区新能源综合试验基地。此外，内蒙古先后确定商都牧机厂、内蒙古动力机厂等 17 个新能源主机和配套生产企业，先后引进法国、瑞典风力发电机技术和样机、德国蓄电池技术和生产线、美国太阳能电池生产设备等，使全区小型风力发电机年产能 3.5 万台，居当时同行业之首，产品除满足区内和国内市场外，还出口到蒙古国、日本、美国、欧洲及东南亚国家，太阳能电池年产能 100kW。到 1990 年底全区共安装小型风力发电机 8.6 万台，太阳能电波 70kW，解决了全区 56 个旗县 9 万多牧户的基本生活用电问题。

第四阶段：新能源开发利用深入快速发展阶段（1991 年至今）。这一阶段内蒙古使用太阳能采暖迅速发展，这一技术在畜牧业工程中广泛应用。大型风电场得到长足发展，1989 年朱日和风电场安装第一批大型风力发电机组，为内蒙古发展新能源产业提供了坚实的基础。西部大开发以来，内蒙古经济高速发展，在国家新能源政策及对新能源产业的鼓励支持下，内蒙古新能源产业也步入了快车道。2011 年国家将内蒙古定位为"国家重要能源基地"，2013 年内蒙古定位为"保障首都、服务华北、面向全国的清洁能源输出基地"，2014 年国家能源局又将内蒙古省级能源规划上升为国家战略。目前内蒙古已建成八大风电场，截至 2017 年，内蒙古新增风电装机容量为 113 万千瓦时，累计装机容量为 2670 万千瓦，同比增长 4.4%，占全国风电装机容量的比重为 16%。2017

年，内蒙古全区累计风电并网运行容量为 2670 万千瓦，发电量 551 亿千瓦时，同比增长 18.8%，占全国风力发电量比重为 18%。内蒙古光伏发电形成一定规模，2017 年新累计装机容量 740 万千瓦，位居全国第九位。

二、内蒙古风电产业发展现状与问题

1. 风电产业发展现状

内蒙古是我国开发利用风力发电最早的省区之一，20 世纪 80 年代，随着风力发电的推广和应用，内蒙古偏远农牧区的家庭生活用电得到解决。进入 21 世纪以后，内蒙古的风力发电得到了迅速的发展，20 世纪 70 年代至今，全区建设朱日和、商都、锡林、辉腾锡勒、锡林辉腾梁、阿贵图、乌兰和嘎松山八大风力发电场，这样从内蒙古西部的阿拉善盟、巴彦淖尔市，一直到最东部的呼伦贝尔市，众多大型风电场构成了一条绵延 2000 多千米的风电产业带。

（1）风力装机量和发电量逐年递增。国家能源局风电产业监测数据显示：内蒙古电网的风电装机容量从 2005 年的 8.3 万千瓦发展到 2013 年的 1848.86 万千瓦，2017 年，内蒙古累计装机容量为 2670 万千瓦。

"十一五"期间内蒙古纯增并网发电风力发电设备装机容量 952.5 万千瓦，平均每年 190.5 万千瓦，纯增发电量 166 亿千瓦时，平均每年 33.2 亿千瓦时。"十二五"期间，内蒙古建立了蒙东和蒙西"两个千万瓦级风力发电基地"，风电装机由 968 万千瓦增加到 2316 万千瓦，并保持着发电装机、人均装机、风电装机、风电电量、外送电量五项全国第一的纪录[1]。而且内蒙古风力发电量逐年递增，2007 年内蒙古成为全国首个风电并网规模突破百万千瓦级的省区，规模达到 128 万千瓦；2010 年风电并网规模又率先达到 1000 万千瓦；到 2015 年底，乌兰察布市、锡林郭勒盟、通辽市、赤峰市、包头市、巴彦淖尔市等盟市风电并网规模均在 300 万千瓦以上[2]，累计上网电量达 408 亿千瓦时，同比增长 4.6%。2016 年风力发电量 464 亿千瓦时（见表 5 – 9、表 5 – 10），增长

---

[1] 中国工业新闻网. 追风逐日　内蒙古打造清洁能源输出基地［EB/OL］. http：//www. so-larzoom. com/article – 85884 – 1. html，2019 – 06 – 19.

[2] 北极星风力发电网. 内蒙古：风电并网规模持续多年全国第一［DB/OL］. http：//news. bjx. com. cn/html/20161121/790377. shtml，2016 – 11 –21/2019 – 06 – 19.

13.8%。① 在风电基地的建设时间表中，内蒙古规划到 2020 年风电装机达到 5830 万千瓦，其中蒙西 3830 万千瓦，蒙东 2000 万千瓦，风电上网电量约 1300 亿千瓦时。②

表 5 - 9 2013~2016 年内蒙古风电装机及并网数据

年份		累计核准容量（万千瓦）	累计在建容量（万千瓦）	新增并网容量（万千瓦）	累计并网容量（万千瓦）	累计上网电量（亿千瓦时）
2013	蒙西	1642	557	45	4085	216
	蒙东	1132	384	94	748	140
2014		2959.83	941.31	166.65	2018.52	360.75
2015		3152	727	407	2425	408
2016		—	—	132	2557	464

资料来源：国家能源局风电产业监测数据，http：//www.nea.gov.cn/.

表 5 - 10 2010~2016 年内蒙古风力发电量统计

年份	风力发电量（亿千瓦时）	增长率（%）
2010	199.25	73.2
2011	258.53	29.7
2012	286.48	4.2
2013	366.65	27.5
2014	389.96	6.4
2015	407.9	4.6
2016	464.2	13.8

资料来源：历年《内蒙古国民经济和社会发展统计公报》。

（2）风电利用小时数高于全国平均水平。近年来，通辽市、乌兰察布市、锡林郭勒盟、赤峰市、巴彦淖尔市和包头市等地风电并网规模已突破百万千瓦，随着风电装机不断刷新，内蒙古开始深入探索风电消纳的技术和途径，大开机方式接纳风电、风功率预测、低电压穿越等技术日趋成熟，蒙西网和蒙东网在

① 《内蒙古国民经济和社会发展统计公报》（2015~2016）。

② 北极星风力发电网.内蒙古规划到 2020 年风电装机容量达 5830 万千瓦［EB/OL］.http：//news.bjx.com.cn/html/20160712/750581.shtml，2016 - 07 - 12/2019 - 06 - 19.

风电建设、运行、调度、管理、技术创新等各方面积累了经验，特别是为保障电网在大规模接纳风电情况下安全运行，积极探索采取风功率预测、无功补偿、低电压穿越等技术改造措施，并建立了风电调度、风电自动控制等系统，加大风电上网调度力度，优化了调度方式。[①] 经过多年努力，内蒙古电力公司调通中心在风电信息采集模式和通信规约标准、与数值天气预报结合的功率预测算法、风火协调优化的 AGC 控制策略和算法以及基于风电机组实测数据的弃风电量统计方法等方面达到了国际领先水平，先后获得 5 项专利。[②] 加强了风电场信息接入与监控，汇集了更多风电机组上网，使风电机组年平均利用小时数连续多年高于全国风电平均利用水平。

表 5 - 11　2011～2016 年内蒙古与全国平均风电利用小时数比较

年份		内蒙古风电利用小时数	全国平均风电利用小时数
2011 *	蒙西	1829	1920
	蒙东	1863	
2012 *	蒙西	1922	1890
	蒙东	1499	
2013	蒙西	2188	2074
	蒙东	2010	
2014 *	蒙西	2089	1893
	蒙东	1785	
2015	蒙西	1923	1728
	蒙东	1865	
2016	蒙西	1963	1742
	蒙东	1723	

注：2011 年资料来源：国家能源局关于加强风电并网和消纳工作有关要求的通知　国能新能〔2012〕135 号.

2012 年资料来源：中国节能产业网. 2012 年度各省级电网区域风电利用小时数统计表［EB/OL］. http://www. china - esi. com/Industry/15761. html, 2019 - 06 - 19.

2014 年资料来源：360 个人图书馆. 2014 年各省级电网风电利用小时数统计表.［EB/OL］. http://www. 360doc. com/content/15/0509/04/21694944_ 469122974. shtml. 2015 - 05 - 09/2019 - 06 - 19.

资料来源：国家能源局风电产业监测数据. http://www. nea. gov. cn/.

---

① 北极星风力发电网. 内蒙古：风电并网规模持续多年全国第一[EB/OL]. http://news. bjx. com. cn/html/20161121/790377. shtml, 2016 - 11 - 21/2019 - 06 - 19.

② 内蒙古电网风电技术达到国际领先水平［N］. 中国电力报, 2014 - 12 - 01 (1).

（3）开创新路径解决弃风问题。为解决风电弃风问题，内蒙古 2015 年出台我国首个省级可再生能源配额制，建立可再生能源保障性收购长效机制，保障风电上网电量比例常态化、稳定化。其中明确提出，2015 年内蒙古各盟市区域内风电限电率控制在 15% 以内，今后力争限电率长期维持在 15% 以内[1]。内蒙古将对风电发电量实行年度计划管理，确定各区域风电年平均利用小时数和各电站年度发电量计划，规定西部、东部地区风电年平均利用小时数分别不低于2000 小时、1800 小时。

此外，2009 年内蒙古组织开展了风电供热项目研究，探讨风电消纳新途径，增加地区用电负荷，解决风电在供热期电网低谷时段上网困难，尽最大努力减少冬季"弃风"现象发生[2]。风电供热项目较好解决了风电在供热期电网低谷时段上网困难的问题，并减少对煤炭等化石的消费，减少有害气体排放[3]。

（4）采取措施解决风电输送问题。围绕风电输出，内蒙古加强通道建设，目前共规划锡林郭勒盟至山东、锡林郭勒盟至江苏泰州、蒙西至天津南、上海庙至山东 4 条特高压送电通道。由此突破了多年来蒙东仅保障东北的格局，开启了蒙东电网外送电新纪元，实现了内蒙古向华北、西北、东北、华中四大地区送电的规划目标。此外，国家已同意内蒙古赤峰元宝山电厂 ±500 千伏改接华北电网，通辽 ±800 千伏外送华中（华北）电网[4]。2016 年 8 月 10 日，锡林郭勒盟至山东 1000 千伏特高压交流工程投运，输电能力 900 万千瓦。

2. 风电产业发展中存在的主要问题

（1）现有电网消纳风电能力有限。由于风力发电固有的间歇性和波动性，风电大规模介入电网会使电网的可靠性和电网负荷预测精度降低，从而影响电网的调度和运行。如内蒙古西部电网火电机组占绝大部分，水电和燃气机组所占比例很小。火电机组调整速度慢、调整容量有限，无法满足风电功率大幅度波动情况下的电网调峰、调频需要。另外，一部分火电机组承担供热任务，实行"以热定电"，为了保证供热温度，这部分机组在负荷低谷期无法减小到技术

① 中国商情网. 2015 年一季度内蒙古风电上网电量达 98. 71 亿千瓦时居全国第一［EB/OL］. ht-tp：//www. askci. com/news/chanye/2015/05/05/2337k334. shtml，2015 － 05 － 05/2019 － 06 － 19.

② 新华网. 内蒙古风电平均利用小时数逾 2100 小时高于全国［EB/OL］. http：//news. xinhuanet. com/energy/2014 － 07/25/c_ 126797276. htm，2014 － 07 － 24/2018 － 02 － 17.

③ 李克信. 风电供暖：破解弃风难题［N］. 中国电力报，2014 － 03 － 03（4）.

④ 谢文川. 蓝色高原筑起风电三峡［N］. 中国电力报，2015 － 06 － 13（6）.

最低出力，高峰时段也无法增加到额定出力值，机组调峰能力非常有限，特别是在冬季夜间低负荷、大风时段，风电出力快速增加，其他非供热机组将面临较大的调峰压力①。

（2）电网投资能力不足弃风现象严重。弃风是指在风机处于正常情况下，由于当地电网接纳能力不足、风电场建设工期不匹配和风电不稳定等自身特点导致的部分风电场的风机暂停的现象。由于风电的间歇性，大规模风电并网可能引起电力系统的备用问题，风电机组不适合作为系统中的基荷机组，当风机出力出现较大幅度下降时，必须以系统备用容量作为补偿，系统中风电所占比例越大，对备用容量的要求也越高，相应将产生额外的系统运行和管理成本，因此大电网吸纳风电同时需要风电场配套电网工程项目，而电网建设资金巨大，据测算风电接入电网的单位投资可达火电的 30 倍以上，使风电投资者无力投资。

现有电网设备消纳风电的能力十分有限，而新增电网投资不足，虽然内蒙古风电装机排名多年居全国首位，但多数风电企业面临有电难送的窘境，每到冬春季节，风电停机弃风仍大面积存在，内蒙古风电产业弃风率高于全国风电产业弃风率平均值（见表 5 - 12）。2017 年，国家能源局发布风电投资监测预警，将内蒙古、黑龙江、吉林、宁夏、甘肃、新疆（含兵团）等省为风电开发建设红色预警区域，并采取有效措施着力解决弃风问题。电网企业不得受理红色预警的省风电项目的新增并网申请（含在建、已核准和纳入规划的项目），派出机构不再对红色预警的省新建风电项目发放新的发电业务许可。这一举措无疑在一定程度上对内蒙古风电产业发展带来压力。

表 5 - 12　2013～2016 年内蒙古风电产业弃风率　　　　　单位：%

年份	2013		2014	2015	2016
	蒙西	蒙东			
内蒙古风电产业弃风率	12.17	19.54	9	18	21
全国风电产业平均弃风率	10.74		8	15	20

资料来源：国家能源局风电产业监测数据，http：//www.nea.gov.cn/.

---

① 李秀芬，张建成，迟永宁. 内蒙古风电发展存在的问题及解决方案分析［J］. 内蒙古电力技术，2010（5）：1-4.

三、内蒙古光伏产业发展

内蒙古太阳能产业主要有两种途径：一种是利用太阳能的"光—热"转换，即将太阳辐射能收集起来，利用温室效应来加热物体而获得热能，如大棚、太阳能畜舍等；另一种是利用太阳能的"光—电"转换，将光能转化为电能，太阳能光伏发电是目前发展迅速、前景看好的可再生能源产业之一，也是内蒙古地区太阳能产业发展的主导方式。

1. 光伏发电产业发展现状

光伏产业是一个从硅材料、硅棒、硅片、太阳能电池、组件到电站应用的产业链。光伏发电是根据光生伏特效应原理，利用太阳能电池将太阳光能直接转化为电能。不论是独立使用还是并网发电，光伏发电系统主要由太阳电池板（组件）、控制器和逆变器三大部分组成，它们主要由电子元器件构成，不涉及机械部件，所以，光伏发电设备极为精练，可靠稳定寿命长、安装维护简便。内蒙古光伏产业发展主要集中在两部分，一部分是以硅材料生产为主，另一部分是以光伏电站建设为主的终端应用。

（1）光伏发电形成一定规模。内蒙古是我国五大光伏装机大省之一，2016年中国光伏发电累计装机容量前5省区分别为新疆（含兵团）、甘肃、青海、内蒙古和江苏，其新增装机容量分别为329万千瓦、76万千瓦、119万千瓦、148万千瓦和123万千瓦。

（2）建成五大光伏产业园区。目前内蒙古着力重点建设呼和浩特市光伏产业园、包头市土默特右旗光伏产业园、鄂尔多斯市伊金霍洛旗光伏产业园、巴彦淖尔市乌拉特后旗光伏产业园和阿拉善经济开发区光伏产业园等5个光伏产业园区。在此基础上，根据内蒙古《关于促进光伏产业发展的实施意见》，力争到2020年，全区多晶硅产能达到10万吨，单晶硅产能达到4万吨，太阳能电池及组件产能超过10吉瓦；培育产值超100亿元的龙头企业5户；全区光伏产业产值达到1000亿元。[①]

（3）产业链有待完备。完整的光伏产业链包括多晶硅原材料制造、硅锭和

[①]　李秀芬，张建成，迟永宁．内蒙古风电发展存在的问题及解决方案分析［J］．内蒙古电力技术，2010（5）：1-4.

硅片、太阳能电池、太阳能电池组件、光伏系统（太阳能电站）几个环节，产业链呈金字塔形状分布。

2007 年起，呼和浩特市、包头市、巴彦淖尔市等地区依托丰富的多晶硅原料和电力优势，陆续形成了多晶硅、单晶硅、切片、太阳能电池及组件生产配套的光伏产业链。截至 2017 年底，全国生产多晶硅 22 家企业中，在内蒙古落户的有 5 家，年产能 22000 吨左右，同时还有晟纳吉、中环、日月等生产单晶硅棒、切片的企业。

呼和浩特作为全国光伏应用示范试点城市，已成为全国最大的单晶硅生产基地，初步形成光伏发电制造、半导体集成电路配套产业链，从上游多晶硅、单晶硅生产，到中游太阳能电池板再到下游太阳能电站，有望成为内蒙古最大光伏产业集群，[①] 但需要进一步完善内蒙古的光伏产业链。[②]

2. 光伏发电产业发展中存在的主要问题

（1）光伏用地政策不明。土地性质模糊造成光伏电站用地困境，2013 年国务院发布的《关于促进光伏产业健康发展的若干意见》明确规定，"对利用戈壁荒滩等未利用土地建设光伏发电项目的，在土地规划、计划安排时予适度倾斜"。2014 年国家能源局发布的《关于进一步落实分布式光伏发电有关政策的通知》也提出"因地制宜利用废弃土地、荒山荒坡、农业大棚、滩涂、鱼塘、湖泊等建设就地消纳的分布式光伏电站"。然而在实施过程中国土部门和林业部门对土地性质认定规范不同，如有些项目用地在国土部门被列为荒地，而林业部门则认定为宜林地，有时会影响项目的施工建设。

（2）光伏电站土地使用费高。出于太阳能辐射能流密度低的特点，光伏发电要得到一定的辐射功率，就需要增大采光面积，因此光伏电站建设需要较大面积土地。然而土地使用费用过高，严重缩小了企业盈利空间。譬如在内蒙古建一个 50 兆瓦的光伏项目，政府按项目总占地面积收取耕地占用税、土地使用税、征地补偿费、生态建设补偿费、水土保持补偿费、草原植被补偿费等，另外根据土地证面积（取得国土厅批复的建设用地面积）收取土地出让金、契税等国家规定的土地各项税（费）方面的费用，税收标准全部按建设用地标准收

---

① 中国工业新闻网. 追风逐日　内蒙古打造清洁能源输出基地［EB/OL］. https：//news. solarbe. com/201803/06/284243. html，2018 – 02 – 17.

② 温建亮. 内蒙古光伏产业辉煌背后的"隐忧"［J］. 北方经济，2015（2）：45 – 47.

取，除土地使用税每年收取外，其余一次性收取，仅这部分，企业也需要支付比较高的费用①。

（3）研发人才支持政策欠缺。光伏产业作为高新技术产业，技术创新是产业发展的关键，然而内蒙古地处边疆，从区位上讲，一定程度上缺乏引进人才的吸引力。长期以来在太阳能光伏产业方面的技术资金投入不足，自主创新能力缺乏，核心技术几乎全部来自国外购买，且内蒙古一些地区引进人才的政策更多集中于高校和科研院所，有待加大对企业吸引和留住人才政策的支持力度。

（4）光伏发电并网难。太阳能光伏发电分为独立光伏发电、并网光伏发电、分布式光伏发电三种。独立光伏发电系统也叫离网光伏发电系统。主要由太阳能电池组件、控制器、蓄电池组成，若要为交流负载供电，还需要配置交流逆变器。并网光伏发电系统就是太阳能组件产生的直流电经过并网逆变器转换成符合电网要求的交流电后直接接入公共电网。并网光伏发电系统有集中式大型并网光伏电站（一般都是国家级电站），这种电站投资大、建设周期长、占地面积大，发展难度相对较大。分布式光伏发电系统，又称分散式发电或分布式供能，是指在用户现场或靠近用电现场配置较小的光伏发电供电系统，以满足特定用户的需求，支持现存配电网的经济运行，或者同时满足这两个方面的要求。其运行模式是在有太阳辐射的条件下，光伏发电系统的太阳能电池组件阵列将太阳能转换输出的电能，经过直流汇流箱集中送入直流配电柜，由并网逆变器逆变成交流电供给建筑自身负载，多余或不足的电力通过连接电网来调节。由于太阳能资源量受昼夜、季节、地理纬度和海拔高度等自然条件限制及天气变化等随机因素影响，太阳能发电也具有间断性和不稳定性特点，光伏发电的功率不能主动调控，光伏发电并网对大电网的系统稳定性、电能质量和运行经济性等方面都有影响。虽然北方用电负荷较小，但新能源发电占到国家新能源发电的一大部分，南方用电负荷较大，但由于送出线路较远、耗资巨大，北方新能源暂时无法送出，弃光现象严重。

（5）光伏企业获取补贴难。光伏作为国家大力发展的新能源产业，补贴政策一直是光伏产业发展的特点。2013 年财政部发出《关于分布式光伏发电实行按照电量补贴政策等有关问题的通知》，规定对分布式光伏发电项目按电量给予

---

① 温建亮. 内蒙古光伏产业辉煌背后的"隐忧"［J］. 北方经济, 2015（2）: 45–47.

补贴。然而光伏企业补贴拖欠问题一度成为常态。光伏补贴的主要来源是可再生能源发展基金，该基金包括可再生能源发展专项资金和向电力用户征收的可再生能源电价附加收入，但近年来随着我国可再生能源的迅速发展，可再生能源发展基金已不足以支付补贴所需。

四、内蒙古发展新能源产业展望

1. 新能源产业发展潜力巨大

据国际能源署报告称，2015年可再生能源首次超过煤炭，成为全球最大新增电能来源。中国可再生能源取得飞速发展，2015年中国占全球可再生能源增量的40%。全球风能理事会在土耳其伊斯坦布尔发布的全球风电发展年报预测，未来五年内全球风电将呈现继续增长势头，中国有望实现2020年200GW的目标。《国家应对气候变化规划（2014～2020年)》提出，到2020年并网风电装机容量达到2亿千瓦的发展目标。根据这一目标测算，"十三五"期间，我国风电每年需要投产2000万千瓦以上。内蒙古作为世界单体最大的省级能源基地，依托得天独厚的资源、区位、政策、环境等立体优势，在全球能源转型，实现绿色低碳发展背景下，新能源产业发展仍有巨大发展空间。内蒙古风电产业发展迅速，特别是风力发电站的建设与运行效益明显，累计发电量及上网电量居全国前列，但由于弃风率较高，今后风力发电外送更加受到局限，而全国风电新增规模主要向中东部和南方地区倾斜，所以未来一段时期内蒙古风电供热产业发展潜力巨大。太阳能光伏发电是目前我国重点支持的新兴战略性产业，预计"十三五"时期，太阳能发电产业对我国GDP的贡献将达到10000亿元，太阳能热利用产业贡献将达到8000亿元。太阳能利用产业从业人数可达到700万人，太阳能热利用产业从业人数可达到500万人。到2020年，太阳能年利用总规模达到1.5亿吨标煤，其中太阳能发电年节约5000万吨标煤；太阳能热利用年节约9600万吨标煤，共减少二氧化碳排放2.8亿吨，减少硫化物排放690万吨。西北等地将成为太阳能发电的重点区域。

2. 技术创新是制约发展的主要瓶颈

新能源产业是衡量一个国家和地区高新技术产业发展水平的重要依据，也是新一轮国际竞争的战略制高点，世界发达国家和地区都把发展新能源作为顺应科技潮流、推进产业结构调整的重要举措。政策扶持和技术进步是我们新能源行业未来快速发展的主要驱动力。从全国范围来看，新能源企业创新能力下降，专利数量自2011年后呈下降趋势。虽然中国风电装机容量已居全球第一，平均每小时就有2台风力发电机安装到位，但关键的风电机组的控制系统、征集和叶片设计方面仍依赖于国外进口。内蒙古自治区作为边疆偏远地区，在技术创新的资金投入、人才引进、配套政策支撑上均与发达国家及国内发达地区有较大差距。此外，目前内蒙古较为突出的弃风、弃光现象本质上还是由于可再生能源发电大规模并网的技术难题没有突破所导致。目前我国主要以煤电为主的电网难以为风电和光伏发电做深度调峰，如果风电行业及光伏行业技术瓶颈不能解决，那么弃风限电、弃光限电仍将持续，产能过剩也会持续扩大。因此，技术创新仍是制约内蒙古新能源产业发展的关键。

3. 可再生能源供暖将成为主流

目前，可再生能源供热包括风电供暖、太阳能供暖、地热供暖、生物质供暖等。内蒙古依托其自身资源优势，适宜发展风电供暖及太阳能供暖。

风电清洁供暖是一种利用负荷低谷时段富裕风电电力的新型供暖方式，可发挥风电边际成本较低的优势，有利于缓解弃风限电问题和减少燃煤污染排放。在被国家能源局列为风电开发建设的红色预警区域条件下，内蒙古地区通过风电清洁供暖自行消纳剩余产能将成为未来一段时期的风电发展主流。截至2016年底，内蒙古风电清洁供暖项目已建成96万平方米的供暖能力，参与供暖的风电规模81万千瓦，配套电热锅炉容量100兆瓦。① 目前国家将内蒙古自治区作为风电清洁供暖示范区，2016年底国家能源局复函《关于上报内蒙古自治区"十三五"风电清洁供暖规划的报告》中指出，"十三五"时期内蒙古自治区规划风电清洁供暖最大新增规模为235万千瓦，增量项目供热总面积不低于470万平方米。风电清洁供暖的配套项目应优先就近选取存量风电项目，到2020年底，全区新增风电清洁供暖总面积不低于800万平方米。② 2017年2月，粤电集团旗下广东风电公司内蒙古白云鄂博100兆瓦风电供热项目获国家节能减排财政政策综合示范奖励资金超千万元，成为白云矿区唯一获得国家节能减排综合

① 北极星风力发电网. 中国北方草原推行"风电清洁供暖"备受好评[EB/OL]. http：//news. bjx. com. cn/html/20161111/788085. shtml，2016－11－11/2019－06－19.

② 北极星风力发电网. 能源局：2020年内蒙古新增风电清洁供暖总面积不低于800万 m² [EB/OL]. http：//news. bjx. com. cn/html/20161223/799143. shtml，2016－12－23/2019－06－19.

示范奖励资金的风电供热项目。该项目建成后可为白云矿区提供约 20 万平方米的供热能力，每年可节约燃煤约 79578 吨标煤，可减少灰渣排放约 28804 吨，减少二氧化碳排放约 198220 吨，减少二氧化硫排放约 555 吨，减少氮氧化物排放约 505 吨，节能减排和环保效益显著。①

4. 化解风电及光伏发电并网困境仍是今后努力方向

基于风电与光伏发电自身特点，现有电网系统稳定性要求，电网调峰能力有限，以及用电负荷增长放缓等诸多因素影响，风电与光伏发电普遍存在弃风、弃光限电情况。内蒙古为了实现新能源产业的健康、可持续发展，必须利用国家大力发展新能源的契机，通过技术手段解决可再生能源发电并网难题，化解剩余产能。如国家《太阳能利用"十三五"发展规划》中：按照"多能互补、协调发展、扩大消纳、提高效益"的布局思路，在"三北"地区利用现有和规划建设的特高压电力外送通道，按照优先存量、优化增量的原则，有序建设太阳能发电基地，提高电力外送通道中可再生能源比重，有效扩大"三北"地区太阳能发电消纳范围。

第三节　新材料产业

近几年，内蒙古自治区在新材料领域通过"请进来""走出去"的方式，不断推进与国内先进地区以及其他先进国家在技术和产业方面的合作工作。2012年 7 月，北方稀土（集团）公司包头稀土研究院在天津成立了天津包钢稀土研究院，主要任务是利用京津冀地区在人才、产业、技术、市场方面的优势，围绕稀土行业及北方稀土发展战略目标，以稀土新材料及其在能源、环保领域的新应用技术作为科技开发任务，延伸稀土深加工产业链，形成拥有自主知识产权且具有产业化条件的科技开发成果。2012 年 10 月成立了北京大学工学院包头研究院，致力于新型先进材料、环保能源、装备制造等领域的产业化研究与技术转化。2014 年 6 月成立的浙江大学包头工业技术研究院组建了装备与高端材

---

① 北极星风力发电网. 千万国家节能减排奖励资金支持风电项目［EB/OL］. http：//news. bjx. com. cn/html/20170227/810508. shtml，2017 – 02 – 27/2019 – 06 – 19.

料研发中心，是"立足包头、服务内蒙古、辐射中西部"的开放性公共创新服务机构。2015 年 5 月，中国科学院包头稀土研发中心隆重揭牌，按照"立足国际前沿，整合有效资源，组织重点攻关，实施成果转化"的总体定位，瞄准国际稀土产业重大战略需求，全面提升稀土选冶、稀土环保、稀土功能和结构材料、稀土镧铈资源平衡利用的科研开发，稀土人才引进与培养，科研工作机制优化等方面的工作水平。2015 年 7 月，上海交大包头材料研究院成立，在稀土镁合金、高纯铝及铝合金、汽车用铝合金、先进高强钢、精密成型等领域展开应用技术开发和成果产业化研究合作。2016 年 4 月，上海大学 – 鄂尔多斯先进材料联合研究开发中心成立，通过在新材料、新能源、环保、化工和冶金等领域密切合作，提升企业创新力和科技水平。

2013 年 4 月，首届"内蒙古·广东科技合作活动周"在广州举办，粤蒙两省区累计签署包括稀土以及新材料在内的 218 项合作协议，签约金额 3631 亿元，为内蒙古参与珠三角地区的新材料产业合作提供了一个重要平台。2017 年 7 月，发布了《内蒙古自治区"十三五"时期参与环渤海地区合作发展规划》，对合作发展新材料产业提出了具体的方向：即以包头为重点区域，实施"稀土＋"战略，共建国家稀土功能材料应用产业基地、石墨（烯）研发生产基地；加强高性能结构材料领域的合作；合作开发复合材料，大力发展工程塑料、特种橡胶、碳纤维等特种材料。

在国际合作方面，内蒙古自治区一直支持新材料领域的对外合作工作。近年来，包头稀土研究院与瑞典、瑞士、德国、俄罗斯、日本、美国等国家的研究机构在稀土新材料领域进行了卓有成效的合作，共同承担了多项国际科技合作项目。2009 年 8 月，国家科技部审定、批准包头稀土研究院为国家级"稀土材料国际科技合作基地"。特别是 2011 年以来与莫斯科大学在储氢材料领域的政府间合作以及专项合作工作为内蒙古自治区同俄蒙务实合作、向北开放桥头堡建设取得的成就做出了贡献。2017 年 11 月，"中国（内蒙古）·瑞典科技合作与技术转移人才交流活动"在包头市举办，双方签订合作协议并建立技术转移中心，瑞典将在与内蒙古共同建立的技术转移中心中投入最好的技术与应用。

一、主要新材料产业发展现状

内蒙古自治区拥有丰富的矿物资源，已发现各类矿床 4100 多处，种类达

128 种。稀土储量居世界之首，萤石储量居亚洲第一，煤炭、石墨、玛瑙矿、碱矿、锡矿、锗储量等居中国第一位，拥有发展新材料产业的原料优势。

为深入贯彻落实《国务院关于加快培育和发展战略性新兴产业的决定》精神，培育和发展具有内蒙古特色的战略性新兴产业，2012 年发布了《内蒙古自治区关于加快培育和发展战略性新兴产业的实施意见》，从内蒙古科技水平、产业基础、区域特点和资源禀赋出发，优先选择了发展产业基础比较好、创新能力比较强、市场需求比较大的新材料、先进装备制造、生物、新能源、煤炭清洁高效利用、电子信息、节能环保、高新技术服务业等八大产业作为内蒙古自治区战略性新兴产业重点发展领域。提出了九大政策措施，支持战略性新兴产业快速发展，以实现产值年均增长 25% 以上，到 2015 年战略性新兴产业增加值占地区生产总值 8% 的目标。内蒙古统计局发布的 2015 年 179 号统计报告《对我区战略性新兴产业形势的分析》中指出，新材料产业、生物产业和高新技术服务业位列内蒙古自治区战略性新兴产业前三位。

内蒙古新材料产业立足资源优势，以稀土、轻金属、稀有金属和非金属材料等为重点，积极发展新型功能材料、高性能结构材料和先进复合材料，围绕国民经济和重大工程需求，优化和提高新材料制造工艺、技术、装备水平。内蒙古自治区主要新材料产业的地域分布为：有色金属材料主要分布在锡林浩特、通辽、赤峰、包头等地，稀土新材料主要分布在包头，硅材料主要分布在乌海、巴彦淖尔、呼和浩特等地，石墨材料主要分布在乌兰察布、呼和浩特、巴彦淖尔、乌海等地。

1. 稀土新材料

20 世纪 80 年代初，我国开始了稀土在新材料产业中的应用，内蒙古地区同期开始了相关的工作。1981 年稀土在新材料中的应用量仅为 5 吨，其后，稀土在新材料中的应用量经过缓慢的发展阶段后实现了快速增长。1991 年达到 120 吨，1999 年达到 2200 吨，2003 年超过 1 万吨。从 2007 年起稀土在新材料中的应用量一直占到国内稀土应用量的 50% 以上，成为我国稀土应用的重点，到 2010 年稀土在新材料中的应用快速增加到 53825 吨，比例达到 62%。

2012 年 2 月，工业和信息化部发布了《新材料产业"十二五"发展规划》，部署了稀土功能材料产业基地的建设并启动稀土及稀有金属功能材料专项工程，重点建设北京、内蒙古包头、江西赣州、四川凉山及乐山、福建龙岩、浙江宁波等稀土新材料产业基地。

进入21世纪，随着国家对稀土工业的高度重视，内蒙古自治区在原有的基础上，依托资源、技术、人才、品牌优势，充分发挥政府行业整合力量，稀土产业链不断延伸，在新材料及其应用产品方面得到快速发展。目前包头已经初步形成了稀土永磁材料、储氢材料、抛光材料这三大稀土新材料的产业集群，其规模效益开始呈现，其中，稀土永磁材料产能超过2.5万吨，占全国产能的10%左右；稀土储氢材料产能超过9000吨，占全国产能的30%以上；稀土抛光材料产能为2.5万吨，占全国将近40%的产能。2014年，内蒙古包头市稀土高新区对外发布消息称，根据包头市建设稀土新材料基地的战略目标，拟用5~10年，将包头建成全国最重要的稀土新材料基地。为此，包头市先后出台《稀土新材料生产企业扶持政策措施的通知》《包头市关于进一步加快稀土产业发展的若干政策意见》等专项政策，从稀土原材料采购优惠保障、稀土企业优惠电价等方面帮助企业降成本，提升稀土新材料中高端产业，增强市场竞争力。目前，包头市稀土新材料产业结构全面优化升级，稀土新材料产值由2013年的22.36亿元增长到2016年的35.61亿元，增长了59%；稀土新材料产值占比由2013年的26%增长到2016年的37%，提升了11个百分点。

目前绝大部分稀土新材料的知识产权为西方主要发达国家所有，制约了我国稀土新材料产业的发展。我国多数功能材料的低档产品产能过剩，高档产品品种较少，有些产品需要依赖进口。内蒙古稀土产业虽然在科技创新方面有了显著进步，但与外国企业相比，仍存在明显差距，主要表现为在高新技术领域中高端产品开发缺乏后备技术支撑，缺少具有核心竞争力的产品。

2. 晶硅、石墨等非金属材料

光伏产业是中国具有国际竞争优势的战略性新兴产业。内蒙古电力工业发达，和西藏、青海、新疆、甘肃、宁夏等地同属于太阳能资源丰富地区，发展光伏及其材料产业具有得天独厚的条件。目前地面光伏系统大量使用的是以多晶硅或单晶硅为基底的硅太阳能电池。

内蒙古自治区拥有丰富的石墨资源，包头高品质石墨资源保有储量2亿吨，远景储量5亿吨，乌兰察布市境内总探明石墨储量394万吨。阿拉善盟境内发现超大型大鳞片石墨矿，已探明石墨资源总量1.3亿吨，约占全球可采储量的7.3%，平均品位5.45%。巴彦淖尔市探获3处超大型石墨矿床，共查明石墨资源储量 4200 多万吨。

近几年内蒙古自治区的石墨烯产业和研发工作发展迅速，包钢集团冶金轧辊制造有限公司、内蒙古瑞盛新能源有限公司的石墨烯中试线的日产量分别达 3 千克和 1 千克。创建于 2013 年的内蒙古石墨烯材料研究院是中国首个石墨烯材料的综合型研究机构和技术开发中心，主要从事石墨烯材料的新品种、新工艺、新装备、新技术的研究开发、产品标准制定及质量监督检测。2015 年 10 月，包头市石墨烯材料研究院成立，计划 5 年内在包头实现产业化项目 15 项，使包头市成为国内石墨烯应用研究开发的先行区、产业孵化的集聚区。2016 年 7 月，内蒙古石墨烯产业发展论坛在包头市举行，石墨烯标准研究中心同时成立揭牌。2017 年 4 月，内蒙古自治区确立了其产业高端化、智能化、绿色化、服务化的发展方向，力争用 10 年左右时间实现打造千亿级国家石墨（烯）新材料示范基地的战略目标。

3. 镁、铝、锗等有色金属材料

2013 年发布的《内蒙古自治区人民政府关于促进有色金属产业发展的若干意见》提出，把有色金属产业建设成为内蒙古重要的优势支柱产业，成为全国重要的有色金属生产加工基地。促进有色金属工业延伸升级，重点支持高、精、深加工产品和新材料的研发生产，支持就地转化，减少生产环节，降低生产成本。2017 年，内蒙古有色金属产业链、产业群总产能将达 1000 万吨，为全国调整产业布局、产业结构发挥重要作用。

内蒙古自治区的镁产业起步较早，可提供镁合金铸锭、压铸型材、挤压型材以及稀土镁中间合金、稀土镁应用合金，产业链中下游产品主要有各种 3C 电子产品、交通车辆用镁合金零部件、镁合金焊接材料、牺牲阳极产品等。普通镁合金强度偏低、耐热耐蚀等性能较差，制约了镁合金的大规模应用，而稀土镁合金具有高强、耐热、耐蚀等性能，是镁产业主要发展方向之一。包头稀土研究院等多年来一直致力于稀土镁、铝合金的研究、应用和产业技术开发工作。

在铝产业方面，内蒙古已经形成了煤—电—粉煤灰提取氧化铝—电解铝—铝后加工产业链，铝深加工已形成铝锭—精铝—电子铝箔—化成箔、铝锭—铝扁锭—铝板带箔、铝锭—铝轮毂、铝锭—铝型材、铝锭—高级铝合金 5 条产业链条，铝后加工产业整体水平已经步入国内前列。

目前内蒙古铝产业产能和产量稳步提高，发展重点集中于东部的通辽市和西部的包头市，其中东部优势区主要布局在通辽北部地区的霍林郭勒市、扎鲁特旗等地区。通辽市电解铝产能330万吨，产量达到259万吨，产量和增速全国列第四位。铝深加工产品产量172万吨，同比增长44.3%，增速位居全国第一位。

2016年10月，由内蒙古铝及铝产业材料工业基地研究院、内蒙古霍林河煤业集团、东北大学科学院等26家企业、高校和科研机构共同组建的内蒙古蒙东铝及铝加工产业技术创新战略联盟在霍林郭勒市正式揭牌成立。联盟将以提升铝产业技术创新能力为目标，重点解决磷生铁浇铸全石墨化阴极、阳极喷涂、低温低电压技术等一系列铝产业发展中的技术难题；联盟将在建立铝业链高效节能生产技术体系、国家级智能制造试点示范体系、铝产业配套产业标准化生产技术体系、铝及铝深加工产品质量监督检测体系、铝产业制造技术创新体系等方面开展深度合作和联合攻关。

中国是全球最大锗生产国和出口国，占全球锗产量70%以上，但多以初加工产品为主，高附加值深加工产品技术环节薄弱。近几年在需求旺盛刺激下，中国企业锗生产技术能力提升迅速，目前已经能够生产光纤级、红外级、太阳能级锗系列产品。2013年PET催化剂用锗约占25%，电子太阳能用锗约占15%，红外光学用锗比重从42%降至25%，而光纤通信约占锗消费30%左右的市场份额。内蒙古目前主要锗产品有纯度5N的二氧化锗、纯度7N的高纯金属锗以及单晶锗。

2016年，内蒙古自治区人民政府印发《内蒙古自治区营造良好市场环境促进有色金属工业调结构促转型增效益实施方案》，指出内蒙古有色金属工业面临着产能利用率不高、产业结构不合理、产业链条短等问题。到2020年，通过控制新增产能、化解过剩产能、优化存量产能，使内蒙古有色金属工业产能利用率趋于合理，引导企业向"三化"（产业园区化、上下游一体化、产品多元化）发展。

二、新材料产业发展方向及前景展望

2016年1月发布的《内蒙古自治区国民经济和社会发展第十三个五年规划纲要》中明确提出内蒙古新材料产业做大做强的发展方向。在先进功能材料领域，实施"稀土＋"战略，组织开展稀土功能材料关键共性技术攻关，加大镧铈元素开发应用，掌握一批关键核心技术，扩大稀土永磁材料、储氢材料、催化材料、发光材料、稀土抛光粉、抛光液等高端产品生产规模，到2020年稀土高端产品占比达到50%以上，推动白云鄂博稀土资源合理平衡利用，建成国家稀土功能材料产业基地；加快发展高效、低成本、节能环保型硅材料，积极开发多晶硅（单晶硅）切片及电池、薄膜电池、风积沙制太阳能光伏玻璃灯产品，建立以光伏材料、光伏电池组件、电动车电池和组件生产为主的材料产业聚集区；推动乌兰察布、阿拉善等地区石墨资源开发利用，加快推进高纯石墨、柔性石墨、核级石墨、石墨烯、碳素、磷酸铁锂等系列下游新型产品研发和应用，促进规模化生产，建成国家、自治区石墨材料产业基地。在高性能结构材料领域，以耐高温、耐腐蚀、耐疲劳为重点，形成以高品质镁合金、铝硅钛合金、锗产品、非晶材料、稀土镁合金材料及高品质特殊钢材为主的先进结构材料体系。在先进复合材料领域，以树脂基复合材料、金属基复合材料、陶瓷基复合材料为重点，大力发展工程塑料、特种橡胶、高性能有机硅聚合物、高端氟聚合物、碳纤维、芳纶纤维等特种材料。

2016年11月《中国共产党内蒙古自治区第十次代表大会报告》指出，内蒙古作为经济欠发达地区，科技创新能力不强，资源环境约束趋紧。为此，新材料产业应大力践行创新、协调、绿色、开放、共享的发展理念，大幅提高能源资源开发利用效率，以建设国家战略性新兴产业基地为重要抓手，努力走出一条质量更高、效益更好、结构更优、后劲更足、优势充分释放的发展新材料的新路，做好资源转化增值这篇大文章。着力推动内蒙古新材料产业向高端化、智能化、绿色化、服务化方向发展。更加注重立足现有基础和优势，集中力量加快培育打造新材料战略性新兴产业，使其成为支撑我区经济增长的主要动力之一。

参考文献

［1］内蒙古统计局. 内蒙古统计年鉴［M］. 北京：中国统计出版社，2006－2015.

［2］国家统计局. 中国高新技术产业统计年鉴［M］. 北京：中国统计出版社，2006－2015.

［3］茶娜，张凤懿，宋秀平. 内蒙古高新技术产业发展比较研究［J］. 科

学管理研究，2012（3）：52－56．

[4] 吴新娣．内蒙古高新技术产业效益综合评价分析［J］．科学管理研究，2015（6）：77－80．

[5] 糜志雄，何艳．我国高新技术产业发展的现状、问题及对策［J］．宏观经济管理，2016（12）：61－64．

[6] 张鹏．我国高新技术产业发展问题研究［J］．调研世界，2015（3）：19－21．

[7] 祝慧丽．湖北省高新技术产业发展问题研究［J］．经济研究导刊，2016（29）：32－33．

[8] 肖刚，杜德斌，戴其文，胡曙虹．中国区域高新技术产业发展差异的时空演变［J］．中国科技论坛，2015（12）：94－100．

[9] 吕承超，商圆月．高新技术产业空间差距及分布时空演进［J］．财经科学，2016（6）：56－66．

[10] 肖鹏，刘兰风，魏峰，张治栋．区域高新技术产业技术创新能力的比较研究［J］．统计与决策，2016（9）：114－116．

[11] 张鹏，李悦明，张立琨．高新技术产业发展的影响因素及空间差异性［J］．中国科技论坛，2015（6）：100－105．

[12] 王占国．我国新材料产业的发展［J］．求是，2005（20）：54－56．

[13] 胡赓祥，蔡珣，戎咏华．材料科学基础［M］．上海：上海交通大学出版社，2011．

[14] 钟文，郝帅．新材料产业迎来规划密集期　发展热潮可期［N］．中国高新技术产业导报，2016－03－21（A13）．

[15] 闫慧忠．储氢材料产业现状及发展［J］．高科技与产业化，2012（195）：68－71．

[16] 包头市科学技术局．包头市战略性新兴产业发展研究［M］．呼和浩特：内蒙古人民出版社，2011．

[17] 闫慧忠．稀土新材料产业的发展现状及建议［J］．北方经济，2012（8）：24－26．

[18] 包头市科学技术局．包头稀土深加工产业技术创新链研究［M］．呼和浩特：内蒙古人民出版社，2014．

［19］李后强，陈杰．什么是石墨烯？［N］．四川经济日报，2015 – 12 – 11（06）．

［20］我国铝镁合金新材料研发及加工工艺发展［J］．中国科技信息，2011（16）．

［21］中铝网．内蒙古：有色金属产业已形成 564 万吨产能［EB/OL］．https：//news. cnal. com/industry/2015/06 – 01/1433127303406804. shtml，2015 – 06 – 01/2019 – 06 – 17.

［22］2015 – 2020 年中国锗市场评估及市场专项调研报告［R］．智研咨询集团，2015.

［23］中国锗行业现状调研分析及发展趋势预测报告［R］．中国产业调研网，2016.

［24］张彬．新材料：新工业革命的物质基础［N］．经济参考报，2012 – 07 – 03（8）．

第六章 现代服务业

第一节 物流产业

当中国特色社会主义进入新时代，跨国贸易和区域物流也随着"一带一路"倡议的实施迎来了重要的发展机遇。我国于 2015 年初正式发布《推动共建丝绸之路经济带和 21 世纪海上丝绸之路的愿景与行动》，重点圈定了（包括内蒙古在内的）18 个省（区）。内蒙古应抓住机遇，凸显其与"一带一路"沿线各地区经济交流的重要交通纽带作用，尤其要发挥与俄蒙联通的区位优势，通过商贸、文化、金融等多种形式促进全区经济快速增长。其中，更要突出具有基础性、服务性和支持性的物流产业在"一带一路"倡议中的地位和作用，使内蒙古物流产业进入质量、创新和效率共同驱动的可持续发展阶段。

一、内蒙古物流产业发展现状

早在汉唐时期，内蒙古就为始于中原地区的对外交往建立了重要通道，并成为"草原丝绸之路"的重要枢纽。地处"三北"地区的内蒙古，既是著名的"欧亚大陆桥"的经过之地，也是我国对外向北出口的桥头堡，对内是京津冀协同发展和东北振兴的辐射区，内蒙古是国家能源重化工、有色金属加工、绿色农畜产品加工、装备制造等重要基地。内蒙古"承东接西、南连北开"的节点区位与国家向北开放战略的实施，中国—俄罗斯自由贸易区的完善，中国—蒙古国自由贸易区的建立，都为内蒙古物流产业快速发展提供了广阔的空间。1984～2000 年，内蒙古物流产业从起步到快速发展，特别是近年来内蒙古物流产业逐步突破了传统模式转向现代物流产业发展方式。近年来，内蒙古把构建区内西部、东部和口岸"两区一带"的物流区域发展格局作为着力点，其物流产业初步形成了由能源资源物流、大宗农产品物流、城乡商贸物流和边境口岸物流构成的四大板块。交通运输方式也主要由铁路、公路、航空、水运和管道运输形成网络，其中铁路和公路是其交通运输方式的主导力量。

通过表6-1可以看出：内蒙古经济进入"中速增长阶段"，同期内蒙古社会物流总额也呈现明显的下降趋势，说明物流产业需要转型升级。同时，持续增长的社会消费品零售总额和进出口总额（近年来有所回落）从根本上促进和影响了物流产业的发展。内蒙古物流产业投资总额虽总体呈现上升趋势，但与同期全国物流产业投资相比，内蒙古物流投资总额仍显不足。

表6-1　2000～2016年内蒙古物流产业发展相关经济指标

年份	GDP		社会物流总额（亿元）	社会消费品零售		进出口		物流产业相关投资	
	生产总值（亿元）	增速（%）		总额（亿元）	增速（%）	总额（亿美元）	增速（%）	总额（亿元）	增速（%）
2000	1539	10.8	—	483.98	10.7	20.36	26.6	94.62	7.9
2001	1545.49	9.6	—	537.31	11	20.3	—	98.79	4.41
2002	1732.48	12.1	—	606.03	12.8	24.69	—	130.07	31.66
2003	2092.86	16.3	—	726.76	12.6	31.14	—	189.09	83.4
2004	2712.08	19.4	—	891.96	22.7	40.49	—	253.80	31.2
2005	3905	23.8	—	1344.10	15.8	51.62	27.5	359.16	48.6
2006	4790	18.0	—	1595.27	16	59.47	22.4	394.69	8.4
2007	6018.81	19	—	1904.11	19.4	77.45	30.2	526.62	32.5
2008	8496	17.8	—	2363.33	24.1	89.33	15.4	543.68	4.0
2009	9725.78	16.9	—	2855.31	19.2	67.61	−24.1	850.99	56.0
2010	11655	14.9	—	3337.3	19	87.19	28.7	1042.88	22.8
2011	14246.11	14.3	—	3991.61	18	119.39	39.1	1021.76	−2.0
2012	15988.34	11.7	—	4534.55	14.9	112.57	−4.9	1261.77	24.0
2013	16832.38	9.0	72300	5075.2	11.8	119.93	6.5	1347.06	6.8
2014	17769.5	7.8	35974.47	5619.9	10.6	145.5	21.4	1382.66	2.64
2015	18032.8	7.7	37387.75	6107.7	8.0	127.8	−11.6	1705.4	30.5
2016	18632.6	7.2	39934	6700.8	9.7	117.0	−2.1	1761.6	34.5

资料来源：历年《内蒙古自治区国民经济和社会发展统计公报》。

从物流的区外流向来看，内蒙古物流主要和蒙古国、俄罗斯贸易伙伴关系形成向北的走向。截至 2017 年底，中蒙两国已经相互开通了 18 个边境口岸，其中二连浩特铁路口岸等 10 个口岸位于内蒙古，而在内蒙古境内，直接对俄有 4 个陆路边境口岸和 2 个航空口岸，65% 的中俄陆路运输货运量和 95% 的中蒙陆路运输货运量由这些口岸完成。随着深入推进"一带一路"倡议以及交通物流设施条件的不断改善，加之逐步完善的产业结构进一步促推内蒙古对外贸易稳步发展，物流市场规模不断扩大。2012 年到 2016 年，全社会货运总量从 16.81 亿吨增加到 20 亿吨（见图 6 - 1），其中，2016 年的铁路完成货运量 7 亿吨，公路 13.1 亿吨，民航 8.2 万吨。而铁路和公路的货运周转量从 2013 年开始呈下降趋势（见图 6 - 2）。

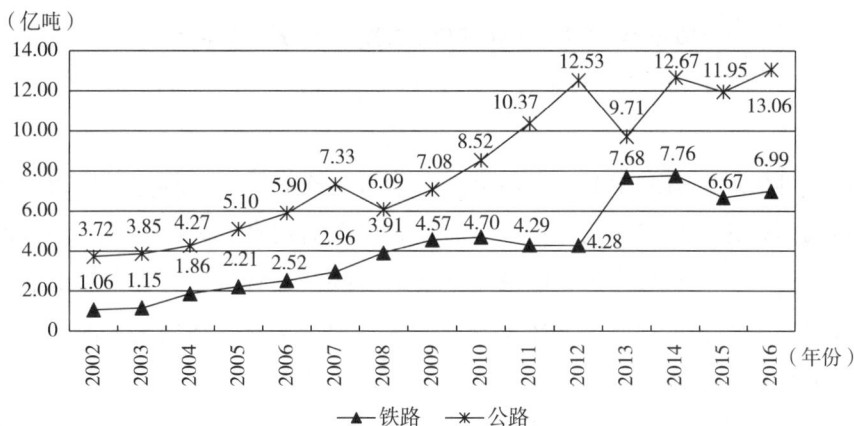

图 6 - 1　2002 ~ 2016 年内蒙古货运量完成情况

资料来源：历年《内蒙古自治区国民经济和社会发展统计公报》。

随着国民经济的持续迈进和动能的调整，虽然交通运输、仓储和邮政业产值在内蒙古也有所增长，综合物流服务水平也显著提高，但 2015 年内蒙古物流产业增加值占全国物流产业增加值的比值仅为 3.61%，远低于全国平均水平。

从内蒙古区域物流发展的格局来看，由于空间距离和交通条件的限制，加之东西部自然环境和资源条件差别的迥异，一般点—轴式的区域物流网络不适用于内蒙古，内蒙古形成了"一圈一带"跨区域物流格局，即在内蒙古西部地

（亿吨千米）

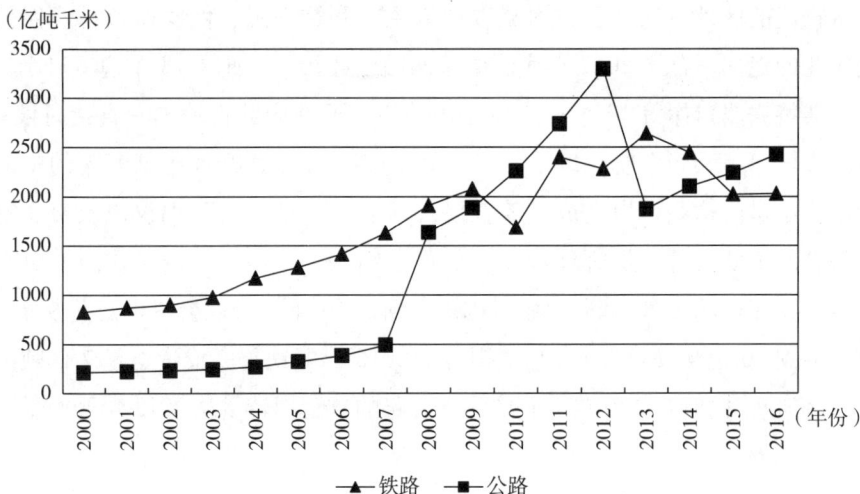

图 6 - 2　2000～2016 年内蒙古货物周转量完成情况

资料来源：历年《内蒙古自治区国民经济和社会发展统计公报》。

区以呼包鄂榆经济圈为中心，以沿黄河和交通干线经济带为轴线打通内蒙古西部地区通道，并以此"一圈一带"为基础，向东通达京津冀经济圈及环渤海港口，向西连通青甘宁等省区，以及向南连通晋陕冀等省份，内蒙古东部通过通辽、赤峰与黑吉辽三省形成比较紧密联系的通道。从空间格局上，内蒙古因地域上东西部通道的差异，形成了"内部互动、外部连通"和"内部松散、外部连通"两种不同的西部盟市间和东部盟市及其与区外省市物流活动不同的特点①。

　　结合公路、铁路网布局，以及东西部盟市的内外经济联系特点、功能定位等，内蒙古"三横两纵"的区域物流网络层次结构已然形成。

二、"一带一路"倡议背景下内蒙古物流产业发展优势

　　与发达国家或国内发达地区相比较，内蒙古物流产业起步较晚，然而这也为内蒙古未来缩小与发达国家和地区的差距、直接借鉴和吸收它们的先进经验，

---

① 杨海龙. 基于区域协同视角的内蒙古区域物流网络构建［J］. 物流技术，2015（6）：148 - 151，295.

为发挥其"后发优势"提供了机遇。

1. 制度政策优势

为了促进现代物流产业的发展,我国一直以来出台了一系列政策措施,如从出台《关于深化流通体制改革加快流通产业发展的意见》,到发布《物流业发展中长期规划(2014—2020年)》,再到印发《关于积极推进供应链创新与应用的指导意见》,再到发布《推动共建丝绸之路经济带和21世纪海上丝绸之路的愿景与行动》,并于党的十九大报告中又明确指出要加快发展现代物流业,也为内蒙古发展现代物流业指明了方向。因为"一带一路"建设、京津冀协同发展、长江经济带建设和西部大开发、新一轮东北振兴等战略的深入实施,为内蒙古参与区域、次区域经济合作,进一步发展国内物流和拓展口岸物流提供了新一轮发展机遇。

2. 地缘区位优势

内蒙古的独特区位优势是连通蒙俄,地处我国黄河中上游,紧邻京津冀协同发展区域、环渤海经济圈和东北老工业基地,是沟通华北、东北与西北地区经济联系的枢纽。内蒙古在"一带一路"六大经济走廊之一的中蒙俄经济走廊中,其地位举足轻重、不可替代。内蒙古与蒙俄接壤的边境线长达4221千米,有19个国家级对外开放口岸,其中陆路口岸对俄罗斯6个,对蒙古国10个、国际航空口岸3个。内蒙古跨三北、邻八省、外接俄蒙的地缘区位优势,为构建全面、快捷的内外连通的物流网络提供了便利通道。

3. 交通基础设施优势

作为"一带一路"中的"中蒙俄经济走廊"的物流产业发展,其区域物流服务更多采用陆路运输方式完成。内蒙古是内外互联互通的交通要道,京藏、京新、二广、锡张、赤承等高速公路以及110国道、208国道等,将京津冀与内蒙古紧密地联系在一起。同时,位于内蒙古正北的二连浩特作为对蒙开放的最大陆路口岸和对俄罗斯开放的重要口岸,正加速拓宽其公路、铁路和航空三大通道。二连浩特是距北京最近的陆路口岸,以二连浩特为终点的集二线,连通京包、京山线,与蒙古国、独联体、东西欧各国的铁路结成欧亚铁路大陆桥。以北京为起点,经二连浩特到莫斯科,特别是通过京包、京山线与天津港相连,是日本、东南亚及其他邻国开展对蒙古国、俄罗斯及东欧各国转口贸易的理想通道,更是蒙古国走向出海口的唯一通道。2016年6月29日,内蒙古有三条线路纳入了国务院通过的《中长期铁路网规划》的"八横八纵"铁路网中。此外，为内蒙古物流产业的发展提供有力基础设施支撑的是国家规划建设的两条重要高铁线：一是能够连接内蒙古通辽和赤峰的哈尔滨至香港大通道的高铁向北甩出两条支线，二是构成内蒙古东西高铁大通道主干的京呼高铁，为内蒙古实现"陆铁航一体化"物流产业网络奠定了基础。

4. 贸易基础及平台建设优势

区域性贸易协定成为近年来各国地区合作的新方式。顺应这种蓬勃发展的态势，"一带一路"正使物流产业走向货通全球，物流与贸易在经济全球化下互相促进已是不争的现实。内蒙古与"丝绸之路"沿线国家中的蒙、俄贸易额，从2000年的9.75亿美元增长到2017年的69.68亿美元，17年增长逾7倍。当前，排在内蒙古贸易伙伴国头两位的分别是蒙古国和俄罗斯，占内蒙古对外贸易总额的50%左右。与此同时，内蒙古与"一带一路"沿线其他国家和地区的贸易合作也在积极开拓，如与伊朗、越南、印度的贸易增速在2017年则分别达到了60.4%、27.5%和37.2%。为共同推进"一带一路"建设，内蒙古正积极推动建设"中蒙俄经济走廊"，开工建设甘其毛都—临河等口岸公路，依托二连浩特—扎门乌德口岸在蒙古国建设过境自由贸易区，使内蒙古成为重点向北的开放平台，为运输物流的国际化奠定了坚实的根基。同时，内蒙古另一个国家重点开发开放试验区、全国最大的陆路口岸满洲里，与俄方实现"信息互换、监管互认、执法互助"。也就是内蒙古已经开辟了一条连接国内与国外的高效、便捷的黄金物流通道。

5. 市场主体及专业化体系基本形成

通过对本土物流企业的培育和引进国内外知名的物流企业，内蒙古多种经济主体参与和各类服务模式并从的第三方物流市场主体在内蒙古基本形成。2013年底，呼和浩特和通辽市、包头市和鄂尔多斯市分别获批国家一级和二级物流园区，与此同时，近年来围绕内蒙古第一、第二产业的结构优化，通过建设农畜产品市场及冷链系统，农畜产品物流体系正在培育和发展，工业物流体系初步形成，并以加强口岸建设为支点，建成了一批物流枢纽和物流园区，并积极承接国际物流外包业务，使内蒙古国际物流产业得到了较快发展。

6. 人文旅游资源优势

人文资源是推动经济增长和发展的重要力量。随着深入推进"一带一路"

倡议和打造"壮美内蒙古·亮丽风景线"的"旅游+"品牌战略，内蒙古独特的草原文化资源禀赋条件、区位优势及产业比较优势，使内蒙古文化旅游产业成为融入"一带一路"倡议的重要产业。内蒙古入境旅游人数从 2000 年的 39.2 万人次增加到 2017 年的 184.8 万人次，通过开发利用草原、人文等旅游资源，特别是在文化、教育、科技、传媒等多个层面开展与俄蒙间交流和民间往来，使"丝绸之路草原文化旅游"的需求显著增加，且进一步带动了物流产业的潜在需求，使物流产业与其他产业共享发展。

三、"一带一路"倡议背景下内蒙古物流产业发展的挑战

虽然内蒙古物流产业已经得到了一定程度的发展，但仍然需要"发挥优势、补齐短板"，内蒙古物流产业要成为国民经济的支柱性服务产业还面临诸多挑战。

1. 外部环境有待改善

尽管我国一直以来主张和平发展和崛起，但仍然引起俄蒙的担忧和猜忌，"中蒙俄经济走廊"的建立使部分俄蒙的学者和民众担心它们更加依赖中国，由此甚至出现了一些带有极端情绪的行为。加之，蒙古国自身政策环境不稳定，以及持续走低的俄蒙经济，都对中俄、中蒙贸易产生了负面影响。作为内蒙古对外开放的主要对象，俄蒙持续下行的经济现实必然影响双边贸易和国际物流产业的发展。

"一带一路"倡议实施以来，我国相关节点省区（市）都主动对接"一带一路"。天津提出要将自身定位为"中蒙俄经济走廊"的主要节点，持续发挥港口航运优势，强化在物流、原油、天然气管道方面与俄罗斯的合作；黑龙江提出要加快建设"中蒙俄经济走廊"龙江陆海丝绸之路经济带；辽宁做出了更为具体的部署，即要加快重要节点突进和跨境物流引领的"中蒙俄经济走廊"建设。① 显然，内蒙古物流产业发展的竞争态势将愈加激烈。

2. 内部协同有待合力发展

跨区域物流共同发展意识不足，运行效率不高。在"一带一路"建设中内蒙古、黑龙江、吉林、辽宁、北京、天津等各省（市）鲜有独特的各自定位，

---

① 王启颖. 内蒙古参与"中蒙俄经济走廊"建设的 SWOT 分析［J］. 财经理论研究，2016（2）：21.

甚至出现了定位重合的问题。跨区域物流的运行效率很大程度上取决于各子物流区域之间的协同性和通关效率，但由于各省区（市）重复建设、盲目建设及资源浪费等突出问题的存在，导致无法真正实现物流的跨区域、无障碍的协同发展，其物流运行效率无法有效提升，亟待规划形成中蒙俄经济走廊物流产业协同发展的强大合力。

3. 切实解决自身问题

（1）交通基础设施有待纵深连通。交通基础设施是"一带一路"内蒙古物流产业成长的重要基础。但由于中俄、中蒙在技术标准、管理制度、风俗习惯等方面的不同，加之内蒙古与俄蒙的铁路通道数量与"中蒙俄经济走廊"建设的现实要求不匹配，事实上严重影响了其互联互通的水平和质量；从境内来看，交通网通达深度不足，技术等级偏低是内蒙古自身道路的现实，且快速、高效的路网通道在口岸与腹地之间还没有建立起来，还没有有效发挥口岸经济的辐射带动作用，这无疑会影响内蒙古对外连通俄蒙，对内联通三北的通道枢纽作用的发挥。

（2）信息化管理水平有待提高。内蒙古物流产业的信息化水平和运行效率还有待提高，企业的公共信息平台建设和管理水平仍然无法适应新商业模式要求，这对内蒙古物流产业运行的效率和质量产生很大的影响。2016 年内蒙古社会物流总费用占 GDP 的百分比为 16.2%，高于全国平均水平，与世界发达国家的 8%~9% 相比，内蒙古物流成本较高和效率较低的现实依然存在。另外，目前物流相关数据统计有待完备，需要进一步建立高效的信息沟通和管理机制。

（3）经济结构和对外贸易规模亟待调整和扩大。内蒙古经济虽然获得了长足的发展，但仍存在诸多结构性问题。如传统服务业与新兴服务业发展滞后，三次产业结构不合理等问题依然明显，整体没有摆脱处于产业价值链中低端水平的困境。另外，内蒙古经济的快速发展并没有带来内蒙古参与国际经济程度的提高。纵向比较的结果显示，内蒙古对外贸易依存度仍较低，对外贸易占 GDP 的比重呈逐渐下降的趋势，2016 年仅为 4.15%；横向比较的结果显示，与"一带一路"沿线的其他几个沿边省份相比，2016 年内蒙古对外依存度处于沿边五省的末位。也就是内蒙古对外贸易规模偏小，这既影响了内蒙古物流产业自身的壮大，也严重阻碍了内蒙古物流产业核心能力的提升。

（4）产业间有待互动融合。内蒙古物流产业与其他产业成长联动性弱，物流需求不足。在建设服务华北面向全国的清洁能源输出基地、现代煤化工生产示范基地、有色金属生产加工和现代装备制造等新型产业基地、绿色农畜产品生产加工输出基地、独具北疆特色的旅游观光休闲度假基地的过程中，内蒙古大型企业因区域空间布局存在不合理而导致企业分布较为分散，即使物流需求很大，但在区内物流企业布局的非均衡现象较为突出，物流企业间没有建立起跨地区的横向或纵向联系；另外，内蒙古各地的其他产业与物流产业间的联动不足，难以释放和整合集中的物流需求，事实上阻碍了物流产业在特定空间集聚下的物流供给。

四、"一带一路"倡议下内蒙古物流产业发展的路径

党的十九大报告提出，我国经济已由高速增长阶段转向高质量发展阶段，正处在转变发展方式、优化经济结构、转换增长动力的攻关期。并强调要在中高端消费、创新引领、绿色低碳、共享经济、现代供应链、人力资本服务等领域培育新增长点、形成新动能，这些都对内蒙古发展现代物流产业提出了新的要求。未来一段时期，内蒙古物流产业发展将逐步转向以提升质量和效益为核心的发展新阶段，要坚持效率、质量和创新三轮驱动，实现内蒙古现代物流产业的可持续发展。

1. 加强互联互通的基础设施建设

实现"一带一路"宏大愿景的重要支撑是区域物流系统的互联互通。内蒙古加速构建铁路网、公路网、航空网和信息网络体系既是推动建设内蒙古现代物流产业的重要基础，也是进一步发挥内蒙古跨三北、邻八省、外接俄蒙的特殊区位优势的重要"抓手"。一要以满洲里口岸为依托，联建内通东北（黑吉辽、蒙东）经济区、大连港、锦州港，外通俄罗斯欧亚大铁路至欧洲腹地，形成满洲里跨境自贸区和呼伦贝尔中俄蒙合作先导区；二要以二连浩特口岸为依托，联建内通京津冀经济区、天津港、秦皇岛港，外通蒙古国乌兰巴托铁路，延长与俄罗斯欧亚大铁路连接至欧洲腹地，增强呼包鄂榆一体化协同发展，构建以呼包鄂为核心的沿黄河沿交通线经济带，进一步创新与俄蒙开放和深化合作的机制；三要以京包、包兰、兰西和临策—哈密铁路为依托，联建向西经新疆至中亚的经贸大通道、连通中国、中亚、西亚的经济走廊，推动呼包鄂榆城市群进一步开发开放；四要以甘其毛都口岸为依托，联建向北连接蒙古新计划

的铁路、打通蒙古南部集聚区的通道，进而向南连接西安、广西、广东，贯穿长江经济带，延至海上丝绸之路；五要以珠恩嘎达布其口岸和二连浩特口岸为依托，联建二连浩特经锡林浩特至锦州港大通道，连接锦州港、营口港及环渤海经济区，外联蒙古东南部集聚区，纵贯俄罗斯欧亚大铁路，形成锡（林郭勒）赤（峰）朝（阳）锦（州）中蒙俄国际陆海经济走廊和合作示范区；六要推进呼和浩特至北京、赤峰和通辽至京沈高速铁路，加速助推包银、包西、巴银、锡张、齐海满等快速铁路和城际铁路建设，推进高等级公路和口岸公路、边防公路等进程，努力实现路网互通的时空变革。最终形成以基础设施为保障的物流产业与制造业、国际贸易服务业等产业的联动发展，推进现代物流服务支撑下的产业发展和区域合作。

2. 打造区域物流信息标准化云平台

物流信息化建设是有效支撑和提升物流运行效率的必然手段。云物流技术的广泛应用通过多元的信息处理方式使商品便利、迅速流动得以充分实现。内蒙古首府呼和浩特市已经率先引入了首个云计算应用网络平台，正着力打造我国北方大数据中心和云计算产业基地，内蒙古物流产业应有序入驻该云平台并启动"互联网＋高效物流"计划，构建和发展基于云计算的现代物流基础设施体系和管理系统，依托信息化高速公路，形成物流需求信息集成平台，即将车源、货源、仓储信息、物流供应链等多类别物流信息囊括其中，搭建一个物流、商流、信息流、资金流四流合一的综合服务信息平台，实现所有信息的交互和资源共享，从而实现高层次、宽领域的区域物流信息共享，减少物流信息的不对称，在提高多元基础设施系统信息化装备能力的同时，整体实现区域物流运行成本的下降，综合提升外向型综合物流服务水平和物流通道能力，从而实现物流效益最大化，促进物流产业机械化、自动化、智能化发展。

3. 加快与其他产业联动的物流集聚发展

主导商品交易和利润分配是物流产业所具有的天然优势。从发展趋势来看，全球化、网络化、信息化、集约化和协同化是现代物流产业发展的重要方向①，"内引外联"是推动物流产业国内外联运模式的重要手段。首先，物流产业发展模式的创新和大型物流企业的培育是内蒙古物流产业发展的重点。一方面要建

---

① 肜新春. 提升质量效益，发展现代物流［N］. 经济日报，2017－12－01.

设现代物流服务体系，满足高端、中端、低端不同层次的物流需求，从专业化角度降低物流成本，实现更大的经济效益；另一方面要在技术和管理模式等方面注意节能减排，实现低碳循环发展，促进从生产—流通—消费的全环节减量化、再利用、资源化。其次，与内蒙古周边经济区互补合作是内蒙古物流发展的重要路径，建立联动协调机制，落实省级区域分工和协作，实现优势互补。再次，整体布局产业物流园区、通道物流园区和口岸节点物流园区，重点建设呼包鄂榆产业物流核心区域，在强化多式联运、提升协调联运能力的基础上，着力建设通道物流园区和口岸节点物流园区，尤其要根据自身资源禀赋的特点，建设与内蒙古特色产业相匹配的多层次、差异化的嵌入式物流园区和物流中心体系，促进物流产业与相关行业的深度融合，着力建设蒙西—华中"北煤南运"通道。在促进特色产业和地方经济发展的同时，提升区域物流网络节点体系的高效运行，以实现内蒙古物流产业从低端供需平衡向高端供需平衡有序转变。同时，物流产业要形成智能型物流、制造型服务、物流型制造，且主动适应相关产业发展需要的供应链服务，增强物流产业与国民经济发展的协调性。

4. 坚持推进可持续的物流发展战略

内蒙古物流产业的发展必须坚持以生态文明、环境友好、资源节约为准则，实现绿色物流、低碳物流和循环物流。当然，物流产业的可持续发展需要注重构建物流的绿色生态链，既要注重资源集约的高效利用，又要通过相关产业的生态化、现代化和高级化来实现物流产业的可持续发展。具体而言，就是物流产业服务的各个环节都要被纳入相应的绿色生态链中，强调绿色包装的推广和回收利用，厘清自然资源和生态环境在产权上的关系，促使经济行为主体在运营过程中向减量化、绿色化、循环化、低碳化发展，并延伸推至绿色运输、仓储、配送，如尽快提高物流运输中清洁运输方式的占有比例，以最大限度地减少物流活动对生态环境造成的负面影响。

5. 深入推进实施国际化物流战略

顺应国际化发展趋势，物流产业积极开拓国际市场是其自身转型升级和优化的必然路径。内蒙古基于国家"一带一路"倡议和内蒙古五大基地建设目标，应积极与"一带一路"沿线国家和省（区、市）物流行业部门和国际组织建立广泛的联系，出台专项鼓励政策，依托灵活性、多层次的工作机制，共同梳理和解决国际物流通道建设、制度建设和物流便利化等问题，主动参与国际物流大分工，持续提升内蒙古物流产业在全球价值链中的地位，为实现国际与国内商贸物流渠道的有效衔接提出全球网络、全球服务、全球解决方案。特别是在"一带一路"建设中，内蒙古物流产业要从国家层面思考并结合内蒙古产业发展的实际，与相关产业一同"走出去"，共同建设与国际贸易需求相配套的国际物流服务网络，从而有效融入国际物流服务体系。

总之，"一带一路"倡议顺应了世界多极化、经济全球化、文化多样化、社会信息化的潮流，同时推动经济要素在全球范围内有序自由流动，不断提高资源配置和市场深度融合的能力。通过物流的互联互通，建立和巩固与沿线各国互联互通的包容性伙伴关系，形成立体化、多层次、复合型的互联互通网络，在实现沿线各国多元、自主、平衡、可持续发展的同时，持续促进内蒙古物流产业向高端化、智能化、绿色化、服务化方向发展。

第二节　旅游产业

经过 40 多年的发展，内蒙古旅游业已经成为内蒙古发展最快的产业和消费增长点，在内蒙古经济建设、文化建设、对外交往和构建和谐社会中发挥了积极的作用。近年来，内蒙古旅游经济快速增长，产业规模不断扩大，社会综合效益日益凸显，引起了全社会的广泛关注。

一、内蒙古旅游产业发展环境

1. 旅游发展条件

（1）旅游资源优势明显。内蒙古地域辽阔，区位独特，旅游资源丰富，文化底蕴厚重，拥有草原、森林、沙漠、冰雪、河湖、湿地、温泉、地质奇观、中俄蒙口岸、民俗历史文化等十大旅游资源，旅游业发展条件得天独厚。按照国家《旅游资源分类、调查与评价》（GB/T 18972 – 2003）标准衡量，内蒙古全部具备旅游资源 8 个主类，34 个亚类具备 30 个，181 个基本类型具备 112 个，既有鲜明的多样性，又有典型的代表性，还有良好的组合性，其中很多资源在全国乃至世界同类资源中都是"最字号""源字号""独字号"。从东部大兴安岭到西部贺兰山，从北部辽阔草原到南部平原丘陵，从呼伦湖到乌梁素海，从樟子松到胡杨林，从辽上京到西夏黑城，从鄂尔多斯婚礼到巴尔虎风情……内蒙古自然风光、民族风情和人文景观空间交融，具有极大的吸引力。根据资源类型和区位分布，内蒙古从东到西形成了东北林草文化四季全生态旅游片区、环京津冀草原风情旅游片区、敕勒川现代草原文明旅游片区和西北水沙胡杨秘境探险旅游片区即四大旅游片区。四大品牌旅游区域各具特色，是实现内蒙古"全区旅游带动全季旅游"发展理念的基础和支撑。

（2）经济社会发展需求迫切。据统计，旅游业与110多个行业明显关联，对餐饮、住宿、交通等行业的贡献率都超过80%，对文化、金融、零售等行业都有较强拉动作用。旅游业兼具投资、消费、出口功能，旅游项目投资每增加1元，可带动5元的综合投资，而且留下的往往是"百年GDP"，随着时间推移会不断升值；世界旅游组织统计，旅游产业每收入1元，可带动相关产业增加4.3元收入。旅游业就业容量大、就业方式灵活，适合各层次的劳动力就业创业，旅游接待人数每增加50人，就能带来1个直接就业岗位、5~8个间接就业岗位。旅游业是脱贫攻坚的"造血"产业，旅游扶贫既能实现物质富裕又能实现精神富有。"十二五"以来，我国有10%以上的贫困人口在旅游业带动下实现了脱贫。旅游业消耗低、污染少、可循环，生态环境的大改善有助于旅游业的大发展，旅游业的大发展也会倒逼生态环境的大改善。旅游业具有鲜明的文化特性和天然的开放属性，通过发展旅游业，可以带来大量的人流、物流、资金流、信息流，有效带动文化交流交融和繁荣发展，大幅提升一个地方的知名度、美誉度、开放度。作为综合性产业和消费型经济，在经济速度变化、结构优化、动力转换的关键时期，旅游业必然走到产业结构转型升级的前沿，成为产业变革的先锋。经济新常态使内蒙古面临着转方式、调结构的巨大压力。在这一背景下，旅游业因其关联度高、带动性强，逐渐成为内蒙古稳增长、扩内需的重要动力源。这种关联带动作用，不仅表现为给餐饮住宿、交通运输、零售、景区景点等带来客源和市场需求，而且在拉动农业、工业、城市建设和体育文化等行业发展方面也表现突出。

（3）旅游发展空间广阔。内蒙古旅游业发展起步较晚，资源优势远未转化为产品优势和市场优势。以2017年为例，内蒙古高A级旅游景区、高星级酒店的数量（第24位）以及旅游人数和收入（第20位）在全国的排位都还比较低，上升和发展空间巨大；游客在内蒙古平均停留天数（3.36天）、人均日花费

（812. 88 元）、游客出游率（1. 19 次）都低于全国平均水平，旅游消费增长需求潜力大。2017 年，内蒙古共接待旅游者 11646 万人（次），比 2016 年增加 1840. 68 万人（次），增长 18. 77%；完成旅游业总收入 3440. 1 亿元，比 2016 年增加 725. 4 亿元，增长 26. 7%；全区入境旅游市场呈现恢复性增长态势，接待入境旅游者 184. 8 万人次，比 2016 年增加 6. 92 万人次，同比增长 3. 89%；入境旅游创汇 12. 45 亿美元，比 2016 年增加 1. 065 亿美元，同比增长 9. 35%①②。广阔的旅游发展空间是内蒙古旅游业健康、快速、可持续发展的前提条件。

2. 政策发展环境

（1）产业定位不断提升。近年来，内蒙古自治区党委、政府不断提升旅游产业在国民经济中的定位，为旅游业发展创造了前所未有的政策环境和发展机遇。2002 年，旅游业被确定为第三产业的龙头产业；2007 年，被确定为国民经济新的增长点；2012 年，把旅游业定位为战略性支柱产业；2013 年，内蒙古"8337"发展思路提出，把内蒙古建设成为"体现草原文化、独具北疆特色的旅游观光、休闲度假基地"，使旅游业上升到自治区战略层面。另外，内蒙古"十二五"规划纲要中提出"积极发展旅游业"，而"十三五"规划纲要中则升级为"突出发展旅游业"，也体现了内蒙古对旅游产业的重视。

（2）政策措施不断出台。伴随着内蒙古旅游产业定位的提升，促进旅游业发展的政策和措施不断出台。2009 年，内蒙古自治区政府出台了《关于进一步加快旅游业发展的意见》，2013 年将旅游业发展专项资金提高到 3 亿元，成立以政府分管领导为组长的旅游产业发展领导小组。2016 年 6 月，内蒙古又出台了《关于进一步促进旅游投资和消费加快旅游业改革的实施意见》，提出多项措施推动内蒙古旅游业发展。2016 年，内蒙古自治区第十次党代会报告中明确指出："旅游业是综合性产业，是拉动经济增长的重要动力。内蒙古自然风光辽阔壮美、民族文化独具特色，要着眼发展全域旅游、四季旅游，实施'旅游+'战略，高起点规划、高强度投入、高标准建设、高效能管理、全方位推介，打造'壮美内蒙古·亮丽风景线'品牌，把我区建成国内外知名旅游目的地。"③

---

① 内蒙古统计局. 内蒙古统计年鉴 2018 [M]. 北京：中国统计出版社，2018.

② http：//www. nmgtour. cn/lyzx/lyyw/201702/t20170208_ 21051. html，2017 – 02 – 08/2018 – 02 – 11.

③ 人民网. 中国共产党内蒙古自治区第十次代表大会上的报告 [EB/OL]. http：//nm. people. com. cn/n2/2016/1202/c196667 – 29402255. html，2016 – 11 – 22/2018 – 02 – 11.

2017年2月8日，首届内蒙古自治区旅游发展大会在呼伦贝尔市召开。内蒙古自治区党委、自治区人民政府发布了《关于进一步加快旅游业发展的意见》和《内蒙古自治区"十三五"旅游业发展规划》。同年6月，《内蒙古自治区人民政府办公厅关于加快发展健身休闲产业的实施意见》出台；10月，《内蒙古自治区人民政府关于推进自治区文化旅游融合发展的实施意见》印发；12月，新修订的《内蒙古自治区旅游条例》正式实施。"十二五"以来，内蒙古自治区及各盟市旅游局为促进旅游产业发展，规范旅游市场秩序，共出台规范、标准、意见、政策等28个，为实现旅游大区向旅游强区的跨越提供了良好的政策条件。

二、内蒙古旅游产业发展成就

从改革开放初期至今，内蒙古旅游业的发展历程大体经历了接待化的无意识发展、市场化的自发发展、规范化的自觉发展三个阶段。经过三个阶段的发展，内蒙古旅游产业已经初具规模，影响力日渐扩大。

1. 旅游经济运行态势良好

21世纪以来，内蒙古旅游业呈现快速发展态势。"十二五"期间，内蒙古旅游产业跨越式发展，旅游经济各项指标都取得了可喜的成绩。全区累计接待游客3.42亿人次，比"十一五"增长了194%，年均增速12%；完成旅游业总收入7482亿元，比"十一五"增长了300%，年均增速26%。"十二五"末，全区旅游业对GDP的综合贡献率为11.8%，对第三产业的综合贡献率为31%，对社会消费品零售总额的综合贡献率为37%；旅游行业直接、间接就业165万人，分别占全社会和第三产业就业的10.52%和26.54%。旅游业产业规模不断扩大，结构进一步优化。初步形成了精品景区与全域旅游示范区、生态旅游示范区、研学旅游示范基地的综合创建体系。

21世纪以来，内蒙古国内旅游接待人次总体呈递增趋势（见图6-3）。2000～2016年，内蒙古国内旅游接待人次由735万人次增加到9627.4万人次，年均增长速度达到17.44%，其中2000～2003年接待人次的增速较为平缓，2004～2016年增速较为迅猛。

（万人次）

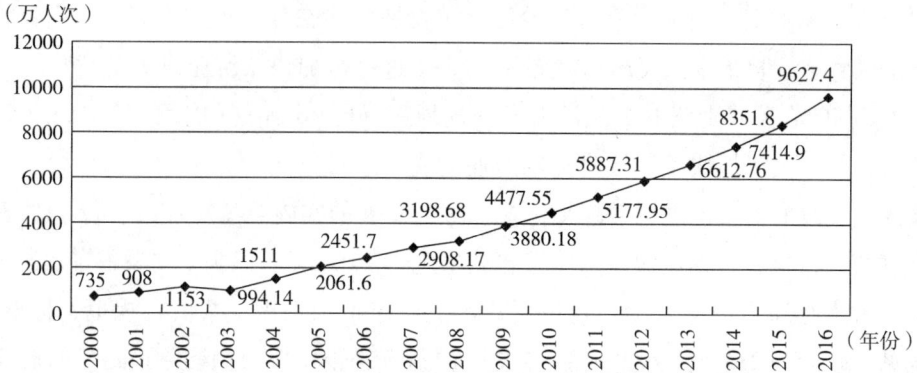

图 6 - 3　2000～2016 年内蒙古国内旅游接待人次

2000～2016 年，内蒙古入境旅游人次总体呈波动增长态势（见图 6 - 4），2000 年入境接待人次为 39.19 万人，2016 年增加到 177.9 万人次，年均增长速度达到 9.92%。2000～2003 年只增加了 2.17 万人次，之后 2004～2008 年入境旅游人数迅速增长，2009 年有所回落，2010 年之后的入境旅游人数不断增加。

（万人次）

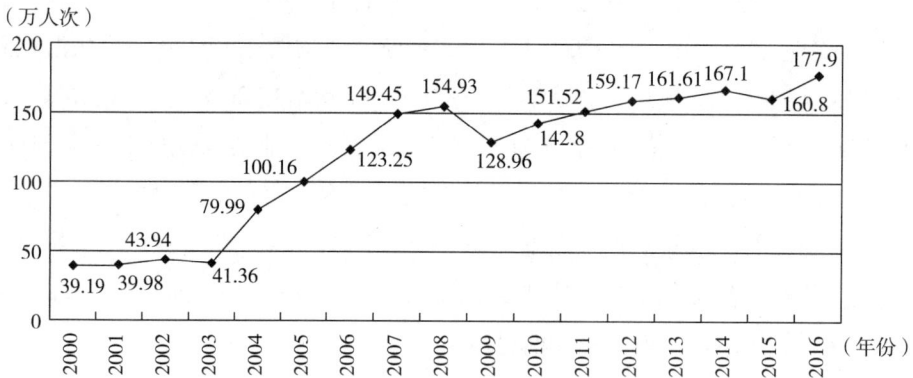

图 6 - 4　2000～2016 年内蒙古入境旅游接待人次

2000～2016 年，内蒙古国内旅游收入呈不断增长态势，由 33.23 亿元增加到 2635.6 亿元。如图 6 - 5 所示。

（亿元）

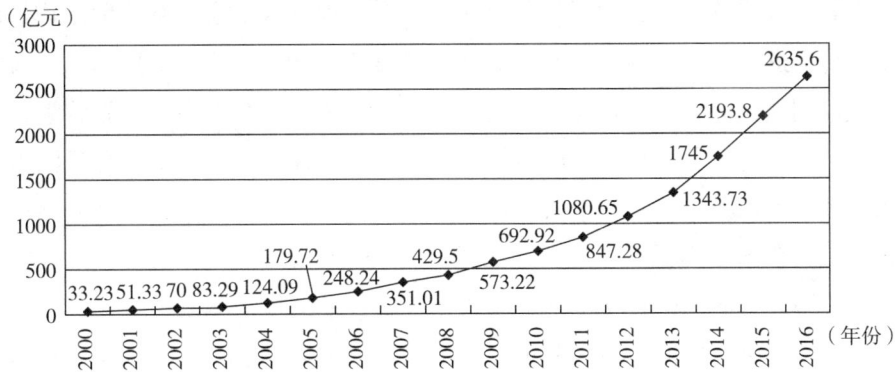

图6－5　2000～2016年内蒙古国内旅游收入

2000～2016年，内蒙古外汇收入在整个期间内同样呈增长态势，外汇收入由1.26亿美元增加到11.4亿美元，年均增长速度达到14.76%。如图6－6所示。

（亿美元）

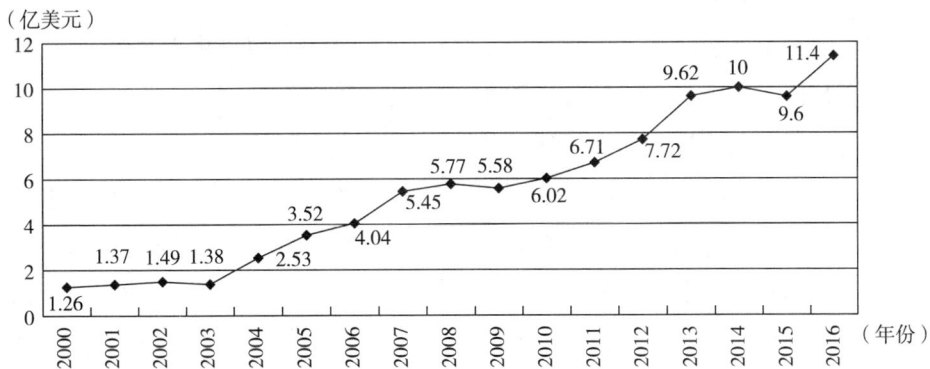

图6－6　2000～2016年内蒙古旅游外汇收入

2. 旅游改革创新硕果累累

创新是旅游产业发展的重要动力源。长期以来，创新理念始终贯穿于内蒙古旅游产业发展之中。2015年，鄂尔多斯市成立了文化旅游产业发展委员会，包头市成立了旅游交通委员会，根河等8个旗县区成立旅游发展委员会，各地为推动经济转型升级、深化行政管理体制改革，纷纷做出"改局设委"的决策。

内蒙古自治区旅游局新成立了旅游合作处,专门推进区域合作和俄蒙工作;成立了宣传促进中心和产业研究中心,配合机关开展智慧旅游和项目研究工作。通过机构调整,适应了实际需求,提高了行政效率。察右中旗成立旅游综合执法局,合并工商、食药等7个部门的旅游相关执法权,开展旅游综合执法工作试点。呼伦贝尔和鄂尔多斯市成为国家首批旅游改革创新先行区,乌兰察布和通辽市成为全国自驾游示范城市。另外,各盟市陆续成立20家旅游投融资公司,企业平台打造初显成效。2017年3月7日,中央机构编制委员会正式批复内蒙古自治区旅游局更名为内蒙古自治区旅游发展委员会,并由内蒙古自治区政府直属机构调整为内蒙古自治区政府组成部门,从而实现了从旅游单一部门推动向部门综合联动的转变。体制机制的深化改革,极大地增强了内蒙古旅游业发展的动能和后劲。

3. 品牌旅游景区创建顺利推进

内蒙古现有国家A级旅游景区366家,但国家AAAAA级旅游景区仅有4家(全国247家),仅占全国总数的1.6%。旅游基础设施和服务设施建设不足、旅游景区知名度不高的现状,与内蒙古丰富的旅游资源极不相称。2015年,内蒙古下发《创建品牌旅游景区三年行动计划》,提出了每个盟市集中力量打造一个品牌旅游景区,力争用三年时间基本建成AAAAA级旅游景区或国家级旅游度假区。作为内蒙古创建品牌旅游景区工作的指导、调度和督查主体的内蒙古旅游局,成立了品牌旅游景区创建指导专家委员会,组织区内外旅游专家分赴14个旅游景区指导开展创建工作。同时,建立了督查机制和信息通报制度,及时了解全区各地创建工作进度,解决和落实创建工作的问题。目前,内蒙古创建品牌旅游景区工作有序推进,已有25家景区上报国家旅游局争取评定AAAAA级景区或国家旅游度假区,其中满洲里中俄边境旅游区、阿尔山—柴河旅游区分别于2016年、2017年成功获批为国家AAAAA级旅游景区,五当召旅游区、阿斯哈图石林旅游区、额济纳胡杨林旅游区已顺利通过国家旅游局AAAAA级景区资源评价。截至2018年2月底,内蒙古AAAA级以上旅游景区已达109家(见表6-2)。

表 6 - 2　内蒙古自治区国家 4A 级以上旅游景区名录（截至 2018 年 2 月底）

A 级	景区名称	A 级	景区名称	A 级	景区名称
AAAAA	满洲里市中俄边境旅游区	AAAA	莲花山旅游景区	AAAA	老牛湾黄河大峡谷旅游区
AAAAA	成吉思汗陵旅游区	AAAA	赤峰市召庙景区	AAAA	蒙亮民族风情园
AAAAA	阿尔山—柴河旅游区	AAAA	梅力更自然生态风景区	AAAA	达尔滨湖国家森林公园
AAAAA	响沙湾旅游区	AAAA	集宁战役红色纪念园	AAAA	红召九龙湾生态旅游区
AAAA	红石崖寺生态旅游区	AAAA	万家惠欢乐世界游乐园	AAAA	阳光田宇国际酒庄
AAAA	当代中国书法艺术馆景区	AAAA	大漠胡杨居延文化旅游区	AAAA	鄂尔多斯草原旅游区
AAAA	腾格里沙漠天鹅湖旅游区	AAAA	额济纳胡杨林生态旅游区	AAAA	巴丹吉林沙漠旅游区
AAAA	黄河三盛公国家水利风景区	AAAA	黄河河套文化旅游区	AAAA	吉祥福聚寺旅游区
AAAA	苏泊汗草原旅游景区	AAAA	布龙湖温泉度假区	AAAA	辉腾锡勒草原黄花沟旅游区
AAAA	乌兰五台旅游景区	AAAA	元上都遗址旅游区	AAAA	皇家御马苑旅游景区
AAAA	美林谷旅游区	AAAA	敖包相会可汗山草原旅游区	AAAA	根河源国家湿地公园景区
AAAA	布苏里北疆军事文化旅游区	AAAA	金帐汗旅游部落旅游景区	AAAA	敕勒川旅游区
AAAA	青鸟养生庄园	AAAA	大召历史文化旅游区	AAAA	内蒙古博物院
AAAA	大青山太伟休闲度假村	AAAA	准格尔召旅游区	AAAA	察罕苏力德游牧生态旅游区
AAAA	蒙牛工业旅游景区	AAAA	伊利－乳都科技示范园	AAAA	呼和浩特神泉生态旅游景区
AAAA	包头市五当召旅游区	AAAA	包头市北方兵器城	AAAA	包头市南海湿地景区
AAAA	扎兰屯吊桥公园	AAAA	呼伦贝尔市呼和诺尔旅游区	AAAA	世界反法西斯战争海拉尔纪念园
AAAA	中国达斡尔民族园	AAAA	海拉尔农业发展园区	AAAA	莫尔道嘎国家森林公园
AAAA	阿尔山海神圣泉旅游度假村	AAAA	大青沟国家级自然保护区	AAAA	库伦三大寺
AAAA	孝庄园旅游区	AAAA	喀喇沁亲王府	AAAA	克什克腾旗达里湖景区
AAAA	阿斯哈图花岗岩石林景区	AAAA	贝子庙旅游景区	AAAA	蒙古汗城旅游景区
AAAA	太仆寺旗御马苑旅游区	AAAA	格根塔拉草原旅游中心	AAAA	岱海旅游度假区
AAAA	乌兰察布察尔湖生态旅游区	AAAA	恩格贝旅游区	AAAA	鄂尔多斯文化旅游村

A 级	景区名称	A 级	景区名称	A 级	景区名称
AAAA	鄂尔多斯市九城宫生态园	AAAA	七星湖沙漠风景区	AAAA	呼和浩特市昭君博物院
AAAA	秦直道旅游区	AAAA	释尼召沙漠绿海乐园	AAAA	腾格里达来月亮湖沙漠度假营地
AAAA	碧海阳光温泉度假旅游区	AAAA	银肯塔拉沙漠绿洲旅游区	AAAA	大沙头生态文化旅游区
AAAA	维信国际高尔夫度假村	AAAA	乌海市金沙湾生态旅游区	AAAA	阿拉善盟南寺生态旅游区
AAAA	康巴什旅游区	AAAA	阿拉善盟通湖草原旅游区	AAAA	二连浩特市恐龙地质公园
AAAA	兴安盟翰嘎利－五角枫旅游区	AAAA	乌兰察布市林胡古塞旅游区	AAAA	鄂尔多斯市乌兰活佛府旅游区
AAAA	阿拉善福因寺（北寺）旅游区	AAAA	阿拉善金沙堡地生态旅游区	AAAA	赤峰市敖汉温泉城
AAAA	乌海市蒙根花生态休闲区	AAAA	兴安盟成吉思汗庙旅游景区	AAAA	蒙古源流文化产业园区
AAAA	额尔古纳湿地景区	AAAA	上海庙欢乐大草原旅游区	AAAA	河套酒业工业旅游区
AAAA	内蒙古敕勒川草原文化旅游区（哈素海）	AAAA	南山旅游区	AAAA	百灵那达慕园区旅游区
AAAA	吉穆斯泰旅游区	AAAA	白桦林景区	AAAA	诺干湖旅游度假区
AAAA	中国马都核心区文化生态旅游区	AAAA	乌拉盖九曲湾景区	AAAA	河套农耕文化博览园
AAAA	乌海湖休闲度假旅游区	AAAA	东风航天城	AAAA	梦想沙漠汽车航天乐园
AAAA	定远营旅游景区				

资料来源：根据国家旅游局、内蒙古自治区旅游局官方网站公布的 A 级旅游景区名录统计。

4. 旅游产业链创新发展

目前，内蒙古旅游产业已经具有一定的规模。全区有涉旅企业 2 万多家，包括景区、旅行社、酒店、餐饮、旅游商品制造等。除传统的旅游业态蓬勃发展外，自驾车旅游、红色旅游、研学旅游、康体旅游、生态旅游、体育旅游等也不断开发，逐步引导旅游产业链向多元化发展。近年来，内蒙古旅游局指导各盟市积极推进自驾车旅游线路建设，万里北疆天路自驾游、科尔沁 500 千米文化旅游风景大道等已产生了较大的市场效应。截至 2018 年 2 月，内蒙古成功创建国家级生态旅游示范区 3 个。同时，推荐大青山抗日根据地、满洲里国门 2 个红色旅游景区创建全国红色旅游基地；与发改委、财政厅、宣传部联合推荐阿荣旗抗联英雄园等 5 家红色旅游景区申报全国第三批红色旅游经典景区；推进响沙湾旅游区、克什克腾世界地质公园等 5 个景区申报创建全国首批研学旅游目的地（基地），赤峰市克什克腾世界地质公园成功入选全国研学旅游示范基地；指导阿荣旗创建成为全国首批乡村旅游创客基地。

5. 旅游扶贫工程成效初显

作为边疆少数民族地区，内蒙古旅游扶贫工作尤显重要。"十二五"以来，内蒙古自治区每年召开旅游扶贫工作会议，推动美丽乡村扶贫、乡村旅游"千千万万"和"创客基地"创建工作推进开展。目前，内蒙古拥有全国休闲农业与乡村旅游示范县 6 个、示范点 19 个。截至 2017 年底，全区乡村旅游接待户超过 4200 家（其中，星级接待户 484 家，4 星级以上 142 家），全年接待游客 3126 万人次，营业收入 20.4 亿元。全区有 616 个村（嘎查）开展农村牧区旅游，其中 59 个国贫、区贫旗县的 328 个村（嘎查），占旅游村的 53%；全区乡村牧区旅游直接从业人员超过 16 万人，带动农牧民就业 14 万人，其中涉及贫困地区人口超过 10 万人[①]。

6. 旅游营销成效显著

旅游营销工作一直是内蒙古旅游产业发展中的重点工作。2017 年，内蒙古旅游局首先强化央视形象广告营销，一方面在央视 1 套和央视 13 套《朝闻天下》时段播出"祖国正北方，亮丽内蒙古"50 秒旅游形象广告，全年累计播放 4100 次，收视率达到 715%，受众人群达到 104 亿人次；另一方面推进精准营销，在京津冀、长三角、珠三角实施线上线下营销，形成了立体式、广覆盖、高强度的旅游宣传营销态势。其次就是创新营销合作，与中青旅集团达成营销合作协议，依托中青旅遍及全国的营销网络和专业化营销平台，开创内蒙古旅游营销新模式。再次，还重视提升网络营销，改版上线了内蒙古旅游资讯网，开通了内蒙古旅游微博、微信公众平台，与携程网等新媒体进行合作开展内蒙古旅游营销专项活动。值得一提的是坚持节庆营销，成功举办 5·19 中国旅游日、中国蒙古族服装服饰艺术节、内蒙古草原旅游那达慕、内蒙古冰雪旅游那

---

① 内蒙古自治区旅游局 2017 年旅游统计资料。

达慕、中俄蒙（满洲里）冰雪旅游节等20多个旅游节庆活动。最后，强化对俄蒙、韩国、港澳台等市场的促销，持续扩大内蒙古旅游在海外影响力。

7. 融合发展取得突破

在"旅游＋"战略指引下，旅游融合成为内蒙古近年来旅游发展的重要内容。内蒙古旅游局与内蒙古交通厅共同编制完成了《"十三五"旅游交通规划》；与文化厅共同出台了《关于进一步促进文化与旅游融合发展的指导意见》；与宣传部研究启动了项目库、景区文化提升、旅游文化商品、博物院区域提升专题方案；与质监局制定了《关于加强旅游标准化工作的意见》，指导鄂尔多斯市东胜区和赤峰国际旅行社创建全国标准化示范区和示范单位；与文明办联合下发《关于加强文明旅游工作的实施意见》，明确全区文明旅游工作的具体思路和措施，研究启动了"文明旅游示范区"创建工作。旅游业与多产业、多部门融合发展，符合旅游产业本质特征和实际需求，是全域旅游发展的根本要求。

8. 旅游合作出现新局面

在国内旅游合作方面，内蒙古依托现有的各类推广联盟，打破地区樊篱，推进区域旅游一体化进程。重点加强与京津、毗邻8省区的区域旅游合作，开通无障碍绿色旅游通道，创新区域联动模式，联合推广区域旅游特色产品；深入拓展与港澳台、长三角、珠三角、蒙沪皖远程客源地合作，开展"互换冬天"产品，互相延展旅游线路，共拓旅游市场；积极推动与国内万里茶道（茶叶之路）沿线7省国际化品牌旅游线路开发，共同打造国际旅游形象品牌，构建特色鲜明、优势互补、充满活力的区域旅游合作大格局。盟市层面推动的兴安旅游联盟、乌大张（乌兰察布、大同、张家口）以及赤峰与辽宁、阿拉善与宁夏和甘肃、鄂尔多斯与陕西相邻地区旅游合作也取得了积极成效。在国际旅游合作方面，充分发挥内蒙古毗邻俄、蒙优势，积极把握国家"一带一路"倡议和建设中俄蒙经济走廊的战略机遇，重点推进中俄蒙合作。在完善中俄蒙三国五地旅游联席会议制度基础上，借助中蒙博览会平台，推进国家旅游局与俄蒙两国旅游部门召开司局级会议，将中俄蒙旅游合作上升到国家层面；① 启动中俄蒙"万里茶道（茶叶之路）"旅游联盟成立工作，联合国内8个省区与俄蒙两国共同签署了《中俄蒙"万里茶道（茶叶之路）"国际旅游协调会议纪要》，开展了

---

① 资料来源于内蒙古旅游局内部文件资料。

"茶叶之路—和平之旅"中俄蒙自驾环线踏查等一系列跨境旅游活动；指导阿尔山—松贝尔跨境旅游区建设，支持额尔古纳、珠恩嘎达布其、阿日哈沙特、额布都格、满都拉、甘其毛都等口岸开展边境旅游业务。

三、内蒙古旅游产业发展思路及战略

党的十九大报告指出，中国特色社会主义进入新时代，我国社会主要矛盾已经转化为人民日益增长的美好生活需要和不平衡不充分的发展之间的矛盾。这个重大判断，为新时代谋划旅游业发展指明了方向。在总结与回顾内蒙古旅游业改革开放 40 多年的发展历程时，我们必须清醒地认识到，内蒙古旅游业虽然取得了骄人的成绩，积累了丰富的经验，但在发展过程中也存在着一些问题和薄弱环节。其突出表现在：全区品牌旅游景区建设步伐仍不够快，有影响力的旅游品牌太少；旅游营销推广的力度仍不够大；"内蒙古旅游"的知名度不高；旅游市场治理尚需进一步加强；旅游各项工作受到人员、机构、机制等因素制约，进展情况仍不够理想，需创新方式，进一步加大力度深入推进。

未来内蒙古旅游业如何转型升级，如何实现"旅游大区向旅游强区"的跨越，如何把旅游业发展与调整结构、扩大内需、文明创建、脱贫攻坚、防止返贫等重点工作结合起来，让旅游业在经济发展、社会繁荣、民生改善、生态保护、文化传承中发挥重要作用，这是把内蒙古旅游产业培育成为更加强大的支柱产业和人民群众更加满意的现代服务业的战略性目标。

未来内蒙古发展旅游业必须深入贯彻落实国家旅游局"515"战略①，深入贯彻落实内蒙古自治区旅游局"10＋3"工程②和"643X"品牌体系③，瞄准旅游基地建设和旅游产业跨越式发展目标，创新方式，全力推进旅游业转型升级、快速增长。

---

① "515 战略"：2015 全国旅游大会在江西南昌召开，国家旅游局提出今后三年我国旅游业发展要实施"515 战略"，即紧紧围绕"文明、有序、安全、便利、富民强国"五大目标，推出旅游十大行动，开展 52 项举措，推进旅游业转型升级、提质增效，加快旅游业现代化、信息化、国际化进程。

② "10＋3"工程：2015 年以来，内蒙古以建设体现草原文化、独具北疆特色的旅游观光、休闲度假基地的旅游发展目标，围绕旅游产业转型升级，提质增效这条主线和不断提高内蒙古旅游影响力这个主题，突出"草原文化、北疆特色、休闲度假"三大主题，实施旅游"十大工程"，简称"10＋3"工程。

③ "643X"品牌体系：2016 年内蒙古旅游局为提升内蒙古旅游品牌效应，提出全力打造六大口号、四大区域品牌、三级品牌线路和打造若干景区品牌。

1. 改革创新，推进全域旅游发展

全域旅游是一种发展新模式、新战略，是我国新阶段旅游发展方式和发展战略的一场变革。"十三五"时期，内蒙古须尽快制定出台《内蒙古自治区全域旅游发展总体规划》和《行动方案》，加强对全域旅游发展的科学指导，用全域旅游的思维和理念，重新审视内蒙古自治区旅游资源基础、发展条件、发展目标和产业定位等，认真对照《全域旅游示范区创建工作指南》，认真研究确定全域旅游创建范围，争取更多的盟市、旗县市区进入全域旅游示范区创建名单，实现内蒙古全域旅游健康、快速发展。

2. 加大力度，推动旅游业供给侧结构性改革

进一步推动"643X"品牌体系建设，全力打造丝绸之路、万里茶道、万里北疆天路（东西大通道）、草原马道、黄河"几"字湾、大漠风情线、蒙古源流黄金线等品牌旅游线路。重点开发从万里北疆天路各节点引出，可以对接周边客源地、有文化或景观支撑、有望推广成为品牌的旅游线路，如阿海满"金三角"四季游、红山文化游、科尔沁文化游、"两个文明"（农耕文明与游牧文明）体验游、"三都"草原图腾狼道、蒙医康体游、藏传佛教研学游、鲜卑溯源、匈奴探秘等。加大品牌景区创建工作，提升景区质量和知名度。大力开发定制旅游、专项旅游、主题旅游等创新产品，不断丰富内蒙古自治区的旅游产品体系。实施旅游公路景观工程，打造富有北疆特色的旅游景观廊道。

创新资金供给，积极争取国家发改委预算内基本建设资金和债券，以及内蒙古自治区旅游发展专项资金和地方债券，设立旅游产业发展基金，鼓励和支持旅游企业通过PPP模式投资、建设和运营旅游项目，创新招商引资和投融资模式，鼓励和支持企业通过上市和众筹等方式融资。加强制度供给，出台促进内蒙古旅游产业发展的新政策、好政策，为旅游业发展提供良好环境。完成《内蒙古自治区旅游条例》修订工作，研究制定旅游发展奖励政策和实施细则，引领地方和旅游企业实现服务升级、规范发展。加快机制创新，充分利用国家级平台、旅游先进省市区经验，加快推进旅游产业发展。强化规划引导，成立自治区旅游数据中心，全力推进"旅游＋互联网"工程，提高内蒙古旅游产业信息化水平。

3. 提质增效，充分释放旅游消费潜力

"十三五"时期，旅游促销要强调精准化。进一步创新营销方式，加强网络营销，重视品牌营销，加大节庆营销，突出"茶叶之路营销"和国际旅游营销，

实现"内蒙古旅游"品牌化。注重"四季旅游"开发，尤其要完善冬季旅游产品，推出冰雪天路、古都后院、冰雪世界、冬奥会延长线、大漠胡杨冰雪游等覆盖全区的冬季冰雪旅游精品线路。大力推广"内蒙古博乐歌"品牌①，指导旅游集散中心和景区建设旅游商品街区或综合购物超市，规范经营。加快实施境外旅客离境退税政策，在内蒙古自治区重点旅游城市、满洲里和二连浩特等重点口岸城市新增一批进境免税店。同时开展"乡村旅游后备厢工程"，带动农副产品和乡村旅游纪念品、工艺品的生产和销售。

4. 融合发展，推进旅游产业链创新与拓展

"十三五"时期，内蒙古自治区要大力倡导"旅游＋"和"＋旅游"，拓展旅游发展空间，推进旅游产业链创新发展。一是推进"旅游＋"，积极发挥旅游业综合拉动作用，拓展旅游＋投资、消费、养老、健康、研学、生态等产业链，拓展旅游产业运行空间和发展领域。二是推进"＋旅游"，主动衔接、发挥旅游融合能力和催化、集成作用，推进文化、交通、城镇、农牧业、商务、工业、体育等传统产业"＋旅游"，增加旅游内容和配套设施，创造新价值，打造新增长点。此外，要继续大力推进红色旅游发展，特别是推进满洲里红色国际秘密交通线暨国门景区创建全国红色旅游国际合作区。依托中蒙俄跨境旅游线路，推出中蒙俄红色旅游国际精品线路。重点发展自驾车旅游，完善自驾旅游信息服务体系和以露营地为重点的自驾游服务设施。

5. 创新思路，深化国际、国内旅游合作

未来几年，内蒙古要着力提升中蒙俄旅游合作水平。在"一带一路"和中俄蒙经济走廊框架下，与俄罗斯、蒙古国合作，共同在满洲里、二连浩特、阿尔山、额布都格、甘其毛都、满都拉等双边口岸区域建立旅游合作区。创建追寻成吉思汗、和平之旅、红色之旅、"三湖"之旅（呼伦湖、贝加尔湖、库苏古尔湖）、从远东到西伯利亚滨州铁路专列游等品牌旅游线路。国内旅游合作方面，要深化与重点省区合作。主动融入京津冀协同发展战略，着力提升重点客源地旅游份额；以自驾游和品牌线路推广为重点，切实加强与毗邻8省区旅游合作；找准切入点，加强与珠三角、长三角、万里茶道沿线省区以及川渝、河南、山东等中远程客源地合作。内蒙古区域内要以产品为纽带统筹盟市间旅游

---

① "内蒙古博乐歌"，即内蒙古礼物。

合作，通过共同行动规划，推进盟市一体化发展，共同打造具有地区特色的旅游产品，实现合作共赢。

6. 强力推进，加强厕所革命和旅游公共服务建设

在国家旅游局的统一领导下，"十三五"时期内蒙古要继续推进厕所革命建设工作。一方面将厕所革命从旅游景区扩大到交通沿线、城镇、乡村牧区以及汽车站、火车站、加油站等重要节点，另一方面实施厕所管理创新行动，积极推动"以商建厕、以商管厕、以商养厕"的厕所管理模式创新，提升厕所服务水平。在推进厕所革命的同时，要不断加强公共服务设施建设。一是实施旅游公共服务补短板工程，要加快旅游交通干道、游客服务中心、停车场、标识标牌等建设。二是完善旅游公共信息服务，加快内蒙古智慧旅游大数据平台建设，打造网上游客服务中心，支持旅游电商发展；整合城市游客接待、信息咨询、旅游集散、旅游投诉等多种服务功能，建立旅游信息发布、旅游目的地风险提示制度。三是鼓励支持城市休闲服务设施建设，把体育健身与旅游休闲结合起来，完善城市公园、城市绿道、休闲步道的旅游服务功能。另外，还要全力提升公共服务水平，组织编制《内蒙古自治区旅游公共服务体系建设规划》，重点提升金融旅游服务功能，协调金融部门推进"内蒙古旅游卡"的发行和使用，实现一卡游遍内蒙古。

内蒙古旅游产业发展的资源基础和政策环境非常优越，具备旅游业大发展的条件。"十三五"和"十四五"是内蒙古旅游实现赶超和提升的关键时期，只要精准把握旅游产业发展趋势，科学分析当前内蒙古旅游业的阶段性特征，高度重视旅游的融合性和拉动性，从旅游大区跨越到旅游强区的目标就一定能够早日实现。

第三节　文化产业

一、内蒙古民族文化

文化产业归根到底是文脉的传承延续和开拓发展。内蒙古文化的类型和特点是由其地理环境和与地理环境相适应的生产方式决定的。草原是内蒙古从古

至今的生活空间，内蒙古草原面积有 8800 万公顷，占全国草原面积的四分之一，是中国五大天然牧场中最大的草场。这种空间的地理特征和自然生态条件孕育出了适合于内蒙古生存的生产方式——畜牧经济生产方式。基于这种生产样式，一种不同的文化形态——草原文化逐渐形成。"草原文化就是世代生息在草原地区的先民、部落、民族共同创造的一种与草原生态环境相适应的文化，这种文化包括草原人们的生产方式、生活方式以及与之相适应的风俗习惯、社会制度、思想观念、宗教信仰、文学艺术等，其中价值体系是其核心内容。"按文化学分类，"草原文化是一种以崇尚自然为根本特质的生态型文化"。这种文化形态与其他文化形态独具特色，自成体系，这是发展内蒙古独具民族特色文化产业的潜在竞争优势。

北方少数民族特别拥有的草原文化，与黄河文化、长江文化并列，被视为中华文化的三大源头之一，已被列入中华文化大系。草原文化核心理念是崇尚自然、践行开放、恪守信义，其中蕴含着草原民族的自然观、价值观念、道德信仰、审美情趣。它们以一种极为潜在的方式存在，决定并左右着草原民族的思维方式、行为方式和生活方式。内蒙古草原文化资源具有独特的个性和世界差异性。

内蒙古曾在 2010 年对 19 个文化资源类别进行过普查，共查到 134427 个具体项目。这些珍贵的文化资源分布于各个文化圈（见表 6-3）。

表 6-3　内蒙古草原文化核心资源（品牌）区域分布

文化区域	核心文化（资源）品牌
呼伦贝尔草原文化圈	（1）呼伦贝尔大草原
	（2）"三少民族文化"
	（3）古森林文化
	（4）冰雪文化
科尔沁草原文化圈	（1）萨满宗教文化
	（2）安代艺术、好来宝、"乌力格尔"
	（3）科尔沁民歌
	（4）科尔沁版画
红山文化圈	（1）中华第一龙
	（2）辽文化，契丹文化

文化区域	核心文化（资源）品牌
锡林郭勒草原文化圈	（1）锡林郭勒大草原
	（2）蒙元文化
	（3）蒙古族用品
	（4）国际生物圈保护区
阴山草原文化圈	（1）"大窑文化"遗址
	（2）"阿善文化"遗址
	（3）草原商埠
	（4）阴山岩画、乌兰察布岩画
	（5）敕勒川文化、召庙文化
	（6）漫瀚调艺术（东路二人台）
	（7）察哈尔文化
鄂尔多斯草原文化圈	（1）古代蒙古帝王祭祀文化
	（2）鄂尔多斯婚礼
	（3）沙漠文化
	（4）蒙古族古典史诗
	（5）阿尔寨石窟壁画
河套文化圈	（1）河套文化（歌舞、民俗、饮食和宗教）
	（2）河套二人台、爬山调
	（3）酿酒文化
	（4）阿贵庙
阿拉善草原文化圈	（1）漠西蒙古族文化
	（2）"驼乡"文化
	（3）南寺、延福寺
	（4）胡杨林

资料来源：柴国君．内蒙古草原文化资源整合与品牌创建战略研究［J］．经济论坛，2014（4）．

二、内蒙古文化产业发展现状

21 世纪以来，内蒙古文化产业得到了长足发展。2003 年，内蒙古自治区出台了《民族文化大区建设纲要》，明确提出建设民族文化大区的总体目标和发展文化产业的目标。"十二五"时期，内蒙古把文化产业体系建设作为文化发展的重点。2016 年,《内蒙古自治区国民经济和社会发展第十三个五年规划纲要》提出:到 2020 年,文化产业增加值占地区生产总值的 4% 左右。内蒙古自治区第十次党代会强调:加快建设民族文化强区,加强民族文化保护传承与创新发展,推进文化与相关产业融合发展,加快把我区文化产业打造成为支柱产业。经过十几年的探索和实践,内蒙古文化产业发展成效显著。

1. 文化产业发展速度不断加快,规模不断扩大

内蒙古文化产业增加值 2003 年为 10.30 亿元,随后逐年稳步增长,2010 年增加到 159.76 亿元,2016 年增加到 525.5 亿元,占全区 GDP 的 2.82%(见图 6-7)。

（亿元）

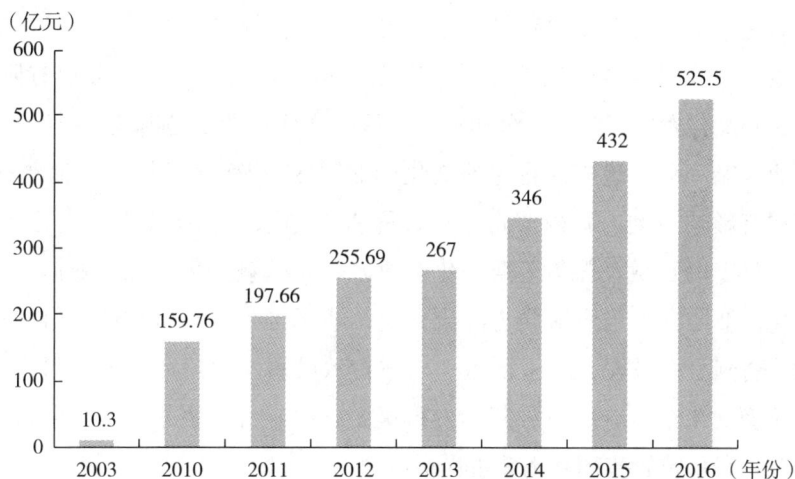

图 6-7　2003~2016 年内蒙古文化产业增加值

2016 年,内蒙古文化及相关产业法人单位 14480 个,比 2015 年增加 2587 个,同比增长 21.8%。其中,经营性企业法人有 11146 个,占全部文化产业法人单位 77.0%;公益性事业法人(包括社团、基金会)有 3334 个,占 23.0%。2016 年全区经营性文化产业法人企业实现增加值 255.32 亿元,比 2015 年增加 33.31%,占文化产业增加值的 48.6%。其中,规模以上法人企业为 231 个,比 2015 年增加 2 个,实现增加值 42.4 亿元,资产过亿的企业达 47 个。

总的说来,内蒙古文化产业结构调整与升级的步伐在加快,总体效益不断提高,其产业地位在逐步提升。

2. 文化产业结构不断优化，产业体系逐步完善

2010 年以来，以互联网技术发展为依托的文化信息传输服务业、文化创意和设计服务等新兴文化产业迅速崛起，2016 年内蒙古新兴文化产业法人单位 5481 个，占全区文化产业法人单位 37.9%。实现营业收入达 301.5 亿元，实现增加值 113.48 亿元，占全区文化产业法人单位增加值的 31.4%。在文化产业经营性法人单位中，增加值总量超过 10 亿元的行业依次为：广告业、电视机制造、工程勘察设计、有线广播电视传输服务、会议及展览服务、软件开发、雕塑工艺品制造。

内蒙古自治区现有国家级文化产业示范基地 6 个：东联集团成吉思汗陵旅游区、包头市乐园文化传播有限责任公司、内蒙古鄂尔多斯市达拉特旗响沙湾旅游有限公司、内蒙古力王工艺美术有限公司、鄂尔多斯中视实业有限公司、内蒙古天睿文化发展有限责任公司；自治区级文化产业示范基地 34 个；国家级动漫企业 5 家。全区建成或在建的文化产业园区有 95 个，规划和拟建的有 49 个，其中有影响力的有：内蒙古柏盛田园古趣创意园、呼和浩特文化产业园、内蒙古中华麦饭石城、鄂尔多斯文化产业园、大盛魁文化创意产业园、中国蒙古酒文化产业园、鄂尔多斯蒙古源流文化产业园区、包头黄河谣民俗文化产业园、内蒙古阿金奈马文化产业园区、内蒙古敕勒川文化旅游产业园区等；大型龙头骨干型文化企业有内蒙古新华发行集团、内蒙古出版集团、内蒙古电影集团、内蒙古日报传媒集团和内蒙古广播电视网络集团等。

按照国家对文化产业的分类，内蒙古自治区文化产业目前已经覆盖文化休闲娱乐、文化艺术、文化信息传输、文化创意和设计服务等十个大类五十个行业，文化产业门类趋向齐全，结构逐步优化。以互联网技术为依托的文化信息传输服务业、文化创意和设计服务、文化艺术服务等新兴文化产业发展较快。初步形成了以出版发行、文化旅游、文艺演出、民族工艺品制造等产业为主导，以广告设计、信息服务、艺术培训、数字音乐、动漫游戏等产业协同发展，具有鲜明民族区域特色的内蒙古文化产业体系。

3. 文化消费需求迅速增长，文化消费市场前景广阔

根据国际经济社会发展经验，一个地区的人均 GDP 超过 3000 美元，社会对文化消费的需求就有一个快速增长的过程，当人均 GDP 迈过 3 万美元之后才会有所放缓。2016 年，内蒙古自治区居民人均可支配收入 24127 元，人均生活消

费支出 18072 元。城镇常住居民人均可支配收入 32975 元，农牧区常住居民人均可支配收入 11609 元。2016 年，内蒙古人均 GDP 为 63764 元，约 9435 美元，表明未来内蒙古文化消费市场将处于快速发展时期，其文化产业有很大的发展空间，文化消费市场前景广阔。

三、内蒙古文化产业存在的问题及原因

尽管内蒙古文化产业发展成效显著，但整体发展水平仍较低，主要问题表现为以下几个方面：

（1）对国民经济贡献率低，市场竞争力弱。内蒙古文化产业增加值占 GDP 比重较低，2016 年为 2.82%。远低于北京、上海、广东、浙江等发达地区，与国家"十三五"目标 5% 和内蒙古 4% 的目标有很大差距。文化产业对经济增长的拉动能力偏小，整体市场竞争力偏弱。

（2）文化资源开发能力低，产业层次偏低。内蒙古拥有稀缺的、珍贵和富集的文化资源，然而其科技创新能力和资本转化能力偏弱，文化资源开发利用程度偏低，缺乏科学系统的价值开发体系，从文化资源到产业开发的产业链条不够完善，文化产品附加值不高，产业层次偏低，文化产品缺乏竞争力。

（3）有实力的文化企业少，文化生产力不足。2016 年，全区规模以上文化产业法人企业 232 户，比 2015 年增加了 3 户，占全区文化经营性法人企业的 2.1%。内蒙古文化产业还处于小规模分散化经营状态，产业集约化程度不高，有实力的文化企业数量不多，缺乏大型的领军型文化产业集团。

内蒙古文化产业发展中存在诸多问题主要有以下几个原因：

第一，市场主体角色缺失，资本转化难以实现。内蒙古文化产业发展中缺少自主经营、自负盈亏、自担风险的市场主体，且现有的一些文化企业定位和职责不清，做不到在商言商。

从本质上讲，文化产业与其他产业没有实质性差别。所谓产业是指具有某种同类属性的经济活动的集合或系统。其基本特征是投资主体通过自己的投资行为和对原材料的加工，生产出获取一定利润的商品或服务。文化产业同样具有一般产业所具有的五大规律，即"需求拉动是产业兴起和发展的根本动力，适度竞争是产业发展的重要条件，政府扶持和产业政策的正确引导是产业发展的必要手段，产业结构的合理化对产业起决定性作用，产业发展具有周期性"。

同其他产业一样，文化产业也需要考虑科技创新投入、人力资本积累、市场成熟度、基础设施健全程度、资源配置和投资回报周期等。生产文化产品，虽然必须将社会效益放在首位，但生产主体也必须充分重视其产业属性，需遵循市场规律合法运作，切实提升其精神文化产品的质量。

第二，创意主体角色缺失，智能转化难以实现。虽然内蒙古文化资源丰厚，但转化能力薄弱。主要原因是能够自主研发、自主创新的创意阶层尚未出现，创意主体角色缺失，导致文化资源智能转化环节链条断裂。

文化资源需要通过关键的智能转化过程才能实现其经济价值的体现。文化的智能转化能力是文化企业能给消费者带来特殊利益的独有技能和技术，是文化企业在竞争中能够胜出并持续开发新产品和拓展市场的特殊能力，是企业的核心竞争力。文化资源的智能转化靠的是创新创意，文化资源的优势是潜在的，需要通过创新创意将其物质化，需要依靠创意者的智慧、个性、灵感、想象力、技能和独特的审美品位等进行创造性劳动。文化消费属于个性化消费，新奇、多样、个性鲜明、有选择性是文化消费的典型方向，有效的文化创意，必须契合文化受众的消费心理。文化创意的主体需要深刻思考消费者的文化偏好、文化欲求、文化信仰和价值观、审美观等，相同的文化资源会因创意主体的不同而不同。

内蒙古文化产业发展的关键问题是培养具有深厚民族文化底蕴和能够适应新时代要求的创新创意人才，不断创造出具有自主知识产权、有时代特点、有国际影响力的文化创意产品。

四、内蒙古文化产业发展对策

内蒙古文化产业的发展需要根据其自然的、历史的和人文的资源，能够体现中国特色社会主义先进的、人民的、时代的和民族的文化特征，能够按照新时代要求对优秀的民族传统文化加以改造，赋予其符合新时代文化产业发展的内涵和表达形式，不断增强其生命力和传播力。

1. 以"文化＋"深度融合发展文化产业，增强文化竞争力

内蒙古发展文化产业必须扎根于内蒙古经济、社会、文化和生态发展的土壤中，一要弘扬独具特色的内蒙古民族文化精神和文化品格，将优秀的民族文化资源的产业化开发与特色文化产业建设和城镇转型升级、乡村振兴紧密结合

起来，深刻体现民族草原文化的根植性，并形成文化竞争力。

重点以"文化＋"构建内蒙古创意城市，重新塑造草原城市新形象，充分展现草原城市的民族文化内涵，从根本上改变全国千城一面的同质化城市发展倾向，不断提高和塑造草原城市的文化品位和文化特质。

内蒙古文化产业发展规划要与创意城市的发展目标相一致，其文化产业发展要深深根植于民族草原文化创意城市建设当中，让现代草原创意城市体现新时代草原文化和精神风尚，实现内蒙古草原文化产业的可持续发展。

2. 加大本土文化资源开发力度，打造文化品牌影响力

内蒙古文化产业要重点发展富有本地民族特色的文化产业，不断增强其文化产品的竞争力和文化品牌的影响力。

（1）民族文化艺术产业集聚发展。内蒙古拥有深厚的民族历史艺术资源禀赋，集聚发展民族文化艺术产业是现代文化产业发展的新模式。深度挖掘内蒙古民族文化艺术资源，有针对性分步骤地开发其产业需求能力，鼓励民族文化艺术产品的自主创新和源头创新，鼓励专业化分工与协作，塑造和形成内蒙古民族文化产业的增长极。

（2）非遗产业生态发展。国家非物质文化遗产名录中，内蒙古涉猎诸多项目，虽濒临灭绝，但仍因其珍贵遗产的稀缺性而极具潜在的开发价值。一是要创造适合于非遗生存的文化生态环境，打造适合非遗发展的新空间，重点实现内蒙古非遗产业与旅游文化产业的融合发展。二是要开拓市场，赋予非遗以新的用途和新的生命，主要是在保护和传承的前提下，实现非遗的市场化运作、产业化发展，实现非遗的经济价值和社会价值。三是要精准分析，健全每项非遗本身的不健全之处。非遗只有通过产业开发、大众传播，并与现代生活和大众文化交融互动才能最终实现其文化价值。

（3）时尚产业联合发展。内蒙古可以优先开发时尚产业，因为时尚产业是最容易将文化内涵融入现代生活的一种产业形式。时尚产业与现代人的生活息息相关，其"时尚产品的核心层是对人体进行装饰和美化，包括时装、鞋帽、皮具、服饰配品、美容美发乃至珠宝首饰等；其扩展层是对人在生活所处的小环境进行装饰和美化，包括家居用具、家居装潢和家具寝具等；其延伸层是对人生存和发展中相关的事物、情状进行装饰和美化，包括时尚社区、时尚街区，乃至时尚城市的营造"。时尚产业将内蒙古传统文化以高附加值的方式注入时尚

产品，扩大人们对富有鲜明民族特色时尚商品的消费需求。要克服内蒙古发展时尚产业面临的创新开发力度不足的短板，按照比较优势采取深度合作和联合发展的方式，实现内蒙古民族文化产业的自主、联合和有机发展。

（4）体育产业借势发展。内蒙古拥有丰富的具有民族文化传统的体育资源，内蒙古针对奥林匹克运动、世界杯、马拉松等世界级体育赛事的传统体育产业链已经非常成熟，内蒙古可以根据民族体育资源优势找到自身的突破口和入手点，紧跟世界赛事步伐，借助世界体育产业发展之势，开发富有内蒙古特色的体育竞技消费和相关产业链。

也可以借《全民健身计划纲要》实施之势，开发民族传统体育竞赛市场、表演市场、健身娱乐市场、技术培训和信息咨询市场以及民族体育旅游体验市场；开发大众体育消费市场，特别是专业体育消费市场、女性体育消费市场、中老年体育消费市场等；开发青少年及少儿、幼儿体育消费市场。

（5）影视产业分蘖发展。内蒙古虽然具有发展影视产业的民族文化资源基础和发展潜力，但就整体而言还需进一步提高其市场竞争力。以产业分蘖机制发展影视产业，将影视产业的编剧、拍摄、制片、特效、后期制作、发行、放映、设备生产、化妆道具、服装、场景、影视基地等环节以产业链的形式进行分蘖发展，采取切实措施开发风险投资、影视特技、电影院线、电影奖项、广告宣传、影视延伸品，可以通过分包的形式延伸产业链，形成产业分蘖协同发展效应。当然，内蒙古文化产业的发展要避免走狭隘民族主义的道路，也要避免走同质化发展的老路。

3. 加强市场主体资本化运作能力，增强文化生产力水平

内蒙古文化产业发展要从根本上培育有竞争实力和发展潜力的市场主体，培育形成大中小文化企业协同发展的新格局。

重点培育发展文化产业的市场主体。明确文化产业市场的主体职责，即必须筹集资本、聚集人才、开拓市场、推广科技、激发创意、开发具有自主知识产权的深加工产品，为文化市场提供有竞争力的文化产品和服务。将国家级文化产业示范基地、自治区级文化产业示范基地、有影响力的文化产业园区、国家级动漫企业、大型龙头骨干型文化企业，以及规模以上文化企业作为优先培育的对象，主要依靠市场规律，科学管理，公平竞争，真正实现市场化运作、资本化运营，不断提高文化产业专业化、集约化、规模化水平，实现文化产业

跨越式发展。

重点发展富有特色的文化产业体系。重点落实《推动特色文化产业发展的指导意见》,支持各地实施"一地(县、镇、村)一品"战略发展特色文化产业。县域经济是国民经济的基本单元,有其相对独立性,县域经济按照行政区划拥有独立地理空间,可以以市场为导向,结合其地理位置、区域特色、历史人文、资源禀赋等,坚持资源开发与市场需求的统一,不断调整产业结构,优化资源配置,把握地方文化特色,找准市场对接的着力点,以"文化 + 农业""文化 + 牧业"等方式发掘比较优势,确定核心文化产业。一个旗县重点确定一种特色文化支柱产业,一个乡镇重点确定一种特色文化产品,形成生产、流通、消费功能完备、自成体系、上下游文化产业联动发展的新格局,形成县域文化产业专业化生产和社会化分工与协作发展的新机制,实现内蒙古特色文化产业与其他产业有机协同发展,不断增强和扩大内蒙古文化产业的生命力和影响力。

参考文献

[1] 范新雅. 内蒙古对蒙古国边境口岸物流体系建设研究 [D]. 内蒙古财经大学硕士学位论文,2014.

[2] 杨海龙. 基于区域协同视角的内蒙古区域物流网络构建 [J]. 物流技术,2015 (6):148 - 151,295.

[3] 潘斌,郝娟娟. 基于后发优势的内蒙古物流产业发展分析 [J]. 物流科技,2011 (1):13 - 15.

[4] 李雷,陈娜. "一带一路"倡议背景下甘肃省物流发展研究 [J]. 中国经贸导刊,2016 (5):27 - 28.

[5] 丁晓龙. 内蒙古与俄罗斯贸易形势分析及建议 [J]. 北方经济,2015 (2):36 - 39.

[6] 王启颖. 内蒙古参与"中蒙俄经济走廊"建设的 SWOT 分析 [J]. 财经理论研究,2016 (2):18 - 23.

[7] 娜仁图雅. 内蒙古沿黄经济带物流产业与区域经济协调发展对策研究 [J]. 经济论坛,2015 (1):32 - 36.

[8] 阿布都伟力·买合普拉. 基于丝绸之路经济带框架的新疆现代物流产业发展路径 [J]. 中国流通经济,2014 (9):34 - 39.

［9］潘斌，李长坤．内蒙古服务业、经济增长与经济服务化判断的研究［J］．中央财经大学学报，2015（S1）：98－103.

［10］肜新春．提升质量效益，发展现代物流［N］．经济日报，2017－12－01.

［11］郑国诜．生态文明视野下的区域物流发展研究［D］．福建师范大学博士学位论文，2013.

［12］中国科学院地理科学与资源研究所旅游研究与规划设计中心等．内蒙古自治区旅游发展总体规划（2003－2020）［M］．北京：商务印书馆，2004.

［13］张世兵．湖南省入境旅游发展与经济增长的关系研究［J］．经济地理，2013（7）：182－186.

［14］王玉海．内蒙古旅游业发展的历史考察与现状思考［J］．内蒙古大学学报（哲学社会科学版），2009（1）：120－125.

［15］宝力格．草原文化概论［M］．呼和浩特：内蒙古教育出版社，2007.

［16］中华人民共和国文化部．2015文化发展统计分析报告［M］．北京：中国统计出版社，2015.

［17］内蒙古自治区统计局．内蒙古2016年文化产业统计报告［R］．2017.

［18］内蒙古自治区政府网．内蒙古自治区2016年国民经济和社会发展统计公报［EB/OL］．http：//www. nmg. gov. cn/art/2017/3/22/art_1622_150755. html，2017－03－22/2019－06－20.

［19］内蒙古自治区统计局．内蒙古2016年文化产业法人企业经营情况分析［R］．2017.

［20］孙语圣，宋启芳．皖北文化产业发展的调研报告与思考［J］．淮北师范大学学报（哲学社会科学版），2014（4）．

［21］花建．论文化产业与旅游联动发展的五大模式［J］．东岳论丛，2011（4）．

［22］国家统计局社会科技和文化产业统计司，中宣部文化体制改革和发展办公室．2015中国文化及相关产业统计年鉴［M］．北京：中国统计出版社，2015.

第三篇

区域、城市与可持续发展

第七章 农牧区（包括苏木嘎查和乡村）经济发展

第一节 农牧区经济发展现状与特点

一、农牧区经济发展现状

1. 农牧区耕地面积及农产品产量

内蒙古自治区是我国 13 个粮食主产省区之一，每年为国家提供商品粮超过 100 亿千克，是全国净调出粮食的省区之一，农民人均储粮和人均占有粮食分别排在全国第 2 位和第 3 位。内蒙古粮食生产以玉米、小麦、水稻、大豆、马铃薯五大作物和谷子、高粱、莜麦、糜黍、绿豆等杂粮杂豆为主。目前已初步形成了体现不同地域特点和优势的粮食生产基地，如河套、土默川平原、大兴安岭岭北地区的优质小麦生产基地；西辽河平原及中西部广大地区的优质玉米生产基地；大兴安岭东南的优质大豆、水稻生产基地；中西部丘陵旱作区的优质马铃薯、杂粮杂豆生产基地。玉米播种面积、产量均居全国第 3 位；大豆种植面积、产量居全国第 3 位；马铃薯播种面积居全国首位，产量居全国第 5 位；杂粮杂豆中高粱的种植面积和产量均居全国第 2 位；谷子种植面积居全国第 2 位，产量居全国第 3 位；红小豆种植面积产量均居全国第 2 位和第 3 位，绿豆种植面积产量均居全国第 2 位；向日葵种植面积产量均居全国首位；甜菜种植面积、产量均列全国第 2 位。内蒙古作为国家的少数民族边疆地区，不但是国家主要的粮食生产基地，也是中国北方重要的生态屏障。

（1）农区耕地面积及播种面积。截至 2016 年，全区耕地面积有 925.9 万公顷。其中，水田、旱地、水浇地分别是 8.7 万公顷、631.4 万公顷和 285.9 万公顷，分别占全区耕地的 0.94%、68.19% 和 31.88%。同 2000 年相比，内蒙古自治区耕地面积和水浇地面积有所增加，但水田有所减少，旱地有减少趋势；全区总播种面积、粮食作物播种面积和经济作物播种面积都有持续增加的趋势，如表 7-1 所示。

表 7-1　2000~2016 年内蒙古自治区农区耕地利用情况　单位：万公顷

年份	年末实有耕地面积	水田	旱地	水浇地	当年造林面积	总播种面积	粮食作物播种面积	经济作物播种面积
2000	731.7	12.1	719.6	194.6	59.00	591.4	443.6	122.9
2001	709.1	11.1	698.0	195.5	73.19	570.7	438.3	92.4
2002	709.1	11.6	697.5	202.1	90.74	588.7	434.3	104.0
2003	686.3	10.1	676.3	207.9	83.60	574.9	405.1	103.6
2004	711.5	10.9	700.6	244.7	63.09	592.4	418.1	100.0
2005	735.5	9.3	726.2	249.4	38.38	621.6	437.4	104
2006	713.3	8.3	525.9	179.1	47.98	659	493.7	87.8
2007	714.8	8.3	526.9	179.9	59.01	676.2	510.9	85.7
2008	714.9	8.4	514.4	192.1	71.86	686.1	525.4	110.6
2009	714.9	8.4	514.4	192.1	86.19	692.8	542.4	109
2010	714.9	8.4	514.4	192.1	62.52	700.3	549.9	108.8
2011	714.9	8.4	514.4	192.1	73.18	711	556.2	112.8
2012	—	—	—	—	78.16	715.4	558.9	156.5
2013	912.2	8.7	621.9	287.1	80.52	721.1	561.7	159.4
2014	915.5	8.7	622.7	284.1	55.63	735.6	565.1	170.5
2015	916.2	8.7	623.1	284.4	66.80	756.8	572.7	184.1
2016	925.9	8.7	631.4	285.9	61.84	792.2	578.5	213.7
年均增速（%）	1.48	-2.04	-0.81	2.43	0.29	1.84	1.67	3.52

　　注：①2006 年以后耕地面积为国土资源厅提供的数据，且耕地面积 = 水田 + 旱地 + 水地；②自 2012 年始，总播面积 = 粮食作物播种面积 + 经济作物播种面积。

　　资料来源：《内蒙古统计年鉴》（2001~2017）。

（2）农区主要粮食作物产量。粮食产量由 2000 年的 1241.9 万吨增加至
2016 年的 2780.3 万吨，年平均增长 5.17%。谷物特别是其中的小麦、玉米是内
蒙古自治区种植业中主要的农产品，截至 2016 年，谷物及其中的玉米、小麦产
量分别是 2492.3 万吨、2139.8 万吨、169.9 万吨，分别占粮食总产量的
89.64%、76.96%、6.11%，其他农产品产量所占比重较少。2000～2016 年，
玉米、谷子的产量以较大幅度增加，糜子、稻谷、薯类和小麦等几种农作物产
量出现下降趋势，豆类及大豆等农作物产量波动幅度较小。如表 7－2 所示。

表 7－2　2000～2016 年内蒙古自治区农区主要农产品产量　　单位：万吨

年份	粮食	谷物	小麦	玉米	稻谷	谷子	莜麦	糜子	薯类	豆类	大豆
2000	1241.9	947.9	181.8	629.2	72.2	15.0	2.7	5.3	184.3	109.7	85.8
2001	1239.1	1016.5	127.1	757.0	56.7	25.7	1.3	5.1	108.8	113.8	83.4
2002	1406.1	1097.7	121.5	821.5	56.0	30.3	3.9	5.3	168.5	139.9	96.4
2003	1360.7	1092.3	79.0	888.7	45.0	21.5	5.9	5.5	174.5	93.9	53.6
2004	1505.4	1180.4	110.5	948.0	54.5	19.9	5.6	5.1	189.8	135.1	103.1
2005	1662.2	1342.1	143.6	1066.2	62.1	23.4	2.8	4.5	156.0	164.1	130.9
2006	1806.7	1486.0	172.2	1134.6	65.3	26.6	7.0	2.9	178.6	142.1	103.7
2007	1811.1	1528.0	175.9	1161.4	81.4	23.1	2.1	5.4	153.9	129.1	85.7
2008	2131.3	1780.0	154.0	1410.7	70.5	30.3	2.6	3.9	195.7	155.7	106.1
2009	1981.7	1677.2	171.2	1341.3	64.8	14.4	1.7	2.5	161.3	143.2	114.4
2010	2158.2	1821.2	165.2	1465.7	74.8	25.9	1.7	2.4	171.0	166.0	133.4
2011	2387.5	2012.2	170.9	1632.1	77.9	27.8	2.1	2.4	204.0	171.3	137.2
2012	2528.5	2180.9	188.4	1784.4	73.3	40.8	11.1	2.6	184.7	162.9	122.0
2013	2773.0	2433.6	180.4	2069.7	56.0	28.9	4.5	2.0	201.1	138.3	119.7
2014	2753.0	2493.1	153.9	2186.1	52.4	33.1	3.6	1.4	161.4	98.5	81.9
2015	2827.0	2577.0	158.3	2250.8	53.2	43.8	4.9	1.8	147.0	103.0	88.8
2016	2780.3	2492.3	169.9	2139.8	63.2	48.9	5.1	1.6	168.0	120.0	100.5
年均增速（%）	5.17	6.23	-0.42	7.95	-0.83	7.67	4.05	-7.21	-0.58	0.56	0.99

资料来源：《内蒙古统计年鉴》（2001～2017）。

（3）农区主要经济作物产量。油料产量由 2000 年的 116.4 万吨增加到 2016
年的 220.0 万吨，年平均增长 4.06%，其中 2016 年葵花籽、油菜籽、胡麻籽产

量分别为 166.2 万吨、41.5 万吨、6.9 万吨，年均增长率分别为 5.64%、1.94%、0.37%；甜菜产量由 2000 年的 141.3 万吨增加到 2016 年的 266.2 万吨，年平均增长 4.04%；2000~2016 年，蔬菜和果用瓜产量有较好的增长，年平均增长分别为 4.35% 和 2.90%；烟叶和麻类经济作物产量较少且有波动。如表 7-3 所示。

表 7-3　2000~2016 年内蒙古自治区农区经济作物产量　　单位：万吨

年份	油料	葵花籽	胡麻籽	油菜籽	甜菜	烟叶	麻类	蔬菜	果用瓜
2000	116.4	69.1	6.5	30.5	141.3	1.4	0.1	759.9	161.7
2001	80.6	61.0	1.9	13.0	133.1	1.0	0.4	768.7	106.9
2002	108.9	70.4	6.5	28.2	195	1.0	1.0	755.3	120.8
2003	102.3	62.6	6.9	25.3	99.4	1.6	1.2	846.8	103.2
2004	103.7	58.9	7.3	31.3	96.3	1.3	1.9	872.8	109.6
2005	122.2	85.3	4.6	28.3	138.3	2	2.5	1009.1	156.8
2006	101.1	56.7	5.6	23.5	105.5	2.6	1.7	1171.4	190.8
2007	79.4	48.7	2.5	12.8	118.5	1.6	1.4	1277.5	181.1
2008	117.5	75.6	3.4	20.2	170	1.4	2.1	1360.8	210.6
2009	119.6	90	2.9	22.4	109.6	1.2	1	1380.6	179.2
2010	128.1	99.2	2.9	22.4	161	1.5	0.1	1350.9	240.9
2011	133.9	103	3.2	24	157.7	1.5	—	1440.2	254.6
2012	145.1	107.1	3.7	30.7	167.9	1.4	—	1476.3	228.1
2013	158.1	116.1	4.2	33.7	181.2	1.3	—	1421.1	231.3
2014	170.3	121.5	4.1	39.6	160.2	1.1	—	1472.7	257.7
2015	193.6	141.8	5.2	41.7	230.1	1.2	—	1445.3	230.7
2016	220.0	166.2	6.9	41.5	266.2	—	0.2	1502.3	255.3
年均增速（%）	4.06	5.64	0.37	1.94	4.04	—	—	4.43	4.35	2.90

资料来源：《内蒙古统计年鉴》(2001~2017)。

2. 农牧区牲畜数量情况

内蒙古自治区草原资源十分丰富，拥有 0.88 亿公顷天然草场，其中可利用草场面积 0.68 亿公顷，可饲用牧草 900 余种，主要优良牧草 217 种。2016 年畜牧业产值占第一产业产值的 73.85%。

（1）农牧区牲畜总头数。2017 年全区牧业年度牲畜存栏头数达 12614.8 万头（只），比上年下降 7.2%；牲畜总增头数 7148.6 万头（只），总增率达 52.6%。牧业年度良种及改良种牲畜总头数 11392.9 万头（只），良种及改良种牲畜比重 90.3%。

（2）牧区畜产品。2016 年，全年肉类总产量 258.89 万吨，从 2000 年到 2016 年年平均增长 3.76%。其中，猪肉、牛肉、羊肉产量分别为 72.08 万吨、55.59 万吨、98.98 万吨，其中猪肉产量有减少趋势，羊肉和牛肉产量趋于稳定增长。2000～2016 年，牛奶、山羊毛产量年均增长幅度较大，分别为 14.88%、11.21%，其他畜产品的产量年均增速大约为 5%。畜牧业产值达到 1202.9 亿元，比"十一五"末增长 46.26%，占大农业产值的 43.1%。如表 7-4 所示。

表 7-4　2000～2016 年内蒙古自治区牧区畜产品产量　　　　　单位：万吨

年份	肉类总产量	猪肉产量	牛肉产量	羊肉产量	牛奶产量	山羊毛产量	绵羊毛产量	山羊绒产量	禽蛋产量	水产品
2000	143.40	76.62	21.84	31.82	79.78	0.34	6.51	0.38	24.41	7.21
2001	149.58	79.00	23.21	3.26	106.24	0.44	6.09	0.40	26.38	7.61
2002	145.78	74.88	19.49	33.81	165.20	0.51	5.85	0.45	27.66	7.77
2003	162.72	71.27	24.03	45.32	308.02	0.58	6.93	0.53	34.44	7.28
2004	201.97	81.41	28.72	60.36	497.87	0.63	8.56	0.60	38.75	7.73
2005	229.91	88.02	33.61	72.44	691.08	0.76	9.49	0.66	46.18	8.26
2006	255.97	95.61	39.05	80.99	869.16	0.77	9.82	0.68	50.28	8.70
2007	206.46	60.31	40.61	80.83	924.66	0.96	9.58	0.67	41.69	9.36
2008	219.37	68.00	44.61	81.39	943.92	0.98	9.64	0.76	45.14	9.82
2009	234.06	68.62	47.45	88.23	903.12	1.85	10.20	0.74	48.94	10.60
2010	238.71	71.87	49.73	89.24	905.15	1.26	10.75	0.81	50.39	11.38
2011	237.48	71.34	49.73	87.24	908.20	1.26	10.42	0.76	52.52	12.29
2012	245.83	73.94	51.22	88.69	910.18	1.24	10.42	0.76	54.48	13.16
2013	244.90	73.35	51.79	88.80	767.30	1.02	11.05	0.79	55.16	14.13
2014	252.33	73.30	54.53	93.33	788.02	1.05	12.15	0.83	53.54	14.79
2015	245.70	70.80	52.90	92.60	803.20	1.86	12.70	0.84	56.40	15.83
2016	258.89	72.08	55.59	98.98	734.1	1.86	13.29	0.85	58.00	15.83
年均增速（%）	3.76	-0.38	6.01	7.35	14.88	11.21	4.56	5.16	5.56	5.04

资料来源：《内蒙古统计年鉴》（2001～2017）。

3. 农牧区第三产业增加值的构成情况及变化

2010 年，内蒙古农牧业增加值 1101.38 亿元，比 2009 年增长 5.8%；同年全区实现生产总值 11655 亿元，首次超过万亿元，按可比价格计算，比 2009 年增长 14.9%。其中第二产业增加值 6365.79 亿元，增长 18.2%；第三产业增加值 4187.83 亿元，增长 12.1%。第一产业对经济增长的贡献率为 3.6%，第二产业对经济增长的贡献率为 67.1%，第三产业对经济增长的贡献率为 29.3%。人均生产总值达到 47347 元，增长 14.4%，按年均汇率计算折合为 6994 美元。全区生产总值中第一、第二、第三产业比例由上年的 9.5∶52.5∶38 调整为 9.5∶54.6∶35.9。

2013 年，农牧业增加值 1599.41 亿元，增长 5.2%；同年全区实现生产总值 16832.38 亿元，按可比价格计算，增长 9%。其中，第二产业增加值 9084.19 亿元，增长 10.7%；第三产业增加值 6148.78 亿元，增长 7.1%。第一产业对 GDP 的贡献率为 4.7%，第二产业对 GDP 的贡献率为 67.6%，第三产业对 GDP 的贡献率为 27.7%。人均生产总值达到 67498 元，增长 8.7%，按年均汇率计算折合为 10899 美元。全区生产总值中第一、第二、第三次产业比例为 9.5∶54.0∶36.5。

2016 年，农牧业增加值 1628.7 亿元，增长 0.62%；同年全区实现地区生产总值 18632.6 亿元，按可比价格计算，比 2015 年增长 7.2%。其中，第二产业增加值 9078.9 亿元，增长 6.9%；第三产业增加值 7925.1 亿元，增长 8.3%；三次产业比例为 8.8∶48.7∶42.5。

4. 农牧区农牧民家庭收入和消费情况

（1）农牧民家庭平均收入情况。由于地区特点，内蒙古农牧业生产在很大程度上还依赖于自然条件和年景，生产发展缓慢，农牧民人均纯收入增长缓慢，已在一定程度上影响了农牧业经济的持续稳定发展。持续提高农牧民人均纯收入和保证农牧产品的有效供给，是关系边疆地区经济发展和社会稳定的具有战略意义的全局性问题，是新时代内蒙古发展现代农牧业经济的重大任务。

2016 年，内蒙古乡村人口为 978.1 万人，占总人口 38.8%。改革开放以来，内蒙古自治区国民经济取得了长足发展，近年来内蒙古农牧民收入得到了较快的增长；内蒙古农牧民全年人均纯收入从 2000 年的 2038 元增加至 2016 年的 11609 元，年平均增长 11.49%。从收入结构来看，农牧民的收入仍然是以传统的家庭经营为主的增收模式，以 2016 年为例，农牧民家庭经营纯收入占总收入的 53.5%，而工资性收入、转移性和财产性收入分别只占总收入的 21.1% 和

25.4%。值得注意的是农牧民转移性和财产性收入以约两倍于工资性收入、三倍于家庭经营纯收入的增速在快速增加，也就是农牧民家庭经营纯收入低于工资性收入的增速，远低于转移性和财产性收入的增速。如表7-5所示。

表7-5　2000~2016年内蒙古自治区农村牧区居民家庭收入情况

年份	纯收入（元）	按收入来源		
		工资性收入（元）	家庭经营纯收入（元）	转移性和财产性收入（元）
2000	2038	288	1691	60
2001	1973	300	1622	51
2002	2086	320	1694	72
2003	2268	345	1819	104
2004	2606	395	2038	174
2005	2989	504	2223	261
2006	3342	591	2406	345
2007	3953	717	2786	450
2008	4656	806	3218	632
2009	4938	900	3278	760
2010	5530	1037	3670	823
2011	6642	1311	4218	1113
2012	7611	1459	4689	1463
2013	8985	1851	5402	1732
2014	9976	2071	5872	2033
2015	10776	2250	6185	2386
2016	11609	2449	6216	2945
年均增速（%）	11.49	14.31	8.48	27.55

资料来源：《内蒙古统计年鉴》（2001~2017）。

2016年，在内蒙古的常住人口中，城镇人口为1542.1万人，乡村人口为978.1万人；城镇化率达61.2%，比2015年提高0.9个百分点。男性人口为1302.5万人，女性人口为1217.6万人。

（2）农牧民家庭平均消费支出情况。2016年，内蒙古农牧民全年人均生活消费支出从2000年的1615元增加至2016年的11462元，年平均增长13.39%。从消费金额来看，近些年，尤其是近三年，随着农牧民收入的增加，农牧民的生活消费有了大幅度的提高。在农牧民消费比例中，用于食品消费的支出仍占较大比重，以2016年为例，食品消费占总消费的29.3%，居住、交通通信、文教娱乐用品及服务、医疗保健分别占总消费的17.4%、15.6%、13.5%和10.4%，其他消费支出所占比重较小。值得注意的是农牧民家庭消费中交通通信费、医疗保健费的支出有快速增加的趋势。如表7-6所示。

表7-6　2000~2016年内蒙古自治区农村牧区居民家庭平均消费支出

单位：元/人

年份	2000	2003	2005	2007	2010	2012	2013	2014	2015	2016	年均增速（%）
生活消费支出：	1615	1771	2446	3256	4461	6382	7543	9972	10637	11462	13.39
按消费类别分： 1. 食品	723	731	1054	1280	1675	—	2355	—	3123	3363	10.08
主食	296	219	290	320	432	2380	—	3039	—	—	—
副食	261	274	658	527	675	489	—	—	—	—	—
其他食品	127	134	106	270	568	969	—	—	—	—	—
2. 衣着	111	122	150	228	318	922	556	—	765	814	13.26
3. 居住	249	247	335	474	752	482	1300	728	1817	1996	13.89
4. 家庭设备用品及服务	61	66	84	118	178	1079	331	1676	475	507	14.15
5. 医疗保健	104	124	176	282	468	269	791	428	1118	1188	16.44
6. 交通通信	93	192	293	376	599	589	1076	1114	1647	1790	20.30
7. 文教娱乐用品及服务	233	256	309	424	374	912	977	1468	1458	1553	12.59
8. 其他商品及服务	40	32	44	75	97	514	157	1318	235	252	12.19

资料来源：《内蒙古统计年鉴》（2001~2017）。

二、农牧区经济发展特点

1. 农业装备水平低

发达国家的农业科技贡献率一般为70%~80%，我国农业科技进步贡献率由2010年的52%提高到2017年的57.5%，目前内蒙古的农业科技贡献率达到

47%。2017 年，据《内蒙古统计年鉴》数据显示，联合收割机为近 3.3 万台，内蒙古农业机械总动力已经达到 3331 万千瓦。大中型拖拉机配套农具 116.74 万部，机动脱粒机 125.73 万台，机动剪毛机 8980 台，农用水泵 39.30 万台。2016 年，内蒙古农牧业人口共有 330 多万户，人口为 996.9 万人。内蒙古自治区农牧业机械化程度仍较偏低，如联合收割机 1 台/百户，大中型拖拉机配套农具 35 台/百户，机动脱粒机 38 台/百户，农用水泵 12 台/百户，机动剪毛机 0.27 台/百户。

2. 农牧业产业化、组织化程度低

现代农牧业是产加销一体化、贸工农一条龙的现代化产业化发展体系。发达国家农畜产品加工程度一般都在 80% 以上，我国主要农产品加工转化率超过 65%。目前，内蒙古自治区国家级农业产业化重点龙头企业有 38 家，自治区级重点龙头企业达到 583 家，龙头企业上市公司达到 12 家，农畜产品中国驰名商标达到 70 件。但各种"公司 + 农户""公司 + 基地 + 农户"等组织形式在实际运营中却存在诸多问题，如一些大型乳业集团公司虽然采取"公司 + 奶站 + 奶农"的生产经营组织形式，但无法持续保障奶农的利益；大部分企业仅仅停留在农畜产品的初级加工，生产链条短，且产品科技含量和产品的附加值较低。

目前，全区注册登记的农牧民专业合作经济组织突破 7 万家，这些农牧民专业合作经济组织的专业化程度普遍较低，没有形成有效的市场联动机制，对农牧民生产所提供的产前、产中和产后的服务有限，其专业化合作经济组织的人员大多由村委会成员担当，基本形成了"一套人马，两套班子"的局面，其组织内部资金运作短缺，营利性不足，可持续性不强。

3. 农业和畜牧业比重失调

农业比重较大、畜牧业比重较小，虽然有伊利、蒙牛等大企业带动，但由于草场破坏、退化严重，还是不足以满足畜牧业的发展，尤其与专家预测的粮、经、饲 2.5∶2.5∶1.0 的比例还相距较远，严重制约了畜牧业的发展。目前，内蒙古畜牧业在第一产业总产值中所占的比重仍旧比较低，直到 2004 年，内蒙古畜牧业的总产值比重首次超过种植业的比重，达到了 44.01%。之后，其比重一直徘徊在 45% 左右，其中 2017 年畜牧业在第一产业中所占的比重为 42.67%。虽然这个比重不算太低，但是考虑到内蒙古是我国最大的牧区，一些农牧业发达国家甚至可以高达 70% 的比重，内蒙古畜牧业的这种发展情况显然是不容乐观的。同时，内蒙古自治区畜牧业也存在着发展总量少、养殖规模化程度低、科技含量相对低下、养殖分散、发展观念传统、饲养方式落后以及条件相对较差等问题，畜牧产业虽一直号称农村经济的三大支柱产业之一，但仍与内蒙古自治区丰富的畜牧业资源不相称，与社会发展速度不相称。

4. 农牧民增收缓慢而且收入结构不合理

首先，农牧民收入来源结构发生了变化。"十二五"期间，内蒙古农牧民家庭人均纯收入呈逐年增加趋势，其工资性收入所占比重虽然也呈逐年增加趋势，但所占比重较小，远低于家庭经营性收入所占比重。所以，未来要持续提高农牧民的收入，可以考虑从调整农牧民收入来源的结构入手。

其次，农牧业收益不稳且有降低的趋势。种植业方面，种粮成本呈逐年上升趋势，种粮收益并不稳定。受农资价格和劳动力成本上升等因素的影响，全区主要粮食生产成本进一步增加，种粮收益呈明显下降趋势。粮食销售价格虽受国家保护价扶持，但如果价格没有较大幅度增长，净收益必将减少，这将严重影响农牧民种粮的积极性；同时，国际粮食价格偏低，国内粮食生产厂家倾向于从国外进口，使国内粮食囤积，出现结构性矛盾。畜牧业养殖方面，养殖成本逐年增加，养殖成本利润率也不稳定。

最后，农牧区劳动力结构出现老龄化趋势。伴随着农牧业生产收益的下降以及城镇化建设的发展，年轻外出务工人员逐年增加，大量劳动力转移，广大农村牧区出现高龄化并女性化的劳动力结构性问题。年轻、有文化的农牧业生产者很少，农牧区从事种养殖的多是妇女或者老年人，劳动力结构不合理问题日益突出，导致农牧业技术推广缓慢，农牧业持续健康发展难。

5. 农畜产品深加工环节水平滞后

总体来说，内蒙古农畜产品精深加工能力和水平滞后，土地产出率较低，农畜产品加工转化率仅为60%，精深加工率不足20%，其差距较大。内蒙古农牧业产业化经营规模较小，农畜产品加工不够精深，品牌较少且知名程度较低，散、乱、杂的问题依然突出，市场拓展有待加强。另外，内蒙古绿色农畜产品的知名度相对较高，但是产量有限，知名品牌也偏少。截至2017年末，内蒙古共有国家级农业产业化重点龙头企业38家，自治区级农牧业产业化重点龙头企业583家，农畜产品中国驰名商标达到72件。

内蒙古自治区加工企业总体上规模不大，实力不强，品牌建设薄弱。目前，内蒙古乳、绒产业发展比较成型，已经形成了稳定的原料生产基地和先进的加工企业集群，拥有伊利、蒙牛、鄂尔多斯等国内甚至国外叫得响的驰名商标，粮油、肉等其他产业缺乏领军企业，更没有创出国际知名品牌，市场竞争力不强，大多数农牧户还没有进入产加销的产业链中。另外，农畜产品加工不够精深，其突出表现为产业链条较短，初加工产品多，延伸加工的高端产品和终端产品少；大路货多，高科技含量、高附加值产品少。

6. 农牧业对经济增长贡献率低

内蒙古农牧业在全区经济增长中所占的比重很小，对全区经济增长的贡献率不高。由于农牧业增加值增长速度并不高，导致农牧民家庭增收缓慢，使农牧业现代化建设发展缓慢，不同收入群体贫富差距明显，特别是 2000 年以来，城乡居民收入差距总体呈现波动或有扩大趋势。如表 7-7 所示。

表 7-7　2000~2017 年内蒙古自治区城镇、农牧区居民人均收入比较

年份	城镇居民可支配收入（元）	农牧区居民可支配收入（元）	城乡居民收入差距指数
2000	5129.1	2038.0	2.51
2001	5535.9	1973.0	2.80
2002	6051.0	2086.0	3.30
2003	7012.9	2606.0	3.15
2004	8123.1	7925.0	3.16
2005	9136.8	2989.0	3.15
2006	10358.0	3342.0	3.10
2007	12378.0	3953.0	3.13
2008	14433.0	4656.0	3.10
2009	15849.2	4938.0	3.20
2010	17698.2	5530.0	3.20
2011	20407.6	6642.0	3.07
2012	23150.3	7611.0	3.04
2013	26004.0	8985.0	2.89
2014	28350.0	9976.0	2.84
2015	30594.0	10776.0	3.04
2016	32975	11609	2.84
年均增速（%）	12.33	11.49	—

资料来源：《内蒙古统计年鉴》（2001~2017）。

7. 农畜产品质量安全

内蒙古是国家畜牧生产和畜牧产品加工消费大区。2016 年，内蒙古自治区实现了粮食生产的"十三连丰"和畜牧业的"十二连稳"，且农畜产品加工业成为自治区第三大支柱产业，占全区规模以上工业增加值的 16.7%，其农畜产品的供给稳定且持续增加，但需要高度重视、监管到位和坚决杜绝畜禽产品出现质量安全问题。要真正做到以人民利益为中心，保证人民舌尖上的安全，充分认识到农畜产品质量安全的必要性和重要性。从内蒙古现有的畜产品质量安全现状看，需要重点监管兽药使用和饲料喂养环节，或与之密切相关的环节。另外，需要提高政府监管的效率，切实解决食品安全监管体系机构职能重叠、分段监管、标准混乱的问题。由于食品安全监测存在于从原材料到餐桌的整个过程，需要畜牧生产、畜牧产品加工、物流和营销企业，政府部门和社会公众的共同努力。

第二节　发展农牧区经济、增加农民收入

一、农牧区家庭经济

1. 人均纯收入

从对 2000~2012 年内蒙古农牧区 2060 户家庭人均收入的调查结果看（见表 7-8），3000 元以上的农民家庭人均纯收入占据很大比例；如果依据各年度不同的贫困线来看，贫困线以下的农民也占有很大比例，以 2011 年国家贫困线即家庭人均纯收入是 2300 元为例，家庭人均纯收入 2000 元以下的比重为 44.43%，说明仍有近半数农牧民收入低于贫困线，表明内蒙古到 2020 年全面脱贫的任务较重。

表 7-8　2000~2012 年内蒙古农牧区农民家庭人均纯收入占比区间

单位：%

年份	1000 元以下	1000~1500 元	1500~2000 元	2000~2500 元	2500~3000 元	3000 元以上
2000	18.12	22.94	19.50	13.31	8.69	17.44
2001	24.18	19.81	17.82	12.43	7.96	17.81

续表

年份	1000 元以下	1000~1500 元	1500~2000 元	2000~2500 元	2500~3000 元	3000 元以上
2002	21.53	18.64	16.89	12.52	9.32	21.02
2003	18.24	18.52	17.04	14.07	9.67	22.47
2004	12.18	12.96	14.85	13.64	11.31	35.05
2005	11.31	9.17	12.82	13.79	11.6	41.31
2006	9.76	7.86	11.9	11.75	10.49	48.24
2007	7.95	6.13	8.49	9.18	10.78	57.47
2008	7.04	5.05	5.48	7.14	8.01	67.28
2009	20.44	12.48	26.26	78.83	7.09	24.9
2010	17.92	10.58	24.56	9.81	8.2	28.93
2011	14.18	11.17	19.08	9.08	8.11	38.4
2012	8.35	13.69	19.76	8.79	5.97	43.45
年均增速（%）	-6.25	-4.21	0.11	-3.40	-3.08	7.90

资料来源：《内蒙古统计年鉴》（2001~2013），《内蒙古统计年鉴》（2014~2016）不再对各收入阶层人数进行统计。

2. 农牧区常住居民家庭基本情况

从内蒙古农牧区常住居民家庭的基本情况看（见表 7-9），以调查低收入等级的 342 户和高收入等级的 343 户作对比，低收入家庭平均每户家庭人口、每一就业者负担家庭人数都比高收入家庭多，但低收入家庭的平均每户就业人口、就业面却比高收入家庭低。与此同时，低收入家庭其年收入、可支配收入和其消费性支出远低于高收入家庭。由此可见，家庭人口、家庭就业人数、每户就业面、就业者负担家庭人数这些因素都直接影响家庭的支出、消费和其贫富情况。

表 7-9　2016 年内蒙古农牧区常住居民家庭基本情况

按收入等级分	调查户数	平均每户家庭人口（人）	平均每户就业人口（人）	平均每户就业面（%）	平均每一就业者负担人数（人）	平均每人全部年收入（元）	平均每人可支配收入（元）	平均每人消费性支出（元）
全区	1711	3.02	2.09	69.31	1.44	18527	10776	10637
低收入	342	3.16	2.09	66.15	1.51	9846	898	9903

续表

按收入 等级分	调查户数	平均每户 家庭人口 （人）	平均每户 就业人口 （人）	平均每户 就业面 （%）	平均每一就 业者负担 人数（人）	平均每人 全部年收入 （元）	平均每人 可支配收入 （元）	平均每人 消费性支出 （元）
更低收入	171	3.06	2.15	66.80	1.50	10640	-2101	10201
最低收入	85	3.04	2.08	68.27	1.46	12268	-5858	12051
中低收入	342	3.18	2.32	68.99	1.45	12441	6090	8690
中等收入	342	3.01	2.13	67.58	1.48	15080	9342	9625
中高收入	342	3.06	2.25	69.64	1.44	20458	13753	11079
高收入	343	2.69	2.15	74.90	1.34	37529	26086	15481
更高收入	172	2.71	2.14	72.21	1.38	47641	32470	17752
最高收入	86	2.58	2.07	72.46	1.38	58486	39830	18840

资料来源：《内蒙古统计年鉴》（2017）。

3. 农牧区常住居民家庭住房基本情况

从表7-10可以看出，2016年内蒙古农牧区常住居民的人均居住面积达到27.42平方米，如果按照每户居民由三名家庭成员组成，一户家庭的平均居住面积约82平方米。但农牧区常住居民的自建住房占92.04%，其中砖木结构的房屋占总住房数的55.93%，钢筋混凝土结构房屋比例极低，且商品房的购买率极低，可见农牧区的家庭住房问题虽然得到改善，但存在安全隐患。

表7-10　2016年内蒙古农牧区常住居民家庭住房基本情况

项目	2016
年末使用房屋	
居住面积（平方米/人）	27.42
砖木结构（%）	55.93
钢筋混凝土结构（%）	3.18
自建住房（%）	92.04
购买商品房（%）	2.50
房屋价值（万元/户）	9.87
本年新建房屋面积（平方米/户）	2.05
每平方米价值（元）	863.3

资料来源：《内蒙古统计年鉴》（2017）。

二、农牧民收入与支出

1. 工资性收入

劳动报酬收入是农牧民受雇于单位与个人，依靠出卖自己的劳动而获得的收入，主要包括三方面，一是农牧民在非企业中的从业收入，二是在本地企业中的从业收入，三是本地常住农村人口在外地的从业收入。从表7-11可以看出，2000~2016年内蒙古农村牧区居民家庭平均每人工资性收入逐年递增，从2000年的家庭人均288元到上涨为2016年的2449元，年平均增长14.32%。在有统计数据的2012年，农牧民在非企业组织中劳动所得占工资性收入总额的22.9%，在本地企业中劳动所得占工资性收入总额的46%，外出从业所得占工资性收入总额的31.1%，其中农牧民在非企业组织中劳动所得的比重有增加的趋势。

表7-11　2000~2016年内蒙古农村牧区居民家庭平均每人工资收入

单位：元

年份	工资性收入	在非企业组织中劳动得到	在本地企业中劳动得到	外出从业得到	其他
2000	288	89	22	108	68
2001	300	92	18	105	86
2002	320	107	15	112	86
2003	345	110	13	113	109
2004	395	100	12	162	120
2005	504	110	210	185	—
2006	591	112	240	239	—
2007	717	139	291	286	—
2008	806	157	343	307	—
2009	900	187	382	331	—
2010	1037	221	444	372	—
2011	1311	280	545	485	—
2012	1459	334	670	455	—
2013	1851	—	—	—	—
2014	2071	—	—	—	—
2015	2250	—	—	—	—
2016	2449	—	—	—	—
年均增速（%）	14.32	—	—	—	—

资料来源：《内蒙古统计年鉴》（2001~2017）。

工资性收入是促进农村发展、增加农民收入的重要来源,可以给农民带来现金收入的增长,用来改善农业生产条件;可以有效缓解人地关系紧张的局面,有利于实现家庭经营的规模化,有利于整体提高农民收入;可以启动农村消费市场,扩大内需,繁荣农村经济;可以促进城乡统筹发展。

2. 家庭经营收入

家庭经营收入主要包括农业收入、牧业收入和其他家庭经营收入。农牧产业收入占农牧民家庭经营收入的绝大比重,其他家庭经营收入具体包含林业收入、工业收入、建筑业收入、交通运输和邮电业收入、批发零售贸易餐饮业收入、社会服务业收入、文教卫生业收入和其他收入。从表 7 - 12 可以看出,2000~2016年内蒙古农村牧区居民家庭平均每人家庭经营收入是逐年递增的,年平均增长4.47%。2016 年平均每人家庭经营收入总额为 6138 元,其中农业收入、牧业收入、其他家庭经营收入分别为 3469 元、1930 元和 739 元,分别占家庭收入总额的 56.5%、31.4% 和 12.1%。农牧民家庭经营收入中,其他家庭经营收入的增长速度快于农业收入和牧业收入的增速。

表 7 - 12　2000~2016 年内蒙古农村牧区居民家庭平均每人家庭经营收入

单位:元

年份	家庭经营收入	农业收入	牧业收入	其他家庭经营收入
2000	3049	1667	1182	200
2001	2995	1635	1187	172
2002	3198	1894	1155	149
2003	3394	1963	1281	150
2004	3857	2228	1467	162
2005	4557	2602	1786	170
2006	4835	2829	1814	191
2007	5577	3173	2207	195
2008	6590	3841	2502	245
2009	6703	3715	2691	296
2010	7461	4256	2840	364
2011	9501	5286	3566	648
2012	10648	5965	4104	578
2013	5340	3077	1680	583

续表

年份	家庭经营收入	农业收入	牧业收入	其他家庭经营收入
2014	5866	3416	1823	627
2015	6117	3598	1833	686
2016	6138	3469	1930	739
年均增速（%）	4.47	4.69	3.11	8.51

资料来源：《内蒙古统计年鉴》（2001～2017）。

3. 财产性收入和转移性收入

财产性收入指家庭拥有的动产（如银行存款、有价证券）和不动产（如房屋、车辆、收藏品等）所获得的收入，包括出让财产使用权所获得的利息、租金、专利收入；财产营运所获得的红利收入、财产增值收益等。转移性收入是指农村住户和住户成员无须付出任何对应物而获得的货物、服务、资金或资产所有权等，不包括无偿提供的用于固定资本形成的资金。一般指农牧区住户在二次分配中所获得的所有收入，农牧区居民家庭转移性收入包括调查补贴、保险赔款、救济金、救灾款等。2000～2016年，内蒙古农牧区的转移性和财产性收入呈上升趋势，在一定程度上反映了我国制定的农牧业政策确有成效，农牧民手中可支配的财产日渐增多。如表7-13所示。

表7-13 2000～2016年内蒙古农村牧区居民家庭平均每人转移性和财产性收入

单位：元

年份	2000	2001	2002	2003	2004	2005	2006	2007	2008	2009	2010	2011	2012	2013	2014	2015	2016	年平均增长速度（%）
转移性和财产性收入	103	110	139	123	189	284	377	394	662	800	860	1161	1559	1732	2033	2341	2945	23.31

资料来源：《内蒙古统计年鉴》（2001～2017）。

4. 农牧区家庭收支表

从表7-14可以看出，农牧区的家庭收入在波动中增长，农村牧区居民家庭收支差额占收入总额比重很低，在收入增加的同时，支出也以相近的增长率在增加；虽然农牧民每年收入都在增长，但物价的上涨和各种费用的增加，导致农牧民每年的结余大多数徘徊在 150~350 元，也就是需要更好地实施对农牧民的增收和节支政策。

表 7-14   2000~2016 年内蒙古农村牧区居民家庭收入支出   单位：元

年份	收入	支出	收支差
2000	3440	3123	317
2001	3405	3109	295
2002	3657	3365	292
2003	3471	3125	346
2004	4441	4116	524
2005	5346	5092	254
2006	5803	5491	311
2007	6787	6485	302
2008	8059	7521	538
2009	8403	8145	258
2010	9358	9115	243
2011	11973	11828	144
2012	13647	13380	267
2013	8985	7543	1442
2014	9976	9972	4
2015	10776	10637	139
2016	11609	11462	147
年均增速（%）	7.90	8.47	-4.69

注：《内蒙古统计年鉴》（2001~2013）中数据为农民总收入和总支出，2014~2016 年由于统计口径的变动，其统计数据为可支配收入和消费性支出，所以 2013 年及其之后的数据与其之前的数据缺乏可比性。

资料来源：《内蒙古统计年鉴》（2001~2017）。

三、增加农牧民收入的建议

持续增加农牧民的收入，是落实乡村振兴战略的重要举措。未来需要采取有针对性的措施，切实优化农牧民收入结构，有效增加农牧民收入。

1. 增加农牧民的工资性收入

随着我国经济的快速发展，农牧民的工资性收入增长有可能越来越快，但农牧民的工资性收入增长会受到农牧区劳动力适应性不强、向非农产业和城镇转移和就业困难等因素的制约。要提高农牧民的工资性收入就必须加大改革力度，克服这些制约因素，为农牧区劳动力顺畅转移、就业创造有利条件。

（1）拓宽农牧民就业与增收渠道。首先要深化农牧业产业结构的调整，着力发展具有本地资源特色的有潜在市场需求的农牧产业。其次要着力推进乡镇企业的改革和调整。要适应市场需求变化、产业结构升级和增长方式转变的要求，切实调整乡镇企业发展战略和发展模式，加快技术进步，着力体制和机制创新，重点发展农牧产品加工业、服务业和劳动密集型企业。鼓励有条件的乡镇企业建立现代企业制度。对新办中小型乡镇企业，要加强创业指导、扶持和服务，促进农村旅游、商业、文化娱乐、饮食和交通运输、邮电通信、金融保险、信息服务、技术服务等产业健康、协调发展。同时鼓励发展科技含量相对较低的劳动密集型城市中小企业，因为这是吸引农村劳动力进城务工的主战场。

（2）调整工资和国民收入的分配关系，逐步提高农牧民的工资水平。政府要定期开展对农牧民工资水平、人工成本、劳动生产率、物价指数等情况的调查分析，为建立农牧民工资调整机制、促进农牧民工资水平合理增长提供参考依据；通过进一步完善工资指导线、劳动力市场工资指导价位、人工成本信息指导制度等，引导用人单位合理调整各层次劳动岗位农牧民的工资水平。

（3）推进农牧区教育、卫生、文化制度改革，提升农村劳动者素质。发展农牧区教育、培训、卫生、文化事业是提高农牧民素质的重要途径。一是实施农牧区教育基础建设工程，通过中央和地方财政专项投入，对农牧区中小学教学设施进行全面更新改造，从根本上改变农牧区教学条件。二是实施九年免费教育工程，让因各种原因辍学的孩子回到学校完成义务教育学习，让义务教育阶段一个孩子也不能少，真正使农牧区所有适龄儿童、少年都平等拥有受教育的权利和机会。三是切实建立和完善有针对性的农村劳动力就业培训机制。应采取政府和社会力量办学相结合的方式，依法举办各种实用技术培训班，逐步建立以技术培训和业务培训为重点，以素质培训和岗位培训并重，把职业培训与扩大就业相结合，高中低各层次培训有机配套的培训模式，重点实施对技工、中职和高职的培训工程，切实提高农牧区劳动力创业和就业能力，扩大农牧区创业和就业的领域。

（4）完善城乡劳动力市场，为农牧民顺畅转移就业创造条件。一是完善政府对农牧区劳动力转移就业管理和服务机制，通过制定中长期转移劳动力的规划，有计划、有组织、有步骤地推进劳动力转移工作，加强区域劳务协作和疏导工作。二是完善城乡、牧区劳动力市场，逐步形成包括就业信息、咨询、职业介绍、系统培训在内的社会化就业服务体系，减少盲目流动可能带来的损失。

（5）完善土地流转、社会保障等制度，为农牧民向非农牧产业转移创造条件。根据我国现阶段农牧区土地承包经营的现状，完善土地流转制度就是要在符合法律法规的前提下，把土地承包经营作为生产要素完全推向市场，建立农牧区土地承包经营权的自由转让、抵押、租赁制度，使那些想进城务工或在城镇生活的农牧民逐渐摆脱土地的束缚，从而更大限度地增加农牧民的工资性收入。完善社会保障制度，为农牧民务工人员提供制度保障。完善社会保障的重点是让最低生活保障、社会救济和包括养老、医疗、工伤、失业、生育保险在内的社会保障制度也能把农牧民务工人员覆盖在内，使农牧民务工人员在流动中也能获得基本的生活保障，最终建立起城乡、牧区统一公平的社会保障体系。

2. 增加农牧民的家庭经营收入

在农牧民家庭经营活动中，农牧业生产无疑是最为重要的方面。要保证农牧业生产产量不断提高和农牧产品品质持续改善，不但要提高土地的产出效率，更要增加农牧业生产中科技要素的含量。

（1）夯实农牧业基础条件，靠科技进步武装现代农牧业。在不突破耕地、牧场"红线"的基础上，要加强土地整治，以适应机械化、智能化作业的需要；加速农田水利、牧场网围栏等基础设施的建设，增加旱涝保收耕地的占比，稳定农田、牧场的产出水平。科技兴农牧是提高农牧产品产量和改善农牧产品品质的最佳途径。要加强农牧业科研和科研成果的转化工作，推进良种培育，使农牧产品能够满足市场的多样化需求；加强对农牧民的专业培训，提高农牧民专业素质，为农牧业科研产品的转化创造条件。要加强地销、外销和网销渠道的建设，特别注重培育发展电商，尽量熨平农牧产品市场价格的波动，减少生产的盲目性，降低市场风险，使农牧户真正实现增产增收。

（2）大力发展第二、第三产业。农牧民家庭经营活动还包括与农牧产品相关的加工制造业和服务业。目前，内蒙古农牧产品的加工制造业和服务业的规模较小、技术水平较低、缺乏市场信息、生存能力较差。政府在实施产业政策的过程中，可通过构建现代农牧业产业发展链条，将农村、牧区企业纳入社会化大生产，使其成为其产业链条中重要一环，并提高其经营管理水平，增强其活力和竞争力。应因地制宜发展农村、牧区的服务业，发挥比较优势，充分利用人文资源、自然资源和特色产品资源，增强农村、牧区服务业的旅游、观光和休闲功能，以此带动农户和牧户的增收。

（3）切实提高财政、金融政策对农牧业支持的力度。财政资金应进一步加大对农牧业的投入，强化对商业金融资源和社会金融资源的带动作用。开发性金融要注重对农村、牧区基础设施如土地整治和农田水利主干项目的投入；商业金融应增加对农村、牧区制造业和农牧产品流通等领域的支持；地方农村和牧区金融机构和新型农村和牧区金融组织则应在县域金融领域切实发挥好支农支小的作用；农业、牧业等保险要进一步适应农村、牧区等市场需求，不断增加产品品种，扩大其业务覆盖面，更好发挥灾害补偿和增强农牧民恢复生产能力的作用。此外，要通过政策引导和机制创新，鼓励社会资金投资农村和牧区。具体而言，可借助实行股份制、设立基金等形式，引导社会资金投资旅游、休闲、观光农业、观光牧业及观光林业等项目。

（4）政府制定相应政策保护农牧民利益。我国农村、牧区基本经济制度是以家庭承包经营为基础、统分结合的双层经营体制。以家庭为单位的生产和经营方式将长期存在，但在农村、牧区土地"三权分置改革"过程中，政府要高度重视其承包权、经营权，特别是在经营权流转过程中，要高度注重持续保护农牧民的收益权。

3. 增加农牧民的财产性收入

让农牧民拥有更多的财产性收入，保持农牧民收入较快增长，可以降低社会的贫富差距，增加中等收入人群的数量，对于扩大消费需求，实现经济持续稳定增长，对于解决好"三农"问题和实现乡村振兴战略具有重要意义。

（1）加快推进农村土地制度改革。在稳定农民对承包地拥有长期物权的前提下，促进土地流转和变现，使农民获得稳定的收入。清晰界定农户宅基地产权属性，推进宅基地流转、置换方式创新，让农牧户持续分享土地升值的收益。

（2）深化农村、牧区集体经济产权制度改革。要进一步健全完善农村、牧区集体资产管理体系，加快建立集体资产产权界定和登记制度、流转和评估管理制度，使集体资产增值收益成为农牧民财产性收入的重要来源。

（3）加强农村金融体系建设。积极引导社会资金在农村、牧区设立各类新型的金融组织。继续深化农村信用社改革，支持有条件的农牧民合作组织开展信用合作，规范和引导民间借贷健康发展。积极鼓励金融机构进行农村金融产品和金融工具创新，根据农牧民资金额小、金融知识有限、风险承受能力不强等特点，开发出符合其理财需要的金融理财产品，为农牧民提供更多、更安全的投资渠道。

（4）建立健全社会保障制度。目前，由于社会保障体系不健全以及教育、医疗、建房等费用的不断攀升，农牧民只能通过预防性储蓄和手持现金来规避风险，以提高自我保障的安全感，导致金融资产过度集中在储蓄形式上。通过大力实施脱贫攻坚工程和增加公共财政支出范围等措施，建立新型的覆盖城乡的社会保障体系，扩大社会保障覆盖面，提高保障程度，一方面可以使低收入阶层能够积累财产，另一方面也可以为低收入阶层参与资本市场获取财产性收入，以提高其风险承受能力，从而使农牧民能够获取更多的财产性收入。

（5）持续加大脱贫后防止返贫的支持力度。增加脱贫户和边缘户人口财产性收入的首要任务在于增加这一群体的财产。采取切实有效新措施，让脱贫户和边缘户农牧民拥有更多财产性收入，对于持续解决好"三农"问题，实现乡村振兴战略具有重要的基础性作用。

4. 增加农牧民的转移性收入

转移性收入由离退休金、价格补贴、赡养收入、赠送收入、亲友搭伙费等几部分组成。其中离退休金、价格补贴属政府转移性支付的范畴，而赡养收入、赠送收入、亲友搭伙费等是居民家庭内部的收入转移。由于不同地区的经济发展水平不同，地方财政的差距也比较大，因此，经济较发达的地区，地方财政相对充裕，居民人均转移性收入就比较高，反之则较低。

（1）从根本上消除城乡分割的收入再分配制度。调整国民收入的再分配结构，加大政府对农牧民的转移支付力度，建立城乡一体化的居民最低生活保障制度，让所有居民都能享受相同的政府转移支付制度。

（2）重点改革粮食风险基金政策，协调主产区和主销区利益。中央政府应逐步降低粮食主产区粮食风险基金中地方政府配套资金的比例，逐年核销粮食主产区政府因执行中央粮食政策而累积的银行债务，以减轻地方政府的负担和压力。更重要的是，要让粮食主销区承担更多的粮食安全责任。建议实行粮食主销区对口扶持粮食主产区的政策，引导销区对产区的投入，建立主要由销区承担粮食风险基金的机制。

（3）加大对种粮农民和牧民的直接补贴，利用积极财政政策的空间，增加对农业和牧业的投入。如适度增加国债的发行规模，利用国债资金支持农牧业结构调整、农牧业技术改造和高新技术产业发展。

（4）稳定和完善对粮食生产和畜牧业生产的各种扶持政策。中央和地方政府将资金用于良种补贴和农机具购置补贴，继续保留最低收购价的政策。要尽快改变中小型农牧业和基础设施主要依靠农牧民投资投劳的办法，要充分利用WTO"绿箱"政策。

（5）调整财政支农支牧的重点，增加对农牧民收入的直接支持和补贴。同时加大对主要农产品区农民、主要牧区牧民在使用良种或先进技术方面的直接补贴。如对农牧民个人、农牧场职工、农机专业户和直接从事农牧业生产的农机服务组织购置和更新大型农机具给予一定补贴。

第三节　草原牧区矿产资源开发

内蒙古是中国重要的自然资源产区，拥有丰富的草地资源和矿产资源，过去曾经对矿山资源的大规模开发，在一定程度上对生态环境造成了破坏。草原不仅具有调节气候、涵养水源、保持水土、防风固沙、改良土壤、维持生物多样性等生态功能，而且草原是广大农牧民从事畜牧业生产的基础，也是矿产资源的重要贮藏库。如果过度开发、不合理利用草原资源等人为因素以及不利自然气候因素的影响，一定会导致草原退化、沙化、盐渍化，如果频繁、无序开发草原牧区矿产资源，一定会给原已脆弱的草原生态系统带来更大的创伤。党的十九大报告中提出：建设生态文明是中华民族永续发展的千年大计，要像对待生命一样对待生态环境，绿水青山就是金山银山，这是内蒙古草原牧区矿山资源开发必须坚持的发展战略。

一、农牧区矿山开发引起的生态环境问题

内蒙古地区既是国家重要的生态安全保障区域，又是重要的矿产、能源供应基地，承担着保障全国"生态安全"与"能源安全"的双重角色。内蒙古地区矿产资源丰富，生态环境脆弱敏感。随着社会经济的发展，土地退化和资源过度利用造成的生态环境恶化问题日趋严峻。

过去，在大规模矿产资源开发的工业化进程中，曾出现环境污染、生态破坏和地质灾害等一系列尖锐的问题，主要表现为矿区周边土地荒漠化面积不断扩大、水土流失严重、土地生产力衰减和植被生物量下降等土地退化问题，还存在地表径流量减少、湖泊缩小、湖水咸化和地下水位下降等现象。内蒙古草原作为我国内陆的重要生态安全屏障，其生态环境的破坏已对内陆地区的生态安全构成威胁。

农牧区矿山开发过程对生态环境的影响错综复杂，大体可分为以下三种：生态、资源破坏，环境污染和地质灾害。

1. 生态、资源破坏

矿产开发过程中，修建厂房、住处等基础设施，开挖矿坑、矿井，堆积矿石、废石、废渣时大量占用土地，剥离地表物质，破坏植被使矿区荒漠化，导致表土、原生植物等遗失，令矿区周围地域失去生态功能。当地矿区设备落后，技术水平不高，对资源的综合利用及循环利用不到位，还有些小矿业未通过正规合法手续进入该区掠夺式地采伐资源，"采富弃贫"，浪费破坏宝贵的矿产资源。

2. 环境污染

对矿区生态环境危害最大的是水污染，主要是因洗矿用水未经处理排放而引起的。毒害物质的累积超出环境的自净能力，影响生态系统的物质循环，危害生物多样性。矿产采挖、运输过程中的灰尘量大，使周围和下风地区的植物被覆盖，阻碍其光合作用和呼吸作用，影响长势，从而影响食草动物的安危。

3. 地质灾害

矿井防塌措施不到位引起塌陷，矿石、废石等的堆积不当引起倒塌，爆破器材使用不当引发地震等问题出现。

人类对自然资源的需求和开发力度在不断增大，引发的环境问题日益严重。

尽管多年来一直强调"不能走发达国家曾经走过的'先污染、后治理'的路子"，但事实上在资源开发过程中普遍存在"边开发、边破坏、边治理、边污染"的现象，资源破坏的代价往往超过了资源所带来的经济利益，生态环境破坏与污染的速度超过了治理与建设的速度。内蒙古自治区资源开发对 GDP 的贡献率总体超过了 15%，虽然实现了经济大幅度增长，但是草原牧区资源开发与生态保护、牧民致富之间的矛盾有待进一步的解决。

二、矿产资源开发的生态环境补偿机制

1. 矿产资源开发的生态补偿相关法律法规

随着内蒙古地区生态环境问题愈加突出，政府对矿产资源开发产生的生态环境问题也越来越重视，为了能够协调矿产资源开发与生态环境保护的关系，先后制定出台了多个有关矿产资源开发的生态环境保护地方性政策与法规，较为重要的有 2003 年出台《内蒙古自治区地质环境保护条例》，2008 年出台《内蒙古自治区矿山地质环境治理保证金管理办法》，2009 年出台《内蒙古自治区矿山地质环境治理实施方案》，2010 年出台《内蒙古自治区矿山地质环境治理专项资金和项目管理办法（试行）》等法律法规，并编制了《内蒙古自治区地质环境影响评价技术要求》《矿山地质环境治理项目设计书编写参考提纲》《内蒙古自治区矿山地质环境保护与治理规划（2001～2010 年)》《内蒙古自治区矿山地质环境保护与治理规划（2011～2015 年)》《内蒙古自治区矿产资源总体规划（2016～2020 年)》等相关文件，启动了对盟（市）矿山地质环境治理规划和重点矿区地质环境治理专项规划编制工作的要求。

2. 矿产资源开发与生态补偿实践

为了矿产资源开发的生态补偿实现，2007 年以来内蒙古对新建矿山矿场和已经生产矿山的地质环境治理，严格执行现行的保证金制度，逐步实现边开发边治理的目标。截至 2010 年末，内蒙古共有 335 家矿山企业投入环境治理专项资金 4.2250 亿元进行了矿山地质环境恢复和治理。内蒙古矿山企业共治理塌陷面积 30.341 平方千米、固体废弃物堆放面积 52.450 平方千米、露天采坑面积 65.990 平方千米、尾矿库面积 170.00 平方千米。

内蒙古从 2001 年至 2017 年底，矿山环境治理力度逐年加大，通过申请中央及自治区矿产资源两权价款专项资金已对全区 313 项矿山地质环境问题实施了

恢复治理工程，涉及地面塌陷治理的矿山环境治理项目有76项，已有66项通过验收，资金总投入近6.08亿元，恢复治理面积84.84平方千米。

3. 矿产资源开发与生态补偿存在的问题

（1）矿产资源开发的生态补偿相关政策和技术标准不够完善。2003年以来，内蒙古自治区虽然先后制定和出台了一些关于矿产资源开发与生态补偿相关的法律和规章，却一直没有制定和实施与其相对应的实施细则和相关技术体系、标准。因此，在实施矿山地质环境治理保证金制度和矿山地质环境治理项目过程中，尽可能避免造成政策在实施过程中出现处罚依据不足的现象。

（2）历史遗留的矿山生态补偿问题依然严峻。内蒙古自治区矿产资源丰富且矿产资源开发历史较长，随着时间的推移各类矿产资源开采的程度逐渐加大，特别是在2000年以前，矿产资源开发无序，滥采现象普遍，并且环境意识较弱，生态环境遭到严重破坏。近年来虽然一些项目得到了治理，但要彻底解决老矿区历史遗留的矿山生态补偿问题，任务依然繁重而艰难。

（3）资源税费征收标准偏低。征收的资源税费难以补偿矿产资源开发对环境的损害，特别是造成的草原荒漠化、三废污染、地下水位下降等损害，用现行标准征收的资源税费来弥补犹如杯水车薪。内蒙古地区现行煤炭资源开发征收的各项费用包括煤炭资源补偿费、维简费、采区农牧民搬迁补偿费等6项（不同旗区标准稍有差异）合计约10元/吨，而在与内蒙古自治区毗邻的山西省为27元/吨，远大于内蒙古地区的收费，按照此标准进行价格差估算，内蒙古一年仅煤炭行政性收费一项费用流失就超过数亿元。

三、农牧区矿产资源开发与草原生态环境协调发展的对策

1. 增强环境保护意识，加强对草原牧区矿产资源开发的监管

在矿产资源开发中，长期以来由于受到利益的驱动，对矿产资源保护认识不足，对环境保护意识不强，重开发轻保护，重建设轻维护，从而形成了矿产工业粗放经营的经济增长模式。"遍地开花""掠夺式"地乱采、滥挖使宝贵的资源严重浪费，并且造成当地生态破坏和环境污染，要改变这种状况，一是要提高地方政府和公众的环保意识，把绿色GDP和环境保护列入绩效考核的内容，正确处理好矿山开发和环境保护的关系，正确处理好绿水青山和金山银山的关

系。二是要增强开发利用者的环境保护意识，在资源开发、项目建设的过程中，聘请相关专家对可能存在的环境污染、生态破坏等问题，深入分析，提出可操作性的措施，做到在保护中开发、在开发中保护，有效遏制生态环境的破坏，确保国民经济和社会的可持续发展。三是要加强管理部门的监管力度，从源头上抓起，从矿产资源开采项目的立项、设计、建设之初，就应做好生态环境保护工作；加强对已建矿山的监管，制订科学的闭坑计划；对已关闭的矿山，加强生态环境变化的动态监测，提高生态环境恢复水平；对历史遗留的矿山生态环境问题，国家、地方政府、企业共同推进矿山环境的恢复和治理，有效减轻矿业开发活动对生态环境的破坏；杜绝有法不依、执法不严、管理不力的现象；提高执法队伍素质，增加执法力量，改进执法手段，并有效借鉴国外的成功经验。如南非法律规定采矿企业在开矿之前，必须要有恢复生态植被的规划，政府才发营业执照；如果在经营过程中没有及时恢复生态植被，政府则立即吊销营业执照，关闭采矿企业；在南非种草和植树，已成为采矿企业的自觉行动。矿产企业一边开采一边进行植被恢复，根据矿渣上层回填土层的高度，种植不同的植物恢复矿区植被。

2. 加强沟通，充分开展互动交流

在项目开发前，就要充分开展调研和交流活动，形成政府、项目开发建设方和广大牧民畅通的交流互动渠道。一是政府作为决策者应该充分考虑长远利益，收入开展调查研究工作，了解广大牧民最关心的问题，辨析项目可能引起的潜在问题，了解和解决牧民生活适应性等问题，增加牧民生存技能培训和教育的机会，积极协调解决广大牧民同项目建设者之间的矛盾。政府应实施责任追究制度，同时出台优惠政策，鼓励发展循环经济，提高矿产资源综合利用水平，鼓励矿山生态环境恢复治理、支持提高矿山尾矿利用率的新技术开发和应用，鼓励开展矿区土地整治，使被破坏的土地得以恢复和重新利用。解决由采矿引发的社会、经济与生态环境问题，实现资源的可持续利用和发展。二是项目建设方应该允许受项目影响区的牧民监督项目建设中的环保措施，使他们能够及时了解周边的环境信息，及时表达意见和建议。三是广大牧民应该与项目建设方认真磋商相关事宜，充分考虑草场被占用、破坏的补偿额度、补偿方式等。

3. 建立健全草原牧区矿产资源开发的补偿体系

矿山企业在享受矿产资源开发带来的经济利益时,当地居民却承担着资源开发后的种种不良后果。这种外部不经济效应的治理成本应当内化为企业的生产成本,让污染制造者为经济行为的不经济性"埋单",促使矿产品价格体现生态环境的价值。要坚持"破坏者恢复、使用者付费、受益者补偿"的原则,完善生态补偿机制,并使自然资源有偿使用。同时不仅要使资源体现经济价值,还要体现其生态价值和社会价值。虽然我国对矿产资源开采造成生态破坏、环境污染进行治理的相关法律、法规有多种,但是现行补偿法规依然存在缺陷,如补偿缺乏量化衡量的准则,矿区生态恢复没能形成可操作的依据;没有根据自然环境资源的价值以及开发活动的损失等为基础制定收费费率,且标准偏低,难以刺激开发者珍惜资源,保护环境。应科学制定收费标准,规范生态环境补偿费的征收和使用行为。要根据实际情况,积极探讨补偿资金来源、补偿渠道、补偿方式和保障体系,健全完善矿产资源开发的生态补偿机制。以补偿方式为例,矿业主给予牧民的补偿费可以采用更加丰富的补偿方式,补偿费与矿产开发的产量挂钩(其补偿费需要专家科学测算),或者折地入股、投资和投劳入股等。

4. 协调矿产资源开发速度与农牧区环境容量的关系

一般草原牧区生态环境脆弱,干旱缺水,沙漠化严重,生态环境自我修复的能力差,其环境容量非常有限。矿产资源开发对生态环境的破坏一旦超过极限,就很难恢复。因此,矿产资源开发的速度应与农牧区环境容量相协调。一要准确把握矿产资源开发的进度,二要制定出科学并切实可行的与经济发展规划相协调的矿产资源开发利用规划,三要加强尾矿利用和矿区环境恢复治理,避免走先污染后治理的老路。要强化矿山企业的责任,做到边开采、边恢复治理,做到矿山关闭时,矿山地质环境恢复治理基本完成。

5. 推进农牧区生态型能源工业有序发展

农牧区能源工业主要包括煤炭工业、电力工业等,一般传统的煤炭、电力工业为高污染的产业。因此,要大力提高对其废气、废水、废渣的治理水平,不断改善工艺设备,推进清洁生产,实现达标排放,发展少污染甚至无污染的生态能源工业。农牧区矿产资源是国家长期的战略储备资源,要在真正保护草原生态环境的前提下,有序开发矿产资源,整顿开发秩序,提高准入门槛,探索实行生态型、集约化、小规模的、可持续的开发方式。草原牧区风能、太阳能等资源非常丰富，要适度发展风力发电、光伏发电，探索发展其他绿色能源和清洁能源，以满足经济、社会和生态可持续发展的需求。

6. 大力发展民族特色经济

矿产资源作为一种不可再生的自然资源，具有稀缺性和耗竭性。随着资源的枯竭，矿区必然会陷入衰老的境地。矿产资源开发区要特别注重发展富有当地民族特色的农畜产品、绿色食品、特色优质产品加工及服务等传统产业和新兴产业。一要走内涵式扩大再生产的路子，提高农畜产品加工企业的科技含量和现代化管理水平，实现由传统农畜产品加工业到现代农畜产品加工业的转型升级。二要合理有效地利用农牧区的优势农畜产品资源，生产特色化的绿色产品、环保产品、优质产品、适销对路的产品，切实提高其品牌竞争能力。三要在有条件的地方加快建立牧区大型饲草料加工厂，提高饲草料加工能力和优质牧草、农区秸秆的利用率；继续扶持少数民族特需商品和民族手工艺品生产企业发展，扶持民族医药产业发展。

第四节　山羊绒产业

山羊绒是高档毛纺织品的重要原料，除加工纯羊绒纺织品外，还可与其他纤维制成混纺制品，用途较为广泛，经济价值较高，被誉为"软黄金"和"纤维钻石"。我国具有饲养绒山羊得天独厚的地理优势，绒山羊品种较多，经过多年的发展，我国已经成为世界第一大羊绒及其制品生产国和出口国。羊绒产业不仅是我国畜牧业的重要优势特色产业之一，也是广大农牧民的主要收入来源，羊绒制品更是我国出口创汇的重要产品。因此，我国羊绒产业的发展不仅关系到广大农牧民收入水平的提高和国内毛纺工业的发展，对世界羊绒产业和羊绒消费市场也具有重要的影响。

内蒙古自治区草原面积约有 8670 万公顷（13 亿亩），占全国草原面积的27.2%，居全国五大草原之首，是中国最重要的畜牧业基地。内蒙古羊绒产量达 4000 多吨，约占世界羊绒产量的 40%。鄂尔多斯市、巴彦淖尔市、阿拉善盟、锡林郭勒盟和赤峰市为主产区。内蒙古山羊绒以白色为主，比例占到 90%

以上，所产羊绒质量为全国之首，在国际上享有很高的声誉。内蒙古山羊所产羊绒纤维细长、光泽柔和、手感柔软、拉力大、颜色正白，多呈冰糖色，含粗毛少，净绒率高。1988 年 4 月，经内蒙古自治区人民政府验收命名为"内蒙古白绒山羊"的新品种约 400 万只。由于特殊的地域资源和长期的人工选择，产自内蒙古西部的鄂尔多斯草原和乌拉特草原的阿尔巴斯山羊绒和二郎山山羊绒，羊绒平均细度在 15μm 以下，这是内蒙古品质最好的羊绒品种之一，阿拉善沙漠的阿拉善绒山羊、赤峰的赛罕绒山羊的羊绒品质也较好。白绒主要产于鄂尔多斯市的鄂托克旗、鄂托克前旗、杭锦旗、准格尔旗、达拉特旗；巴彦淖尔市的乌拉特中旗、乌拉特后旗、乌拉特前旗、磴口县；阿拉善盟的阿拉善左旗、阿拉善右旗和额济纳旗等。产于锡林郭勒盟的多伦绒山羊，赤峰的哈达绒呈青白色，纤维细长、抗力较大，光泽好，柔软性较好。青绒主要产于内蒙古自治区的锡林郭勒盟、乌兰察布盟市等地。紫绒分两大品种，主要有两大产地即前面说的包字路和顺德路。紫绒以内蒙古自治区的鄂尔多斯市乌审旗的品质最佳。内蒙古山羊所产羊绒纤维细长、光泽柔和、弹性好、拉力大、手感柔软、颜色正白，多呈冰糖色，绒瓜松紧适中，呈圆球状或馒头状，含粗毛少，净绒率高，尤其产于阿拉善盟、鄂尔多斯市、巴彦淖尔市的山羊绒品质甚佳。2016 年，这三个盟市年产山羊绒总计约 3849 吨，占全区总产量的 45.27%，如表 7 - 15 所示；其他盟友市产绒量如表 7 - 16 所示。内蒙古山羊绒以白色为主，其比例占到 90% 以上。

表 7 - 15　2016 年内蒙古各盟市羊绒产量及所占比例

盟、市	产量（吨）	比例（%）	盟、市	产量（吨）	比例（%）
呼和浩特市	319	3.75	通辽市	1206	14.18
包头市	263	3.09	锡林郭勒盟	248	2.91
乌海市	13	0.15	乌兰察布市	85	1.01
赤峰市	1077	12.67	鄂尔多斯市	2829	33.28
呼伦贝尔市	656	7.71	巴彦淖尔市	732	8.61
兴安盟	783	9.21	阿拉善盟	288	3.38

资料来源：《内蒙古统计年鉴》（2017）。

表 7 – 16 2016 年内蒙古各盟市山羊数量

盟、市	山羊数量（万只）	盟、市	山羊数量（万只）
呼和浩特市	52.67	通辽市	291.14
包头市	66.50	锡林郭勒盟	35.18
乌海市	5.43	乌兰察布市	26.49
赤峰市	142.93	鄂尔多斯市	414.28
呼伦贝尔市	88.66	巴彦淖尔市	194.35
兴安盟	105.61	阿拉善盟	73.32

资料来源：《内蒙古统计年鉴》（2017）。

一、内蒙古山羊绒产业

中国羊绒产业历史悠久，羊绒产品享誉国内外。内蒙古自治区的畜牧业产羊量稳居全国前列，其羊绒产业发展的质量在全国名列前茅，素有"世界羊绒看中国，中国羊绒看内蒙"的说法。全世界70%的羊绒来自中国，其中山羊绒一半以上来自内蒙，约占世界的1/4。

内蒙古经过40多年的发展，已经形成了较完整的现代化羊绒产业体系，其羊绒产量和品质在世界羊绒产业格局中占有重要位置。无论是山羊绒的年产总量，还是羊绒制品的加工数量，在全世界都遥遥领先，山羊绒产业是内蒙古最具有竞争力、最具特色的产业之一。

内蒙古羊绒品牌效益不断扩大。内蒙古纺织企业共有约60个自治区知名品牌商标，约20个中国名牌商标，其中"鄂尔多斯"羊绒制品、"鹿王"羊绒制品等已成为国内外了解内蒙古的重要名片之一。

二、内蒙古山羊绒产业发展存在的问题

1. 存在不良竞争

过去受羊绒产业进入门槛低等的影响，人们争相投资这一领域，导致这一领域从业者众多，大而全、小而全的同质化现象普遍存在，由此造成产业集中度降低，生产能力严重过剩，严重影响了羊绒产业的市场竞争秩序。主要表现在以下几个方面：一是收购原绒时没有按羊绒品质等级收购，导致农牧民片面追求单产，放养羊绒品质差和单产高的品种。二是内蒙古许多中小企业加工工

艺达不到要求，导致羊绒产品中的重金属、甲醛等有害物质超标，产品出口时经常被外商退回并要求索赔，对内蒙古羊绒产业的声誉造成了不良影响。三是有些企业不具备新产品新技术的研发能力，通过模仿其他企业羊绒制品的外观款式进行质量低劣的加工，对我国有限的羊绒资源造成了浪费。四是众多羊绒企业对内争夺有限的羊绒资源，对外竞相压价出售，造成被称"软黄金"的羊绒没有卖出黄金价，很多企业只赚取了微薄的加工费。五是原料掺杂造假和产品的假冒伪劣行为反复出现。每遇市场疲弱之时，羊绒原料和羊绒制品的价格越跌越低，质量反而越来越好；每当羊绒紧俏之时，羊绒原料和羊绒制品的价格越涨越高，质量却越来越差，掺杂造假和假冒伪劣等现象还比较突出。

2. 生态环境一度遭到破坏

一般内蒙古草场的畜牧能力为20亩草场可养活一只绒山羊，而现在要50多亩才能养活一只。目前，内蒙古全区的牲畜存栏数超过7000万个羊单位，而整个自治区草场的理论载畜量只有4000多万个羊单位，在部分地区其草场超载率已超过300%。由于过度放牧，很多草场变成了荒漠，造成沙尘暴等自然灾害。沙尘暴天气由50年前的每年6天增加到20天左右，2001年曾多达60天。草原沙化带来的生态问题非常严重，如湖泊干涸、河流断流、生物多样性减少。

事实上，随着市场上羊绒消费量的增长，使羊绒价格不断上涨，人们为了获取更多的羊绒产量，导致绒山羊养殖量不断增加，草场严重超载后，导致绒山羊吃草根、树叶甚至羊毛，草场植被遭到更大破坏，草场面积减少。草原面积减少反过来又制约畜牧业发展、影响牧民收入，对生态环境安全和农牧业生产安全构成严重威胁。所以说，内蒙古羊绒产业的可持续发展要实现其资源与环境的协调发展。

3. 缺乏国际品牌

目前，内蒙古羊绒产业有鄂尔多斯、鹿王、兆君、维信等一批中国著名品牌，其中鄂尔多斯在2016年7月12日被中国品牌研究院评为中国羊绒行业标志性品牌。尽管内蒙古是世界羊绒资源和羊绒制品的主要加工中心，但并非是品牌中心和效益中心，但内蒙古羊绒品牌的竞争力仍与国际知名品牌差距较大，部分企业贴牌加工的现实依然存在，一般只能赚取不足10%的加工费，与国际水平差距明显。同样一件羊绒产品，一般国外品牌能够卖到500多美元，而多数国内品牌却只能卖到几十美元。一段时期以来，中国羊绒制品企业在国外注册的商标、申请的专利都很少，一度缺乏品牌优势，一些企业还没有学会在国际市场上营销中国羊绒品牌，只能依靠廉价的劳动力和资源优势赚取外汇。

4. 差异化竞争不明显

内蒙古羊绒企业的产品结构单一，同质化严重，针织品占了绝大部分，基本上还是羊绒衫、围巾、披肩三大类。没有很好地细分羊绒产品的目标市场，使羊绒产品几乎成了中老年人的专利。除了像鄂尔多斯等一些强势品牌产品结构比较合理外，大多数羊绒品牌差异化小，产品线窄。特别是一些中小企业的研发能力弱，相互抄袭、模仿，产品缺乏创新，同质化现象严重，市场上竞相压价。一些生产企业对市场差异化和产品差异化没有引起足够的重视，在款式、花色、品种和销售价格、分销渠道、促销和售后服务等方面基本雷同。

内蒙古羊绒产业差异化营销不明显主要原因抑或是多数企业缺乏新产品研发、市场调查和分析的能力，没有进一步对羊绒制品市场进行充分的细分和适应。

5. 产品缺乏创新

羊绒制品缺乏产品创新突出表现在产品设计老套，功能型产品较少。由于羊绒功能性产品的研发对企业资金、技术要求较高，大多数羊绒制品生产企业只局限于在款式、颜色上做文章，对功能性羊绒产品开发比较少。随着人们消费观念的改变，追求服装的功能性已是大势所趋。通过对羊绒制品功能性的开发，如抗菌防臭、防虫蛀等功能，能有效增加潜在市场需求。

6. 产品附加值总体偏低

内蒙古羊绒制品的附加值总体偏低，尤其是其科技附加和品牌附加偏低。这种现象在出口市场中表现得非常突出，内蒙古的羊绒制品在国际市场上价格非常低。其主要原因抑或是内蒙古羊绒企业多数还处于劳动密集型阶段，而国际上羊绒企业的竞争已经发展到了科技密集型阶段。当然，高档服饰产业作为一个非常传统的行业，其品牌成长是一个长期积累和塑造的过程。

三、山羊绒产业发展的建议

1. 全面提高绒山羊的品质

以阿尔巴斯、二狼山、阿拉善白绒山羊、罕山白绒山羊和乌珠穆沁白绒山羊原种场为核心，开展绒山羊标准化养殖，建立绒山羊"统一供应种畜、统一饲养方式、统一疫病防治、统一科学管理、统一经营服务"的标准化、集约化、产业化养殖模式，完善和规范良种繁育体系，全面提高绒山羊的品质。制定国际先进的检验检测标准，提高标准话语权。建立绒山羊标准化生产示范推广新机制，增强羊绒产业的竞争力[1]。加大对建设优质羊绒原料基地的支持力度，鼓励山羊绒主产区的农牧民和专业户加强绒山羊养殖基地建设；鼓励建设"企业＋合作社＋农户"模式的羊绒原料基地，巩固优质羊绒主产区地位；推行羊绒"按质定价"，实现原绒"优质优价"，提高农牧户繁育优质绒山羊的积极性[2]。

2. 建设现代羊绒产业园

坚持"壮大龙头、突出特色、强化配套、完善功能"的原则，加大现代羊绒产业园的基础设施建设力度。鼓励通过兼并、重组、收购、控股和引进等方式，建设全产业链现代羊绒产业园，围绕服装设计、技术创新、产品研发、生产组织、质量检测和认证、教育培训、信息化服务、电子商务、现代物流配送等建立和完善公共服务体系。重点支持龙头企业，培育发展中小型企业，推动羊绒产业集群发展。围绕大型龙头企业，扶持培育一批专业化配套中小企业，与大型企业构成资源共享、分工明确、高效协作的产业链，推动羊绒产业集群发展。

3. 持续创新建设国际化品牌

持续鼓励企业技术创新，不断提高羊绒产品自主创新能力，不断增加和丰富羊绒产品的花色品种。重点发展精深加工、高科技含量和高附加值产品，持续提高其产品的国际市场竞争力。支持建设"内蒙古现代羊绒原绒交易市场"和"内蒙古毛绒纤维标准化检验实验室"，打造全国原绒交易中心和质量检测权威机构。

支持龙头企业打造国际化品牌，鼓励收购国际品牌，推动地区羊绒产业自主品牌向国际化品牌迈进，进一步拓展国际市场，改变依赖外部订单和贴牌生产的局面；创造现代羊绒顶级产品和时尚产品，以国际通行的质量管理标准体系、环境管理体系和行业认证来规范羊绒企业的生产经营和管理；鼓励企业建

---

① 内蒙古自治区人民政府. 内蒙古自治区推进标准化工作三年行动计划［EB/OL］. http：//www. nmg. gov. cn/art/2014/7/15/art_ 4078_ 5368. html，2014－07－15/2019－12－27.

② 鄂尔多斯市人民政府. 鄂尔多斯市人民政府关于振兴羊绒产业发展的实施意见［EB/OL］. http：//xxgk. ordos. gov. cn/information/ordos_ xxw32/msg10204164957. html，2015－03－25/2019－12－27.

设品牌形象店和电子商务平台，拓宽营销渠道，扩大影响力，努力构建使产品符合国际标准，提高国际化水平。

4. 切实加大对羊绒产业的财政及金融支持

设立羊绒产业专项发展资金。重点支持优质绒山羊提质、品种保护和标准化养殖示范区建设，支持开拓国际市场，持续支持其艺术创作、品牌创新和自主品牌培育，支持羊绒产业技术改造和新技术、新产品研发，电子营销网络平台建设。

加大对羊绒产业的金融支持。重点加大对科技先导型、信誉好、带动就业明显的羊绒加工企业的授信力度，实行一次审批、周转使用、随用随贷；支持符合条件的该类企业发行公司债券、企业债券、短期融资券，并简化审批程序，拓展企业融资渠道。

第五节 苜蓿草产业

苜蓿是苜蓿属植物的通称，是一种富含蛋白质的多年生开花豆科牧草，具有产量高、质量好、营养丰富及适口性好等特征，是草食性家畜蛋白质饲料的首选，并在全世界广泛种植。

一、苜蓿草产品分类及主要价值

苜蓿草主要产品有苜蓿干草、苜蓿草粉及苜蓿草颗粒。苜蓿干草属于蛋白质饲料，是理想的豆科牧草资源，是草食性家畜的蛋白质饲料。优质苜蓿干草能够改善奶牛的营养饲料配方，改进奶牛的体况，提高牛奶的蛋白质含量。美国、加拿大、澳大利亚等国家的植物性蛋白质饲料主要以紫花苜蓿为主，这些国家大量种植并出口苜蓿干草。苜蓿草粉和颗粒也是较为普遍的苜蓿草产品之一，主要用于制作鸡、猪、鱼、鸭等各种家畜禽的配合饲料，有极高的饲用价值。

1. 经济价值

近年以来，中国畜牧业持续快速发展，形成了大规模、集约化的畜牧养殖体系，包括奶牛、肉牛、生猪、家禽等产业，形成了对苜蓿草产品市场的庞大需求。

据估算，中国奶牛、肉牛及肉羊每年对苜蓿草产品的需求量约为 500 万 ~ 600 万吨；猪鸡配合饲料中以 4% ~ 5% 的比例添加草粉，每年对苜蓿草粉的需求量超过 250 万吨；鸵鸟、鹿等特种动物养殖和水产养殖对苜蓿草产品的需求量也在10 万吨以上；另外，由于牧区草原退化、沙化、盐碱化，气候异常变化，干旱灾害频发，贮草量减少，每年需要贮备抗灾保畜饲草约 100 万 ~ 200 万吨。近年国内奶牛、肉牛、肉羊等草食性畜牧产业正在全面提升发展质量，对优质牧草如苜蓿、青贮玉米、燕麦草、青干草等的需求大幅度增加。相对于庞大的市场需求，国内苜蓿草、干草产量供不应求，导致每年从美国、加拿大、澳大利亚、蒙古国进口大量的苜蓿干草、青干草、燕麦草。也就是苜蓿、青干草、燕麦草和青贮玉米等优质牧草的国内市场需求价值及其发展潜力巨大。

2. 畜牧价值

牧草是畜产品源头的质量保障，只有提高牧草品质才能从根本上解决畜产品的质量安全问题。人工种植牧草一般常见的有禾本科和豆科牧草。其中苜蓿草是公认的"牧草之王"，是普遍使用的豆科牧草。发达的草食性畜牧业（如奶业、肉牛业、肉羊业等）需要有发达的牧草产业，高质量的肉制品、乳制品要有高质量的牧草供应。高质量奶业的可持续健康发展离不开高质量牧草产业的发展，尤其是需要以苜蓿为代表的优质牧草产业的支撑。从消费方面看，国内苜蓿干草主要用于奶牛养殖。尤其在 2008 年发生"三聚氰胺"事件后，牛奶的质量受到了前所未有的关注。国家农业部门高度重视牛奶生产的安全和质量，并且出台了相关法律法规，启动实施了"振兴奶业苜蓿发展行动"，苜蓿草在提高畜牧业产品质量方面的价值将持续体现。

二、苜蓿草产业发展现状和问题

中国畜牧产业的全面高质量快速发展，以及草食性家畜中奶牛饲养头数的不断增加，使畜牧业发展对苜蓿的需求不断增加。近几年，内蒙古、新疆、甘肃、宁夏、青海、陕西、辽宁、吉林、黑龙江等省的苜蓿种植面积逐年增加，在国家农业结构调整政策和粮食作物、经济作物、饲料作物更替中，尤其是在国家农业开发项目的主导下，每年开垦种植大量的紫花苜蓿、苏丹草、黑麦草、燕麦草等优质牧草，并配套大型喷灌设备和收割机器。也就是说，全国的苜蓿草产业有了长足的发展。

自 20 世纪 50 年代起，内蒙古开始大面积种植紫花苜蓿，经过近 70 年的发展，内蒙古的苜蓿种植业得到了较好的发展。在内蒙古苜蓿草种植之初的 20 世纪 50 年代，苜蓿种植面积仅为 49.5 万亩，60 年代就已经增加了两倍，达到 150 万亩，截至 2016 年，内蒙古的苜蓿种植面积 900 多万亩。

近年来，以苜蓿为主的优质牧草产业发展势头看好。2012 年，国家启动"振兴奶业，苜蓿发展"行动，特别是在全国范围内内蒙古高产优质苜蓿示范建设的投入力度最大，创造了投入种草发展苜蓿专项经费的历史新高，体现了大牧区、乳都、草都应有的重视程度，极大地推动了内蒙古苜蓿产业的发展。2016 年，内蒙古优质苜蓿种植面积 900 多万亩；苜蓿灌溉草地面积达到 183 万亩，居全国第一，现已形成以阿鲁科尔沁旗为核心的科尔沁苜蓿区、以土默特左旗为核心的敕勒川苜蓿区、以凉城县为核心的阴山东南麓苜蓿区、以磴口县为核心的河套苜蓿区、以达拉特旗为核心的库布齐沙漠沿黄苜蓿区、以乌审旗为核心的毛乌素沙地苜蓿区、以鄂托克旗为核心的阿尔巴斯苜蓿区及以呼伦贝尔为核心的寒冷苜蓿区等面积在 10 万 ~30 万亩的八大苜蓿产业聚集区；在内蒙古高产优质苜蓿示范建设中，加强了适应性强的草原 3 号、中苜 1 号、公农 1 号等国产优质苜蓿原种基地建设，对原有苜蓿种子基地进行了改扩建，对草种专业企业、自有品种产权和土地的事业单位予以支持；在适宜地区实施苜蓿种子基地 4.5 万亩，其中达产面积 3 万亩，提升了国产优质苜蓿种子的生产能力，缓解了苜蓿种子紧缺、依赖进口的状况。从总体上看，全国 10 万亩以上苜蓿片区 17 个，内蒙古就有 8 个，内蒙古苜蓿产业区域发展的格局正在形成。

2011 年，国务院出台了《关于进一步促进内蒙古经济社会又好又快发展的若干意见》（以下简称《意见》），《意见》明确提出内蒙古是北方重要的生态安全屏障，提出要加强草原生态保护与建设，全面落实草原生态保护补助奖励政策。国务院决定在内蒙古、新疆、西藏、青海、甘肃等主要草原牧区省（区）实施草原生态保护补助奖励机制政策，启动实施草原保护补助奖励机制，这在内蒙古历史上具有里程碑意义的大事，充分体现了党中央、国务院对草原生态保护建设工作的高度重视和亲切关怀。此后，国家和自治区相继启动实施"振兴奶业，苜蓿发展"行动和"自治区高产优质苜蓿示范建设项目"，这些政策的出台和项目的启动实施，为人工草地建设和草产业可持续发展创造了重大机遇，但也面临诸多挑战。

（1）苜蓿草品种单一，产量不高。近年来内蒙古苜蓿种植比例明显增加，但其品种主要还是以紫花苜蓿和黄花苜蓿为主，该品种虽然抗寒和抗旱能力强，适应性广，但经长期自繁自种、不进行选育培育会导致种子混杂且退化严重，产草量低和蛋白质含量不高。

（2）资金投入不足，产业经营规模小。目前，虽然内蒙古8个苜蓿产业区域发展的格局初步形成，优质苜蓿种植面积也在不断扩大，但存在苜蓿种植规模小而分散的情况，并多以自产自用为主。

（3）苜蓿生产、收割、加工、运输等产业链的产业化水平偏低。内蒙古的苜蓿种植仍然以一家一户家庭种植为主，缺乏上规模、上档次的大型龙头企业的带动，目前还没有形成规模化种植、经营和专业化生产。

（4）优质种子供应和灌溉不足。在苜蓿产业发展过程中，苜蓿种子的质量有待提高，且有时供应跟不上，这将影响苜蓿草产业和其延伸产业的可持续发展。另外，苜蓿草产业面临着严重的灌溉不足的问题。由于长期的旱作模式，苜蓿的亩产量明显偏低，使内蒙古苜蓿产业的发展受到了很大的制约。

三、苜蓿草产品的进出口贸易

从国际范围来看，当前苜蓿种植业的发展在很大程度上依赖于区域性资源条件。目前，国际牧草产品的主要出口国有美国、加拿大、西班牙、法国、澳大利亚等；而进口国则主要集中在亚洲畜牧业较为发达的国家，如中国、日本和韩国等。在当前的国际贸易中，我国作为主要的牧草产品进口国，在国际市场中面临着明显的被动地位。由于国内畜牧业对优质牧草产品的需求量较大，并我国的苜蓿种植在产量和质量方面，都与国外进口牧草存在着较大的差别，且进口量有逐年增加的趋势。

近年来，随着国内对苜蓿干草需求量的迅速增加，国内苜蓿草种植和供给量不足，导致对苜蓿的进口量逐年增加（见表7-17），且出口逐渐减少。

表7-17 2010~2016年苜蓿草进口量与进口总额

年份	2010	2011	2012	2013	2014	2015	2016
进口量（吨）	218058	275564	442696	755598	884513	1210000	1384700
进口额（万美元）	5906	9960	17416	28060	34249	46827	44542

中国对苜蓿干草的进口来源国主要是美国和加拿大，而且近几年其进口数量持续增加；中国进口的燕麦草全部来自澳大利亚。2016 年苜蓿干草进口138.47 万吨，同比增加 14.69%；进口金额 4.46 亿美元，同比减少 4.79%。

四、发展内蒙古苜蓿产业的思路

根据内蒙古苜蓿草产业面临的国内外挑战，可持续高质量发展内蒙古苜蓿草产业的思路如下：

（1）开发适合内蒙古当地的高产优质品种。由于当前牧草种植面临着质量、产量上的严重不足，未来的苜蓿产业发展重点任务就在于持续提高其质量和产量。良好的苜蓿品种能够表现出强大的适应性、良好的生长特性、优越的生产性能，并带来较好的经济效益和社会效益。内蒙古苜蓿草产业的高质量发展要整合已有的和能够所用的科技研发资源，加强种植密度、灌溉、施肥等对苜蓿种子产量和质量影响的研究，提高栽培技术、生产设备、播种技术和田间管理的水平，开发和推广最具当地适应性的优势品种，并发动广大农户、牧户和企业进行种植，有效控制或替代劣势品种的种植面积。因此，未来内蒙古苜蓿产业的发展，需要选育、培育和推广适合内蒙古本地种植的优势品种，譬如研究和推广适合当地的以紫花苜蓿为主的牧草新品种。

（2）建立完整的草地保护机制。由于目前内蒙古的苜蓿种植产业尚处于探索发展阶段，在草地保护机制上几乎处于缺失状态，大部分草地都是在自然生长状态下完成其生长到收获的过程，人工干预严重不足，这在很大程度上影响了苜蓿的质量与产量。完整的草地保护机制就是从苜蓿的种植开始，对土地的肥力、种植时间、面积、品种、利用方式等信息进行完整的收集整理，并建立起完整的档案制度和保护制度。然后针对统计的基本信息，实施相应的管理与保护，使现有草场资源得到更加有效的利用。

（3）加大对苜蓿草产业的补贴和支持力度。总体来说，世界各国都不同程度对农牧业实行保护支持和补贴制度。未来大力发展我国苜蓿产业，需要各级政府持续加大对苜蓿种子和苜蓿草种植补贴的力度，进一步扩大优质高产苜蓿草的种植面积；加大对苜蓿草研发院所、加工企业和个人信贷支持的力度，在资金方面支持苜蓿产业更好地发展。

（4）处理好苜蓿种植与草原保护之间的关系。由于苜蓿生产主要集中在北方与西北地区，都为干旱、半干旱气候地区。如果短期内过分过度地开垦种植苜蓿，并利用地下水资源维持其高产，长期内很难实现经济发展与生态环境的改善。要在国家政策的引导下，严格执行三项保护草原的重要制度，即基本草原保护制度、草畜平衡制度、禁牧休牧制度，做到既促进了内蒙古苜蓿种植产业的良性发展，又实现了对内蒙古生态环境的保护。

第六节　农牧区扶贫开发

一、内蒙古农牧区贫困现状

1. 内蒙古农牧区贫困测定标准

内蒙古自治区国土总面积 118.3 万平方千米，辖内有 7 个贫困片区，即兴安盟贫困片区、乌兰察布市贫困片区、赤峰市贫困片区、通辽市贫困片区、锡林郭勒盟西南部贫困片区、大青山贫困片区、人口较少民族自治旗贫困片区。7 大贫困片区和未在集中连片区内的贫困旗县共 60 个，其中国家级贫困旗县 31 个，自治区级贫困旗县 29 个，含 499 个乡镇（苏木）8191 个村（嘎查）。

参考热量支出法，从全区农户调查资料中，找出摄入维持每日生存所需最低热量组所对应的农村居民年人均主要食品消费量，与当年这些食品的混合平均价格相乘，把所得的币值作为农村居民人均维持生存所需的年最低纯收入，即赤贫线。

关于维持个人生存的最低热量摄入数，根据中国营养学会专家的计算，人均每日摄入热量的正常值应为 2400 千卡，最低值为 2000 千卡；国际上通常把 1800 千卡作为维持生存的极限值。由于我区农村居民主要以粮食和蔬菜为主要食品，消费的结构和层次较低，因此，需要用稍高的热量来弥补其他营养物的不足，我们拟采用 2100 千卡作为一个人每日维持生存所需热量摄入的最低限度。另外，考虑到目前农村居民人均每日摄入蛋白质量和脂肪量均未达到卫生部推荐的标准，所以在使用热量支出法确定贫困标准线的过程中，我们未计算蛋白质和脂肪的摄入量，只以人均每日热量摄入为参数。

在 2003 年对全区农户调研数据的基础上，2017 年 3 月进行重新取样调研，两次调研共计 2400 户农牧民。年生活消费支出（1800 元以下最低组）所消费的主要食品有：粮食 201.10 千克/人，蔬菜 70.65 千克/人，食用油 8.78 千克/人，猪肉 19.20 千克/人，牛肉 4.43 千克/人，羊肉 7.10 千克/人，家禽 8.72 千克/人，禽蛋 8.72 千克/人。这些食品折合成每日消费热量摄入值，约为 2622.29 千卡（见表 7－18）。因此，我们把上述主要食品消费量作为农户人均年食品消费的最低值。通过与当年平均混合价格的换算，得出购买这些食品维持生存的最低费用应为 1670.82 元。如果考虑到盐、酱、醋、燃料等费用和执行政策的方便，可把农村赤贫线定为 1800 元。

表 7－18　2017 年内蒙古农牧户消费支出（1800 元以下最低组）食品消费及热量折算表

品类	年均消费（千克/人）	年均混合价（元/千克）	购买货币（元）	日人均消费（克）	热量折合率（千卡/克）	折合热量（千卡）
粮食	201.10	3.55	713.91	550.96	3.56	1961.41
蔬菜	70.65	2.83	199.94	193.56	0.22	42.58
食油	8.78	8.58	75.33	24.05	8.96	215.53
猪肉	19.20	20.34	390.53	52.60	3.53	185.69
牛肉	4.43	16.77	74.29	12.14	3.53	42.84
羊肉	7.10	14.32	101.67	19.45	3.53	68.67
家禽	8.72	9.80	85.46	23.89	3.53	84.33
蛋及制品	4.64	6.40	29.70	12.71	1.67	21.23
合计	—	—	1670.82	—	—	2622.29

资料来源：热量折合率参考《中国医学百科全书》，一年按 365 天计算。

2. 内蒙古农牧区贫困测定方法及结果

采用恩格尔系数法测定农村贫穷线，使用以下公式：贫穷线 = 最低食品费用支出/贫困地区贫困户的恩格尔系数。全区 31 个国家扶贫开发工作重点县和 29 个自治区扶贫开发工作重点县的贫困户的恩格尔系数如表 7－19 所示。对照联合国把恩格尔系数划分为 5 档，其中 60% 以上者为贫困，可以把我区农村贫困户的恩格尔系数定为 63.0%。利用上述赤贫线的测算结果以及恩格尔系数法的公式，得到：贫穷线 = 1670.82÷63.0% = 2652.10（元）。

为了便于在扶贫工作中使用，我们把 2700 元定为贫穷线。以 2017 年为例，测算出我区农村赤贫线为 1800 元，贫穷线为 2700 元，其中的生存区间为 1800 元以下，度日区间为 1800 ~ 2700 元。因此，在扶贫工作中，建议使用 2700 元的贫穷线。

表 7 – 19   2017 年内蒙古贫困户的恩格尔系数

国家扶贫开发工作重点县	恩格尔系数（%）	国家扶贫开发工作重点县	恩格尔系数（%）	自治区扶贫开发工作重点县	恩格尔系数（%）	自治区扶贫开发工作重点县	恩格尔系数（%）
1. 扎赉特旗	64.2	17. 察右后旗	65.7	1. 莫力达瓦达斡尔族自治旗	63.2	17. 卓资县	60.4
2. 科右中旗	63.1	18. 四子王旗	66.7	2. 阿荣旗	61.5	18. 凉城县	62.1
3. 奈曼旗	60.8	19. 商都县	63.6	3. 扎兰屯市	59.8	19. 丰镇市	59.9
4. 库伦旗	59.9	20. 化德县	64.1	4. 科右前旗	58.3	20. 达拉特旗	60.4
5. 宁城县	59.8	21. 武川县	62.5	5. 突泉县	66.2	21. 鄂托克旗	59.2
6. 敖汉旗	65.8	22. 托克托县	65.8	6. 科左中旗	64.2	22. 东胜区	52.3
7. 林西旗	67.2	23. 和林格尔县	66.4	7. 科左后旗	65.2	23. 乌拉特前旗	65.9
8. 喀喇沁旗	69.6	24. 清水河县	70.2	8. 扎鲁特旗	63.5	24. 乌拉特中旗	68.4
9. 克什克腾旗	57.8	25. 达尔罕茂明安联合旗	66.8	9. 阿鲁科尔沁旗	65.4	25. 乌拉特后旗	67.9
10. 翁牛特旗	55.4	26. 固阳县	57.9	10. 松山区	56.8	26. 磴口县	60.2
11. 巴林左旗	55.9	27. 准格尔旗	54.6	11. 苏尼特右旗	67.3	27. 海南区	59.1
12. 巴林右旗	56.9	28. 伊金霍洛旗	53.2	12. 苏尼特左旗	64.1	28. 阿拉善左旗	59.4
13. 太仆寺旗	69.1	29. 乌审旗	64.2	13. 正蓝旗	62.3	29. 阿拉善右旗	58.1
14. 多伦县	67.2	30. 鄂托克前旗	59.3	14. 正镶白旗	63.2		
15. 察右前旗	64.3	31. 杭锦旗	60.4	15. 镶黄旗	62.1		
16. 察右中旗	62.5			16. 兴和县	66.5		
均值	62.61			均值	62.17		

资料来源：根据内蒙古农调队提供资料整理。

二、内蒙古农牧区贫困特征

1. 贫困人口人均收入偏离贫困线的距离明显缩短

1995 ~ 2015 年人均贫困距呈现下降趋势，贫困线以下贫困人口人均收入偏离贫困线的差距在逐步缩小。2015 年到了历史最低位，年人均贫困距为 886.92 元，贫困距比例为 8.42%，贫困程度明显减轻。贫困人口贫困程度的减弱，从深度指数的测算情况也同样能得到验证，2015 年贫困深度指数也是历史最小值，与 1995 年相比，下降了 0.795%，表明 1995 ~ 2015 年，贫困人口的平均收入或消费水平偏离贫困线的距离明显缩短，贫困程度明显减弱。

2. 贫困人口收入水平呈均衡分布

贫困人口之间收入水平或消费水平分布是否均匀、平衡，也是体现贫困人口贫困程度的一个重要方面，以贫困强度指数来衡量，从指标的含义可知，强度指数数值越小，贫困程度越低，且贫困程度越均衡分布。从表 7 - 20 可见，2015 年的强度指数为 0.005%，比 1995 年下降了 0.19 个百分点，表明 1995 ~ 2015 年期末的贫困人口之间收入水平或消费水平分布均衡，这意味着贫困程度呈均衡分布。

表 7 - 20　1995 ~ 2015 年内蒙古自治区贫困阶层贫困程度各项指标情况

年份	人均贫困距（元/年）	贫困距比例（%）	深度指数（%）	强度指数（%）	基尼系数
1995	2388.16	17.89	0.843	0.195	0.078
2000	1800.32	15.28	0.485	0.111	0.066
2005	1438.67	11.11	0.068	0.008	0.044
2010	907.36	8.53	0.052	0.005	0.034
2015	886.92	8.42	0.048	0.005	0.032

指标解释：①人均贫困距即贫困阶层的人均收入与贫困线间的差距，用 P 表示。计算公式为：$P = Z - U$，其中，Z 为贫困线，U 贫困下居民平均收入。平均贫困距越大，表示贫困人口的平均收入偏离贫困线的距离越远，贫困程度越高，贫困缺口越大；②贫困距比例即贫困距与贫困线之比，比例越大，贫困程度越高；③贫困深度指数又叫贫困差距指数，用 PG 表示。它是基于穷人相对于贫困线的累加的贫困差距，是建立在穷人相对于贫困线的距离的基础上的。计算公式如下：$PG = \sum (1 - Y_i/Z) / N$，其中：$Y_i$ 为第 i 个穷人的消费水平或收入水平，Z 为贫困线，N 为测量总体人口。在贫困率一定的情况下，PG 越大，则说明贫困人口的平均收入或消费水平偏离贫困线越远，也就是贫困程度越大。贫困深度指数较大的贫困家庭更应该引起我们的关注；④贫困强度指数也是建立在穷人相对于贫困线的距离基础上的，只不过是对越穷的人给予越大的权数，以计算其贫困程度，用 FGT 或 P_2 表示。计算公式为：$P_2 = \sum (1 - Y_i/Z)^2/N$，同样，在贫困率一定的情况下，$P_2$ 越大，贫困程度越大，且贫困程度不均衡；P_2 越小，贫困程度越小，且贫困程度越均衡分布；⑤收入基尼系数是判断收入分配平均程度的指标。是意大利经济学家基尼根据洛伦茨曲线提出的。用 A 表示实际收入分配曲线与绝对平均曲线之间的面积，B 表示实际收入分配曲线与绝对不平均曲线之间的面积，则基尼系数 = A/ (A + B)，如果 A = 0，基尼系数 = 0，收入绝对平均；如果 B = 0，基尼系数 = 1，收入绝对不平均；基尼系数在 0 ~ 1，基尼系数越小，收入越接近平均，基尼系数越大，收入越不平均。

3. 贫困人口收入差距很小

贫困群体收入差距的大小，收入分配是否平均，也是体现贫困程度高低、强弱的又一个方面。2015 年贫困人口收入基尼系数为 0.032，趋近于 0，比 1995 年下降了 0.046。表明 1995～2015 年，内蒙古农村贫困人口收入分配非常平均，差距极小，陷入赤贫的极度贫困家庭很少，整体贫困程度十分平衡。

三、内蒙古农牧区致贫因素

1. 自然环境因素

地理区位差异是造成不同地区农村贫富差距的原因之一。内蒙古地处干旱、半干旱地区，属温带大陆性季风气候，干旱少雨风沙大。农牧业生产条件差，突出表现在水资源缺乏，全区耕地面积 722 万公顷，其中水浇地 172 万公顷，占耕地面积的 23.8%，旱坡丘陵地 550 万亩，占耕地面积的 76%；草原退化和土地荒漠化十分严重，占全区土地总面积的 60%，并以每年 1000 万亩的速度扩大。其中沙化土地面积占土地总面积的 35.2%，约 12 个盟市、90 个旗县；水土流失面积 18.6 万平方千米，占全区总土地面积的 15.7%；无霜期短，一般为 120 天左右，部分地区仅有 80 天；自东向西年降水量 450 毫米到 50 毫米递减，年蒸发量由 900 毫米至 4000 毫米递增。冬季严寒，大部分地区气温都在 -30℃ 以下，呼伦贝尔、兴安盟地区达 -50～-40℃；旱、涝、霜、冻、雹、虫灾、鼠害、雪灾、风灾、沙尘暴等各种自然灾害频繁发生；据统计，内蒙古 30% 以上的贫困人口生活在生态和自然条件极端恶劣的地区。极端的恶劣天气、频繁的自然灾害、恶劣的生存环境，对农牧业生产的正常进行极其不利，使扶贫成果难巩固、脱贫不易返贫易。

尤其对于内蒙地区来说，自然资源的开发可能会提高地区经济增长速度，但是也会导致"资源越来越少、富豪越来越多，农牧民越来越穷"的结果。

2. 经济因素

主要表现在产业结构单一，市场化程度低，发展后劲不足。贫困农牧区生产以第一产业为主，第二、第三产业发展慢。贫困户基本上依靠传统种植业、放牧业，生产经营方式简单粗放。农区粮食作物种植规模明显高于经济作物，花费大量人力、物力、财力来解决农牧民基本生活需要。传统牧业向技术含量高的现代牧业转化发展缓慢，牧业产业化经营程度低，对拉动牧区经济发展和促进牧民增收作用不强。

收入来源单一，农牧民收支难平衡，因病因灾返贫率高。贫困地区农牧民多数依靠第一产业生活，增收途径少，收入来源单一，且内蒙古耕地多为旱坡地，土壤贫瘠，出产农作物相对少，农民收益相对差。外出打工的就业机会少，收入比例不高。非农产业发展缓慢，农牧产品深加工面窄，多以初级农副产品加工和采矿业为主，整体的技术水平落后，农民增收缓慢。贫困地区农牧民年人均收入与支出比极高，收支难以平衡，缺乏储蓄基础，农牧民支出多集中在衣食住行基本生活保障上，在教育和医疗方面花费成本也较大，如果遇到天灾人祸，致贫返贫率极高。

从宏观经济学的角度，地区的经济发展，在很大程度上是由消费拉动的，而非储蓄。内蒙古农牧户通常处于偏僻交通不变的地区，缺乏信息交流，市场发育程度低，很多商品市场以集贸市场的特征呈现；市场渠道不畅通、信息不对称等经济因素，严重阻碍了农牧区发展。也就是一定程度上农牧区的地理环境等因素客观上抑制了当地的消费需求。

3. 社会因素

（1）基础设施建设薄弱。农村牧区基础设施包括交通、水利、能源设施、教育及科技设施等方面，基础设施完备与否是检验当地社会经济发展水平的标志。全区贫困旗县多为偏僻地区，农牧民居住分散，交通不便、市场信息闭塞，路况建设、人畜饮水、邮电通信、医疗卫生、科技教育等都相对落后。其中，基础设施建设中尤以交通运输和通信条件为要，这是农牧区与外部进行物质、信息交换活动的必要条件。内蒙古农村牧区公路投资少、标准低，养护机制也不完善。运输路线密度小，一些生产、生活区间至今无公路沟通，彼此间的货物往来仍靠人挑畜拉。农牧区经营主体过于分散、产业集中度低、运输效率低下，严重阻碍了农牧区与外界的信息交流，制约了农牧区市场经济的发展，是造成农牧区贫困的主要因素之一。

（2）人力资本水平低。贫困地区普遍存在人口素质差这一突出问题，主要表现在两个方面：基础教育落后和人口增长的非经济性。基础教育落后造成劳动者素质低，综合能力差，难以掌握先进科学技术和生产技能。即使对农牧区投入大量的科技因素，也很难使科技因素对农牧业生产带来显著效应；内蒙古是少数民族聚居区，计划生育政策比较宽松，人口增长率较高。由于生活水平差、早婚早育、多生多育现象较为突出，为了生存不得不进一步开发贫瘠的土地，过度地开发稀缺资源，造成生态环境继续恶化，新的贫困由此形成。

4. 历史政策因素

（1）历史进程缓慢。内蒙古自治区大部分贫困地区都有脱离社会经济发展主流的现象，其历史进程缓慢，大大滞后于发达地区。内蒙古是少数民族地区，而在中国历史上，少数民族的社会经济发展一直落后于汉族，这是中华民族发展史的重要特征。直到近代，在东部沿海地区封建地主经济相当成熟、资本主义经济日益发展的情况下，我区许多地方仍处于落后的奴隶制阶段甚至原始公社制度阶段。

（2）长期以来推行以牺牲农业利益进行工业化积累的非均衡增长战略，也就是公农"剪刀差"剥夺了农产品本就微薄的利润，工业化发展造成地区发展不平衡，农村人力资本大量流失。

（3）首先客观上存在的城乡差距和宏观调控的部分结果，使城市居民的直接收入高于农村居民，而社会服务制度和社会保障制度又使城市居民的间接收入大大高于农村居民；其次，户籍管理制度的制约性也是导致我国农村贫困的社会根源；最后，城乡社会福利制度方面的差距较大，有待持续缩小城乡差距。

四、内蒙古农牧区扶贫开发的任务

1. 制定合理的贫困线标准

1986 年和 2010 年，国家先后两次调整扶贫标准。2008 年确定扶贫标准为农民年人均纯收入 1196 元，2010 年根据物价指数调整为 1274 元。2008 年之前内蒙古一直执行国家统一的扶贫标准。2008 年在国家调整扶贫标准之后，内蒙古自主制定了农区 1560 元、牧区 1800 元的自治区扶贫标准。2011 年 10 月内蒙古重新制定了农区 2600 元、牧区 3100 元的自治区扶贫标准。"十三五"期间，扶贫投入将达到 1000 亿元以上。到 2020 年，全区 80 余万贫困人口全部脱贫、31 个国家重点贫困旗县全部摘帽。这些人口主要分布在边远牧区、沙区、山区、革命老区、少数民族聚居区，这些地区基础条件薄弱、生态环境恶劣、生产结构单一、收入来源不足，少数民族贫困问题较为突出，常规措施难以奏效，这80 万贫困人口是扶贫多年来剩下的最难的一部分人，贫中之贫，困中之困，是一块难啃的硬骨头。

2. 调整并确定扶贫开发的重点旗县

国务院扶贫办已征求了关于贫困县、贫困村退出办法的修改意见，确定西部省区贫困县和贫困村贫困发生率降到 4% 即可退出。

（1）按照贫困旗县 2017 年底前全部摘帽的目标，每年减贫 50%，国贫旗县 2019 年前摘帽、每年减贫 25% 的目标测算，到 2017 年为 25 个，其中国贫县 12 个，区贫县 13 个；到 2018 年为 7 个，全部为国贫县；到 2019 年为 9 个，全部为国贫县。

（2）贫困村摘帽：按自治区"三到村三到户"工作方案，到 2017 年 2834 个贫困村项目实施期结束。所以也要按照逐年退出的原则，凡经过扶持、贫困发生率低于 4% 的即可退出。

3. 扶贫效果检测

对于扶贫效果首先要加强督查考核旗县（市、区）每年要向上级政府报告扶贫开发工作进展情况，盟市要加强督查，并向自治区政府报告扶贫开发工作。自治区每年要对各地区扶贫开发工作进展情况进行检查考核，并公布考核结果。各级政府每年要向同级人大报告扶贫开发工作进展情况。加强扶贫开发统计监测。进村入户开展督查和验收，由农牧户签字确认脱贫结果。

（1）建立指标评估体系（见表 7 - 21）。

表 7 - 21　扶贫项目绩效评估的一般指标

指标类别	指标
扶贫项目投入	扶贫资金投入数量、扶贫资金到位情况、扶贫资金利用率、扶贫资金投向等
扶贫项目管理	项目招投标、资金项目报账率、项目公示公告、项目违规违纪等
扶贫项目产出	项目建设内容完成率、项目计划内容完成率等
扶贫项目效果	经济效果：贫困人口减少率、恩格尔系数、收入增长率等 社会效果：学龄前儿童入学率、失学率、新农合参合率、通水通电比率等 环境效果：退耕还林还草率、森林覆盖率、自然灾害发生率、植树造林率等

（2）计量回归模型。在扶贫项目瞄准绩效的评估中，对扶贫资金投放需求瞄准的评估，借助扩展的 C - D 生产函数构建多元回归模型。可以通过考察扶贫资金的贡献率，看各类资金投入对减贫的作用大小，是否符合贫困地区的发展和贫困农户的需求。资金的投向大致包括种养殖业等生产行业投入（x_1）、基础

水利设施投入（x_2）、教育培训投入（x_3）、道路设施投入（x_4）以及卫生设施投入（x_5）。因此，改造后的生产函数为：

$$y = Ax_1^\alpha x_2^\beta x_3^\gamma x_4^\delta x_5^\varepsilon$$

其中，x_i 分别表示四类用途资金的投入额，y 是贫困发生率，α、β、γ、δ、ε 分别是五类扶贫资金投入的产出弹性系数。将生产函数两边取对数，得到：

$$\ln y = \alpha \ln x_1 + \beta 1 n x_2 + \gamma \ln x_3 + \delta \ln x_4 + \varepsilon \ln x_5$$

通过最小二乘法得到回归系数，由于 y 是贫困发生率，然后取各弹性系数绝对值并排序，来判断四类资金的投入对减贫的贡献率。然后同扶贫各类投向资金额大小进行比对，看是否符合地区发展需求。

五、内蒙古农牧区扶贫开发的途径及内容

以精准扶贫、精准脱贫为主线，在减贫计划安排上，按照自治区提出分两步走的部署，区贫旗县内贫困人口两年完成，贫困发生率降到4%以内。目前，中国政府专项扶贫资金主要包括财政扶贫资金和信贷扶贫资金。财政扶贫资金又包括支援不发达地区发展资金、新增财政扶贫资金、以工代赈资金等。1997年，国务院为了加强对各类扶贫资金的管理，提高使用效益，制定了统一的《国家扶贫资金管理办法》。该办法对各类扶贫资金的扶持对象、条件等作了明确规定，强调各类扶贫资金要根据扶贫攻坚的总体目标和要求，配套使用，形成合力，发挥整体效益。不同渠道的扶贫资金的投入重点是：财政扶贫资金主要用于建设基本农田、兴修小型水利工程、解决人畜饮水困难、修建乡村道路、科技培训和推广农业实用技术等；扶贫信贷资金主要用于增加贫困户当年收入的种养业项目。同时，各级扶贫工作专门机构加强对扶贫资金管理使用的检查、监督。审计部门对扶贫资金的使用情况严格审计，发现问题及时查处。这些措施对提高扶贫资金使用效益、如期实现基本解决贫困人口温饱问题的目标发挥了关键作用。

1. 建档立卡

做好建档立卡工作"回头看"，特别要做好审计发现问题的核实、整改工作。一是要组织动员各方面力量做好贫困户信息核实和纠正工作。包括两方面，要充分依靠贫困旗县党委、政府开展建档立卡"回头看"工作，要动员组织旗县、乡镇、嘎查村三级干部和驻村工作队参与；由旗县党委及政府组织财政、

工商、税务、农机、住建等部门对建档立卡贫困户有关信息进行逐一核查，扶贫部门负责提供贫困户名单，并对有问题人员进行实地核实、整改。二是层层落实责任。设计制作贫困户识别核实表，对贫困户核实人员、审核人员、审批人员层层签字画押，做到任务到人、责任到人，哪个环节出问题哪个环节承担相应责任。三是把握时间节点。按照要求按期完成纸质材料、信息采集、整改工作。

2. 金融扶贫

自 2013 年 11 月起内蒙古在 57 个贫困旗县启动实施了金融扶贫富民工程。与此同时，内蒙古自治区政府专门制定出台了《内蒙古自治区金融扶贫富民工程实施方案（2013～2017 年）》，决定从 2013 年至 2017 年，内蒙古自治区本级财政每年安排 4.75 亿元作为风险补偿金，与中国农业银行股份有限公司内蒙古分行合作，按照 1:10 的比例撬动不少于 50 亿元的信贷资金，重点支持贫困村、贫困户"一村一品、一乡一业"产业发展。

3. 全面落实"三到村三到户"项目

为了让每一个贫困嘎查村、每一个贫困户都有人帮、有人带，继续在完善领导干部联系包扶工作机制的基础上，精心选派驻村工作队对还未脱贫的重点嘎查村，开展"点对点""一对一"的规划到村到户、项目到村到户、干部到村到户的工作。从自治区、盟市、旗县三级党政机关和企事业单位抽调干部，为每个贫困嘎查村确定一个帮扶单位，由帮扶单位派出驻村任职的工作队长和工作队员，负责帮助村级"两委"班子规划好有关基础设施建设、公共服务、特色产业、村容村貌、生态环境、基层组织建设六项任务。

六、内蒙古农牧区扶贫开发的政策保障

广大的农村牧区精准识贫、精准扶贫、精准脱贫和精准解决相对贫困是一项由党中央全面领导和部署、各级政府和部门、各行业和全社会共同集体行动的国家工程。内蒙古自治区要继续大力实施产业扶贫工程，继续推进十大扶贫主导产业发展，探索资产收益长效扶贫机制，对于财政专项扶贫资金和其他涉农涉牧资金投入设施农牧业、养殖、光伏、水电、乡村旅游等项目形成的资产，可以折股量化给贫困嘎查村和贫困户。同时支持农牧民合作社和其他经营主体通过土地托管、牲畜托养、吸收农牧民土地经营权入股等方式，带动贫困户

致富。

在教育和健康扶贫工程方面，继续对不在低保范围的建档立卡贫困户子女接受中高等职业教育给予一定的资助。同时研究出台对建档立卡贫困户的医疗扶持政策，加大新农合、大病保险制度政策倾斜，提高报销比例，对仍有困难的实施医疗救助、临时救助、慈善救助，防止因病致贫、返贫。

参考文献

［1］内蒙古自治区农牧业厅．2014 年内蒙古自治区种植业发展概况［EB/OL］. http：//www. nmagri. gov. cn/zwq/nmygk/zzy/448108. shtml，2015 – 04 – 08/2017 – 05 – 04.

［2］内蒙古自治区统计局．2010 年内蒙古国民经济和社会发展统计公报［EB/OL］. http：//www. nmgtj. gov. cn/nmgttj/tjgb/jjshfztjgb/webinfo/2011/03/1414401 855876992. htm，2011 – 03 – 21/2017 – 05 – 04.

［3］内蒙古自治区统计局．2011 年内蒙古国民经济和社会发展统计公报［EB/OL］. http：//www. nmgtj. gov. cn/nmgttj/tjgb/jjshfztjgb/webinfo/2012/031414401 855879272. htm，2012 – 03 – 16/2017 – 05 – 04.

［4］内蒙古自治区统计局．2012 年内蒙古国民经济和社会发展统计公报［EB/OL］. http：//www. nmgtj. gov. cn/nmgttj/tjgb/jjshfztjgb/webinfo/2013/03/14144 01855882122. htm，2013 – 03 – 18/2017 – 05 – 04.

［5］内蒙古自治区统计局．2013 年内蒙古国民经济和社会发展统计公报［EB/OL］. http：//www. nmgtj. gov. cn/nmgttj/tjgb/jjshfztjgb/webinfo/2014/03/1414 401855885702. htm，2014 – 03 – 16/2017 – 05 – 04.

［6］内蒙古自治区统计局．2014 年内蒙古国民经济和社会发展统计公报［EB/OL］. http：//www. nmgtj. gov. cn/nmgttj/tjgb/jjshfztjgb/webinfo/2015/03/1436 260364759396. htm，2015 – 03 – 13/2017 – 05 – 04.

［7］何满喜，王桂霞．内蒙古农牧民人均纯收入的统计分析［J］. 华北农学报，2003（1）.

［8］内蒙古自治区农牧业厅．2014 年农牧业机械化发展概况［EB/OL］. http：//www. nmagri. gov. cn/zwq/nmygk/nyjx/433586. shtml，2015 – 03 – 03/2017 – 05 – 04.

［9］内蒙古自治区农牧业厅. 2014 年全区农牧业产业化发展情况［EB/OL］. http：//www. nmagri. gov. cn/zwq/nmygk/农牧业产业化发展概况/472538. shtml，2015 - 06 - 04/2017 - 05 - 04.

［10］内蒙古新闻网. 内蒙古农牧民专业合作社达 32446 户［EB/OL］. ht-tp：//inews. nmgnews. com. cn/system/2013/09/30/011149554. shtml，2013 - 09 - 30/2017 - 05 - 04.

［11］张春慧. 内蒙古农牧业发展现状及思索［J］. 内蒙古农业科技，2013 (2)：14.

［12］栗林，辛庆强，吉鹏华. 内蒙古农村牧区经济发展存在问题与对策［J］. 畜牧与饲料科，2014，35（12）：64 - 65.

［13］内蒙古自治区农牧业厅. 内蒙古自治区农畜产品加工业"十二五"发展规划［EB/OL］. http：//www. nmagri. gov. cn/zwq/ghjh/389150. shtml，2013 - 06 - 04/2017 - 05 - 04.

［14］刘硕敏. 探析内蒙古地区农畜产品质量安全问题［J］. 中国管理信息化，2016，19（16）：133 - 134.

［15］尉强. 浅谈内蒙古畜产品质量安全状况［J］. 经济研究，2014（3）：7 - 8.

［16］刘姝威等. 增加农民收入路径研究［J］. 中央财经大学学报，2013 (6)：75 - 79.

［17］童光霁，张林. 农民增收的核心影响因素分析［J］. 统计与决策，2013（13）：92 - 95.

［18］王宇露，刘芳. 粮食主产区农民转移性收入和财产性收入增收探讨［J］. 安徽农业科技，2007，35（16）：4993 - 4994.

［19］孙法强. 试论人口因素对农民增收的影响［J］. 河南农业，2011 (20)：16 - 17.

［20］谢松. 贵州农民收入增长与城镇化发展的关系［J］. 贵州农业科学，2010（10）：213 - 217.

［21］李清秀. 农民工资性收入增长存在的问题及对策［J］. 职业时空，2007，3（2）：32 - 34.

［22］郭晓川，宝音都仍. 内蒙古矿产开发与草原生态服务互动关系研究

[M]．呼和浩特：内蒙古大学出版社，2010.

[23] 陈妍，李保国，刘刚，展志刚．资源与环境系统分析 [M]．北京：北京师范大学出版社，2008.

[24] 陈建宏，古德生．矿产资源经济学 [M]．长沙：中南大学出版社，2010.

[25] 李莫楠．内蒙古采矿业企业社会责任研究 [D]．内蒙古大学硕士学位论文，2016.

[26] 马武旭．内蒙古察右中旗银宫山花岗岩矿矿山地质环境的保护与治理 [D]．中国地质大学硕士学位论文，2016.

[27] 张垚．内蒙古资源型城市产业转型升级的财政政策研究 [D]．内蒙古财经大学硕士学位论文，2015.

[28] 田婷婷．内蒙古大兴安岭典型矿区矿产资源开发对土地资源的影响 [D]．内蒙古农业大学硕士学位论文，2015.

[29] 王朗．西部十二省金融与矿业发展的因果关系研究 [D]．中国地质大学博士学位论文，2014.

[30] 郝俊峰．内蒙古自治区矿产资源整合模式与有效途径研究 [D]．中国地质大学博士学位论文，2014.

[31] 张纫兰．重要大宗金属矿产资源战略接续区综合评价与区划 [D]．中国地质大学博士学位论文，2014.

[32] 王蓉．内蒙古草原区矿区土地利用/覆盖及景观格局动态 [D]．内蒙古大学硕士学位论文，2013.

[33] 张运美．资源型城市转型中的政府政策支持研究 [D]．东北师范大学硕士学位论文，2013.

[34] 包歌根塔娜．内蒙古矿产资源开发生态补偿研究 [D]．内蒙古大学硕士学位论文，2009.

[35] 孙玉梅，郝俊峰，郝晓琳．内蒙古潜在优势非金属矿产资源的开发利用分析 [J]．中国矿业，2017（4）：51－57.

[36] 赵彦璞，张腾．新形势下内蒙古超低品位矿产资源开发利用分析 [J]．中国矿业，2016（8）：86－89.

[37] 达林太，于洪霞．矿产资源开发利益分配研究——以内蒙古为例 [J]．

内蒙古大学学报（哲学社会科学版），2015（5）：84－93.

［38］郝俊峰，高征西，闵慧．浅析我国潜在优势非金属矿产资源的开发利用与保护——以内蒙古乌兰察布市石墨、萤石、电气石矿为例［J］．西部资源，2015（2）：86－88，91.

［39］李文龙，林海英，崔秀萍．内蒙古矿产资源开发的生态补偿研究［J］．内蒙古财经大学学报，2015（1）：5－8.

［40］孔燕．和谐视域下内蒙古矿产资源的开发与利用［J］．产业与科技论坛，2014（21）：22－23.

［41］薛茗文，苗苗，张丽．民族地区矿产资源开发利用过程中失地牧民经济利益保障研究——以内蒙古鄂尔多斯市为例［J］．内蒙古科技与经济，2013（12）：3－4.

［42］杜淑芳．矿产资源开发与草原生态环境保护的对策建议——以内蒙古地区为例［J］．包头职业技术学院学报，2013（1）：12－14.

［43］王关区，陈晓燕．牧区矿产资源开发引起的生态经济问题探析［J］．生态经济，2013（2）：89－93.

［44］屈燕妮．建立健全矿产资源开发生态补偿机制——以内蒙古地区的实践为例［J］．内蒙古财经学院学报，2012（6）：22－25.

［45］李吉焱，杜金锐，叶水盛，许亚明．SWOT分析法在矿产资源开发利用中的探讨——以内蒙古锡林郭勒盟为例［J］．世界地质，2010（4）：677－682.

［46］岳荣，史锐．基于SWOT分析的巴彦淖尔市采掘业生态补偿机制研究［J］．环境与发展，2015（5）：14－18.

［47］王玉涛，刘慧军．草原牧区生态补偿实施效果研究——以锡林郭勒盟为例［J］．现代营销（下旬刊），2015（9）：42－43.

［48］汪中华，邹婧喆．内蒙古草原矿产资源开发与生态环境耦合研究［J］．地域研究与开发，2015（5）：138－142.

［49］肖海峰，张莹，王贝贝，陈甜．中国毛绒用羊产业经济研究［M］．北京：中国农业出版社，2015.

［50］张志．山羊绒纤维鉴别图谱［M］．呼和浩特：内蒙古人民出版社，2014.

［51］李芝兰．内蒙古羊绒产业发展战略研究［D］．内蒙古农业大学硕士

学位论文，2010.

　　［52］张国军．内蒙古羊绒产业市场环境分析［D］．内蒙古大学硕士学位论文，2007.

　　［53］贾佳．民族地区特色工业园区发展问题研究［D］．内蒙古大学硕士学位论文，2016.

　　［54］陈甜．中国绒毛用羊生产比较优势与区域布局研究［D］．中国农业大学硕士学位论文，2015.

　　［55］段春辉．褪黑激素调控山羊绒生长的模式及机理初探［D］．中国农业大学硕士学位论文，2016.

　　［56］欧云．蒙古国羊绒企业的国际化经营研究［D］．首都经济贸易大学硕士学位论文，2014.

　　［57］李婷．宁夏羊绒产业发展战略研究［D］．西北民族大学硕士学位论文，2011.

　　［58］肖蓉．中国羊绒业对外贸易可持续发展战略研究［D］．西南财经大学硕士学位论文，2010.

　　［59］张立中，谭向勇，潘建伟．羊绒市场分析与中国羊绒业发展战略［J］．世界农业，2003（8）：15－17.

　　［60］张立中，潘建伟．羊肉市场分析与内蒙古肉羊业发展战略［J］．农业经济问题，2002（S1）：17－21.

　　［61］崔万成．毛绒品质好了　牧民钱包鼓了　晒晒内蒙古毛绒质检体制改革成绩单［J］．中国纤检，2016（9）：39－41.

　　［62］宝音都仍，伊达木，甘南．蒙古国山羊绒、羊毛生产及中蒙贸易［J］．中国畜牧杂志，2015（18）：31－33，39.

　　［63］杜富林，刘志娟．内蒙古自治区羊绒产区结构变动及成因分析［J］．中国畜牧杂志，2015（8）：32－37.

　　［64］内蒙古鄂尔多斯诞生一批转基因克隆绒山羊　数量世界最大［J］．今日畜牧兽医，2013（10）：68.

　　［65］郭天芬，李维红，牛春娥，杜天庆，席斌，常玉兰，梁丽娜．不同产区河西绒山羊产绒量及羊绒品质分析［J］．黑龙江畜牧兽医，2013（1）：55－58.

［66］李福贵，徐绚绚. 2010/2011 年度内蒙古自治区山羊绒产业状况分析报告［J］. 中国纤检，2012（19）：38 - 39.

［67］刘娜，黄小葵，常伟. 以内蒙古羊绒产业为例探讨区域产业品牌战略的构建［J］. 中国市场，2012（26）：51 - 53.

［68］于芳萱，李昊，高树新. 蒙古国绒山羊产业概况［J］. 现代经济信息，2017（2）：365.

［69］鄂尔多斯，世界羊绒产业新坐标［J］. 纺织服装周刊，2016（36）：68 - 69.

［70］宝音都仍，伊达木，甘南. 蒙古国山羊绒、羊毛生产及中蒙贸易［J］. 中国畜牧杂志，2015（18）：31 - 33，39.

［71］王家明. 辽宁绒山羊粪便的处理与利用［J］. 当代畜禽养殖业，2015（1）：10.

［72］满达，宝音都仍，图雅日呼. 山羊绒生产及其产品贸易［J］. 中国畜牧杂志，2012（24）：11 - 14.

［73］宝音都仍，满达，王治国. 我国山羊绒生产、出口状况及未来发展分析［J］. 中国畜牧杂志，2006（10）：11 - 13.

［74］丁丽娜，肖海峰. 我国羊绒产业发展战略研究——基于我国羊绒产品需求现状分析［J］. 价格理论与实践，2012（7）：86 - 88.

［75］张立中，贾玉山. 羊绒市场分析与中国羊绒产业发展战略［J］. 北京工商大学学报（社会科学版），2009（6）：117 - 121.

［76］杨春，王明利，刘亚钊. 中国的苜蓿草贸易——历史变迁、未来趋势与对策建议［J］. 草业科学，2011（9）：2.

［77］宝音都仍，美丽. 苜蓿草种植、加工及进出口贸易［J］. 黑龙江畜牧兽医，2014（9）：219 - 221.

［78］布日格勒. 内蒙古苜蓿草产业融资能力研究［J］. 经济论坛，2013（11）：44 - 46.

［79］哈斯巴特尔，郭玲玲，丁利芳，赵景峰. 内蒙古草产业现状及发展对策［J］. 草原与草业，2016（3）：7 - 10.

［80］哈斯巴特尔，姚蒙. 内蒙古苜蓿种植现状及发展对策［J］. 当代畜禽养殖业，2012（5）：3 - 8.

[81] 刘永录，史永强，高巧玲. 内蒙古巴彦淖尔市苜蓿种植现状及发展规划 [J]. 畜牧与饲料科学，2013（12）：35－37.

[82] 内蒙古农牧业产业化龙头企业协会. 国家级农业产业化重点龙头企业名单 [EB/OL]. http：//www. nmcyh. com/product_ otherxx. php？id＝760&classid＝29，2019－12－27.

[83] 内蒙古农牧业产业化龙头企业协会. 自治区级农牧业产业化重点龙头企业名单 [EB/OL]. http：//www. nmcyh. com/product_ otherxx. php？id＝759&classid＝30，2019－12－27.

[84] 姚凤桐. 中国反贫困政策及其今后的课题 [D]. 日本弘前大学学术报告，2000.

[85] 姚凤桐. 中国少数民族地区农民贫困问题的考察 [C]. 日本农业经济研究论文集，1998.

[86] 姚凤桐. 中国少数民族地区农民的贫困及解决方略 [D]. 内蒙古农业大学博士学位论文，1999.

[87] 姚凤桐. 现阶段贫困测定的到达点 [J]. 北方经济，2003（12）.

[88] 阿马蒂亚·森. 贫困与饥荒 [M]. 北京：商务印书馆，2001.

[89] 朱玲. 中国扶贫理论与政策述评 [J]. 管理世界，1992（4）.

[90] 刘志文. 21 世纪扶贫战略新思考 [J]. 农业经济问题，2000（8）.

[91] 吴忠. 扶贫项目运作系统与减缓贫困研究 [D]. 北京大学硕士学位论文，1996.

[92] 汪三贵. "反贫困与政府干预" [J]. 农业经济问题，1994（3）.

[93] 夏英. 贫困与发展 [M]. 北京：人民出版社，1995.

[94] 亚洲开发银行，国务院扶贫办外资项目管理中心. 中国农村扶贫方式研究 [M]. 北京：中国农业出版社，2002.

[95] The World Bank. World Development Repot 2000/2001：Attacting Povety Reduction [M]. New York：Oxford University Press，2000.

[96] UNDP. Overcoming Human Poverty [R]. 2000.

第八章　区域空间格局与城乡一体化

内蒙古区域空间格局在我国各省份中特征明显，即土地辽阔，人口密度、经济密度低。全境东西狭长，横亘东北、华北、西北北部，内与黑龙江、吉林、辽宁、河北、山西、陕西、宁夏、甘肃、青海九省区相邻，外与俄罗斯、蒙古国接壤。从森林到荒漠戈壁生态种类齐全，草原广袤、类型丰富，矿产资源富饶。境内历史文化积淀在不同地域上，从8500年前的史前文化延续到现代，包含以我国北方蒙古族游牧与农耕文化为主体，以及东北到西北的各地域文化、都市文化、北方乡村文化和草原牧区文化；境内城市、城镇、乡村、草原差异鲜明，现代化工业生产与传统草原放牧生产方式及各类中间态并存，拥挤繁华的现代化都市与百顷一户的牧区及各类规模城乡中间体并存。

第一节　区域空间格局

一、内蒙古区域格局的特征

内蒙古在我国地理上具有地处内陆、东西狭长、北部边疆的三个特征，自然资源禀赋和气候条件在不同区域的差异较大。地理、自然条件、资源禀赋的交互作用，以及人们利用自然资源方式的演进，决定着内蒙古区域空间基本格局的演变。

内蒙古素以"东林、西铁、南粮、北牧"著称。即东部有以呼伦贝尔市所属大兴安岭北麓为主体的林业生产区域；西部有以包头市白云鄂博铁矿和包头钢铁生产体系为主体的国家钢铁基地；南部有呼伦贝尔市大兴安岭南麓农耕区，赤峰市、通辽两市松嫩平原北部旱作农业区，呼和浩特市、包头市南部土默川平原旱作农业区和巴彦淖尔市的黄河河套灌区；北部则是全国省区中面积最大，以生产牛羊为主的草原放牧区。伴随我国现代经济体系对能源需求的不断扩张，内蒙古煤炭资源勘探、煤炭生产不断发展，由于煤炭储量居于全国各省区先列，且在内蒙古呼伦贝尔市、锡林郭勒盟、鄂尔多斯市、乌海市、阿拉善盟由东到西均有集中储藏，事实上，内蒙古已经是"东林、西铁、南粮、北牧、遍地矿藏"经济地理格局。

1. 内蒙古"东中西"到"东西"区划发展格局的演变

内蒙古狭长的区域特征对内蒙古区域发展格局带来重要影响，但在内蒙古的各项区域规划中，影响区域划分的主要因素还是内蒙古各地方资源禀赋的差异。2010 年，内蒙古将所管辖的地域划分为东、中、西三部分，即呼伦贝尔市（原呼伦贝尔盟，含满洲里市）、兴安盟、通辽市、赤峰市为东部区，锡林郭勒盟（含二连浩特市）、乌兰察布市、呼和浩特市为中部区，包头市、巴彦淖尔市、鄂尔多斯市（原伊克昭盟）、乌海市、阿拉善盟为西部区。

随着内蒙古主导产业发展的转换，也为了进一步推进盟市之间的合作，扩大经济发展较快区域的辐射和带动效应，在 2010 年之后，内蒙古逐步明确将全境区域划分为东部和西部两部分，即以社会经济发展较好、社会资源集中的呼和浩特市、包头市、鄂尔多斯市（简称"呼包鄂"）为中心，力图带动阿拉善盟、乌海市、巴彦淖尔市、乌兰察布市四个盟市，所谓"3 + 4"的西部区；由赤峰市、通辽市、锡林郭勒盟（含二连浩特市）、兴安盟、呼伦贝尔市（含满洲里市）组成的东部区。2016 年，《内蒙古自治区国民经济和社会发展第十三个五年规划》中，确定了东部区以"锡赤通"经济集聚区为核心建设东部经济增长极的战略。自此，形成了西部"呼包鄂"、东部"锡赤通"为区域中心，既有区域内部协同，亦有东、西部之间协作的空间发展格局。

当然，关于内蒙古区域经济发展的空间格局的具体划分，需要进一步立足于内蒙古发展的区情，要充分适应国家改革开放发展战略的要求，特别是需要进一步对接"一带一路"—中蒙俄经济走廊共同建设的愿景和京津冀协同发展、东北振兴的国家重大区域发展战略的要求，更需要特别落实如何"把祖国北疆这道风景线建设得更加亮丽"的总要求。本书的论述基本按照东、中、西的划分格局，即把呼包鄂三市作为内蒙古的中部核心地区，把巴彦淖尔市、乌海市、阿拉善盟三个盟市划为内蒙古的西部地区，把呼伦贝尔市、兴安盟、通辽市、赤峰市、锡林郭勒盟和乌兰察布市六盟市划为内蒙古的东部地区。

2. 农区、牧区与半农半牧区的划分

依据降水条件、土地肥沃程度以及历史上形成的农牧业生产方式，内蒙古的农牧业区被划分为以从事种植业为主的农区、以放牧等传统畜牧业为主的牧区和夹杂有种植业与放牧生产方式的半农半牧区。

内蒙古农区分布于大兴安岭沿山的延长地带，经西辽河平原向西直至黄河河套地区的狭长地带，按照县域行政区划，内蒙古农业区共有22个县市区，包括呼和浩特市土默特左旗、托克托县、和林格尔县、清水河县、武川县，包头市土默特右旗、固阳县，呼伦贝尔市牙克石市、额尔古纳市、根河市、鄂伦春自治旗，赤峰市元宝山区、宁城县，乌兰察布市集宁区、丰镇市、卓资县、化德县、商都县、兴和县、凉城县，巴彦淖尔市临河区、五原县。

内蒙古农区在不同农业产业带上呈现出不同特征。大兴安岭气候寒冷无霜期较短，但土地肥沃，土地资源丰富，加之大部分地区在20世纪50年代末期才开始以国营农场为主体的农业开发，因而，农业的规模化水平较高，农户经过不断调整，家庭拥有的耕地面积较大。经过不断整合，现有由位于大兴安岭北麓的海拉尔国营农场和位于南麓的大杨树国营农场合并而成的海拉尔国营农场，其机械化水平达到了95%以上。兴安盟、赤峰市、通辽市向西延伸至乌兰察布市农区以旱作农业为主。分布于呼和浩特市西部、包头市南部的土默川平原与分布于巴彦淖尔中部的河套灌区是历史上我国北方的重要农业区，该地区光照时间长、土地富集、水资源充沛，农业种植历史悠久，与周边干旱地区农业资源质量差异较大，河套灌区历史上留有"黄河百害唯富一套"之誉。

内蒙古牧区旗市共有33个，包括呼伦贝尔市鄂温克族自治旗、新巴尔虎左旗、新巴尔虎右旗、陈巴尔虎旗，兴安盟科尔沁右翼中旗，通辽市科尔沁左翼中旗、科尔沁左翼后旗、扎鲁特旗，赤峰市阿鲁科尔沁旗、巴林左旗、巴林右旗、克什克腾旗、翁牛特旗，锡林郭勒盟锡林郭勒市、阿巴嘎旗、苏尼特左旗、苏尼特右旗、东乌珠穆沁旗、西乌珠穆沁旗、镶黄旗、正镶白旗、正蓝旗，乌兰察布市四子王旗，包头市达尔罕茂明安联合旗，鄂尔多斯市鄂托克前旗、鄂托克旗、杭锦旗、乌审旗，巴彦淖尔市乌拉特中旗、乌拉特后旗，阿拉善盟阿拉善左旗、阿拉善右旗、额济纳旗。半牧区旗市共有 21 个，包括呼伦贝尔市扎兰屯市、阿荣旗、莫力达瓦达斡尔族自治旗、兴安盟科尔沁右翼前旗、扎赉特旗、突泉县，通辽市科尔沁区、开鲁县、库伦旗、奈曼旗，赤峰市林西县、敖汉旗，锡林郭勒盟太仆寺旗，乌兰察布市察哈尔右翼中旗、察哈尔右翼后旗，鄂尔多斯市东胜区、达拉特旗、准格尔旗、伊金霍洛旗，巴彦淖尔市磴口县、乌拉特前旗。

随着农牧业生产方式的不断进步，尤其是在践行生态文明、可持续发展理念下，水资源节约化利用方式不断普及，内蒙古牧区、半农半牧区的生产方式正在逐步向生态环境保护的需求趋近。生态环境脆弱地区建立了以生态环境保护为主的草原利用模式，荒漠、半荒漠草原部分地区实行了全面禁止自然放牧的政策，大部分草原地区实行了季节性禁牧政策。半农半牧区内的草原牧场被纳入生态恢复区统一管理，也按照草原状况实行季节性禁牧。与国家和内蒙古自治区草原生态保护政策相对应的是，在内蒙古草原地域全面实施了以棚圈、网围栏、水井为主要建设内容的草原畜牧业基础设施建设，推广圈养舍饲的畜牧业生产方式，在禁牧期实行圈养舍饲。同时，在农区和交通、土地、社会化服务基础条件较好半农半牧区推进了肉羊、肉牛育肥生产，即收购未成年活畜集中圈养育肥，达到商品化标准后出售或屠宰加工。

3. 基于主体功能区划的内蒙古区域空间格局

按照我国主体功能区划和内蒙古自治区主体功能区规划，内蒙古的区域空间格局按照开发方式划分为重点开发区域、限制开发区域和禁止开发区域；按照开发内容划分为城市化地区、农产品主产区和重点生态功能区。与国家主体功能区划的分类比较，内蒙古没有优化开发区。个中缘由在于优化开发区域的确定标准是经济比较发达、人口比较密集、开发强度较高、资源环境问题更加突出，从而应该优化进行城市化、工业化开发的城市化地区，内蒙古没有达到优化开发标准的区域①。

依据《内蒙古自治区主体功能区规划》要求，内蒙古重点开发区域面积要

---

① 内蒙古政府网．内蒙古自治区主体功能区规划（内政发〔2012〕85 号）〔EB/OL〕. http：// www. nmgfgw. gov. cn/fggz/fzgh/201208/t20120823_ 33899. htm, 2012 -08/2019 -12 -27.

控制在全区国土总面积的 13.1% 以内，农产品主产区面积占全区国土面积的 16.14%，重点生态功能区面积达到全区国土总面积的 70.76%。依据主体功能区划规划，内蒙古重点开发区的主要发展路径是集聚人口与产业，限制开发区中的农产品生产区域的主要任务是提供农畜产品，重点生态功能区的主要功能是提供生态产品、保障生态安全，禁止开发区域主要任务是强制性保护具有代表性的自然生态系统、珍稀濒危野生动植物物种的天然集中分布地、有特殊价值的自然遗迹所在地和文化遗址。

依据上述功能划分，内蒙古确立了未来国土空间开发的三大区域空间格局。一是构建"沿线、沿河"为主体的城市化空间格局。以沿交通干线、沿黄河等主要河流为轴线，以"呼包鄂"等国家和自治区级重点开发的城市化地区为主要支撑，以轴线上其他点状开发地区为重要组成的城市化、工业化空间格局。二是构建"两区、两带"为主体的农业发展布局。以分布于巴彦淖尔市、包头市、呼和浩特市的河套—土默川平原农业主产区，分布于通辽市、赤峰市的西辽河平原农业主产区，以及分布于呼伦贝尔市的大兴安岭沿麓农业产业带，横跨呼伦贝尔市、兴安盟、赤峰市、锡林郭勒盟的呼伦贝尔—锡林郭勒草原畜牧业产业带为主体，以其他适宜农业发展区域为重要组成的农业战略格局。三是构建"两屏、三区"为主体的生态安全战略格局。形成以东部自呼伦贝尔市延绵锡林郭勒盟的大兴安岭和横亘内蒙古中西部的阴山山脉为生态屏障，以主要分布于兴安盟、赤峰、锡林郭勒、鄂尔多斯的沙地防治区、主要分布于阿拉善盟、巴彦淖尔市、鄂尔多斯市的沙漠防治区和主要分布于呼和浩特市、鄂尔多斯市、乌兰察布市的黄土高原丘陵沟壑水土保持区为主体，以点状分布的禁止开发区域为重要组成的生态安全战略格局。

二、内蒙古产业的空间布局

内蒙古产业在区域之间的布局较多依托于内蒙古各地资源分布而展开。2010 年前，由于整体经济运行以资源开发利用为主，以能源、原材料为主要产品，以中央直属企业为代表的国有大型企业为主要生产组织形式，产业分工在内蒙古的各区域间非常清晰。但这一产业分工格局在 2014 年之后开始显现出演变加速的苗头，尤其是在 2015 年后我国乃至世界产业分工格局进行大规模调整时期，内蒙古产业的分工格局也出现一定程度的变动。

1. 内蒙古农牧业的空间布局

（1）种植业空间布局。国家"镰刀弯①"地域农业种植结构调整前，内蒙古农牧业已经形成由东向西产业分工的基本格局和各具特色的地方主导品类。大兴安岭沿麓农业带冷凉地区，农产品主要为小麦、玉米、水稻、大豆、大麦、油菜；大兴安岭南麓的籽瓜、柞蚕、沙果等农副产品也有一定规模。近年来，大兴安岭南麓兴安盟等地域开始发展水稻等品种的高附加值有机（无公害）生产。大兴安岭林区有大量的林下作物产出和特种养殖产品，主要为各种菌类，蓝莓等林果类产品，以及人工驯化养殖的野猪与家猪的杂交品种。西辽河平原则以玉米为主产品，靠近河北的赤峰敖汉旗等地有规模化的谷子等杂粮种植，赤峰市在传统农业生产区划中是北方杂粮生产基地；通辽则以红干椒、芸豆、杂豆等农副产品种植基地著称，该地域以杂粮生产为基础，饲养业较为发达，肉牛、肉鸡、肉鸭养殖不仅规模大，且已经形成了科尔沁肉业、赛飞鸭、草原兴发等肉类品牌。锡林郭勒盟南部地域现代农业种植发展较快，已经形成面向京津冀等华北市场的蔬菜种植基地。乌兰察布市是我国北方重要的马铃薯生产基地，已经形成了从科研到产品研发，涵盖马铃薯繁育、种植、加工的全产业链体系，种薯、商品薯行销全国；乌兰察布、呼和浩特北部等区域也是玉米、燕麦、荞麦等农作物的主产区，随着农业种植品种的丰富，藜麦等作物也得到了一定程度的推广。

2016年，国家"镰刀弯"地域农业种植结构调整启动，内蒙古上述地域重点调整的方向是减少籽粒玉米种植面积，替代以苜蓿、青储玉米等饲料和推广杂粮品种以及马铃薯等大田作物，乌兰察布为此着手引进了藜麦等新的种植品种。由于农产品种植品种的市场化选择正处于调整之中，该地域未来形成的种植结构有一定的不确定性。但可以明确产业基础、种植业与养殖业的互动关系，显示出该地域将成为马铃薯、饲草料、小杂粮、特色农副产品以及优质蔬菜所构成的种植区域，同时，也将进一步巩固内蒙古"我国北方牛羊肉、乳品的重要生产供应区"的地位。

土默川——河套平原灌溉条件优越，形成了油葵、花葵、酱用西红柿、籽

---

① "镰刀弯"地区，包括东北冷凉区、北方农牧交错区、西北风沙干旱区、太行山沿线区及西南石漠化区，在地形版图中呈现由东北向华北—西南—西北镰刀弯状分布，是玉米结构调整的重点地区（《农业部关于"镰刀弯"地区玉米结构调整的指导意见》，2015年11月）。

粒玉米、青储玉米、小麦、西瓜、甜瓜、蔬菜等主要农产品生产的重要区域。黄河小流域近年也发展起食用葡萄、酒用葡萄种植基地，周边地域的沙棘、枸杞等区域作物发展较为稳定。以饲草料生产为基础，在巴彦淖尔市临河区、五原县核心区内已经形成了肉羊育肥、屠宰加工的规模化产业基地，正在逐步形成我国北方地区重要的肉羊及羊肉产品生产交易中心。内蒙古最西端的阿拉善地区则主要有苁蓉、锁阳等沙生植物和骆驼等牲畜养殖。

城郊设施农业。21 世纪以来，内蒙古城市化发展迅速，围绕城市生活所需，在内蒙古各城市周边大规模建设了以阳光温室为主要形态的设施农业，设施农业所种植的农副产品主要集中于蔬菜、瓜果两类，种植的品种较为丰富，多为经济价值较高、露天难以种植的品种，如彩椒、牛奶草莓、火龙果等。呼和浩特、包头等人口比较密集、经济较为发达的城市周边，设施农业在向观光农业、休闲农业和市民对有机农产品有高度需求的方向发展。

（2）养殖业空间布局。内蒙古乳业和肉羊业两大行业在我国北方区域内有明显优势。

肉羊、肉牛等广泛分布于内蒙古呼伦贝尔—锡林郭勒等草原地域。肉羊由东向西分布着巴尔虎羊、乌珠穆沁羊、苏尼特羊、杜蒙羊、乌拉特羊、巴美肉羊、阿尔巴斯白绒山羊等品种，在呼伦贝尔市鄂温克旗、莫力达瓦达斡尔族自治旗、锡林郭勒盟锡林浩特市、赤峰市元宝山区、巴彦淖尔市临河区等地区已经形成了肉羊屠宰加工基地。

内蒙古的现代乳业集中于呼和浩特市、巴彦淖尔市等种植业较为发达的地区，在内蒙古各地均有养殖和加工，乳业企业的数量也较多，除伊利、蒙牛、雀巢等在内蒙古各地有加工企业分布外，大牧场等以巴彦淖尔市为基地的"有机奶"等新兴产品也在不断崛起，乳业是内蒙古农牧业中发展最为成熟且有国际影响的重点行业。

2. 内蒙古现代工业体系区域分工格局

在内蒙古重点产业中，煤炭及其相关产业在工业体系占有重要地位。依托煤炭资源分布，内蒙古煤炭、电力及煤化工产业集中于鄂尔多斯、乌海及周边区域、呼伦贝尔市北部扎赉诺尔、大雁和锡林郭勒盟中部煤炭资源集聚区。随着国家新能源发展的逐步推进，内蒙古风电和太阳能发电作为新能源产业在内蒙古西部各地发展较为迅速，风力发电以乌兰察布市为中心，在鄂尔多斯、巴彦淖尔等盟市均有所发展。在鄂尔多斯、乌兰察布等太阳能资源较富集的地域，太阳能发电也开始形成规模，并与现代农牧业发展进行了有效结合，在巴彦淖尔市、乌兰察布市、呼和浩特市等地，开始建设以太阳能利用与新农村建设相结合的"光伏新村"。

化工产业是内蒙古重要的基础产业。煤化工产业是内蒙古经济结构转型升级过程中被各地方政府予以高度重视的重点产业，其所承载的效用除了推进地方工业发展、巩固自治区产业基础，形成在国内乃至国际产业体系中占有一席之地的优势产业外，还有另一个重要的效用就是提高煤炭资源利用水平，内蒙古自治区政府提出的目标是在 2020 年前后煤炭就地转化率要达到 50% 左右。同时，在与内蒙古相邻的蒙古国与我国边境也蕴藏着丰富的煤炭资源，内蒙古煤化工产业的资源保障优势十分明显。在国家提出绿色发展理念，开始着手治理城市雾霾后，煤化工在城市环境治理中的作用日渐突出，内蒙古成为向京津冀城市群供应煤制天然气的重要基地，生产集中区在赤峰市克什克腾旗和鄂尔多斯市准格尔旗。内蒙古煤化工产业中煤制油、煤制烯烃等生产集中区在乌海市、鄂尔多斯市西部棋盘井工业园区、蒙西工业园区和阿拉善盟东部阿拉善工业园区汇集而成的内蒙古西部"小金三角"区域；在内蒙古东西贯通的省际大通道沿线如鄂尔多斯市准格尔旗大路煤化工工业园区等也在进行较多煤化工项目的建设，煤化工产业已经成为 2010 年以来内蒙古各地产业建设的重点。

内蒙古有丰富的盐碱资源，盐碱化工产业及相关产业主要分布于锡林郭勒、阿拉善、鄂尔多斯三地。氟化工产业分布于乌兰察布市。天然气化工主要集中于鄂尔多斯市的鄂托克旗棋盘井工业园区，这里也是内蒙古西部"小金三角"地带。

包头钢铁公司建设启动的冶金行业是内蒙古现代工业体系建设的起点。钢铁、铝、铅锌、镁、铜材以及稀土等钢铁及有色金属冶炼是内蒙古依托矿产资源和电力发展起来的重要产业。内蒙古的钢铁产业高度集中于包头市的包头钢铁公司以及与之配套的白云鄂博铁矿。白云鄂博铁矿稀土、铌与铁共生，形成了白云鄂博铁矿独特的矿床类型，包头也因此成为我国重要的稀土资源和稀土生产集聚区。有色金属冶炼在内蒙古主要分布于赤峰市、呼伦贝尔市和包头市。赤峰市以铜、铅、锌等为主，呼伦贝尔市主要是产业结构调整后建设的铅、锌冶炼，而包头市借助能源和冶金生产基础优势重点发展起来了铝及其制品产业。

在有色金属冶炼领域较为特殊的是呼和浩特市，该市借助与煤炭伴生的铝所带来的高铝粉煤灰资源特点，发展粉煤灰提炼氧化铝的循环经济产业链。

生物制药是内蒙古 21 世纪发展起来的重要产业，集中分布于呼伦贝尔市、呼和浩特市托克托县、巴彦淖尔市临河区、通辽市科尔沁区四地。内蒙古生物制药所依托的是内蒙古的玉米资源、能源供给优势和气候干燥冷凉空气的气候资源。目前，在氯霉素等原料药和相关的基础药领域已经建成领先于亚洲的生产能力。依托于盐碱资源，在鄂尔多斯市西部建成了螺旋藻等盐藻生产基地。

内蒙古鄂尔多斯市、包头市、呼和浩特市建设了装备制造业、数据中心等新兴行业。其中包头市铁路运输车辆、工程车辆、载重汽车等一度在国内市场居于较高占有率，风力发电机及其零部件生产也已形成了一定规模。鄂尔多斯市在发展汽车工业、照明设备、矿山机械等产业；呼和浩特市在轨道车辆、太阳能发电装置、风力发电机及其配套零部件等行业也正在形成较为稳定的生产能力。

内蒙古在农畜产品加工工业体系中具有国际领先地位的是遍布全区的乳制品产业体系，主要集中于呼和浩特市和巴彦淖尔市临河区，其中，又以"乳都"呼和浩特市著称于世。而食用油、酒类、番茄酱、面粉等种植业加工产品集中于巴彦淖尔市。以牛羊肉为主的肉类生产在内蒙古全区均有分布，但巴彦淖尔市、呼伦贝尔市、锡林郭勒盟肉类生产加工汇集了全区超 65% 以上的产能和产量。

3. 内蒙古服务业体系的空间布局

呼和浩特市是内蒙古自治区政治、文化、科技、高等教育、医疗等社会服务中心城市，基于人口稀少、地域广阔的地理空间特点，内蒙古各盟市在寻求服务产品供给的过程中，各地会倾向于选择就近的其他省区城市，如阿拉善盟东部旗县和鄂尔多斯市西南部的居民会选择在宁夏回族自治区银川市获取服务，而通辽市、赤峰市的居民会选择辽宁省沈阳市获取社会经济活动的服务，即便处于省区中心的呼和浩特市居民和社会组织，也会在有能力的情况下，在北京市获取其所需要的生活、生产服务，乌兰察布市、鄂尔多斯市、巴彦淖尔市等内蒙古西部地区，业已形成以北京市为高端服务获取地的服务消费路径。

在内蒙古区内，呼和浩特市是其金融、科技研发、中介咨询、文化产业、医疗卫生、通信、设计等行业的汇集地。近年来，内蒙古以"云计算"为代表的信息产业、电子商务、网络信息服务等行业也主要集中于呼和浩特市。

在新经济发展中，内蒙古旅游业被作为未来可称为支柱产业的重点发展领域。尽管在当前的旅游业发展体系中展示出来的旅游资源集中于蒙古族文化所产生的草原旅游资源，但内蒙古旅游资源多样化、特色化的潜力较大。内蒙古草原文化旅游资源的丰富性对内蒙古旅游文化产业的发展具有巨大的支撑作用。2017年1月内蒙古提出了发展"全域旅游＋四季旅游"，提出把内蒙古建设成为国际国内重要的旅游目的地的旅游业发展目标。

内蒙古现已形成了四大旅游区。一是分布于大兴安岭及其两翼的呼伦贝尔市与兴安盟区域，以呼伦贝尔草原著称。该区域以森林、草原、湿地、湖泊、温泉、古地质遗迹、冬季冰雪、夏季乘凉等为自然风光载体，赋值以草原民族习俗、渔猎习俗、东北林业生产生活习俗以及"红色"文化、俄罗斯与欧陆等异域文化、加之边境游览。二是锡林郭勒盟与赤峰、通辽两市分布于大兴安岭与阴山之间，以锡林郭勒草原著称。该地域以沙地、典型草原、石林和高原沟壑等为自然风光载体，赋值以红山文化为代表的新石器时代、有元时期、清末民初历史文化遗存、佛教及藏传佛教文化、草原民族习俗、边境观光为主要内容的中部重点旅游区。三是分布于阴山南麓的呼和浩特、包头、鄂尔多斯及乌兰察布和巴彦淖尔两市的区域，该区域以成吉思汗陵为核心，集中了蒙古族传统与现代文化、秦汉文化遗存、西部农耕文化、召庙文化、封建官宦王爷文化、蒙商文化、蒙晋与陕晋文化、内蒙古现代工业文明、现代城市文化等多元文化，在多年来对外宣传形成的民族歌曲、饮食、影视、服装、地方戏曲等元素载体上，与黄河、沙地、草原、黄土高原、湖泊等自然景观相结合的内蒙古核心旅游休闲度假区。四是贺兰山以西广大面积的阿拉善盟及乌海湖周边区域，以胡杨林、巴丹吉林沙漠、东风航天基地著称。该区域以胡杨林、戈壁、沙漠、沙漠湖泊、贺兰山等自然风光为载体，赋值以探险、汽车竞技极限体验、航天猎奇、奇石玉石鉴赏收藏贸易、汉与西夏文化、现代化工产业展示等，形成以体验、探访古迹等为主要活动的旅游区。

4. 蒙古族特色产品生产格局

内蒙古民族产品丰富，特色鲜明，主要包括食品、服装、民族特需品三个领域，各地形成了较明显的、具有不同特点的产品和本地生产规模，其中"炒米、奶茶、手把肉"作为饮食文化的典型代表被广泛传播，但各地因物产和气候等的不同而有所差异。从商品化和知名度看，内蒙古各地民族特色产品有较大影响的是：以呼和浩特市产区为代表的奶茶粉、奶皮子、奶酒等奶制品，以通辽市科尔沁区产区为代表的牛肉干，以锡林郭勒盟正蓝旗产区为代表的奶豆腐、甜奶酪，以呼和浩特市和二连浩特市产区为代表的蒙古族服装设计加工，以呼和浩特市、赤峰市产区为代表的民族旅游纪念品，以鄂尔多斯市和巴彦淖尔市等为代表的铁锅炖羊肉、铁锅焖面、油炸糕、肉碗托等构成了内蒙古商品化水平较高、在一定区域内或国内外享有盛誉的民族特色产品体系。

5. 内蒙古产业发展格局演变趋势

内蒙古由东向西的产业布局特征较为明显，其中呼伦贝尔市为煤炭、煤化工、铅锌冶炼，生物制药、旅游业、油料和肉类等农畜产品生产加工；通辽市和兴安盟为生物制药、肉类等农畜产品生产加工；赤峰市为铜、铅、锌等有色金属冶炼和肉类等农畜产品生产加工；锡林郭勒盟为煤炭、电力、煤化工、旅游业和肉类生产加工；乌兰察布市为风电等清洁能源、农畜产品生产加工和石料等建材加工；呼和浩特市为乳业等农畜产品加工、生物制药、纺织、装备制造、数据中心和现代服务业；包头市为钢铁、稀土、铝业和装备制造；鄂尔多斯市为煤炭、电力、煤化工，盐碱化工、天然气化工、装备制造和旅游业；巴彦淖尔市为肉类、油脂、番茄酱等农畜产品生产加工和生物制药；乌海市为煤化工和盐碱化工；阿拉善盟为盐碱化工、煤化工、建材以及旅游业和观赏石贸易等特色商业。

内蒙古产业分工格局演变呈现出两个较为明显的趋势：一是能源产业的布局会随清洁能源技术的发展向乌兰察布市、巴彦淖尔市、鄂尔多斯市等清洁能源资源富集区汇集。依托能源的高耗能产业如新型建材等产业，也会在内蒙古能源产能较为集中的区域不断发展起来，并会形成对其他人口较为密集省区产业的替代，以及与之相关的风电、光伏发电的设备制造在这些能源富集区也会有所发展。而处理城市废弃物的"城市矿产"处理、再利用等行业会逐渐在乌兰察布市等京津冀周边能源、土地较为富裕区域有所发展。农畜产品加工产业将会在各盟市稳定发展。二是由于新经济需要以技术和人才优势为其发展动力，内蒙古新经济的增长将会主要集中于呼和浩特市、包头市等人口占比较大、城市发育较为现代化、区位条件较好的城市凝聚。

第二节 内蒙古的城镇化与城乡一体化

内蒙古城镇化和城乡发展格局受内蒙古自然气候环境、自然资源禀赋和经济、社会及生态发展水平的影响和制约。新中国成立以来，特别是改革开放以来，内蒙古城镇化与新区建设、城镇化格局层次和城乡一体化建设取得了显著的发展。

一、内蒙古城镇化与新区建设

内蒙古草原区、干旱区的农牧业生产能力较低，在内蒙古主体功能区规划中，内蒙古适宜人口集聚和发展的区域占内蒙古国土面积的不足30%，而重点生态保护区面积达到70.76%。按照该规划，到2020年，内蒙古以城镇为主体的重点开发区域人口占全区总人口比重将达到70%左右，农产品主产区人口的比重将下降到20%左右，重点生态功能区人口占全区人口比重控制在10左右。这种主体功能分区发展的要求，将使内蒙古城镇化具有非常明显的由点状分散向集中布局发展的特征。

内蒙古城镇化起步较晚，但发展快速。内蒙古最初的城镇体系构架与内蒙古农畜产品贸易、军事和区域政治制度密切相关。历史上，内蒙古的城镇建设多以军事要地和区域行政中心为基础建立，如历史上较多旗县的中心镇即为蒙古族王爷居住的地方，现在还有一些王爷府、寺庙等历史遗迹，现代主要城市发展的基础是近代与外埠商贸流通的节点。如20世纪50年代包头钢铁公司的建设，是在以往内蒙古西部重要的商埠包头市开启了内蒙古现代城市的建设，包头、呼和浩特、集宁、海拉尔、乌兰浩特市、牙克石市等城市在我国大规模工业建设时期，是内蒙古工业生产力的重要布局区。随着内蒙古工业化的不断推进，乌海市、临河市（现巴彦淖尔市临河区）、赤峰市（现赤峰市红山区、松山区）、通辽市（现通辽市科尔沁区）等城市建设不断完善，已成为现在内蒙古城镇构架的重要基础。在内蒙古工业化建设时期，为推进内蒙古森林和农牧资源的开发，内蒙古采取了国家经营、规模化建设开发的模式，成立了国营林业局、国营农牧场从事森林工业和农牧业生产。按照我国人口管理制度，在林业局和国营农牧场就业的人口在户籍和相应的社会管理上划为城镇户籍，是内蒙古城市人口的重要组成部分。

20世纪90年代后，基于内蒙古地广人稀、农牧业产出效率较低、边疆地区等自然与社会地理特征，内蒙古城镇化发展在承载工业体系建设的同时，城镇承担了安置、集聚生态脆弱区转移出来的人口，且其教育、医疗、卫生、物资流通等公共服务功能得到了进一步提升。在边境线上，还承担了与蒙古国、俄罗斯边境贸易、进出口通道节点的功能。内蒙古城镇化主要有五条路径，一是常规城市化，即随着工业、服务业、教育等的发展，劳动力逐渐脱离农牧业和农村牧区，进入城市、城镇从事商贸服务和工业等行业；二是产业移民，即随着工矿产业的发展，工矿区农牧民转移到城镇或流出到其他大中城市；三是教育移民，20世纪90年代内蒙古开始将分散于农牧区的中小学集中到旗县中心城镇，学生与家长随之逐渐集聚于城镇；四是生态移民，内蒙古各地政府将生态脆弱、土地产出极低地区的人口转移到土地相对富集的城镇和城镇周边；五是建设移民，即城市、城镇扩张，将原城市、城镇周边农牧业人口纳入城市、城镇。因为内蒙古城乡劳动就业、资产收入和经营性收入的比较收益差距较大，尤其是城市、城镇社会服务供给和社会生活活跃程度要远远高于内蒙古绝大部分农村牧区，所以，内蒙古城市化发展高于全国平均水平，2018年内蒙古常住人口城镇化率达到62.7%。

21世纪以来，内蒙古现代工业体系建设进入全面提质时代，资源优势转化为经济优势的效应不断提升，城镇化进一步带动经济增长和财富积累的效应在进一步体现，城市扩张、城镇型产业园区和新城区建设开始成为内蒙古城镇化的主要形态。由于内蒙古各地新增产业多为资源密集型产业，加之内蒙古土地富集，大量非农牧业用地成为低成本城镇型产业园区建设的重要支撑，为投资商提供了大面积的低成本土地，也成为内蒙古各地招商引资的重要优惠政策。由于内蒙古原有基础设施建设滞后，经济发展进入"房地产经济"时代后，以赤峰市新区建设为开端，内蒙古各地的中心城市开始在原有城市框架之外建设城市新区，这种建设模式逐渐由鄂尔多斯市康巴什新区、乌兰察布市集宁新区、呼伦贝尔市海拉尔区新区等盟市行政中心城市延伸到旗县中心城镇。当然，呼和浩特市、包头市、乌兰浩特市等一些原有区域性城市也在不断快速发展。目前，内蒙古基本形成了原有各城市和城镇区与现代化新城区并存、城镇生活区与产业园区分离的空间格局。

二、内蒙古城镇体系不断完善

随着内蒙古区域经济的不断发展，内蒙古城镇化空间体系建设不断完善，城市和城镇体系的层次、特征和功能在不断健全。

我国北方区域性中心城市——呼和浩特市，是呼包鄂城市群的核心城市。呼和浩特市作为内蒙古自治区首府城市，在内蒙古城市体系乃至呼包鄂城市群中是具有引领、辐射、集散功能的区域性中心城市，具有政治、经济、文化、对外交流等多种功能。呼和浩特市有普通高等学校23所，占全区46%，而高校数量排在第二位的包头市仅有5所；呼和浩特市县以上政府属研究机构及科技信息与文献机构有38个，占全区41%以上，经费支出总额占全区60%以上，其中社会人文科技领域科技经费筹集总额占全区90%以上。呼和浩特市不仅是社会机构数量占据全区绝对多数，其社会人文活动也在全区各城市中占据绝对多数地位。

一般内蒙古城镇体系中的省级区域性中心城市主要包括包头市城区、赤峰市城区、鄂尔多斯市城区、通辽市科尔沁区、乌海市、巴彦淖尔市临河区、乌兰察布市集宁区、呼伦贝尔市海拉尔区。其中赤峰市城区的三个行政区中包含了距离核心区40千米的元宝山区，鄂尔多斯市城区由相隔近20千米的东胜区和康巴什新区构成，其他城市核心城区的各行政区则集中连片，乌海市则是完全的工业城市。这些城市是内蒙古经济、社会、文化较为发达的盟市政府所在地，分别汇集了各盟市的行政机关、主要社会机构和企事业单位。其中包头市是20世纪50年代依托国家重点建设项目包头钢铁公司及其配套产业建设形成的现代化城市——草原钢城、稀土之都，是呼包鄂城市群的中心城市。鄂尔多斯市是国家森林城市和国家重要的清洁能源基地，是呼包鄂城市群的中心城市。

内蒙古城镇体系中的第三梯队为兴安盟乌兰浩特市、锡林郭勒盟锡林浩特市、阿拉善盟巴彦浩特市、满洲里市、二连浩特市，其中满洲里和二连浩特为我国北方重要的口岸城市，满洲里是我国最大的陆运口岸城市，被誉为"东亚之窗"；二连浩特是中国通往蒙古国的唯一铁路口岸，也是中国最大的公路和铁路口岸。满洲里市和二连浩特市是内蒙古两个计划单列市，同核心城市和中心城市相比较，这类城市的功能、规模和辐射带动等作用还处于发展和提升阶段。

内蒙古城镇体系的第四梯队为农牧区旗县中心城镇和工矿区所在城镇，如呼和浩特市武川县可可以力更镇、包头市土默特右旗萨拉齐镇、鄂尔多斯准格尔旗薛家湾镇、赤峰市宁城县八里罕镇等，这些城镇不仅是本地主要经济、社会活动、商贸活动的节点城镇，同时也承担着乡村振兴的重要职能。

第五梯队为农牧区各旗县区内的小城镇，其城镇功能单薄，基本上是提供人口集聚后所需的基本社会服务职能以及与外部联系的节点城镇，因为多是乡镇政府所在，该类城镇也因此具有区域社会管理的职能。在内蒙古人口稀少的牧区该类城镇所住居民和机构总数仅有百余户。

三、内蒙古城乡一体化建设

内蒙古统筹城乡发展的主要内容是加大农牧业基础设施建设，推动农牧业规模化经营；引导农村、牧区人口向城镇转移，引导农牧业劳动力向工业、服务业转移。一些牧区实行按牲畜平均价格和科学载畜量计算牧户达到地方平均收入应有的草场面积，将其他牧户安置在城镇或提供自由择业、择居的条件等方式迁离。在农区推进新农村建设，采取市场和政府相结合的手段，引入农产品加工企业或农产品贸易商确定乡村适宜个体种植或养殖的优良品种，形成农工、农商之间的紧密联合。配合公共财政资金支持阳光温室、光伏新村、种养殖基地等建设，使主要农业区农村整体面貌有了很大改善。在牧区的牧户数量减少且居住更为分散，其"村落"户与户之间距离也有数千米。农村住户不断集聚，单位农户的经营面积不断扩大，种养殖种类较为丰富，农业设施也呈现多元化局面，阳光温室、暖棚、各类家畜养殖场、各类灌溉方式并存的大田等都可能汇集在某一村落；基地化种植也进一步带动了农牧区、城镇农业生产资料贸易的发展和区域性收储加工体系的建设，城乡之间的联通更为紧密。

在农牧区消费方式上，其通信普及率不断提高，尤其是在近年来互联网在农牧区的覆盖面扩大，道路交通供给水平不断升级，移动电话、机动车辆基本成为农牧民必备的生活工具，农牧区消费开始向城镇、电商靠拢，即便是人口稀少的干旱、偏远草原区域，乡镇（苏木）、行政村（嘎查）等商贸服务点也会承担电商结点的服务。随着农牧民收入的提高和交通便利化后，一些较为富庶的农牧民开始在县城购买房屋、商铺，其居住的重心转向县域中心城镇，原居住地的生活等功能在减弱。也就是内蒙古农村牧区的微观结构已经基本改变了传统农村牧区的生产和生活的方式。

2014 年，内蒙古自治区党委和政府启动了农村牧区基本公共服务"十个全覆盖"建设工程，工程历时三年，其规模之大、对内蒙古城乡发展格局及农牧民生活影响之深远。其农村牧区基础设施及基本公共服务建设工程的内容包括农村牧区危房改造、安全饮水、村落乡镇街巷硬化、村村通电和农村电网改造、村村通广播电视和通信、校舍建设及安全改造、村（嘎查）普及建设标准化卫生室、村（嘎查）普及建设文化室、村镇普及建设便民连锁超市及配套商品供应网络、农村牧区常住人口普及养老、医疗、低保等社会保障等工作。所谓"全覆盖"，即要在内蒙古所有的农村牧区全面实施上述基础设施和公共服务建设，各级政府要作为第一任务在规定期限内实现农村牧区无危房、全面提供安全饮水等十项社会服务"无死角"。之后进行全面验收，该项工程从根本上改变了内蒙古城乡发展的基础格局。

在过去已经实现了"村村通油路"的基础上，乡村全部实现通电、通信，人口相对密集的乡村基本实现了通互联网到村，极大地改变了内蒙古农村牧区与外界的通信联系，在牧区大部分村庄和家庭都有亲属或朋友在外地工作和生活的背景下，通信条件的改善对农村牧区打开闭塞的生活空间，及时获取国家、本地和市场及社会活动信息有巨大的意义。普及乡村卫生室、文化室，在实际建设中基本都建在人口数量相对集中，且建有超市、生产资料经营和饭店等有商贸流通服务机构的村（嘎查）委会所在地，为分散的乡村牧区居民提供了便利，一些地方也带动了营利性的教育、娱乐性等服务的进入，事实上在一定程度上启动了农村社区化的进程。城市、城镇的自来水、供暖、垃圾处理、污水处理等基础设施接入周边乡村，各地在积极探索农牧民"就地市民化"的方式，进一步缩小城乡差别。

2015 年，内蒙古开始全面启动新型城镇化建设，其主要内容在于完善城市、城镇功能，削减城镇管理中对农牧业人口的封闭政策，构建开放的城镇功能体系，为城乡居民提供公平、均等化公共服务，使新生代农牧民驻留于世代乡村的约束有所减缓，在政策安排和社会管理上使城乡关系由统筹兼顾转向城乡一体化。内蒙古为了补齐农牧区社会发展和基础建设的"短板"，公共服务建设更多地向农村牧区倾斜。

近年来，内蒙古不断加强农村牧区公共基础设施建设和公共服务，实施了饮水安全巩固提升工程；完成偏远农牧区用电升级改造；开展农村牧区人居环境整治三年行动；大力实施数字乡村战略，推进农村牧区宽带网络和4G网络覆盖。以"互联网＋医疗"带动基层医疗卫生服务能力提升，以"互联网＋教育"推动优质教育资源共享，使公共服务领域的城乡差别进一步缩小。

第三节　东中西协同与国内外合作发展

内蒙古区域的优势互补和高质量的协同发展，主要在于内蒙古内部之间有效协同、内蒙古与国内其他省区之间的有效协作、内蒙古作为边疆省份与邻国及其他国家之间的有效合作。

一、内蒙古由"双向开放"向"全方位开放"转化

内蒙古地域辽阔、资源丰富，毗邻8个省，紧邻蒙古国和俄罗斯，处于我国向北开放的前沿阵地。在20世纪80年代后期，随着国家开放战略的深入实施，内蒙古提出了"双向开放"的经济发展战略，即作为重点省区向北承担国家对蒙古国经贸合作的职责，积极探索加强与蒙古国、俄罗斯的经贸合作；向南与国内省区加强开放合作，积极寻求与周边省区如北京、河北、黑龙江、吉林、辽宁、山西、陕西、宁夏、甘肃、青海等的合作，深入探索与北京、江浙、广东等发达省市之间进行跨区域合作。

随着国内分工体系的不断调整，尤其是伴随国家区域发展战略布局的调整，内蒙古"双向开放"战略的内容不断完善。从整体加入"西部大开发"，东部区部分加入"振兴东北老工业基地"，全力融入"京津冀协同发展"，持续强化服务于我国向蒙古国、俄罗斯开放的"桥头堡"作用，着力建设"呼包银榆经济圈"等，积极参与"一带一路"倡议中的"中蒙俄经济走廊"建设，使内蒙古不断突破其地域限制，跨区合作的程度在持续加强和升级。

2016年11月在中国共产党内蒙古自治区第十次代表大会上，内蒙古提出了全方位扩大对外开放的战略思路。提出要"形成北上南下、东进西出、内外联动、八面来风的对外开放新格局"。包括完善对外开放战略布局，积极推进中蒙俄经济走廊建设，完善同俄蒙合作机制，深化各领域合作，加快建设我国向北

开放的重要桥头堡；扩大对东北亚的开放，打造东北亚地区合作的重要枢纽；密切同港澳台及东南亚的交流合作，拓展向南开放的新空间；加强同中亚、西亚和欧洲的经贸往来，构筑向西开放的国际经贸大通道。提升中蒙博览会的层次和水平。坚持"走出去""引进来"并举，深化国际产能合作和人文交流，在互利共赢中实现新的更大发展。全方位深化区域经济协作，加强同周边省区的务实合作，主动融入京津冀、辽吉黑等地区发展，积极承接沿海地区先进产业转移，抓好跨地区重大基础设施建设和产业园区共建。大力发展口岸经济，加强口岸基础设施建设，抓好重点开发开放试验区、合作先导区和跨境经济合作区、边境经济合作区、综合保税区、跨境旅游合作区等对外开放平台建设①。

二、基于内蒙古区域格局特征的区域协同发展

1. "呼包鄂"协同发展

20世纪90年代初，内蒙古开始重视区域一体化发展，提出区域一体化发展的主要动因在于利用资源集聚优势克服生产要素集聚水平较低，改变盟市县域各自为政的发展状况。最初被关注的区域在乌海、鄂尔多斯西部的棋盘井与阿拉善东部的煤炭资源富集区，该地方被称为"小金三角"。此后这一区域扩展到呼和浩特、包头、鄂尔多斯三市。21世纪初，内蒙古明确建设呼和浩特市、包头市、鄂尔多斯市经济圈，确定其为内蒙古经济发展的增长极战略，积极创建"呼包鄂一体化"发展的运行机制。2016年6月，《呼包鄂协同发展规划纲要（2016—2020年）》印发并实施。

呼包鄂协同发展的核心在于"发挥各地比较优势，从更高层次更广空间促进资源优化配置，塑造要素有序自由流动、主体功能约束有效、基本公共服务均等、资源环境可承载的区域协调发展新格局"。从经济功能安排上，呼和浩特市是内蒙古全区的现代服务业中心，包头市已经建成了钢铁、有色冶金、装备制造和稀土新材料产业，鄂尔多斯市资源富集，煤化工等产业已具有国内领先水平，与地方能源、化工、采掘等主导产业配套的装备制造业也在不断建设，作为国家煤炭主产区、能源输出主力基地和国家现代煤化工生产示范基地的核心区，三地之间各自的优势和差别明显。而在城市功能方面，呼和浩特市具有

---

① 中国共产党内蒙古自治区第十次代表大会报告［R］．2016－11－22．

不可替代的核心地位，加快发展首府经济，增强城市服务功能，提升综合承载和辐射带动能力；强化包头作为内蒙古副中心的城市地位，强化鄂尔多斯市的城镇体系建设与工业化紧密结合，三地协同和相互促进发展。在呼包鄂城镇体系中，鄂尔多斯市的准格尔旗与呼和浩特市城区临近，达拉特旗与包头市城区仅有黄河相隔，包头市土默特右旗与呼和浩特市的土默特左旗及托克托县、和林格尔县等城镇，形成了卫星城镇环绕中心城市的整体格局。旗县域与邻近城市具有协同发展的基础。同时"呼包鄂协同"的另外一个重点是辐射带动乌兰察布市和巴彦淖尔市的联动发展。

在《内蒙古自治区国民经济和社会发展第十三个五年规划纲要》中提出，要促进呼包鄂三市与乌兰察布、巴彦淖尔等周边地区分工协作、协同发展，优先推进交通、通信、生态环保、基本公共服务等领域先行先试；构建环呼包鄂2小时公路圈和1小时快速客运铁路圈。争取国家支持推进三市固话并网升位、区号统一、资费同城，实现通信同城同网；推进以水、大气、土壤和矿山环境为重点的污染综合治理和联防联控；推进三市基本公共服务均衡化、一体化，建立统一的社会保险转移通道。到2020年，基本形成区域一体化交通网络，改善生态环境质量，实现产业联动发展、公共服务共建共享。

2. "锡赤通""霍乌哈"东部盟市间合作发展

内蒙古东部地区经济发展曾滞后于"呼包鄂"地区，东部盟市与其所邻周边省区的经济社会往来和竞争合作关系，在一定程度上分散了区域内部协同发展的动力。当然东部各盟市与周边外省城市合作具有其区域交通、运输便利化的比较优势，但这客观上不利于形成内蒙古东中西部城市、产业和企业间的区域间合作关系。

21世纪初，随着"呼包鄂一体化"发展的深入推进，内蒙古提出了打造东部"锡赤通一体化增长极"的思路，其中赤峰市偏重有色金属冶炼、采掘及农畜产品加工产业现代化水平较高，通辽市继续稳固和提升农牧业发展的基础，锡林郭勒盟能源资源和草原畜牧业资源条件较好；三地之间具备在畜牧业、能源产业和加工产业之间产能合作的条件。但受地域辽阔，过去交通不便利，经济密度低的限制。2016年该地域基础实施条件大为改观，内蒙古自治区正式提出了促进"锡赤通地区合作发展"的思路。

《内蒙古自治区国民经济和社会发展第十三个五年规划纲要》还提出了"推

动霍乌哈金三角区域协同发展",打造区域经济新的增长极的规划。"霍乌哈金三角区域"是指以通辽霍林郭勒市、锡林郭勒盟乌拉盖管理区、兴安盟科右中旗哈日诺尔苏木(布里亚特园区)为核心区的区域范围。这一地区拥有丰富的褐煤、水、土地、旅游等资源,有色金属冶炼加工、煤电等方面也具有一定的产业基础,环境容量相对较大,霍、乌、哈地区各具资源优势和发展条件,且具有良好的合作基础和发展互补性。

3. 内蒙古西部"小三角"一体化发展

内蒙古西部是能源和煤化工、盐碱化工、铁合金、建材、化肥等生产最密集的地方,内蒙古西部"小三角"是以乌海市为中心的乌海市的工业区乌达区、海勃湾区千里山工业园区、海南区西来峰工业园区,鄂尔多斯市西部的棋盘井工业园区、蒙西工业园区,阿拉善盟东部的乌斯太工业园区形成的产业集聚区。这一地域具有煤炭资源富集、水资源充沛和便利进口蒙古国煤炭的区位优势,之所以称为"三角"是因为该地域集聚起的产业在行政管理上分属不同行政区,且三地所辖区域各有优势。但也各有限制,如乌海市区域面积小,土地供应紧张;而乌斯太园区等所在地为乡镇级建制,社会资源配给不足;棋盘井工业园区和蒙西工业园区同其他园区之间,同样存在环境治理和产业结构雷同等现象。

该区域的一体化发展,就是要打破行政区划不同带来的各自为政、自谋发展的障碍,推进基础设施一体化建设,乌海市城区侧重于为该地区提供生活服务和生产性等公共服务;该地区发展的重点在于形成煤炭精深加工等的循环产业体系,培育乌海湖两岸休闲度假区,发展生态文化旅游产业;探索建设与蒙古国等进行产能合作的生产加工基地;持续提高该地区生态环境保护和建设的成效,形成强有力的协调一致的区域治理体系。

三、内蒙古与周边地域的省际合作

1. 融入"京津冀"协同发展

内蒙古与河北相邻,首府呼和浩特市距北京市 520 千米,乌兰察布市、赤峰市、锡林郭勒盟南部旗县等与北京市、天津市有密切往来。特别是北京市及其周边区域的经济社会发展对内蒙古的发展有非常重要的影响。

内蒙古融入京津冀协同发展,一是要完善区域基础设施体系建设。加强与京津冀地区在口岸、公路、铁路、航空、管道等基础设施建设方面的合作,形成联通沿海港口、沿边口岸与内陆腹地高效衔接的综合立体交通网络。二是要推进重点地区生态综合治理合作。探索建立流域生态保护区与受益区横向生态补偿试点机制，强化区域大气污染联防联控，合力整治环境。三是要深化京蒙对口帮扶和区域合作。积极对接非首都功能疏解，重点支持乌兰察布、赤峰、锡林郭勒等地区主动承接北京一般制造业、商贸物流、云计算后台服务等项目，积极争取在内蒙古设立区域总部、生产基地、研发中心和营销中心。四要推进鄂尔多斯和赤峰、乌兰察布、锡林郭勒建设京津冀及周边地区清洁能源输出基地。创新与天津自贸试验区合作模式。共同在内蒙古建设海关特殊监管区域和保税监管场所，构建天津港经内蒙古至俄蒙、中亚和欧洲的经贸通道。

2. 建设"呼包银榆经济区"扩大各盟市与周边地区的合作

"呼包银榆经济区"是国家区域合作战略构成中所确定的我国西部重要的综合能源基地。该经济区地处内蒙古鄂尔多斯盆地腹地，是沟通华北和西部地区的重要枢纽，包括内蒙古自治区的呼和浩特市、包头市、鄂尔多斯市、巴彦淖尔市、乌海市，锡林郭勒盟的二连浩特市，乌兰察布市的集宁区、卓资县、凉城县、丰镇市、察哈尔右翼前旗，阿拉善盟的阿拉善左旗；宁夏回族自治区的银川市、石嘴山市、吴忠市、中卫市的沙坡头区和中宁县；陕西省的榆林市。在这一区域中，阿拉善盟阿拉善左旗、鄂尔多斯市鄂托克前旗等较多与银川市发展合作关系，而乌兰察布市、呼和浩特市等更多与京津冀形成合作发展格局。

内蒙古东部的省际合作主要是融入东北经济区。包括建立与东北三省多层次沟通协商推进机制，协调解决跨省区基础设施建设、产业布局以及区域协调发展等重大事项。建立蒙东地区与东北三省产业合作发展平台，切实推进东北三省与内蒙古东部区域间要素有序流动、资源高效配置、市场深度融合。推进二连浩特等陆路口岸与辽宁省锦州等港口开展中蒙俄国际陆海经济合作。

内蒙古提出构建蒙晋冀（"乌大张"，即乌兰察布、大同、张家口）长城金三角合作区。在乌兰察布建设冬奥会辐射延伸产业基地，与河北省、山西省共同推进实施《蒙晋冀（乌大张）长城金三角合作区规划》，实现三省区毗邻地区合作发展。

3. 着力建设呼包鄂榆城市群

2018年2月，国务院批复了《呼包鄂榆城市群发展规划》，提出要"着力推进生态环境共建共保，着力构建开放合作新格局，着力创新协同发展体制机制，着力引导产业协同发展，着力加快基础设施互联互通，努力提升人口和经济集聚水平，将呼包鄂榆城市群培育发展成为中西部地区具有重要影响力的城市群"的规划建设目标。规划确定该区域的定位是：充分发挥比较优势，彰显区域和民族特色，建设面向蒙俄、服务全国、开放包容、城市协同、城乡融合、绿色发展的中西部地区重要城市群。要将该区域建成全国高端能源化工基地，向北向西开放战略支点，西北地区生态文明合作共建区，民族地区城乡融合发展先行区。内蒙古要全面落实实施《呼包鄂榆城市群发展规划》。

4. 持续加强与我国其他重点区域的合作

内蒙古主要加强与环渤海地区、黄河流域、长江三角洲、粤港澳大湾区、长江经济带等区域的合作，力图实现发达地区、资源互补地区的科技、人才、产业优势与内蒙古自治区资源、政策优势有效对接，建设承接产业转移示范区，通过面向发达省区的招商引资，进一步提升内蒙古产业技术水平。

四、内蒙古在"一带一路"倡议中的国际合作

1. 积极加入国家"一带一路"倡议

构建联通内外、安全通畅的国际大通道。建设连接蒙古国南部重点矿区、产业园区、主要城市和俄罗斯毗邻城市的重大铁路、公路和机场，将鄂尔多斯、乌兰察布、二连浩特、阿尔山、锡林浩特等机场升级为国际机场，推进通辽、乌海等机场航空口岸开放，加快建设呼和浩特、包头、鄂尔多斯、海拉尔、满洲里、二连浩特等国际航空港物流园区。积极推进呼和浩特、满洲里、二连浩特建设中欧班列编组枢纽和物流集散转运中心，支持"苏满欧""郑连欧"渝连欧"蓉连欧""中俄"等国际货运班列常态化运行，开通从内蒙古主要城市经重点口岸到欧洲的国际货运班列。加强口岸基础设施建设，优化口岸布局，实施满洲里、二连浩特、策克、满都拉、甘其毛都、珠恩嘎达布其等电子口岸升级改造工程，建设乌力吉口岸、善丹呼日勒口岸，支持俄罗斯和蒙古国对应口岸通道、联检、仓储、换装、信息化等设施建设，提高通关疏运能力。完善省际干线光缆，建设和扩容经满洲里、二连浩特出口光缆路由。

加强与"一带一路"沿线国家全面合作。扩大农畜产品、建材、矿用车、铁路车辆及铁轨、风光发电设备、农牧机械等优势产品出口；对接蒙古国赛音山达重工业园区，在俄罗斯、蒙古国等国家和地区举办文化周、文化日专题专

项及系列交流活动，推进"万里茶道"沿线国家和地区联合申遗。加强与俄蒙等国家和地区开展高寒地区家畜品种繁育、饲料营养及疫病防治、牧草优选与栽培技术、矿产资源综合利用等科技合作。积极与俄罗斯、蒙古国开展传染病防治合作交流，依托内蒙古国际蒙医医院和通辽蒙医医院等特色医院、重点口岸城市医院和各级医疗机构为俄罗斯、蒙古国就医人员提供医疗、保健和健康服务，推动在蒙古国建立合作医疗机构。加强与俄蒙在荒漠化防治、应对气候变化、抗击自然灾害、森林草原火灾、水资源利用和保护、矿山环境治理等方面合作。

2. 重点推进"中俄蒙经济走廊"建设

在满洲里、二连浩特建设国家重点开发开放试验区和呼伦贝尔中俄蒙合作先导区，建设二连浩特—扎门乌德等跨境经济合作区。建设满洲里综合保税区、通辽内陆港保税库、巴彦淖尔现代农畜产品保税物流中心，将呼和浩特出口加工区升级为综合保税区，加快二连浩特、集宁综合保税区申报建设进程，推动赤峰保税物流中心整合为综合保税区。

以欧亚大陆桥为依托，以乌兰察布、二连浩特、满洲里等为战略重点，建设中蒙俄经济走廊重要节点城市，发挥承东启西、内引外联的枢纽作用，主动对接蒙古国"草原之路倡议"和俄罗斯"欧亚经济联盟"，在发展规划、重大项目、园区建设、通关便利化、生态环境保护等方面形成完善的协商与衔接机制，共同打造设施紧密连接、贸易日益畅通、人民友谊不断深化、边境地区和平稳定、生态环境友好的区域经济一体化新格局。

参考文献

［1］习近平．决胜全面建成小康社会　夺取新时代中国特色社会主义伟大胜利——在中国共产党第十九次全国代表大会上的报告［EB/OL］. http：//www. gov. cn/zhuanti/2017－10/27/content_ 5234876. htm，2017－10－18/2019－09－26.

［2］中新网．推动共建"一带一路"的愿景与行动［EB/OL］. http：//www. chinanews. com/gn/2015/03－28/7166484. shtml，2015－03－28/2019－09－26.

［3］集宁区党建网.中国共产党内蒙古自治区第十次代表大会报告［EB/OL］. http：//jnqdj. wlcbys. com/page145？article ＿ id = 3020&pagenum = all，2016 － 12 －02/2019 －09 －26.

［4］内蒙古政府网.内蒙古自治区"十三五"新型城镇化规划［EB/OL］. http：//www. nmg. gov. cn/art/2016/12/15/art＿ 1686＿ 137460. html，2016 －12 －25.

［5］内蒙古新闻网.内蒙古自治区国民经济和社会发展第十三个五年规划纲 要 ［EB/OL］. http：//www. nmgcb. com. cn/news/nmg/ 2016/0309/106554. html， 2016 －03 －09/2019 －09 －26.

［6］于光军.瞄准核心目标 推进内蒙古城乡统筹发展 ［J］.实践（思想 理论版），2009（2）：19 －20.

［7］于光军，乐晨宇，李绍强.内蒙古区域经济发展差异与协调发展研究 ［J］.内蒙古大学学报（哲学社会科学版）2008，40（6）：31 －32.

第九章 基础设施与公共服务

第一节 基础设施发展历程

由于内蒙古自治区与蒙古国、俄罗斯接壤，又与陕西、河北等8省毗邻，国境线长4200千米，其地理区位决定了内蒙古在我国交通基础设施方面的重要地位。

改革开放以来，随着内蒙古经济发展速度的加快，其交通基础设施建设发展迅速，组织管理水平不断提高，服务保障能力全面提升。2018年，公路总里程突破200000千米，铁路总里程突破9000千米。"人便于行、货畅其流"的交通格局基本形成。

国家发改委颁布的《综合交通网中长期发展规划》中提出，我国将建立"五纵五横"，其中包括10条综合运输大通道、4条国际区域运输通道以及42个全国性综合交通枢纽，如表9-1所示。在"五纵五横"10条综合运输大通道中，经过内蒙古的有西部北部出海运输大通道、包头至广州运输大通道、满洲里至港澳台运输大通道、临河至防城港运输大通道4条，同时，呼和浩特市也是位列全国42个综合性交通枢纽之一。"十二五"期末，内蒙古自治区综合运输线路总里程达到183921千米（不含民航航线、城市内道路），综合交通网密度约为15.55千米/百平方千米。

内蒙古自治区成立70多年以来，交通基础设施建设取得了翻天覆地的变化，公路交通运输成为经济社会发展的主导，交通行业管理水平不断提高，科技创新和信息化建设水平明显提升，交通应急保障能力明显提升，同时交通队伍建设也在逐步强化。

表 9-1　国家"五纵五横"综合运输大通道

通道名称		通道线路
"五纵"综合运输大通道	1. 南北沿海运输大通道	北起黑河,经哈尔滨、长春、沈阳、大连、烟台、青岛、连云港、上海、宁波、温州、福州、厦门、汕头、广州、深圳、湛江、海口,南至三亚。此外,还包括北京至沈阳进出关通道
	2. 京沪运输大通道	北起北京,经天津、济南、徐州、蚌埠、南京,南至上海
	3. 满洲里至港澳台运输大通道	北起满洲里,经齐齐哈尔、白城、通辽、北京、石家庄、郑州到武汉,从武汉分支,一支经长沙、广州,南至香港(澳门),另一支经南昌、福州至台北。此外,还包括齐齐哈尔至哈尔滨连接线
	4. 包头至广州运输大通道	北起包头,经西安、重庆、贵阳到柳州,从柳州分支,一支至广州,另一支至湛江
	5. 临河至防城港运输大通道	北起临河,经银川、兰州、成都、昆明、南宁,南至防城港
"五横"综合运输大通道	6. 西北北部出海运输大通道	东起天津和唐山,经北京、大同、呼和浩特、包头、临河、哈密、吐鲁番、喀什,西至新疆吐尔尕特口岸
	7. 青岛至拉萨运输大通道	东起青岛,经济南、德州、石家庄、太原、银川、兰州、西宁、格尔木,西至拉萨
	8. 陆桥运输大通道	东起连云港,经徐州、郑州、西安、兰州、乌鲁木齐,西至阿拉山口
	9. 沿江运输大通道	东起上海,沿长江经南京、芜湖、九江、岳阳、武汉、重庆,西至成都
	10. 上海至瑞丽运输大通道	东起上海和宁波,经杭州、南昌、长沙、贵阳、昆明,西至瑞丽口岸

资料来源:《综合交通网中长期发展规划》。

一、公路基础设施发展历程

全区公路基础设施取得了快速发展。"八五"期末,公路里程总计只有38918 千米,到"十二五"规划期末,公路总里程达到175374 千米,其中高速公路5016 千米,一级公路6010 千米,二级公路14771 千米。内蒙古自治区1985~2017 年公路总里程由38198 千米增加到 2017 年的199423 千米,年均增长率均为5.3%,公路密度由 1985 年的 3.23 千米/百平方千米增加到 2017 年的 16.68

千米/百平方千米，其年均增速为 5.3%，如表 9 - 2 所示。

表 9 - 2　1985~2017 年内蒙古自治区公路总里程、公路密度表

年份	公路总里程（千米）	公路网密度（千米/百平方千米）
1985	38198	3.23
1990	43274	3.66
1995	44753	3.78
2000	67346	5.69
2005	124465	10.52
2010	157994	13.36
2015	175374	14.82
2016	196061	16.57
2017	199423	16.68
年均增长率（%）	5.30	5.30

资料来源：《内蒙古统计年鉴》和《内蒙古自治区国民经济和社会发展统计公报》。

由表 9 - 2 可知，自 1995 年以来，由于内蒙古经济的快速发展和政府的支持，内蒙古自治区公路总里程快速增长。"十二五"时期，全区累计公路建设完成投资 3141.30 亿元，是"十一五"时期完成投资量的 2.14 倍。五年来，全区新增公路里程 1.70 万千米，高级、次高级公路达到 10.69 万千米，实现了 76% 的行政村（嘎查）通公路，全部乡镇（苏木）通油路，内蒙古公路网密度为 14.82 千米/百平方千米，其中高速公路网密度为 0.42 千米/百平方千米。

2006~2017 年，高速公路里程由 1255 千米发展到 6320 千米，年均增长率为 15.83%；一级公路由 2424 千米发展到 7056 千米，年均增长率为 10.20%。2015 年，高等级公路发展到 25633 千米，是"十一五"期末的 1.26 倍。2011~2017 年公路网密度由 13.61 千米/百平方千米增加到 16.68 千米/百平方千米，高速公路网密度增加更加迅猛，由 0.24 千米/百平方千米增加到 0.53 千米/百平方千米。内蒙古自治区 2006~2017 年公路网技术等级构成如表 9 - 3 所示、高速公路网密度如表 9 - 4 所示、高速公路建设发展情况如图 9 - 1 所示、高等级公路（二级及以上）里程及占比情况如图 9 - 2 所示。

表 9 - 3　2006～2017 年内蒙古自治区公路网技术等级构成　　单位: 千米

年份	公路总里程	高速	一级	二级	等外
2006	128762	1255	2424	9107	44931
2007	138610	1768	2836	10778	47787
2008	147288	1879	2888	11582	37643
2009	150756	2176	3137	11821	28525
2010	157994	2365	3387	12443	13599
2011	160995	2874	3710	13689	13049
2012	163763	3110	4666	14092	12717
2013	167515	4080	5578	14392	12485
2014	172167	4237	6290	14484	12044
2015	175374	5016	6010	14607	11607
2016	196061	5153	6682	16913	7721
2017	199423	6320	7056	17235	7201
年均增长率（%）	4.06	15.83	10.20	5.97	-15.33

资料来源:《内蒙古自治区国民经济和社会发展统计公报》和《内蒙古统计年鉴》。

表 9 - 4　2006～2017 年内蒙古自治区高速公路网密度

单位: 千米/百平方千米

年份	2006	2007	2008	2009	2010	2011	2012	2013	2014	2015	2016	2017
高速公路网密度	0.11	0.15	0.16	0.18	0.20	0.24	0.26	0.34	0.36	0.42	0.44	0.53

资料来源:《内蒙古自治区国民经济和社会发展统计公报》和《内蒙古统计年鉴》。

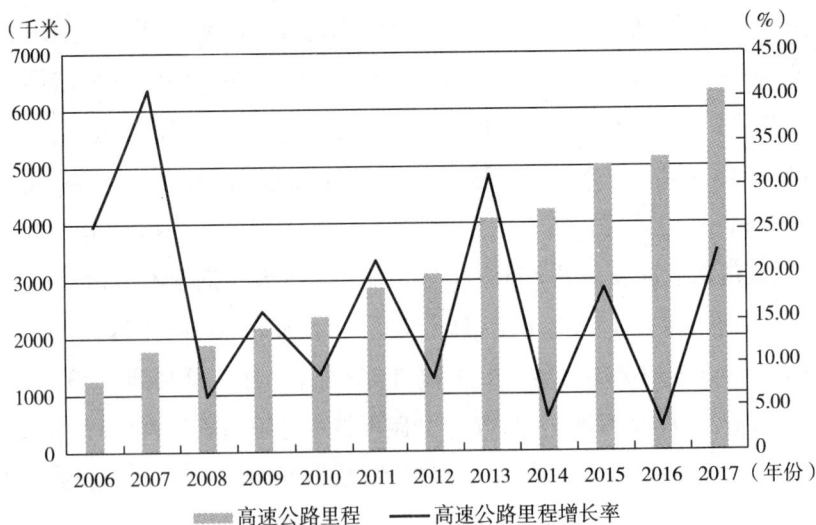

图 9 - 1　2006～2017 年内蒙古高速公路建设情况

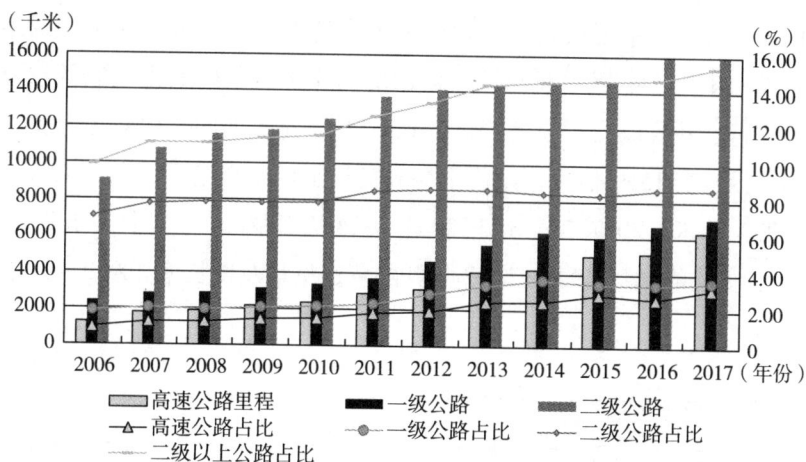

图 9 - 2 2006 ~ 2017 年内蒙古高等级公路里程及占比情况

二、铁路基础设施发展历程

内蒙古自治区铁路营运里程在全国范围内一直居于前列。1985 年时铁路营运里程总计 0.48 万千米，居全国第二，较第一名的黑龙江省少 0.02 万千米，此后逐年增长，到 2010 年以高于第二名 0.31 万千米的总运营里程数位列全国第一。因为内蒙古自治区广袤的土地面积，即使铁路总运营里程全国第一，但从铁路网密度上看依然有很大的发展空间。

截至 2017 年末，内蒙古自治区铁路营运里程已达到 12395 千米，占全国 9.76%，但区域内铁路网密度为 1.05 千米/百平方千米，落后于全国平均值 1.32 千米/百平方千米。内蒙古自治区 1985 年末到 2017 年铁路总营运里程与铁路密度对比如表 9 - 5 所示。

表 9 - 5　1985 ~ 2017 年内蒙古自治区铁路总营运里程与铁路网密度

年份	1985	2000	2005	2010	2015	2016	2017	32 年增长倍数
铁路总里程（千米）	4364	5967	6373	9175	11890	12164	12395	2.84
铁路网密度（千米/百平方千米）	0.37	0.50	0.54	0.78	1.01	1.03	1.05	2.84

资料来源：《内蒙古统计年鉴 2018》。

在国家发改委、中国铁路总公司的大力支持下，内蒙古加快了交通运输基础设施建设的步伐，根据中西部铁路建设的工作部署，内蒙古地区的铁路基础建设稳步进行，并且取得了显著成就。在"十二五"期间，内蒙古自治区铁路完成基本建设投资1550亿元，比"十一五"增加约470亿元，增幅43.5%；新线投产4000千米。2017年营运里程达1.24万千米，比"十一五"末增加35.10%，内蒙古自治区2006～2017年铁路营运里程及增长率如图9-3所示。

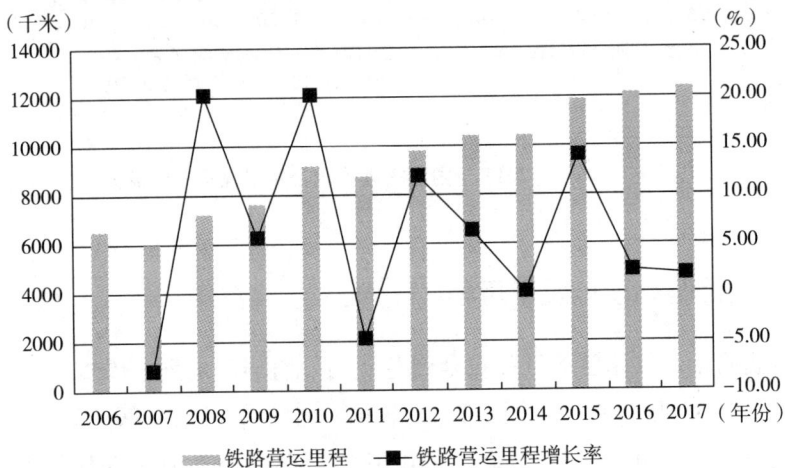

图9-3 2006～2017年内蒙古铁路营运里程及增长率

"十二五"期间的全国铁路建设目标全面实现，内蒙古自治区的铁路建设任务也圆满完成。2015年，内蒙古铁路固定投资达到365亿元，新增铁路营运里程1404千米，启动了呼和浩特城市轨道交通1、2号线的一期工程建设工作，开工建设通辽、赤峰的两个高铁项目，争取到了国家专项基金46亿元。同时将齐海、包银等7个快速铁路项目列入国家中长期铁路网规划。

"十三五"期间，国家铁路建设投资倾向于内蒙古西部地区。2016年6月通过的《中长期铁路网规划》提出规划建设的"八纵八横"高铁网将进一步完善普速铁路网，扩大中西部铁路网覆盖，形成区际快捷大能力通道，加快建设脱贫攻坚和用于国土开发的铁路。其中，内蒙古占据了"两纵一横"，"两纵"分别是呼南通道与包（银）海通道，"一横"则是京兰通道。"八横八纵"高速铁路网的建成将为内蒙古融入京津冀、环渤海、沿黄经济带提供便利，更加彰显出其在"一带一路"建设中的重要作用。同时，内蒙古代表团在党的十九大上提出对外开放是实现富民强区的必由之路，为了主动融入和服务"一带一路"，将向北开放作为战略方向，努力推进"五通"。其中坚持把设施联通作为先导性工程，加快铁路、公路、航空、能源、通信、口岸等基础设施互联互通。

三、民航基础设施发展历程

民航发展迅速，1985 年内蒙古民航飞机只有 21 架，通航里程 7565 千米，民航业务相当匮乏，当年旅客周转量仅有 32.19 万人千米，货物周转量 0.72 百万吨千米。到 2000 年，全区通航里程已达 6.14 万千米，民航业务快速增长。到 2005 年，全区民航里程 7.67 万千米，客运总量已达 209 万人次，货运总量 1.6 万吨。2010 年全区民航通航里程 390.41 万千米，客运总量已达 377 万人次，货运总量 3.11 万吨。2018 年全区民航客运总量达 2239.6 万人次，货邮吞吐量 6.3 万吨，全年运营航线 394 条。

2014 年包头机场航站区改扩建工程、鄂尔多斯机场围界改造工程已顺利完工并投入使用。呼和浩特机场机坪监控系统改造工程、乌兰浩特机场飞行区扩建工程、赤峰机场机坪扩建工程、二连浩特机场飞行区扩建工程、阿尔山机场排水系统升级改造工程正在进行。到 2015 年初，内蒙古自治区正式运营的运输机场为 13 个，通勤通用机场 4 个。辖区首家基地运输航空公司——国航内蒙古有限公司正式运营，呼伦贝尔拓宽通用航空服务领域试点稳步推进，国内首个通勤航空试点项目——阿拉善通勤机场已投入运行。林西机场、东乌旗机场、阿鲁科尔沁旗通用机场、满归通用机场正在规划筹建中；乌兰察布机场、扎兰屯机场、霍林郭勒机场、乌拉特中旗通用机场、新巴尔虎右旗通用机场、莫旗通用机场正在建设中。

"十二五"期间，按照国家加快中西部民航建设的工作部署，内蒙古全区共完成民航建设投资 70 亿元，全区民用机场达到 24 个，位居全国第二。2015 年，全区民航完成固定资产投资 15.2 亿元，是内蒙古民航投资最多的一年，新增机场 6 个，办理完成呼和浩特新机场立项审批前置文件，正蓝旗机场场址获国家批复。

截至 2018 年底，内蒙古辖区现有运输机场 19 个（含 3 个通勤机场），通用机场 7 个，运输航空公司 2 家，正在筹建的支线运输航空公司 1 家（天骄航空公司），通用航空企业 13 家。2018 年，新巴尔虎右旗、莫旗、陈巴尔虎旗、阿鲁科尔沁旗等通用机场投入使用，鄂托克前旗、奈曼旗、镶黄旗等通用机场正在建设中，林西运输机场、东乌旗、克什克腾旗、阿荣旗等通用机场正在筹建中。

为全面贯彻落实党的十九大和自治区党委十次全会精神，更好促进整个地区的航空网络建设规划重点任务的实施，"十三五"期间，内蒙古科学规划通用机场、固定运营基地等基础设施布局，建设规模适当、布局合理、功能完善、与综合交通运输体系相衔接的现代化通用机场体系。到 2020 年底，全区机场总数将达到 37 个。"十三五"期间，将兴建 32 个通用机场。为了建设区域通用航空运营基地，根据市场的需求，在民用机场基础上建立通用航空运营基地，积极鼓励相关导航产业集中于通用航空运营基地。建立呼伦贝尔市、锡林浩特、呼和浩特、阿拉善维修基地，为内蒙古通用航空产业发展打下良好基础。

四、综合交通枢纽不断增加

内蒙古综合交通枢纽及运输站场建设以加快公路主枢纽建设为主，重点建设了呼和浩特公路主枢纽工程及包头、赤峰、通辽、海拉尔等二类公路运输枢纽工程，区内综合运输枢纽数量日益增加，促进了区内综合交通网中点线能力进一步协调发展，极大地满足了广大人民群众的出行需求，为内蒙古经济社会的快速发展做出了重要贡献。

为了扩大公路运输市场，提高公路运输效益。旅客运输应该以实现长途客运节点化，中途客运直达化，短途客运公交化，出租车客运规范化为目标。与客运枢纽相比，货运主枢纽建设相对滞后，特别是集运输与物流功能于一体的综合枢纽场站缺乏，未来应高度重视和加强枢纽的规划建设。此外，货运要大力发展集装箱运输，快速货运，促进化学危险货物、大型物件、冷藏保鲜货物等运输逐步实现规模化、专业化、现代化，提倡发展第三方物流。以国道主干线省际公路通道为依托，大力发展快速客货运输。

第二节 公共服务建设状况

内蒙古认真贯彻落实党中央、国务院的决策部署，始终把保障和改善民生作为经济社会发展的出发点和落脚点，坚持富民优先导向，优先保障重点民生支出，基本公共服务财政保障能力进一步加强，农村牧区的生活条件大大改善，城乡差别明显缩小，教育、医疗、养老、就业、安居等社会事业稳步发展。城乡免费义务教育全面实施，公共教育体系日趋完备①。

一、科研

1. 概况

近年来，内蒙古不断加大对科学研究的投入，积极推动高新技术产业化。2017 年，内蒙古用于研究发展经费的支出达到 132.3 亿元，2011～2017 年年均增长率为 7.62%；共取得重大科技成果 533 项，较 2011 年减少了 3 项；专利申请量 11701 项，2011～2017 年的年均增长率达到 20.40%；授权专利 6271 项，2011～2017 年年均增长率达到 18.52%。2017 年内共签订各类技术合同 3766 个，合同成交金额 162.8 亿元，其中区内成交技术金额 14.3 亿元，向区外输出技术成交金额 5.3 亿元，吸纳技术成果金额 143.2 亿元②（见表 9-6）。

表 9-6　2011～2017 年内蒙古自治区科研发展基本情况

指标	R&D 经费内部支出（万元）	重大科技成果（项）	专利申请量（项）	授权专利（项）	签订各类技术合同（个）
2011 年	851685.7	536	3841	2262	3437
2012 年	1014468	525	4732	3090	3463
2013 年	1171877	328	6338	3836	2807
2014 年	1221346	638	6359	4031	2903
2015 年	1360617	418	8876	5522	2653
2016 年	1475124	558	10672	5846	2711
2017 年	1323000	533	11701	6271	3766
年均增长率（%）	7.62	-0.09	20.40	18.52	1.54

资料来源：根据《内蒙古国民经济和社会发展统计公报》（2011～2017）及《内蒙古统计年鉴》（2012～2018）相关数据整理。

---

① 包利军. 内蒙古基本公共服务体系建设现状主要问题及对策建议——基本公共服务体系建设情况典型调查报告［J］. 内蒙古统计，2016（5）：32.
② 内蒙古统计局. 内蒙古自治区 2017 年国民经济和社会发展统计公报［EB/OL］. http：//www.nmgtj. gov. cn/nmgttj/ tjgb/ webinfo/2018/03/1520670790330259. htm，2018－03－27/2018－08－21.

2. 主要城市的科技发展情况

内蒙古的科技资源主要集中在呼和浩特市、包头市、鄂尔多斯市和赤峰市等城市。

（1）呼和浩特市。2017 年呼和浩特市全年市财政科技经费支出 36607 万元，争取国家及自治区支持资金 8028 万元，项目 228 项。年内专利申请量 3653 件，授权专利 1889 件。安排重大科技专项经费 5500 万元。全年共认定登记技术合同 137 项，实现合同成交额 5.76 亿元①。

（2）包头市。2017 年包头市全年市财政科技经费支出 39163 万元，全年申请专利 2511 件，专利授权量 1464 件。年末累计拥有国家高新技术企业 154 家；自治区级重点实验室 28 家。全市累计认定 39 家院士工作站、30 家市级农业科技示范基地、5 家自治区农业科技示范园区和特色科技产业化基地。全市拥有 3 家国家级和 7 家自治区级星创天地。全年共签订各类技术合同 38 项，技术合同成交金额 1.6 亿元②。

（3）鄂尔多斯市。2017 年鄂尔多斯市全年市财政科技经费支出 23974 万元，全年全市共取得各类科技成果 35 项，全年提交专利申请 1524 件。其中，授权专利 868 件。技术合同认定登记 9 项，成交金额 5602 万元。年内新认定国家级高新技术企业 30 家，自治区院士级企业研究开发中心 13 家，自治区级工程技术研究中心 1 家，自治区院士专家工作站 2 家③。

（4）赤峰市。2017 年赤峰市全年市财政科技经费支出 12202 万元，鉴定科技成果 41 项。年内签订技术合同 87 项，合同成交额 5992 万元④。

（5）呼伦贝尔市。2017 年呼伦贝尔市全年市财政科技经费支出 18871 万元，鉴定科技成果 23 项。签订各类技术合同 43 项，合同成交金额 23847.87 万元⑤。

---

① 呼和浩特统计局. 呼和浩特市 2017 年国民经济和社会发展统计公报［EB/OL］. http：//tjj. huh-hot. gov. cn/hhhttjj/show_ news. asp？id = 1977，2018 - 05 - 25/2018 - 08 - 22.

② 包头政府网. 包头市 2017 年国民经济和社会发展统计公报［EB/OL］. http：//tjj. baotou. gov. cn/c/2018 - 04 - 23/1160604. html，2018 - 04 - 23/2018 - 08 - 22.

③ 鄂尔多斯政府网. 鄂尔多斯 2017 年国民经济和社会发展统计公报［EB/OL］. http：//tjj. or-dos. gov. cn/dhtjsj/tjgb_ 78354/201804/t20180413_ 2128003. html，2018 - 04 - 13/2018 - 08 - 22.

④ 赤峰统计局. 赤峰市 2017 年国民经济和社会发展统计公报［EB/OL］. http：//www. cftj. gov. cn/tjgb/jjsh/2018 - 05 - 03 - 13006. html，2018 - 05 - 03/2018 - 08 - 22.

⑤ 呼伦贝尔政府网. 呼伦贝尔市 2017 年国民经济和社会发展统计公报［EB/OL］. http：//tjj. hl-be. gov. cn/？thread - 6553 - 1. html，2018 - 04 - 02/2018 - 08 - 22.

（6）兴安盟。2017 年兴安盟全年盟财政科技经费支出 6188 万元，共取得盟级科技成果 23 项，申请专利号 244 项，获专利权 91 项。全年共签订各类技术合同 19 项，技术合同成交额 17136 万元。年内推广盟级实用技术 140 项，区级重点技术 20 项[①]。

二、教育

1. 概况

内蒙古的学校建设一直保持较快增长态势。截至 2017 年末，内蒙古共有 1658 所小学、293 所普通高中、53 所普通高等学校、10 个研究生培养单位[②]，各类学校招生、在校生和毕业生情况如表 9 - 7 所示。从各地级市学校分布情况看，普通高等学校和中等职业学校主要集中在呼和浩特市、包头市、赤峰市和通辽市（见表 9 - 8、表 9 - 9）。

表 9 - 7　2017 年内蒙古自治区各类学校招生、在校生和毕业生情况

指标	学校数（个）	招生数（万人）	在校生数（万人）	毕业生数（万人）
研究生培养单位	10	0.8223	1.9735	0.5635
普通高等学校	53	13.5888	44.8092	11.7798
中等职业教育学校	248	6.7941	19.2695	6.741
普通高中	293	14.3632	43.5827	15.3262
普通初中	683	22.4753	61.8655	21.4631
小学	1658	21.5879	132.5442	22.5839

注：中等职业教育学校指高中阶段职业教育学校包括普通中专、成人中专和职业高中。

资料来源：内蒙古教育厅. 2017 年内蒙古自治区教育事业统计简报［EB/OL］. http：//www. nmgov. edu. cn/zfxxgk/zdgk/cszn/fzghc/jysytj/201806/P020180607361517536466. xls，2018 - 06 - 07/2018 - 08 - 22.

表 9 - 8　2017 年内蒙古自治区各盟市的学校分布情况

地区	幼儿园	小学	普通中学	中等职业教育学校	普通高等学校
呼和浩特市	359	206	104	60	24

---

① 兴安盟统计局. 兴安盟 2017 年国民经济和社会发展统计公报［EB/OL］. http：//www. xamtj. gov. cn/xamtj/sjfbyjd/tjgb92/ndtjgb/1843915/index. html，2018 - 05 - 07/2018 - 08 - 22.

② 内蒙古统计局. 内蒙古自治区 2017 年国民经济和社会发展统计公报［EB/OL］. http：//www. nmgtj. gov. cn/nmgttj/tjgb/webinfo/2018/03/1520670790330259. htm，2018 - 03 - 27/2018 - 08 - 22.

续表

地区	幼儿园	小学	普通中学	中等职业教育学校	普通高等学校
包头市	326	134	94	20	5
鄂尔多斯市	328	134	69	10	4
乌海市	53	24	21	1	1
阿拉善盟	28	16	19	—	1
巴彦淖尔市	—	88	48	11	2
乌兰察布市	—	122	68	24	3
锡林郭勒盟	106①	69	38	12	3
赤峰市	—	—	—	42	4
通辽市	673	222	138	24	3
兴安盟	—	120	77	15	1
呼伦贝尔市	372②	140	159	—	4

注：①锡林郭勒行政公署. 锡林郭勒盟幼儿园统计数据（截至2016年9月30日）［EB/OL］. http：//www. xlgl. gov. cn/bs/ggfw/jy/xqjy/201803/t20180315_ 1937339. html，2016 – 09 – 30/2018 – 08 – 22. ②呼伦贝尔政府网. 呼伦贝尔市幼儿园一览表及基本信息［EB/OL］. http：//www. hlbe. gov. cn/service/contentDetail/5a9f929f0fbaef4c39000000. html，2018 – 03 – 07/2018 – 08 – 22.

资料来源：各盟市2017年国民经济和社会发展统计公报及中华人民共和国教育部《全国高等学校名单》（截至2017年5月31日）。

表9 - 9   内蒙古自治区普通高校分布情况

盟市	普通高校	数量
呼和浩特市	内蒙古大学、内蒙古工业大学、内蒙古农业大学、内蒙古医科大学、内蒙古师范大学、内蒙古财经大学、呼和浩特民族学院、内蒙古大学创业学院、内蒙古师范大学鸿德学院、内蒙古艺术学院、内蒙古建筑职业技术学院、内蒙古丰州职业学院、呼和浩特职业学院、内蒙古电子信息职业技术学院、内蒙古机电职业技术学院、内蒙古化工职业学院、内蒙古商贸职业学院、内蒙古警察职业学院、内蒙古体育职业学院、内蒙古科技职业学院、内蒙古北方职业技术学院、内蒙古经贸外语职业学院、内蒙古工业职业学院、内蒙古能源职业学院	24
包头市	内蒙古科技大学、包头职业技术学院、包头轻工职业技术学院、包头钢铁职业技术学院、包头铁道职业技术学院	5
鄂尔多斯市	鄂尔多斯应用技术学院、鄂尔多斯职业学院、内蒙古民族幼儿师范高等专科学校、鄂尔多斯生态环境职业学院	4

续表

盟市	普通高校	数量
乌海市	乌海职业技术学院	1
巴彦淖尔市	河套学院、内蒙古美术职业学院	2
阿拉善盟	阿拉善职业技术学院	1
乌兰察布市	集宁师范学院、乌兰察布职业学院、乌兰察布医学高等专科学校	3
锡林郭勒盟	锡林郭勒职业学院	1
赤峰市	赤峰学院、内蒙古交通职业技术学院、赤峰职业技术学院、赤峰工业职业技术学院	4
通辽市	内蒙古民族大学、通辽职业学院、科尔沁艺术职业学院	3
兴安盟	兴安职业技术学院	1
呼伦贝尔市	呼伦贝尔学院、呼伦贝尔职业技术学院、满洲里俄语职业学院、扎兰屯职业学院	4

资料来源：中华人民共和国教育部.《全国高等学校名单》（截至 2017 年 5 月 31 日）[EB/OL]. ht-tp：//www. moe. gov. cn/srcsite/A03/moe_ 634/201706/t20170614_ 306900. html，2017 - 06 - 14/2018 - 08 - 22.

内蒙古自治区政府教育支出不断增加，2017 年达到 545.77 亿元，比 2016 年增加 0.46%。教育支出占公共财政支出比重与其他省份相比处于中等水平，略高于全国平均水平（见表 9 - 10）。

表 9 - 10　2016 ~ 2017 年各省市间公共财政支出对比

地区	公共财政教育支出（亿元）			公共财政教育支出占公共财政支出比例（%）		
	2016 年	2017 年	增减百分点	2016 年	2017 年	增减百分点
全国	27700. 63	29919. 78	8. 01	14. 75	14. 71	- 0. 04
内蒙古	543. 29	545. 77	0. 46	12. 04	12. 07	0. 03
北京	882. 29	955. 70	8. 32	13. 77	14. 01	0. 24
天津	425. 80	434. 61	2. 07	11. 51	13. 25	1. 74
河北	1115. 58	1246. 63	11. 75	18. 44	18. 84	0. 4
山西	607. 59	618. 09	1. 73	17. 72	16. 45	- 1. 27
辽宁	632. 84	647. 42	2. 30	13. 83	13. 37	- 0. 46
吉林	495. 92	503. 8	1. 59	13. 83	13. 52	- 0. 31
黑龙江	595. 97	595. 07	- 0. 15	14. 10	12. 82	- 1. 28
宁夏	149. 71	166. 80	11. 41	11. 93	12. 12	0. 19
甘肃	548. 78	567. 36	3. 39	17. 42	17. 75	0. 33

资料来源：《2016 年全国教育经费执行情况统计公告》和《2017 年全国教育经费执行情况统计公告》。

除高等院校外，其他各级教育人均公共财政预算教育事业费持续增长，各级教育人均公共财政预算教育事业费均高于全国水平（见表 9 - 11）。

表 9 - 11　2017 年内蒙古自治区各级教育人均公共财政预算教育事业费增长情况

地区	普通小学		普通初中		普通高中		中等职业学校		普通高校	
	金额（元）	增长率（%）	金额（元）	增长率（%）	金额（元）	增长率（%）	金额（元）	增长率（%）	金额（元）	增长率（%）
全国	10199.12	6.71	14641.15	9.13	13768.92	11.8	13272.66	8.55	20298.63	8.27
内蒙古	13110.02	0.01	16380.17	0.48	14874.78	3.78	16962.34	3.49	18654.08	1.94

资料来源：中华人民共和国教育部. 2017 年全国教育经费执行情况统计公告［EB/OL］. http：//www. moe. gov. cn/srcsite/A05/s3040/201810/t20181012_ 351301. html，2018 - 10 -08/2019 - 12 - 28.

2. 主要高校建设

到 2017 年底，内蒙古有普通本科院校 17 所，其中内蒙古大学是全国重点大学，也是教育部与内蒙古自治区共建的大学、首批 211 工程重点高校，目前区属重点大学 7 所，普通公立本科高校 9 所[①]。主要高校建设情况如表 9 - 12 所示。

三、文化

内蒙古自治区成立以来，文化事业蓬勃发展，其中博物馆、文化馆、公共图书馆等基础设施的数量不断增加。截至 2017 年末，内蒙古共有 98 个艺术表演团体，其中乌兰牧骑 71 个、93 座博物馆、120 个文化馆、117 座公共图书馆（见表 9 - 13），但各盟市发布不均（见表 9 - 14），年末全区广播综合人口覆盖率 99.24%，电视综合人口覆盖率 99.22%[②]。2011 年到 2017 年，其中博物馆、文化馆、公共图书馆年均增长率分别为 8.82%、2.58% 和 0.58%。

---

① 百度百科. 内蒙古［EB/OL］. https：//baike. sogou. com/v110460. htm？fromTitle = % E5 % 86 % 85 % E8 % 92 % 99 % E5 % 8F % A4，2018 - 08 - 23.

② 内蒙古统计局. 内蒙古自治区 2017 年国民经济和社会发展统计公报［EB/OL］. http：//www. nmgtj. gov. cn/nmgttj/tjgb/webinfo/2018/03/1520670790330259. htm，2018 - 03 - 27/2018 - 08 - 24.

表9-12　内蒙古主要高校建设情况

学校及建校时间	类别	建校面积	学科建设	研究生学位建设	在校生人数	教职工人数	科研机构	荣誉（奖励）	对外交流	未来展望
内蒙古大学① 1957	教育部和内蒙古自治区合建高校	全校占地面积4772亩，建筑面积97.9万平方米	涵盖哲学、经济学、法学、教育学、文学、历史学、理学、工学、农学、管理学、艺术学11大学科门类，拥有中国少数民族语言文学等2个国家重点学科，生态学1个国家重点培育学科；有18个自治区重点学科，8个自治区重点培育学科	12个博士学位授权一级学科，另有1个博士学位授权二级学科，27个硕士学位授权一级学科，另有4个硕士学位授权二级学科；10个硕士专业学位授权类别（其中工程硕士含7个工程领域），7个博士后科研流动站	在校生28718人，其中，本科生1781人、研究生6973人、校本部本科生12233人、研究生6835人，来华留学生年接收量800余人	在编教职工1952人。其中，教学科研人员1221人，教授227人，副教授398人	省部共建草原家畜生殖调控与繁育国家重点实验室，另在草原生态学、民族学、生物学、生态学、化学等领域设有教育部社会科学重点研究基地、省部共建国家重点实验室、省部重点实验室、教育部工程研究中心等部级科研平台5个；有自治区工程技术研究中心、人文社会科学研究基地40个	1997年被批准为国家"211工程"重点建设院校，2004年成为内蒙古自治区政府和教育部共建"省部建"大学，2012年入选国家"中西部高校提升综合实力计划"（"一校一策"高校），2016年被内蒙古自治区政府确定为区域"双一流"建设首选支持高校，2017年入选国家"双一流"一流学科建设高校，2018年成为教育部和内蒙古自治区合建高校	学校与国（境）外的95所高校和科研机构建立了合作与交流关系。与美国亚利桑那州立大学合作设有中美生态、能源及可持续性科学内蒙古研究中心，与日本爱知大学合作设有中日共同GIS应用研究中心，与美国华威经济大学合作设有中英企业经济产业研究中心，加州立农业大学合作设有中俄研究中心，澳大利亚研究中心，与俄罗斯卡尔梅克国立大学合作设有孔子学院。学校是国家教育部批准的首批全国网络教育示范基地，国家新汉语水平网华留学生新汉语水平考试点，是接受中国政府奖学金、内蒙古自治区政府来华留学生奖学金、孔子学院奖学金的来华留学生高校。年均设有国际教育学院，美、俄罗斯、非洲大洲的蒙古国、日本、韩国、印度、泰国、越南、巴基斯坦、也门、古尔吉斯坦、波兰、卢旺达、加拿大、几内亚、蒙比亚、多哥、卢森堡等34个国家的来华留学生800余人	学校全面贯彻党的教育方针，落实立德树人根本任务，遵循"双一流"办学基本方针，秉承"求真务实"校训，弘扬"崇尚真知、追求卓越"的大学精神，放眼世界，面向全国，扎根边疆，早日建成民族特色鲜明的高水平大学，早日为国家和地区经济社会发展做出更大贡献

续表

学校及建校时间	类别	建校面积	学科建设	研究生学位建设	在校生人数	教职工人数	科研机构	荣誉（奖励）	对外交流	未来展望
内蒙古师范大学②，1952	内蒙古自治区区属重点大学	占地总面积3800余亩（约253公顷），校舍建筑面积90余万平方米	开设92个本科专业（其中蒙古语授课专业30个），涵盖10大学科门类。有国家级精品课程1门，国家级精品视频公开课1门，国家级教学团队2个，教育部特色专业建设点6个；有自治区级品牌专业32个、自治区级重点建设专业4个、国家级综合改革试点1个，自治区级"专业综合改革试点"业综合改革试点10种，自治区级精品课程79门，自治区级高校精品课程团队16个；有中央与地方高校共建基础实验室和特色实验室实验室12个，自治区级实验教学示范中心9个，自治区重点学科和重点培育学科18个，自治区级重点学科点37个	博士学位授予权一级学科5个、博士后流动站1个，硕士学位授予权一级学科26个，硕士专业学位授予权专业学位10种；具有硕士生免试推荐入学资格	在校全日制本专科学生31956人，其中蒙古语授课学生6536人，各类研究生4263人，各类成人教育学生1161人，各类留学生577人	教职工2178人，其中专任教师1360人，具有硕士、博士学位教师1168人	学校有科研机构92个，自治区协同创新中心1个、校级协同创新中心6个，省部级创新创业基地实验室8个、高校重点实验室高等学校重点实验室高等学校人文社会科学重点研究基地4个、哲学社会科学研究基地3个、工程技术研究中心1个、工程实验室2个、工程研究中心2个、院士工作站2个，同时拥有全国"人文社科普及基地"1个，教育部国别和区域研究中心3个	自治区是培养基础教育、民族教育师资和蒙汉兼通少数民族人才的重要基地，是自治区中小学教师培养中心、继续教育与民族教育改革发展研究中心。学校也是国家及自治区环境教育与可持续发展教育基地、社会体育指导员培训基地、自治区民族雕塑研究中心、人文社科普及基地，是自治区各类体育专业人才和全国人口较少民族古籍人才、中国北方民族音乐人才、自治区美术、艺术人才培养基地，被社会誉为"民族教育的摇篮"	与蒙古、俄罗斯、日本、韩国、马来西亚、美国、英国、德国、法国、荷兰、加拿大、澳大利亚等20几个国家及50余个院校和科研机构建立了良好的合作关系；学校先后聘请包括五位两院院士和四位汉语国内外位员在内的四百余位客座教授和兼职教育硕士研究生2009年被批准为汉语国际教育硕士培养单位、著名专家学者任学部委员顾问、客座教授和兼职教授	在新的历史发展阶段，学校正按照"融入社会，服务社会，引领社会"的新发展理念转型，服务区域经济发展，为把学校建设成特色鲜明的新型高水平综合性师范大学而不懈努力

续表

学校及建校时间	类别	建校面积	学科建设	研究生学位建设	在校生人数	教职工人数	科研机构	荣誉（奖励）	对外交流	未来展望
内蒙古工业大学③，1958	内蒙古自治区区属重点大学	占地面积3227亩	以工为主，工、理、文、经、管、法、教育、艺术相结合的多科性大学，有本科专业70个，有5个教育部特色专业、4个教育部卓越工程师培养计划试点专业，1个国家级校外大学生工程实践教育基地，1个国家级工程实践教育中心，1个国家级专业综合改革试点专业，1个自治区级专业综合改革试点专业，4个自治区级重点建设专业，25个自治区级品牌专业，8个自治区级实验教学示范中心，18个自治区级教学团队，16名自治区级教学名师	博士后流动站1个，博士一级学位授权学科3个，博士二级学位授权学科（不含一级学科覆盖点）1个；硕士一级学位授权学科18个，硕士二级学位授权学科（不含一级学科覆盖点）10个，具有工程硕士（13个授权领域）、工商管理硕士（MBA）、工程管理硕士（MEM）、建筑学硕士、社会工作硕士、翻译硕士等6个专业硕士学位类别；具有推荐优秀本科生免试攻读硕士研究生资格	在校全日制本专科学生23000余人，博士、硕士研究生4500余人	教职工2026人，专任教师1312人，其中教授176人，副教授433人	1个教育部部省共建国家重点实验室，1个国家发改委工程研究中心，1个自治区级协同创新中心，19个实验室，14个自治区级重点实验室，自治区级研究中心及5个生产力促进中心、实验基地，示范基地	2006年教育部本科教学工作水平评估中获得"优秀"，2012年被评为"全国毕业生就业50所典型经验高校"，2016年进入国家"中西部高校基础能力建设工程（二期）"支持院校行列，是教育部首批确立的首批32个国家级大学文化素质教育基地之一。学校是全国建设"党的建设和思想政治工作先进普通高等学校"，先后荣获全国普通高校毕业就业工作先进集体，自治区"教育先进集体""思想政治工作优秀单位""精神文明单位""高校毕业生工作先进单位""人才工作先进单位""民族团结进步先进集体"等荣誉称号	与清华大学、天津大学等多所国内著名院校和蒙古、俄罗斯、美国、法国、日本、加拿大等19个国家、2个地区建立并开展实质性合作交流。2005年、2007年先后成为"内蒙古自治区政府留学奖学金项目"和教育部留学生奖学金项目"招生单位。与呼和浩特、包头、乌海、乌兰察布等地方政府和40余家大中型企业签订了合作协议，共建创新中心和研发平台	站在新的历史起点上，学校将秉承"博学躬行、尚志明德"的校训，弘扬"唯实尚行"的校风，坚持创新、特色、内涵、区域、开放的发展理念，努力建设国内知名、民族地区一流的教学研究型大学

续表

学校及建校时间	类别	建校面积	学科建设	研究生学位建设	在校生人数	教职工人数	科研机构	荣誉（奖励）	对外交流	未来展望
内蒙古农业大学①，1952	内蒙古自治区区属重点大学	总占地面积1000公顷，其中教学科研用地600余公顷。校舍建筑总面积110.27万平方米	现有1个国家重点学科，3个国家重点（培育）学科，1个农业部重点学科，2个国家林业局重点学科（一级学科），5个自治区重点一级学科，22个自治区重点学科，4个自治区重点（培育）学科	10个博士后科研流动站。有11个一级学科博士学位授权点，21个一级学科硕士学位授权点，7种专业学位授权点。涉及经济学、法学、工学、农学、理学、管理学、艺术学等学科	全日制在校学生34846人，其中博士、硕士研究生2771人	教职工2639人，其中专任教师1582人，专任教师中教授312人，副教授475人	1个国家级野外科学研究观测站，38个省部级重点实验室、工程研究中心，野外台站和人文社科基地。2010年，学校被科技部批准为"国际科技合作基地"。2013年，内蒙古农村研究院被列入第二批国家高等学校新农村发展研究院建设计划。2015年学校"绿色畜产品加工培育创新协同中心"和"现代马业健康发展协同创新培育中心"分别获得自治区教育厅批准立项建设	2001年学校成为国家西部大开发"一省一校"重点支持建设院校，2012年成为自治区人民政府和国家林业局合作共建高校，2013年学校新农村发展研究院进入国家"中西部高等教育振兴计划"支持院校行列。是"全国绿化模范单位"，被誉为塞外"花园式高等学府"	学校与加拿大、美国、日本和蒙古国等十几个国家的60余所大学际合作及学术交流关系。学校成立了"中加可持续农业大学发展中心""马利克管理中心""中内内蒙古大学分中心""教育部出国留学培训与研究中心""马利克管理中心"。目前，有来自蒙古国、俄罗斯、加拿大、波兰、柬埔寨等国家的130多名留学生在校学习	以新理念引领新发展，继续推进"质量强校、人才兴校、科技兴校"工程，大力提升办学创新能力，不断调整结构，抓内涵、固基础、提质量，办人民满意的高等教育而努力奋斗

续表

学校及建校时间	类别	建校面积	学科建设	研究生学位建设	在校生人数	教职工人数	科研机构	荣誉（奖励）	对外交流	未来展望
			本科专业中、蒙医学、中药学和蒙药学被教育部评为高等学校特色专业；蒙医学专业被教育部批准为"地方高校第一批本科专业综合改革试点"项目。临床医学、中医学、药学、蒙医学、中药学、护理学、影像医学、口腔医学、麻醉学、药物制剂技术等13个专业为自治区品牌专业。现有骨科、神经内科和普通外科3个国家临床重点建设专科，蒙医脑病科1个国家临床重点建设专科，蒙药管理局重点建设专科，蒙药、伤寒医学3个国家中医药管理局重点建设学科。临床医学1个自治区优势特色学科，临床医学连续两年进入ESI全球前1%。有中医学、蒙医学、药理学、眼科学、生理学与核医学、影像医学、外科学	学校现有6个一级学科，47个二级学科硕士学位授权点。其中，基础医学、临床医学、中医学、药学、中药学、护理学、蒙医学、蒙药学6个硕士学位授权学科为一级学科	全日制在校生15100人。其中，本科生10856人，专科生2269人，研究生1794人，留学生111人，民族预科生70人	专任教师944人。其中，正高248人，副高270人，具有博士学位人员358人，硕士学位人员491人	2个自治区级协同创新培育中心；有自治区中蒙药重点实验室、自治区医学细胞生物学重点实验室、自治区分子病理学重点实验室、自治区点分子影像学重点实验室、自治区实验病原微生物重点实验室、自治区临床医学实验室6个自治区重点实验室；有蒙药器械研发工程技术研究中心、分子与功能影像工程技术研究中心、蒙药技术转化医学工程技术研究中心、数字技术研究中心3个自治区工程技术研究中心；有3个自治区工程研究中心、动物脏器高值化利用工程研究中心、肿瘤细胞基因检测应用与研究工程实验室3个自治区工程实验室（实验研究中心；有1个自治区	2007年，学校顺利通过国家教育部本科教学工作水平评估，被评为"优秀"等次。《内蒙古医科大学学报》被教育部科技司评为"中国高校特色科技期刊"，被中国科学技术信息研究所确定为"中国科技论文统计源期刊"	与北京大学医学部、北京中医药大学、首都医科大学、天津中医药大学等院校建立了长期的合作关系；与日本、蒙古国等国家和地区的多所医药院校或科研单位开展医药技术合作，多层次、多领域的学术交流与合作	始终坚持社会主义办学方向，全面贯彻党的教育方针，遵循医学高等教育发展规律，以服务民族医药卫生事业、办人民满意的高等教育为己任，主动适应内蒙古自治区经济社会发展需要，以培养高素质医药卫生人才为根本任务，以一流学科建设为抓手，秉承"博学、尚行、精诚、至善"的校训，升华"艰苦创业、革故鼎新、洁己奉献"的
内蒙古医科大学⑤，1956	内蒙古自治区区属重点大学	总占地面积1231808平方米，总建筑面积530466平方米。其中，教学行政用房面积247956平方米								

续表

学校及建校时间	类别	建校面积	学科建设	研究生学位建设	在校生人数	教职工人数	科研机构	荣誉（奖励）	对外交流	未来展望
内蒙古医科大学⑤，1956			（普外、骨外）和民族医学（蒙医学）5个自治区重点学科，人体解剖与组织胚胎学、内科学（血液病）2个自治区重点培育学科；有11个自治区临床医学领先学科，23个自治区临床医学重点学科				人文社会科学重点（培育）研究基地；有生物医学综合实验教学中心、形态学实验教学中心、人体解剖学实验教学中心、药学基础实验教学中心、中蒙医临床模拟实验教学中心、护理实验教学中心、临床技能培训实验教学中心7个自治区级实验教学示范中心			"内医大精神"，不断实现学校教育的科学事业的发展

续表

学校及建校时间	类别	建校面积	学科建设	研究生学位建设	在校生人数	教职工人数	科研机构	荣誉（奖励）	对外交流	未来展望
内蒙古科技大学⑥，1956	内蒙古自治区区属重点大学⑦	占地113万平方米，建筑面积58万平方米⑧	以冶金、矿业、煤炭、稀土为特色，以工为主，工、理、文、管、经、法、艺术、教育等学科协调发展，集研究生教育、本科教育、高职教育、继续教育、留学生教育为一体的多科性大学。本科专业66个，其中国家级特色专业建设点4个，教育部卓越工程师培养计划专业3个，工程教育专业认证专业2个，教育部专业综合改革试点1个，自治区专业综合改革试点1个，自治区级综合改革重点建设专业4个，自治区级品牌专业22个	一级学科博士学位授权点2个，一级学科硕士学位授权点12个，二级学科硕士学位点10个，专业硕士学位授权领域11个	各类全日制在校生24281名	专任教师1335名，其中高级职称629人，具有硕士、博士学位1123人	国家地方联合工程研究中心1个、省部共建国家重点实验室培育基地1个、内蒙古新型科技研发机构创新中心1个、内蒙古协同创新培育中心1个、省部共建教育部重点实验室1个、内蒙古新型研究中心1个、内蒙古重点实验室15个、内蒙古工程技术研究中心6个、院士专家工作站3个、内蒙古哲学社会科学研究基地1个、内蒙古高校人文社会科学重点研究基地1个、内蒙古高校创新方法推广应用基地1个、自治区级生产力促进中心2个、国家级"本科教学工程"大学生校外实践教育基地1个、省部级实验教学示范中心9个	2000年、2009年学校2次被教育部评为"全国普通高校毕业生就业工作先进集体"，2010年成为50家"全国毕业生就业典型经验高校"之一，2012年，学校被中华人民共和国国务院授予"全国就业先进工作单位"光荣称号（全国共15家高校）	先后与30多个国家和地区的50多所高等院校和科研机构建立了交流合作关系，在教学、科研和人才培养方面开展了全面合作，学校有力引进智力，促进发展，先后聘请彭苏萍、薛其坤院士等168名专家任兼职或客座教授	展望未来，内蒙古科技大学将紧密团结在以习近平同志为核心的党中央周围，以立德树人为根本，以"双一流"建设为目标，以党建工作为保障，大力推行"党委领导、民主管理、教授治学"的管理体制改革，积极践行"学术为本、学生为体、自强为魂"的办学理念，秉承"百折不挠、敢为人先"的校园精神和"百炼成钢"的校训，争取早日建成人民满意的好大学

续表

学校及建校时间	类别	建校面积	学科建设	研究生学位建设	在校生人数	教职工人数	科研机构	荣誉（奖励）	对外交流	未来展望
内蒙古财经大学[8] 1960	内蒙古自治区区属重点大学	占地总面积135万平方米，校舍建筑面积57万平方米	56个本科专业，其中有27个专业设置蒙汉双语授课班；5个自治区级重点学科，2个自治区级品牌专业，19个自治区级重点建设专业，49门自治区级精品课程；18个学院，1个直属教学部和5个教学辅助机构；1个国家级实验教学示范中心，3个国家级特色专业，1个教育部专业综合改革试点项目	有理论经济学、应用经济学、工商管理、统计学、公共管理5个一级学科，26个二级学科硕士学位授权点以及二级学科硕士专业学位授权点MBA（工商管理硕士）、MPACC（会计硕士）、MF（金融硕士）等10个专业硕士学位授权点	在校生2700多人	专任教师920人，具有高级职称的专任教师541人	2个国家级研究基地，1个自治区级协同创新中心，4个自治区级研究基地，1个自治区高校创新平台，6个自治区级学术创新团队，17个校级研究机构	学校被教育部评为"全国毕业生就业典型经验高校""全国创新创业典型经验高校"，是自治区大学生创业培训基地，学校招生就业部门被评为自治区示范性就业指导中心	与澳大利亚斯威本科技大学合作举办会计学专业本科教育项目。项目批准书编号为MOE15AU2A2015I728N。目前共有两届在校生。该项目依托内蒙古财经大学现有的专业培养体系，通过资源引进、课程融合，培养学生扎实的英语应用能力，坚实的专业理论基础，使学生成为具有国际化视野、提升行业市场竞争就际同行同水平优势[9]	"十三五"期间，学校围绕"大财经、大整合、大开放、大发展"篇章，坚持内涵发展、特色发展、开放发展，为全面建成具有鲜明地区和民族特色的高水平财经大学而努力奋斗

续表

学校及建校时间	类别	建校面积	学科建设	研究生学位建设	在校生人数	教职工人数	科研机构	荣誉（奖励）	对外交流	未来展望
内蒙古民族大学，1958⑩	内蒙古自治区区属重点大学	占地面积104.34万平方米，建筑面积53.24万平方米，校舍建筑面积39.96万平方米	学校开设本科专业76个，涵盖了经济学、法学、教育学、文学、历史学、理学、工学、农学、医学、管理学、艺术学等11个学科门类。现有国家级综合改革试点专业3个、特色专业3个，综合团队1个，有国家级教学改革"卓越医生（中医）教育培养计划"项目1个、产业合作协同育人项目1个，综合改革试点专业17个，有国家级实验教学示范中心1个、大学生校外实践教育基地1个，有自治区级综合改革试点专业4个、实验教学示范中心4个、品牌专业17门、精品课程39门，教学团队11个	有服务国家特殊需求蒙药学博士人才计划项目1个，硕士学位授权一级学科17个、专业硕士学位授权点7个	全日制在校学生22059人，其中普通本科学生20835人，普通专科学生391人，少数民族预科生119人，硕士研究生820人，博士研究生13人，留学生457人	教职工1747人，其中专任教师1190人，具有高级职称教师760人，具有硕士学位教师295人	省部级科研平台17个，其中国家民委—教育部共建重点实验室1个、自治区级重点实验室（工程中心）8个，国家民委人文社会科学研究基地1个、国家社科普及基地1个，国家地方联合工程研究中心1个、自治区研究基地5个，有省部级协同创新中心1个、省部级科技创新团队4个	2009年学校被评为全国"民族团结进步模范集体"，2012年对外文化交流工作评为"全区对外文化交流成效进步单位"和"全国信誉级院外院校"，蒙医药专业进了蒙医药国际化，国家重点基金的蒙医药工程研究院分别被评为"全国民族团结进步集体""全国教育系统先进集体"	是中国政府奖学金来华留学生培养单位，与俄罗斯布里亚特国立医科大学、美国上越威尔州立大学、澳大利亚纽卡斯尔大学、韩国等28所国外高校和机构建立了友好合作关系。其中与蒙古国国立医科大学的合作在蒙古国共建成效显著，在蒙古工程建设了蒙药研制开发了友好医院和蒙古制药厂，蒙药研发中心1个，合作蒙医药研究有国家基金委"ISEC"项目6个，开设"ISEC"（国际托马斯本科专业）项目，与美国开展了护理学本科专业双学士学位联合培养项目	面向未来，秉承"博学明志、崇德至善"的校训，坚持"务实创新、开放办学、特色办学"的理念，促进科学发展，不断深化综合改革，内涵发展和转型发展，努力把学校建设成为具有鲜明民族特色和区域特色的高水平综合性民族大学

注：①内蒙古大学网．内大概况［EB/OL］．http://www.imu.edu.cn/ndgk/ndjj.htm, 2018-08-24.
②内蒙古师范大学网．学校概况［EB/OL］．http://www.immu.edu.cn/immu/intro/201407/3.htm, 2018-03/2018-08-24.
③内蒙古工业大学网．学校简介［EB/OL］．http://www.imut.edu.cn/xxgk/xxjj.htm, 2018-05-01/2018-08-24.
④内蒙古农业大学网．农大概况［EB/OL］．http://www.imau.edu.cn/ndgk.htm, 2017-09/2018-08-24.
⑤内蒙古医科大学网．学校简介［EB/OL］．http://www.immu.edu.cn/xxjj/index.htm, 2018-05/2018-08-24.
⑥内蒙古科技大学网．校情概览［EB/OL］．http://www.imust.cn/xxgk.htm, 2016-12/2018-08-24.
⑦百度百科．内蒙古科技大学［EB/OL］．https://baike.baidu.com/item/%E5%86%85%E8%92%99%E5%8F%A4%E7%A7%91%E6%8A%80%E5%A4%A7%E5%AD%A6/1232773? fr=aladdin, 2018-08-24.
⑧内蒙古财经大学网．学校信息［EB/OL］．http://www.imufe.edu.cn/xxxx/, 2018-08-24.
⑨内蒙古财经大学网．合作交流［EB/OL］．http://www.imufe.edu.cn/old/旧jjyxy/hzjl/20171117_133355.html, 2018-08-24.
⑩内蒙古民族大学网．学校简介［EB/OL］．http://www.imun.edu.cn/xxgk/xxjj/index.htm, 2018-08-24.

表 9 – 13　2011～2017 年文化设施建设对比

年份＼指标	博物馆	文化馆	公共图书馆
2011	56	103	113
2012	67	103	114
2013	67	103	114
2014	72	105	116
2015	78	105	116
2016	87	106	118
2017	93	120	117
年均增长率（%）	8.82	2.58	0.58

资料来源：根据《内蒙古自治区国民经济和社会发展统计公报》（2011～2017）相关数据整理。

表 9 – 14　2017 年内蒙古自治区各盟市文化馆和图书馆分布情况

地区	文化馆（个）	公共图书馆（个）
呼和浩特市	11	11
包头市	11	10
鄂尔多斯市	10	9
乌海市	—	4
阿拉善盟	4	4
巴彦淖尔市	—	–
乌兰察布市	13	12
锡林郭勒盟	14	14
赤峰市	13	14
通辽市	9	9
兴安盟	7	7
呼伦贝尔市	15	15

资料来源：根据各盟市 2017 年国民经济和社会发展统计公报相关数据整理。

四、医疗设施

1. 概况

提供城乡均衡的基本医疗卫生服务，是全面建成小康社会的重要目标之一。近年来，内蒙古城镇居民医疗卫生服务事业不断得到加强，全区居民普遍享受到较高水平的医疗卫生服务，卫生机构、卫生技术人员、卫生机构床位数保持逐年增长的态势（见表9-15）。2011年，内蒙古医疗卫生机构有22845个，2017年增长到24217个，年均增速为0.98%；卫生技术人员从2011年的13.17万人增长到2017年的18.0万人，年均增速为5.35%；卫生机构床位从2011年的10.57万张增长到2017年的15.0万张，年均增速为6.01%。此外，每千人医生数和每千人卫生机构床位数这两个指标也保持着逐年增长的趋势（见图9-4）。

表9-15 2011～2017年内蒙古自治区基本医疗卫生服务发展状况

指标＼年份	2011	2012	2013	2014	2015	2016	2017	年均增长率（%）
卫生机构（个）	22845	23055	23264	23426	23886	24001	24217	0.98
卫生技术人员（万人）	13.17	14	14.81	15.4	16.2	16.9	18.0	5.35
卫生机构床位（万张）	10.57	11.08	12.02	12.9	13.4	13.9	15.0	6.01

资料来源：根据《内蒙古国民经济和社会发展统计公报》（2011～2017）相关数据整理。

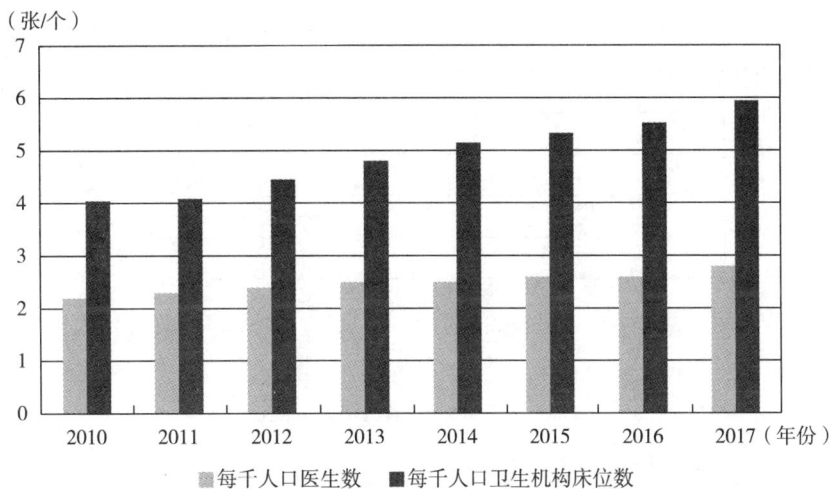

图9-4 2010～2017年内蒙古自治区每千人口医生数、每千人口卫生机构床位数情况

资料来源：《内蒙古统计年鉴》（2018）。

2. 主要分布情况

内蒙古 12 个盟市医疗卫生机构分布差异较大（见图 9 – 5）。截至 2017 年末，内蒙古有 24217 家医疗卫生机构，其中医院和卫生院共计 2087 家。呼和浩特市有 2065 家医疗卫生机构，其中医院和卫生院共计 188 家；包头市有 1779 家医疗卫生机构，其中医院和卫生院共计 151 家；鄂尔多斯市有 1640 家医疗卫生机构，其中医院和卫生院共计 183 家；乌海市有 311 家医疗卫生机构，其中医院和卫生院共计 30 家；阿拉善盟有 345 家医疗卫生机构，其中医院和卫生院共计 56 家；巴彦淖尔市有 1642 家医疗卫生机构，其中医院和卫生院共计 163 家；乌兰察布市有 2114 家医疗卫生机构，其中医院和卫生院共计 226 家；锡林郭勒盟有 1377 家医疗卫生机构，其中医院和卫生院共计 167 家；赤峰市有 4750 家医疗卫生机构，其中医院和卫生院共计 339 家；通辽市有 4558 家医疗卫生机构，其中医院和卫生院共计 242 家；兴安盟有 1663 家医疗卫生机构，其中医院和卫生院共计 123 家；呼伦贝尔市有 1973 家医疗卫生机构，其中医院和卫生院共计 219 家。

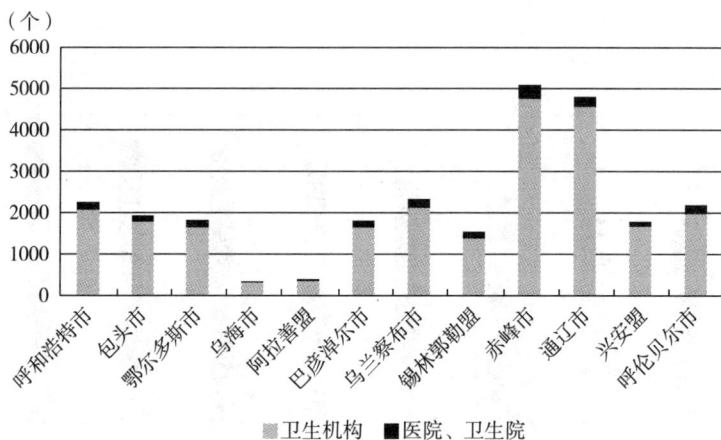

图 9 – 5　2017 年内蒙古自治区主要城市医疗机构数量分布

资料来源:《内蒙古统计年鉴》(2018)。

内蒙古的三级医院主要集中在呼和浩特市和包头市（见表 9 – 16）。

表 9 – 16　2017 年内蒙古自治区三级医院（公立）分布情况

盟市	数量	三级医院（公立部分）
呼和浩特市	12	呼和浩特第二医院、呼和浩特第一医院、内蒙古医学院第二附属医院、内蒙古医学院附属人民医院、内蒙古医学院附属医院、内蒙古自治区妇幼保健院（内蒙古自治区妇女儿童医院）、内蒙古自治区国际蒙医医院、内蒙古自治区人民医院、内蒙古中医医院、呼和浩特市蒙医中医医院、内蒙古自治区第三医院康复中心、呼和浩特市口腔医院
包头市	11	包头市第四医院、包头市中心医院、内蒙古包钢医院、内蒙古北方重工业集团有限公司医院、内蒙古第一机械集团有限公司医院、内蒙古科技大学包头医学院第二附属医院、内蒙古科技大学包头医学院第一附属医院、包头市蒙医中医医院、包头市肿瘤医院、包头市眼科医院、包头市传染病医院
鄂尔多斯市	4	鄂尔多斯市蒙医医院、鄂尔多斯市中心医院、准格尔旗中蒙医医院、鄂尔多斯市达拉特旗人民医院
乌海市	2	乌海市人民医院、乌海市蒙中医院
阿拉善盟	2	阿拉善盟中心医院、阿拉善盟蒙医医院
巴彦淖尔市	3	巴彦淖尔市医院、巴彦淖尔市中医医院、巴彦淖尔市残联眼科医院
乌兰察布市	1	乌兰察布市中心医院
锡林郭勒盟	2	锡林郭勒盟医院、锡林郭勒盟蒙医医院
赤峰市	8	赤峰市第二医院、赤峰市医院、赤峰学院附属医院、宁城县蒙医中医医院、宁城县中心医院、赤峰市巴林左旗蒙医中医医院、阿鲁科尔沁旗中医医院、林西县医院
通辽市	9	内蒙古民族大学附属医院、通辽市科尔沁区第一人民医院、通辽市医院、通辽市蒙医整骨医院、通辽市精神卫生中心、通辽市第二人民医院、库伦旗蒙医医院、通辽市蒙医医院、通辽市传染病医院、科尔沁右旗中旗蒙医医院
兴安盟	1	兴安盟人民医院
呼伦贝尔市	7	呼伦贝尔市人民医院、内蒙古林业总医院、呼伦贝尔市精神卫生中心、呼伦贝尔市中蒙医医院、扎兰屯市中医医院、呼伦贝尔市蒙医医院、呼伦贝尔市传染病医院

资料来源：内蒙古自治区卫生健康委员会网站．基本公共卫生服务项目医疗机构［EB/OL］．http：//wjw. nmg. gov. cn/dataservice/wjw/download. action？code＝10002，2019 – 12 – 28.

五、邮政通信

邮政通信业是国家重要的社会公用事业，是国家及各级政府"通政""通民""通商"的桥梁和纽带。邮政通信业也是现代服务业的重要组成部分，是推动流通方式转型、促进消费升级的现代化的先导性产业。内蒙古邮政通信业在基础性和战略性产业功能的发挥、保障公民的基本通信权利、保障应急通信、服务经济社会发展等方面都具有十分重要的意义①。

改革开放以来，内蒙古邮政、通信部门始终集中精力搞建设，提高通信质量，改善服务，提高经济效益，加强经营管理，使邮政通信业务步入了持续、稳定、协调的发展阶段。到"十二五"末，内蒙古邮政监管体制逐步完善，盟市邮政监管机构从无到有，12个盟市局于2012年全部成立，如期实现"机构、人员、设施、资金"四到位。全区首个县域邮政监管机构——满洲里邮政管理局在满洲里市委、市政府大力支持下挂牌成立。2015年，内蒙古自治区寄递渠道安全管理领导小组成立，部门间协调联动进一步加强，普遍服务基础设施建设的成效显著增强。全区初具现代化规模的邮政服务网络基本形成，为保障邮政基本服务提供了支撑。西部和农村地区邮政局所改造和邮政机要通信基础设施建设工程稳步推进，整修、翻建和改造网点375处，邮政网点标准化、信息化水平稳步提升。借力地方民生项目，邮政企业以便民服务站形式建设村邮站，超额完成国家局下达的村邮站建设任务。与内蒙古自治区发改委等部门加强联动，积极推动空白乡镇邮政局所补建工作，自治区146个空白乡镇邮政局所全部建成并投入运营，普遍服务功能不断完善，服务民生、服务"三农"领域不断拓展，邮件全程时限水平基本达标。2015年末，自治区邮政普遍服务营业网点达到1433处，已签订服务协议的村级转接点达到5597个，建制村通邮率达到79%；快递业发展迅速，快递基础能力不断增强。各地加快推进快递专业类物流园区建设，通辽、赤峰、乌兰察布、鄂尔多斯、巴彦淖尔、乌海6个快递专业类物流园区已投入运营。2015年，内蒙古自治区快递服务营业网点由2010年的175处大幅增至2146处。农牧区快递网络布局和设施建设取得重要进展，快递服务网络均衡度持续改善。据统计，2015年，乡镇（苏木）快递网点覆盖率由"十二五"之初几乎为零提升至54.11%②。截至2017年末，全行业拥有各类营业网点4605处，其中设在农村的1403处。快递服务营业网点2372处，其中设在农村的176处。全区拥有邮政信筒信箱1540个，比2016年末增长了11.51%。

进入21世纪以来，社会经济迅速发展，人民生活水平大幅提高，内蒙古邮

①②内蒙古邮政管理局. 内蒙古自治区邮政业发展"十三五"规划［EB/OL］. http：//nm. spb. gov. cn/zcfg/bmgz/201807/t20180711_ 1605346. html，2018－07－11/2018－08－28.

政事业迎来了快速发展的外部机遇，电信业务量在 2009 年后有所回落，邮政业务逐年增长（见图 9 - 6）。从具体业务来看，2017 年邮政函件业务持续下滑，全年函件业务量完成 738.42 万件；全年包裹业务量完成 32.1 万件；报纸业务量完成 31769.06 万份；杂志业务量完成 1008.38 万份；汇兑业务量完成 60.95 万笔①。

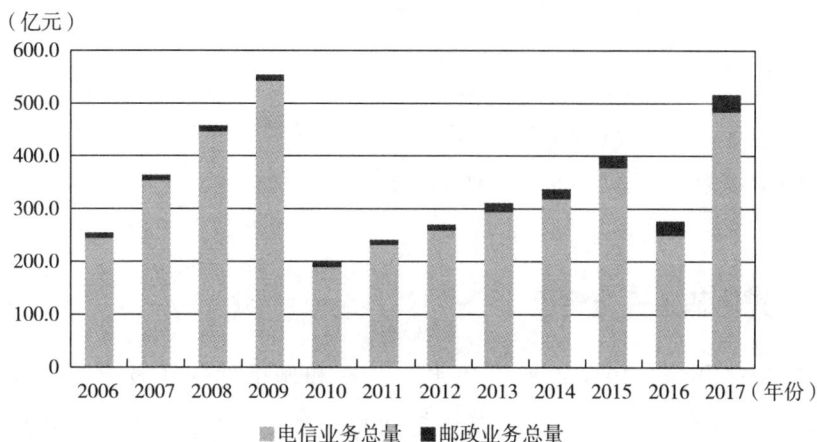

图 9 - 6　2006 ~ 2017 年内蒙古自治区邮电业务量

资料来源：根据《内蒙古统计年鉴》（2007 ~ 2018）和 2017 年《内蒙古国民经济和社会发展统计公报》相关数据整理。

在邮电通信业务不断提升的同时，内蒙古宽带互联网发展迅速（见表9 - 17）。2011 ~ 2017 年内蒙古网页数、城市宽带接入用户、农村宽带接入用户年均增长率均高于 5%，尤其是农村宽带接入用户年均增长率更是高达 31.74%②。

表 9 - 17　2011 ~ 2017 年内蒙古自治区互联网主要指标发展情况

年份 指标	2011	2012	2013	2014	2015	2016	2017	年均增长 率（%）
互联网上网 人数（万人）	854	965	1093	1142	1259	1311	—	8.95

---

①　内蒙古邮政管理局. 内蒙古邮政管理局公布 2017 年全区邮政行业经济运行情况 [EB/OL]. http://nm.spb.gov.cn/xytj/tjxx/201801/t20180119_ 1470745.html, 2018 - 01 - 19/2018 - 08 - 28.

②　国家统计局. 中国统计年鉴 2017 [EB/OL]. http://www.stats.gov.cn/tjsj/ndsj/2017/indexch.htm, 2018 - 08 - 28.

续表

指标＼年份	2011	2012	2013	2014	2015	2016	2017	年均增长率（％）
网页数（万个）	9839.9	13143.4	22709.6	27920.2	45204.3	14108.6	13474.7	5.38
城市宽带接入用户（万户）	211.2	250	223.5	245	281.4	319.9	390.5	10.79
农村宽带接入用户（万户）	19.8	24.8	60.9	71.8	84.3	97.3	103.5	31.74

注：2017 年没有统计互联网上网人数，因此以 2016～2011 年的数据计算其年均增长率。

资料来源：《中国统计年鉴》（2012～2018）。

六、其他基础设施建设

截至 2017 年末，内蒙古城市用水普及率和城市燃气普及率分别达到了 99.10％和 96.01％；人均道路面积为 23.89 平方米，高于全国人均道路面积 16.1 平方米的水平；人均公园绿地面积为 19.66 平方米，高于全国人均公园绿地面积 14.0 平方米的水平（见表 9 - 18）。此外，内蒙古自治区政府积极推进排水防涝设施、供水设施、燃气设施、供热设施、城市电网、污水处理、垃圾处理、园林绿化等市政项目的建设。

表 9 - 18　2011～2017 年内蒙古市政基础设施建设情况

指标＼年份	2011	2012	2013	2014	2015	2016	2017
城市用水普及率（％）	91.39	94.43	96.23	97.79	98.47	98.98	99.10
城市燃气普及率（％）	82.23	84.39	87.93	92.28	94.09	94.90	96.01
万人拥有公共交通车辆（台）	6.68	6.50	7.55	7.76	7.79	8.50	9.00
人均道路面积（平方米）	15.77	17.67	19.69	21.10	22.61	23.29	23.89
人均公园绿地面积（平方米/人）	14.47	15.52	16.90	18.80	19.28	19.77	19.66
每万人拥有公共厕所（座）	5.11	5.08	4.85	4.67	4.76	4.69	7.24

资料来源：根据《内蒙古统计年鉴》（2010～2018）相关数据整理。

第三节　发展水平、布局和若干问题

内蒙古基础设施与公共服务发展的水平和区域布局已经有了长足的发展，但如交通基础设施等方面还需要切实解决其存在的问题。

一、交通服务水平

1985 年，内蒙古完成货物运输总量 1.16 亿吨，货物运输周转量 442.50 亿吨千米，旅客运输总量 6673 万人，旅客运输周转量 82.2 亿人千米。"十二五"时期，内蒙古交通运输业呈稳步上升趋势。"十二五"时期全区公路运输共完成营业性客运量 8.78 亿人、旅客运输周转量 995.01 亿人千米、货运量 59.48 亿吨、货物运输周转量 12390.38 亿吨千米，较"十一五"时期分别增长 57.90%、91.36%、11.16%、91.83%；全区铁路运输共完成营业性客运量 2.32 亿人、旅客运输周转量 949.64 亿人千米、货运量 30.72 亿吨、货物运输周转量 14173.31 亿吨千米，较"十一五"时期分别增长 21.96%、27.79%、64.67%、62.90%；全区民用航空运输共完成营业性客运量 1940.90 万人、货物量 29.50 万吨，均达到"十一五"时期的 3 倍左右。

2017 年完成货物运输总量 22.75 亿吨，完成货物运输周转量 5206.49 亿吨千米，完成旅客运输总量 16061.3 万人，完成旅客运输周转量 362.75 亿人千米，1985～2017 年年均增长分别为 9.75%、8.01%、2.78% 和 4.75%，如表 9 - 19 所示。另外，"十二五"内蒙古交通运输客货量比"十一五"都有较大增长，特别是民航运输有大幅增长，如表 9 - 20 所示。

表 9 - 19　1985 年与 2017 年内蒙古交通运输货运量对比

年份	1985	2015	2016	2017	1985～2017 年年均增长率（%）
货物运输总量（亿吨）	1.16	18.62	20.04	22.75	9.75
铁路（亿吨）	0.55	6.67	6.99	8.00	8.72
公路（亿吨）	0.60	11.95	13.06	14.75	10.52

续表

年份	1985	2015	2016	2017	1985~2017 年年均增长率（%）
民航（万吨）	0.13	8.14	7.16	7.51	13.51
货物运输周转量（亿吨千米）	442.50	4263.86	4453.2	5206.49	8.01
铁路（亿吨千米）	424.30	2023.90	2029.54	2442.02	5.62
公路（亿吨千米）	18.20	2239.96	2423.64	2764.47	17.00
旅客运输总量（万人）	6673	16956	16697	16061.30	2.78
铁路（万人）	2784	5117	5394	5452	2.12
公路（万人）	3884	11017	10347	9421	2.81
民航（万人）	5.30	852	956	1188	18.43
旅客运输周转量（亿人千米）	82.20	371.27	375.2	362.75	4.75
铁路（亿人千米）	58.30	210.93	222.46	220.10	4.24
公路（亿人千米）	23.90	160.34	152.75	142.65	5.74

资料来源：2016~2017 年资料来源于《内蒙古统计年鉴》（2018）。

表 9-20 "十一五"与"十二五"内蒙古交通运输客货量对比情况

时期	"十一五"	"十二五"	增长率（%）
公路旅客运输周转量（亿人千米）	704	995.01	41.34
公路货物运输周转量（亿吨千米）	6475	12390.38	91.36
公路客运量（万人）	79000	87812.80	11.16
公路货运量（万吨）	310000	594673.00	91.83
铁路旅客运输周转量（亿人千米）	743.10	949.64	27.79
铁路货物运输周转量（亿吨千米）	8700.42	14173.31	62.90
铁路客运量（万人）	19030.70	23209.10	21.96
铁路货运量（万吨）	186547.04	307189.48	64.67
民航旅客运输量（万人）	1231.82	4940.90	301.11
民航货物运输量（万吨）	8.95	29.50	229.61

资料来源：《内蒙古自治区国民经济和社会发展统计公报》。

1. 公路运输

1985 年，内蒙古自治区全区公路运输完成营业性客运量 3884 万人、旅客运输周转量 23.9 亿人千米，货运量 6000 万吨，货运周转量 18.20 亿吨千米。到

2017 年时，全区公路运输营业性客运量达到 9421 万人，旅客公路周转量 142.65 亿人千米，1985 ~ 2017 年年均增长率分别为 2.81% 和 5.74%；公路货运量 14.75 亿吨、公路货运周转量 2764.47 亿吨千米，1985 ~ 2017 年年均增长率分别为 10.52%、17.00%，如表 9 - 20、图 9 - 7 和图 9 - 8 所示，其中公路旅客周转量占公路旅客运输周转量的份额有持续下降的趋势，公路货物周转量占公路运输周转量的份额略有上升的趋势。

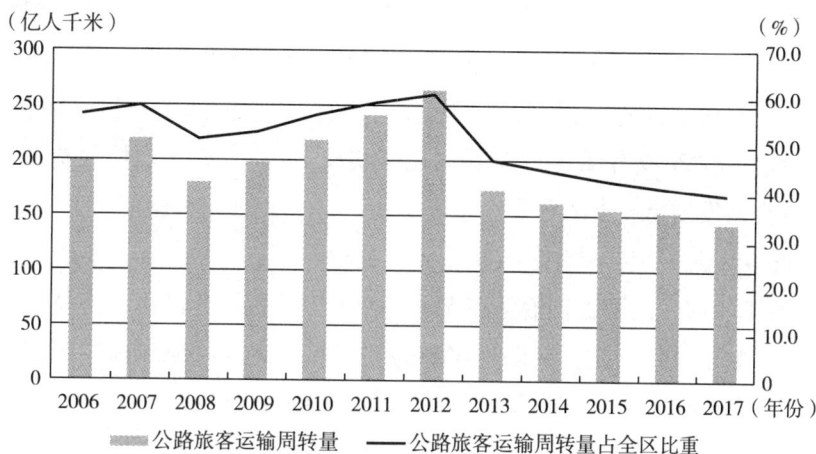

图 9 - 7　2006 ~ 2017 年内蒙古自治区公路旅客运输周转量情况

资料来源：《内蒙古自治区国民经济和社会发展统计公报》（2006 ~ 2017）。

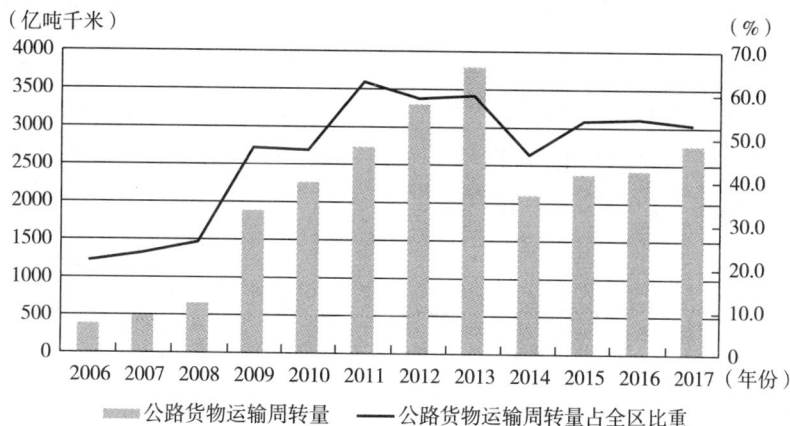

图 9 - 8　2006 ~ 2017 年内蒙古自治区公路货物运输周转量情况

资料来源：《内蒙古自治区国民经济和社会发展统计公报》（2006 ~ 2017）。

为了提升公路技术等级和路面等级，调整公路交通运力结构，需不断改善服务水平。2011 年以来，内蒙古高速公路稳步发展，内蒙古政府采取各种方式，吸引各类资金，持续加大国家高速公路网建设的力度，加快布局实施一批新的公路重点工程，实现各盟市政府所在地通高速公路，建成自治区与相邻省区高速公路出口通道，确保区内外运输主通道的畅通。

内蒙古交通运输厅在全区组织开展"建好、管好、护好、运营好"的建设活动，并制定下发了《内蒙古自治区"四好农村路"建设活动方案》。加大了对农村牧区公路的投资建设，全面启动嘎查村通沥青（水泥）路工程，同时支持区内撤并建制村通沥青水泥路的建设。农村牧区道路交通条件得到明显改善。内蒙古自治区在 2017 年 ETC 全区覆盖已经实现 100%，MTC 联网收费系统已经是内蒙古交通发展历史上的重要标志。

2. 铁路运输

自 2001 年起，内蒙古自治区在煤炭、冶金等传统工业经济保持持续高速增长的积极影响下，特别是长期以来实施的"北煤南运、西煤东调"国家资源开发及能源发展战略，对铁路运输的需求也与日俱增，出现比较突出的运力不足问题。内蒙古采取有效措施，优化资源组合，创新运输组织方式，持续扩大其运输能力的供给，使内蒙古铁路运输总量显著增加。

1985 年，内蒙古自治区全区铁路运输完成营业性客运量 2784 万人、铁路旅客运输周转量 58.3 亿人千米，货运量 5500 万吨，货运周转量 424.30 亿吨千米。2017 年，全区铁路运输完成客运量 5452 万人、铁路旅客运输周转量 220.10 亿人千米，1985 ~ 2017 年年均增长率分别为 2.12%、4.24%；铁路货运量 8 亿吨，货物运输周转量 2442.02 亿吨千米，1985 ~ 2017 年年均增长率分别为 8.72%、5.62%，如图 9 - 9、图 9 - 10 所示。

3. 航空运输

内蒙古自治区民用航空管理局（以下简称民航内蒙古区局）于 1958 年内获得批准筹备建设，正式成立时间是 1959 年 7 月 24 日。成立内蒙古民航管理局之后，民航内蒙古区局在中国民航局和自治区各级政府的领导和有力支持下，积极采取措施推动内蒙古民航基础设施建设。"十二五"期间，内蒙古自治区航空客运量和货运量呈现持续不断增长的发展态势，年均增长率分别为40.51%、21.56%。

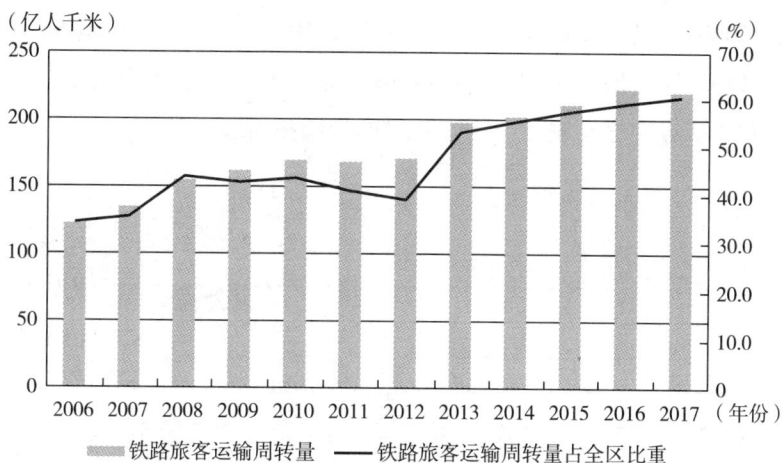

图 9 – 9　2006～2017 年内蒙古自治区铁路旅客运输周转量情况

资料来源：《内蒙古自治区国民经济和社会发展统计公报》（2006～2017）。

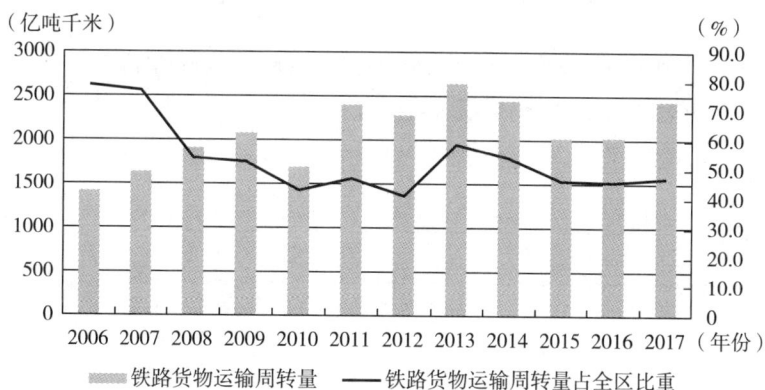

图 9 – 10　2006～2017 年内蒙古自治区铁路货物运输周转量情况

资料来源：《内蒙古自治区国民经济和社会发展统计公报》（2006～2017）。

1985 年，内蒙古自治区全区民用机场完成旅客吞吐量 5.3 万人次、货物（货邮）吞吐量 0.13 万吨。2015 年通航城市达到 83 个，运营航线达到 320 条，有 40 家航空公司在内蒙古航空市场运营。实现了在运输生产旺季和冬春航季由宽体客机直飞呼和浩特至三亚、呼和浩特至北京航线。2017 年，内蒙古全区民用机场完成旅客吞吐量 1188 万人次、货邮行吞吐量 7.51 万吨，分别较"十一五"末的 2010 年增长 215.12%、141.48%，1985～2017 年均增长率分别为 18.64%、13.51%，如图 9－11、图 9－12 所示。其中，航空货运量占全区货运量的份额很小，航空客运量占全区客运量的份额在持续上升。

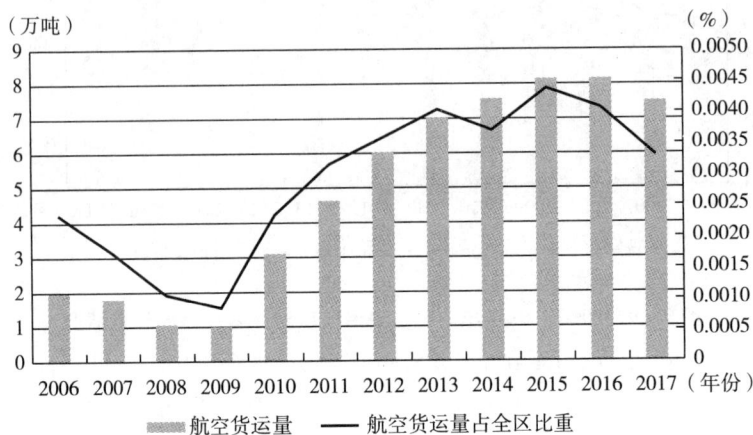

图 9－11　2006～2017 年内蒙古自治区航空货物运输情况

资料来源：《内蒙古统计年鉴》和《内蒙古自治区统计公报》。

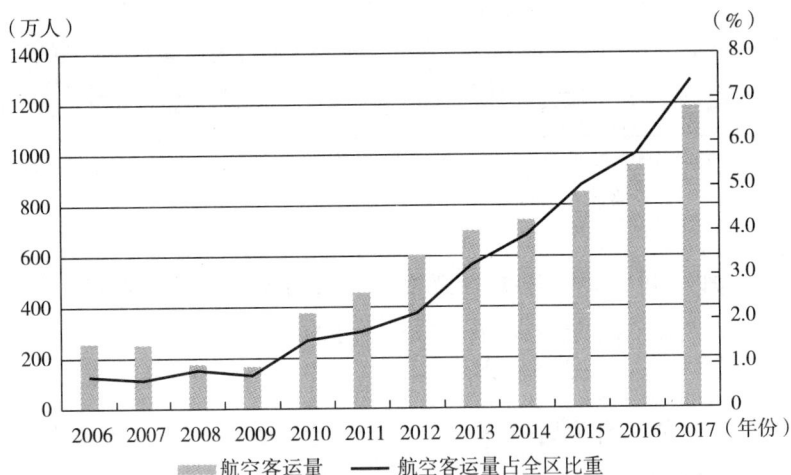

图 9－12　2006～2017 年内蒙古自治区航空旅客运输情况

资料来源：《内蒙古统计年鉴》和《内蒙古自治区统计公报》。

二、综合交通发展水平

从总量规模适应性、运输供给结构适应性这两个层面对内蒙古综合交通的发展水平进行分析。

1. 总量规模适应性

(1) 货运强度。2009～2018 年全国、内蒙古、广东、江苏、湖北货运强度对比 (见图 9-13) 可以发现，内蒙古货运强度随着产业结构的调整呈波动增长趋势，由 2009 年的 0.72 上升至 2018 年的 1.08，"十二五"期间，波动性更强且略有下降。2017 年前后，全国货运强度处于 0.98 左右，江苏、广东及湖北三省的货运强度分别为 1.37、1.75 和 0.69，内蒙古的货运强度在全国范围处于中等水平，这是由当地的产业结构所决定的。

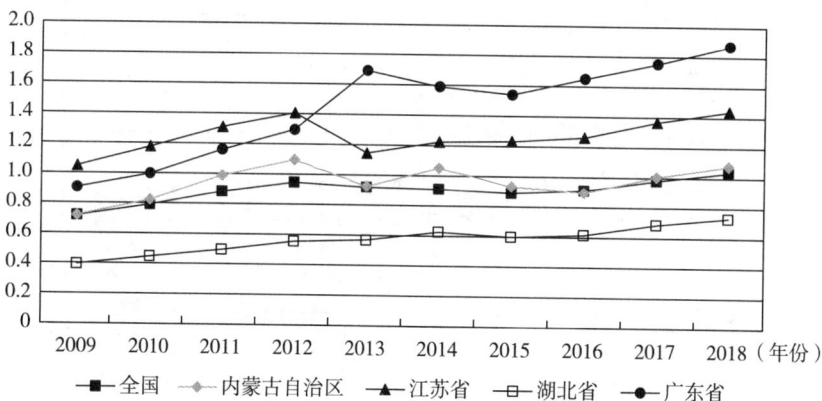

图 9-13 2009～2018 年全国、内蒙古、广东、江苏、湖北货运强度

资料来源：国家统计局网站。

(2) 客运强度。从近年来内蒙古客运量增长与地区经济发展的宏观指标相关分析来看，由于缺乏新的经济增长点，特别是近 5 年来，与客运相关度较高的第三产业所占比例偏低 (不足 50%)、增速放缓 (6% 左右)，加之客运基础设施建设滞后，导致客运量增速放慢，客运强度指标略有下降。通过对比 2009～2018 年全国、内蒙古、广东、江苏、湖北的客运强度 (见图 9-14)，可以发现，内蒙古客运强度大致呈现平稳下降的趋势，从 2009～2018 年客运强度由

1.39 下降至 0.62。全国由于东西部地区的经济发展水平与产业结构的差异，"十二五"期间，全国客运强度处于 4.14 ~ 8.77，2012 年达到 8.77，随后一直到"十三五"的 2018 年逐年下降。各省份客运强度的波动情况与全国基本一致，于 2012 年前后达到最高峰，而后总体呈下降趋势，其中广东省客运强度波动最为剧烈，下降也最为明显，至 2018 年所选各省份客运强度的分布较 2009 年有收敛的趋势。内蒙古自治区的客运强度在全国范围内来说处于中等偏下的水平范围。究其原因，可能是内蒙古经济缺乏新的增长动力，其现代化交通基础设施建设步伐迟缓，客观上制约了客运需求，特别是与"十二五"到"十三五"的 2019 年 12 月 30 日前省际间还没一条高速铁路通车，加之高速公路覆盖率不足不无关系，如图 9 - 14 所示。

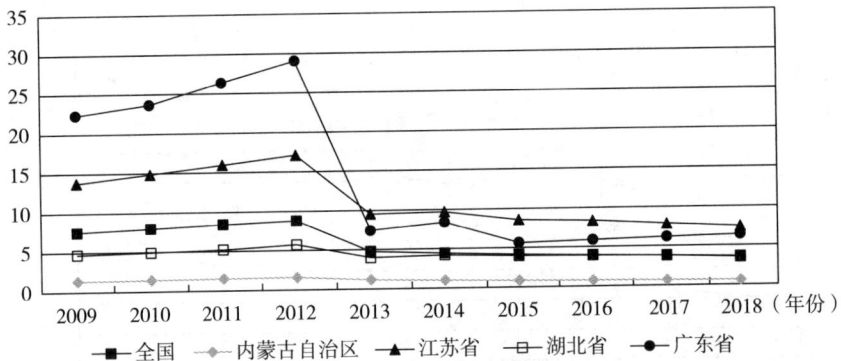

图 9 - 14　2009 ~ 2018 年全国、内蒙古、广东、江苏、湖北客运强度

资料来源：国家统计局网站。

（3）综合交通运网综合密度。由图 9 - 15 可以看出，内蒙古自治区综合交通运网密度明显比东部发达地区小很多，低于全国平均水平，且处于较低水平。这与内蒙古自治区区域面积大，综合交通路网建设不足，线网密度相对较低，且工农业生产总值较低，产业结构调整滞后，特别是与客运量相关度较高的第三产业比例偏低有关。

（4）路网规模。通过计算 2009 ~ 2018 年内蒙古、广东、江苏、湖北的路网规模指标，如图 9 - 16 所示，2009 ~ 2018 年内蒙古路网规模和湖北、广东等省一样，基本处于持续增长的趋势，由 2009 年的 15.89 增长到 2018 年的 21.54，内蒙古的路网规模高于江苏省，低于湖北省和广东省，其 2018 年的总量规模基本追平广东。但内蒙古路网中各种交通方式的比例关系，以及总体技术等级结构上与东中部地区还有显著差距，突出反映在现代化铁路客运大通道严重不足，客运标准及服务水平普遍偏低，货物运输与物流的协同度差，难以适应需要不断提升其客货运量结构的需求。

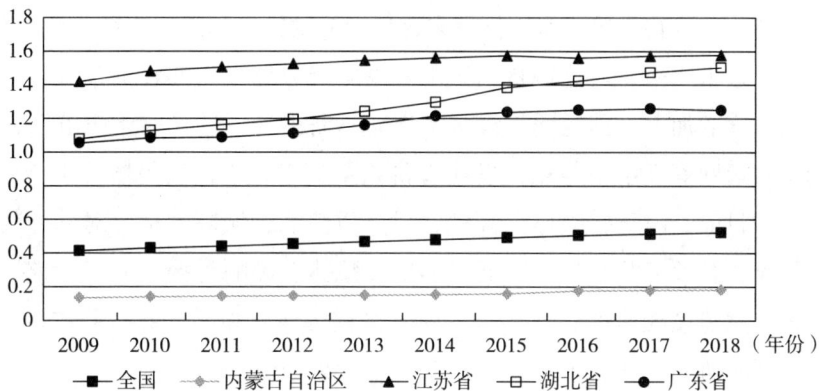

图 9 - 15　2009 ~ 2018 年全国、内蒙古、广东、江苏、湖北综合交通运网密度

资料来源：国家统计局网站。

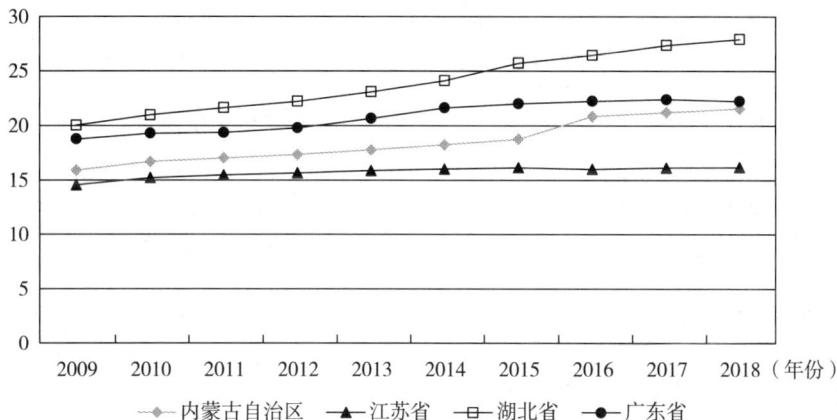

图 9 - 16　2009 ~ 2018 年内蒙古、广东、江苏、湖北路网规模

资料来源：国家统计局网站。

内蒙古路网规模的现状一方面说明其还不能适应内蒙古经济社会发展的要求，特别是城市群及城乡一体化发展的要求，尤其是其运输方式及路网等级结构上的差距是制约本地区交通运输与经济社会协调发展的主要瓶颈；另一方面也说明内蒙古的交通运输网建设发展已进入了一个"稳增长、调结构"的新阶段。未来交通运输体系建设必须在调结构、提水平方面花大力气。

2. 运输供给结构适应性

通常使用运网技术等级水平指数来衡量运输供给结构的适应性。由图 9 – 17 可以看出，近十年来，内蒙古自治区随着高等级公路投资建设的加大以及铁路建设投资力度的加大，其运网等级水平指数不断提升，进入"十三五"时期以来，内蒙古运网等级水平与东部发达省份差距越来越小，但仍然处于全国中等偏下水平。目前，内蒙古整体上高铁建设严重滞后，城际客运、对外运输大通道能力不足，其效率及服务水平低，不仅在整体上影响对接"一带一路"—中蒙俄经济走廊建设战略的有效实施，同时也直接制约和影响着内蒙古自治区对接京津冀区域协同发展、东北振兴等战略的有效实施。

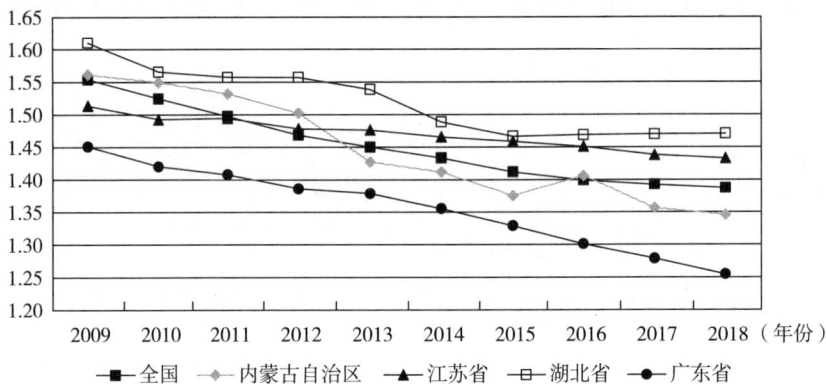

图 9 – 17　2009～2018 年全国、内蒙古、广东、江苏、湖北运网等级水平指数

资料来源：国家统计局网站；由于缺少公路三级、四级公路等级统计数据，运网基础设施技术等级水平指数不包括三级、四级公路占比。

三、综合交通发展若干问题

通过对"十二五"到"十三五"近十年期间内蒙古自治区综合交通发展现

状分析以及综合交通经济适应性评价结果分析，目前内蒙古自治区综合交通发展依然存在的主要问题有如下四点：

1. 交通基础设施建设落后

（1）交通基础设施建设不足，总量规模欠缺。至 2018 年末，全区公路、铁路路网密度分别是全国平均水平的 33.74% 和 78.44%，高等级公路仅占内蒙古公路总里程的 15.84%。现有的运力规模从数量及结构上都与自治区在国家以及西部的地位作用、经济总量及发展水平不相适应，远远不能适应经济社会发展对于客货运输的要求。

内蒙古作为国家"西煤东运"的重要基地，但是当前内蒙古铁路对外运输能力不足。在内蒙古煤化工等产业持续发展的背景下，许多液体产品需要安全快捷运输，管道运输设施的建设已经迫在眉睫。此外，由于长期存在的"重货轻客"现象，高铁、高速公路、城市轨道交通等现代化客运交通基础建设相对落后，不仅制约着内蒙古招商引资、对外开放的外向型经济发展，也严重制约着内蒙古草原民族特色旅游业的发展。

1）公路。

①高速公路总量规模及运力短缺，覆盖范围不足，难以发挥网络效应。虽然近年来内蒙古高速公路建设已经获得比较快的发展，不过相对于内蒙古 118 万平方千米区域面积来看，已建成高速公路的规模仍然不足，车道数及通行能力不够，覆盖面明显有限。在 2018 年底，以国土面积计算，内蒙古高速公路密度只有 0.56 千米/百平方千米，仅仅达到了全国高速公路平均密度 1.49 千米/百平方千米的 37.58%；无论与全国高速公路发展的平均水平相比，还是与云贵川等西南边远地区高速公路的覆盖率相比，内蒙古自治区高速公路的建设还有很长的路要走。

②与周边省（区）之间高速公路连接严重短缺。从各地区交通运力资源分布情况看，乌海、呼市、包头、赤峰、通辽、巴彦淖尔河套地区路网较密，这些地区公路总里程大约占自治区的 50%。其中，呼市、包头、乌海三市的道路网平均技术等级较高。同时从路面铺装率来看，也是呼市、包头、乌海、赤峰和巴彦淖尔几个盟市相对较高。

目前，内蒙古众多具有品牌优势的畜牧业加工产品，需要外销到周边省（区）或经过周边省（区）外销到全国更广阔的市场。尽管内蒙古 12 个盟市所在地全部"接入"高速公路网，实现了与全国高等级公路网的有效对接，但主要路段通行能力已接近饱和，客货车辆互争运力，拥堵严重。

③盟（市）到首府及盟（市）之间高速公路连接不够便捷。当前，内蒙古境内只有鄂尔多斯、包头、乌兰察布、乌海、巴彦淖尔5个市的行政中心能够直接利用高速公路连接自治区首府呼和浩特，呼伦贝尔市、兴安盟、赤峰市、通辽市、阿拉善盟、锡林郭勒盟6个盟（市）与呼和浩特高速公路不直接连接。因此，对于幅员辽阔、盟（市）行政中心分布狭长的内蒙古自治区来说，缺少以首府为中心向各盟（市）辐射的高速通道网络，导致盟（市）与首府、盟（市）之间的时空距离无法得到有效缩短，内蒙古各地区间的联系沟通不够便利。这种情况不仅与东中部地区高速公路网络覆盖率存在较大差距，即便是与贵州等西部省份"县县通高速"的发展目标也有很大的差距。

2）铁路。内蒙古矿产资源丰富，大部分能源及矿产资源如煤炭等需通过铁路运输，但面临的问题是铁路通道建设及改造滞后，输送能力紧张，尤其是缺少能深入矿产地的铁路支线，没有完善的相关配套设施，大部分大宗货物需要通过汽车长距离转运，造成运输成本增加，市场竞争力减弱，对自治区以煤炭为主的资源开发规模和速度存在严重制约。

①路网规模偏小，布局不尽合理。"十三五"期末，全区铁路营运里程长度12800千米，占全国铁路营运里程的9.72%，区内路网密度只有108.2千米/平方千米，仅达到全国平均水平的78.44%。在全区101个县区旗级行政单位中，其铁路覆盖面较小。

②铁路出区及区内煤运通道不畅、横贯东西通道少，加之铁路客货运目前还没有完全实现分线运输，铁路客货运发展相互制约，运输能力特别是干线能力存在严重不足。

当前贯通自治区东西部的铁路只有集通线和京包线，线路位置在自治区内偏南，北部大片地区缺少横贯东西方向的干线铁路，另外由于后方通路能力的制约，主要出区铁路京包、包兰、大准、滨洲、包神、叶赤、大郑和通让等，出区通道不畅。

2018年内蒙古自治区规模以上工业企业生产原煤9.26亿吨，产量居全国第一位，大部分煤炭需通过铁路外运出区，但是目前煤炭运输通道面临着运输能力紧张的问题，并且缺少深入煤炭产地的铁路集运线，没有完善的煤炭发运站、集运站等运输配套设施，对内蒙古煤炭资源的开发产生制约。

③高速铁路建设滞后，影响铁路运输业竞争力的提升以及区域经济协调发挥战略。近十年来，高速铁路在我国得到了快速发展，截至2018年底，我国铁路营运里程达到13.7万千米，其中高速铁路2.9万千米，约占总里程的21%。中西部地区（含东三省）铁路营运里程达9.7万千米，且西部地区大部分省份目前已有高速铁路建成通车，而横跨东西部的内蒙古自治区，尽管与首都北京相距500千米左右，目前，呼张高铁呼和浩特至乌兰察布段已经开通运营，2019年底全线通车，赤峰和通辽至京沈高铁连接线预计2020年建成通车。内蒙古在高速铁路建设上步伐显然是滞后了，不仅制约影响着自治区对接京津冀区域协同发展，同时也不利于在"一带一路"倡议中发挥必要的作用。

④存在投资多元化、综合管理、协调难度加大的问题。近年，众多以电力、煤炭等能源开发型为主的国有及民营企业，纷纷进入铁路建设领域，对铁路建设按照各自企业的配置资源和开发规划进行，尽管推动了内蒙古铁路的发展，但同时也存在着有些项目与国家铁路网衔接不畅，以及重复布局建设等问题。

（2）综合运输通道建设滞后。

1）对外运输通道建设滞后，能力欠缺。内蒙古自治区所处的地理位置和资源禀赋特点，决定了其要走以资源为主导的外向型经济发展的路子，而外向型经济发展的必要保证是大容量、高效率、现代化的综合交通运输体系。而内蒙古自治区却长期面临着大通道能力不足、综合运输枢纽欠缺、各种运输方式协同度差、运力资源配置效率低的突出问题。随着内蒙古自治区产业结构的优化升级，对外经济的快速发展，对运输通道技术水平已经提出了更高的要求，需要更加完善的区际通道和国际通道。但连接中东部地区的运输通道能力明显不足，技术水平偏低，路网结构不完善，铁路运力资源紧张，不能够满足大宗货物的运输需求。当前，内蒙古仅实现了呼和浩特与山西、河北、宁夏、陕西等省份省会的高速公路联通，联系周边国家的国际运输通道、口岸公路技术等级偏低，与快速发展的边境贸易不相适应。

2）能源运输通道建设亟待加强，尚不能为资源开发提供有力支持。内蒙古有丰富的煤炭和天然气资源，是我国重要的能源基地，目前，内蒙古自治区综合运输通道建设比较滞后，主要煤炭运输通道处于运力饱和或紧张状态，不能适应内蒙古能源基地能源加大开发的要求。交通条件已经不能满足丰富的煤炭和天然气资源及其化工产品等所产生的巨大的运输需求。

内蒙古有独特的自然风光和人文古迹。北部的呼伦贝尔大草原是世界少有的绿色净土和生灵的乐园,中部的锡林郭勒草原是感受草原风光的好去处,西部有巴丹吉林沙漠和美丽的胡杨林。同时,内蒙古独具魅力的民族风情也让人怦然心动。目前,内蒙古自治区旅游通道建设比较滞后,还不能适应旅游资源进一步开发的要求。

2. 交通建设资金匮乏

内蒙古辖区面积大,又位于国家路网的边缘,地方财政紧张,政府基础设施配套资金缺口大,建设任务很艰巨;交通基础设施建设项目招商引资困难,大多投资渠道单一,缺乏投资是内蒙古交通建设与发展的主要制约因素。

(1)国家投资落实困难。新《预算法》《国务院加强地方政府性债务管理的意见》《国务院关于深化预算管理制度改革的决定》等法律、法规的出台,改变了原有公路建设融资模式,使收费公路建设资金难以落实,也使过去靠传统的银行贷款融资模式建设公路的发展方式更加举步维艰。需要克服传统的思维模式,积极争取对接国家政策及配套资金,进一步加快内蒙古交通基础设施建设的步伐,进一步高质量对接国家新的"西部大开发战略""一带一路"—中蒙俄经济走廊建设的战略。

(2)贷款余额大、还贷紧张。过去贷款修路、收费还贷成为公路建设筹资的主要渠道,但近年来受国家和内蒙古防控债务风险的影响,内蒙古各级政府的融资能力在减弱,特别是《关于防范化解地方政府隐性债务风险的意见》出台后,高路公司、公投公司以及盟市、旗县所属平台公司贷款受限,公路建设资金筹措渠道进一步变窄。由于国家实施严格的宏观调控政策,为防止投资增长过快,国家严格控制以政府为担保的银行信贷,特别是严格控制目前贷款余额较大的部门和行业,这将导致交通建设资金筹措和周转更加困难。

(3)社会筹资多元化尚未实现。近年来社会经济不断发展和人民生活水平日渐提高,公路交通基础设施已经形成了一定规模,进一步的交通建设应更多地体现其公益性功能,并为全社会公平共享,体现基础设施建设的以人为本和全面协调。为此,交通部及时对收费公路发展的相关政策进行了调整,提出现阶段公路建设应坚持"以非收费公路为主,适当发展收费公路"的基本原则,要求"各省级交通主管部门严格控制收费公路建设项目的审批,控制收费公路建设规模，特别要严格控制二级收费公路的规模"。"十二五"期间参照 BOT 方式筹集建设资金已经受到一定程度的限制。事实上，目前对 BT、PPP 等交通建设不断创新的融资模式研究探索还不够，这将影响"十三五"交通建设的发展。

3. 综合运输体系建设不完善

内蒙古在经过较长时期以各种运输方式各自为政的规模扩张为主的外延式增长后，交通运输的进一步发展必须走以系统协调能力提高为主的内涵式发展道路，建立具有与经济、社会和环境适应性的综合交通系统，强调各种运输方式在综合交通体系中的比较优势，追求系统优化、整体最优，但目前存在的主要问题是：

（1）综合交通体系建设缺乏统筹协调。内蒙古综合交通建设需要进一步完善跨部门、跨地区、多层次的交通运输规划协调机制。由于各运输系统的市场化进程差异较大，管理体制各有不同，需要进一步衔接不同运输方式，但其整体与强调规模化、集约化、网络化的现代化运输体系还有相当差距。各运输方式内部干线与支线间、线路与枢纽间的衔接也有较大提升空间，突出问题仍然是缺少高速公路和高速铁路的骨架支撑。需要进一步合理配置运输通道的内部资源，统筹规划不同运输方式的基础设施。避免当同一通道内同时存在高速公路、铁路、水路多条线路时，需要统一规划各交通方式线路的具体位置、技术标准和建设时序，避免造成土地资源和资金的浪费。

（2）各种运输方式枢纽场站布局分散，现代综合交通枢纽建设迫在眉睫。随着交通经济一体化发展的态势，现代化的交通运输体系必然是一个综合运输系统，其中各种运输方式联结的重要纽带就是综合交通枢纽场站。在大部制改革之前，铁路、民航、公路的枢纽大多按照各自的运输生产要求各自进行规划、建设工作，各运输方式自成体系，枢纽间衔接较差，集中多种运输方式、立体化布局的现代综合交通枢纽稀缺，各种运输方式之间需要通过城市交通如公交、地铁、出租车等进行沟通，客观上会给旅客和货运工作带来障碍。尽管铁路、公路、航空各自的客运枢纽与城市交通多数衔接良好，但目前平面化布置还是主流，这对城市土地资源是一种浪费，也增加了乘客的换乘距离及出行成本，因此，现代化客、货运综合枢纽场站建设是内蒙古今后综合交通体系建设的重中之重，必须高度重视，加大投入力度。

（3）现有交通运输枢纽的集疏运功能亟待发展，各种运输方式衔接不良。

内蒙古交通运输枢纽建设较为落后，现有枢纽的集疏运功能有待发展，各运输方式间衔接不良，与客运"零换乘"、货运"无缝衔接"的要求还有相当的距离。

客运枢纽方面，以呼和浩特、包头等主要机场为主体的枢纽缺乏地铁、轻轨等城市轨道交通的接入，致使机场与城市之间集疏运速度较低，削弱了航空快速客运的优势；干线机场与城际铁路、公路干线的衔接较少，致使机场与区域其他城市的交通需经过城市交通网络多次换乘进行，对干线机场服务范围、服务质量形成制约。以铁路为主的客运枢纽与城市公交、公路长途客运的衔接不良，不利于顺应城市密集区"同城化"的发展趋势。

在货运枢纽建设方面，公路、铁路等的货运枢纽普遍存在的问题在于与负责"最后一千米"的运输方式衔接不良。货运站场建设滞后，一些城市甚至尚没有专业的、成规模的货运场站，只有一些临时性的商品集散地、马路市场以及自发形成的货运仓储、交易场所，基本为租赁场地。货物运输主要依靠个体车辆马路作业以及大型企业自备仓储用地和自用车队完成，货物运输社会化程度、专业化及组织化程度较低。

4. 交通运输系统可持续发展能力不强

根据可持续发展的基本理念和我国对可持续发展的声明，结合综合交通的基本特征及其与国民经济的适应性研究，综合交通的可持续发展是指交通在满足社会发展对其需求的同时，保证自身发展和整个社会发展可持续要求的实现，也就是说，既能满足综合交通自身协调发展，又能与经济、社会和环境长期协调发展。具体要求是：

（1）综合交通与经济发展相协调。综合交通的供给能力和经济能力与经济发展的交通需求相平衡，即综合交通的可持续发展与经济的可持续发展相一致。虽然内蒙古交通总量在不断增加，公路、铁路总营运里程在不断增长，高等级公路数量逐年增加，路网密度不断增大，但是基于内蒙古地理面积大、人口较分散的现状，目前综合交通的供给仍然与经济发展不协调，运网密度增长率小于经济增长率。

（2）综合交通与资源的可持续发展。优化有限的时空资源，强调通过合理的土地利用和交通系统科学合理地规划布局，减少交通资源消耗和土地资源消耗，提高系统的总体效率和资源利用价值的最大化，注重开发可替代资源，保证其可持续发展。内蒙古自治区地形以山地为主，还包括平原、滩地、丘陵和沙漠，地形条件复杂，生态环境相对比较脆弱。高等级公路、干线铁路建设，受地形条件、技术指标的限制，对自然环境有巨大的破坏性，如砍伐森林、开山爆破、移山填路、改河道等，会破坏长期自然形成的地貌景观和植被分布，进而影响野生动植物种群的数目以及动物迁移；此外，交通基础设施的建设还会造成水土流失、环境污染等问题。要避免公路、铁路的交通规划、设计、建设、运营过程中没有将保护环境和节约资源列入首要考虑项目的情况，要达到资源节约、环境友好的要求，否则将影响交通运输与资源环境、社会的和谐发展，将制约交通体系的可持续发展能力。

（3）综合交通的环境与生态可持续性。即综合交通在发展的同时要与环境保护相互协调、相互促进，不能以牺牲一方利益来成全另一方利益。由于严重干旱、少雨，风沙大，加之沙漠化及高寒影响，内蒙古自治区的生态环境总体上比较脆弱。当地经济资源开发与交通基础设施建设发展长期采用传统粗放式发展模式，忽视来自环境、资源等的约束，缺乏合理有效的政策调控机制，已经对原本脆弱的生态环境形成了一定程度的破坏，沙尘暴、冰雪等自然灾害频发，交通绿化、美化受自然条件及资金等因素影响大，这些都严重制约了自治区交通运输系统的可持续发展能力。

（4）综合交通的社会可持续性。即按照公平与效率统筹兼顾的原则，正确处理好公路交通发展过程中的公益性和经营性的关系，保障公共交通优先发展、城乡交通一体化发展等社会目标，均衡公路交通改善和发展的利益关系，确保其发展红利在全社会成员之间得到公平分配。要在交通规划与发展中，更多地考虑公共交通优先发展的问题，这样才有利于综合交通的社会可持续发展。

基于上述对交通运输系统可持续发展理论的分析，内蒙古交通运输事业的可持续发展必将是"十四五"乃至未来20~30年必须高度重视的一个重要课题。无论从外部国际形势、国家和内蒙古政策环境及战略规划上，还是从交通运输行业内部体制机制改革、创新发展上，都需要有一个新的突破，全区各级政府交通决策管理部门都应该坚决按照"交通强国"的战略方针，本着科学发展观的态度，要切实在交通运输规划、设计、建设当中贯彻落实新发展理念和可持续发展理念，打造"绿色交通"、构建"和谐交通"、保障"平安交通"，保证内蒙古交通事业在又好又快的基础上实现可持续发展。

第四节　完善设施、优化服务和提升功能

内蒙古基础设施与公共服务发展的水平和区域布局已经有了长足的发展，但需要进一步完善、优化和提升其功能，切实解决其存在的问题。

一、基本思路、发展目标及发展重点

1. 基本思路

党的十九大报告明确提出要全面建设社会主义现代化国家，并实施"交通强国"战略，深入推进"一带一路"及"中蒙俄经济走廊"建设战略的实施，这为内蒙古交通运输业的发展指明了新方向与新道路。内蒙古自治区将坚定不移落实党的十九大的要求，加强交通基础设施网络建设，全面加快综合交通运输体系建设，不断提升交通运输服务水平，努力建设人民满意的交通，把创新作为建设"交通强国"第一动力，加快科技进步和信息化建设，推动交通运输转型升级、提质增效。内蒙古自治区综合交通体系的建设和发展，应以全面贯彻和落实科学发展观为指导思想，兼顾交通运输发展任务和长远目标，积极转变发展观念与发展方式，突出交通运输对促进社会发展和适应经济发展以及促进城乡交通运输一体化的功能要求，以增强交通有效供给能力、提高运输效率、调整优化运输结构、改善服务质量为总体目标，加快构建能力充分、布局合理、结构优化、快捷高效、安全可靠、节能环保、协调发展的现代化综合交通运输体系。

（1）以加快发展为主题，推进交通基础设施建设，提高综合交通总体供给能力。经过一段时期以来的大规模交通基础设施建设，如今内蒙古自治区运输紧张的状况已得到了较大缓解，但这只是缓解，是暂时的、非全面的，大部分运输方式的基础设施建设依旧相对落后，交通运输系统整体的服务效率与服务质量水平较低，运输成本仍旧较高，还不能完全满足内蒙古现代化发展的需求。内蒙古第十次党代会指出："基础设施滞后是内蒙古现代化建设的突出短板，要科学编制规划，打好攻坚会战，加快构建铁路网、公路网、航空网、市政网、水利网、能源网、信息通信网七大网络体系。"未来20年内蒙古自治区整体仍

将处于工业化的加速发展期，资源开发规模加大，经济总量将继续增长，城市化进程增速，交通运输需求总量也将大幅度提高。

未来内蒙古的综合交通体系建设，将继续以发展为最终目标，继续支持各种运输方式进一步发展，首先需要增加总量规模，重点围绕着运输大通道和运输网络的建设，通过增量的快速扩张和存量的升级改善，加快交通基础设施建设，进一步解决交通基础设施总量不足的问题；同时，必须通过高速公路、高速铁路、机场、城市轨道交通等现代化交通设施建设，以及先进交通技术装备配置，从服务质量、保障能力及效率上综合提高交通的有效供给，加强对经济社会发展的支持保障能力。充分体现将发展作为交通运输第一要务的指导思想，以衔接、优化、协调的综合运输体系发展理念，优化公路网络、发展水路运输、提高铁路运输质量、改善民航机场布局。

（2）以综合交通一体化、现代化为主线，统筹协调，优化综合交通体系结构。当前内蒙古在不断扩大交通运输网络规模，加强运输能力的同时，需要考虑综合交通体系的建立与优化，需要优化运输布局和结构，从而转变交通运输业的发展方式，实现交通运输业可持续发展，符合新时代对交通运输业的要求。在交通运输业发展过程中，必须科学、合理地对各交通运输方式进行分工，加强各运输方式间的协作，顺应未来发展趋势，加快优质运输方式的发展，保障其主导地位，通过调整增量、升级存量，不断优化交通运输整体结构和布局。

内蒙古自治区的交通运输业还处在快速发展的时期，具备后发优势，需要参考发达国家和地区交通运输建设的宝贵经验，分析总结交通运输发展趋势，结合自身条件，在发展过程中少走弯路，实现跨越性发展，确保各运输方式布局、分工的合理性，促进各运输方式的协调发展。交通运输业的发展规划也要考虑当今社会的进步性，考虑目前社会正处于经济结构调整时期的特点，以时间效率、便捷性、发展潜力为衡量交通建设的重要标准，在满足交通服务数量的前提下，认真解决好各交通规划之间的衔接与协调，考虑各种运输方式的互补和相互促进的作用，以实现交通运输整体的高效率为目标。

优化综合交通体系结构是各种运输方式有效衔接和合理分工的基础，也是构建综合交通体系的主要任务之一。优化综合交通体系结构的重点，一是优化交通运输的行业内部结构，即按照经济社会发展的需求，将资源在不同运输方式间的配置比例调整到科学范围内，发挥各运输方式各自的优势，形成能力充分、结构优化的综合交通体系。二是从空间布局上优化交通运输的结构，即改善交通运输资源在不同地区间以及城乡间的分配比例，结合不同的经济社会发展特点及对交通运输的要求，优化交通资源配置；同时，内蒙古自治区城乡二元结构突出的特点，使综合交通体系的建设和发展应充分考虑城镇居民、农村居民、牧区居民不同的交通出行要求和特点，采取有针对性的综合交通体系发展战略，有效提升交通服务水平。三是优化交通运输的点线结构，即改善交通资源在线路和枢纽上的分配比例，通过综合运输通道与综合交通枢纽的建设，提升综合交通网络运输能力。四是优化交通运输的建设与管理结构，采取基础设施建设和运输服务系统建设并重的发展策略。

（3）以综合运输通道集约化建设为突破点，加强通道资源优化配置与协调利用。综合运输大通道一般位于国家和区域社会人口、经济的主要聚集区和产业发展带，是各种运输方式交通干线必经地带，同时也是各种运输方式承担运输量最大、在综合运输体系中地位最重要、作用最明显的交通线路集群。由两种以上运输方式一起组成综合运输通道体系，是沿线地区的经济社会发展的必然要求，也反映了交通运输发展的最新趋势。

内蒙古自治区交通和经济区位特点决定了在综合交通体系合理衔接中，高效、快速的综合运输大通道作为"一带一路"及"中蒙俄经济走廊"建设的重要基础条件之一，不仅要承担国际、省际、区内的运输任务，更要服务于资源开发和大宗能源物资的运输任务，其建设对提高综合交通运输网络的能力和效率具有至关重要的作用。并且重点规划和建设作为区域内部高服务水平公共客运交通设施的区域快速综合交通运输通道，有利于加强区域内城市职能中心、城市重点发展地区、大型客运交通枢纽设施之间的联系和协调发展。

（4）以综合交通枢纽现代化建设为重点，努力实现客运零换乘、货运无缝衔接。综合交通枢纽一般位于国家或地区重要的交通干线汇集或交叉点，是衔接两条以上运输通道或干线，并且承担多种运输方式相互之间转换，能够实现交通运输生产过程的全程"无缝"物理连接与逻辑连接的关键要素。对综合交通运输枢纽进行统一布局、规划和建设，实现航空、铁路、公路等对外交通与城市交通之间的顺畅衔接，对改善各种交通运输方式之间的接驳换乘条件，使旅客实现"零距离"换乘，货物实现"无缝衔接"，"人便于行、货畅其流"，保证运输畅通，最大限度地提高交通运输的效率、效益具有重要意义。

通过区域交通运输枢纽布局与城市交通系统良好衔接，实现区域交通与城市交通一体化，在充分考虑各种交通运输方式自身技术特点的基础上，综合考虑市内交通的方便和进出城区的快捷，引导城市空间与区域空间结构协调发展。

在区域中心城市、资源富集地区按照"统一规划、联合建设、共同使用"的方式，建设衔接流畅、功能齐全、布局优化的现代综合交通枢纽，集中布置各运输方式的枢纽站场（如机场、主要铁路车站等），采用统一的技术标准，实现各运输方式间的紧密衔接，完善内蒙古民航、铁路、公路等长途交通网络，促进大型交通基础设施区域共享，实现不同交通方式之间运营、组织、票制一体化。

（5）以振兴物流业为契机，整合和优化配置交通运输资源。现代物流的发展水平是保障地区经济发展能力的重要指标，而交通运输是连接生产、储存、消费三部分的纽带，也是物流生产的重要环节。2009年，国务院出台了《物流业调整和振兴规划》，铁路、公路、民航、水运等交通运输管理部门作为物流管理的主体，其协调合作关乎物流业振兴规划的高效实施。但由于受分段、多头管理模式的影响，各种运输方式长期处于相互分割、独立发展状态，各种运输方式在市场化程度、空间布局、服务规范、技术标准等方面存在很大差异，各类运输基础设施的规划和建设缺乏必要协调，无法实现统一配置。这不仅阻碍了以多式联运为基础的各类现代化物流服务的开展，还导致基础设施投入的重复分散，制约了对物流产业的重要组成部分包括综合性货运枢纽、物流基地、物流中心等的发展。

鉴于物流振兴规划有关要求，有必要加强运输物流管理部门间的综合协调，整合交通资源，优化配置运力，使各种交通方式在运输环节实现有效衔接；同时强化部门管理职责划分，改变单部门管理理念，从供应链全局出发领导和协调物流各环节发展工作。要加速物流园区、物流开发区的转型升级，增加大型物流园区的数量与占比，促进物流产业集聚发展，提高物流产业规范化程度。针对当前交通管理部门存在的问题，通过构建多种运输方式综合管理的新模式，将各种运输方式进行统一管理，促进不同运输方式之间的有效衔接和配合，为现代物流发展提供基本制度保障。

（6）推进综合交通运输管理体制改革，加强政策、规划和体制管理的统一。交通运输系统十分庞大复杂，其基础性和社会性显著，综合运输体系几乎不存在自然形成的可能，必须由政府进行协调推动，在政策、规划、技术标准、信息传输、经营规则以及管理体制上制定统一协调的规则，加强宏观调控，以改善目前各运输方式或同种运输方式的不同部门单独规划、分别建设、自成体系的现状，减少需要相互衔接的环节的割裂，增加相互之间的接口，促进其采用统一的标准和规则，拒绝整个系统的低效率、高成本、资源浪费。

综合交通管理模式的建立，是充分发挥基础设施设计功能、各交通方式协调运行的强大保障。内蒙古自治区综合交通管理，应根据"大部制"改革的要求，以转变政府职能为重点，改革现有管理体制，对一些合适的交通管理部门进行整合，以加强严格执行国家有关交通行业方针、政策和法律、法规、规章的能力。内蒙古也应对区内铁路、公路、民航、水运以及城市交通的政策法规进行统一制定，对交通网络、交通建设发展等进行统一计划，鼓励综合交通方面的科技创新与研究，强化对交通运输行业的统筹协调与管理，以此防止出现体制障碍引发的政出多门、规划冲突、决策短视、盲目投资、重复建设、恶性竞争等不良现象。综合交通主管部门需要从国家、区域层面出发，确保各级政府清晰认识到综合交通系统的优点与发展综合交通系统的必要性，实现思想上的彻底转变，从只关心自己管辖范围内的交通发展转变为兼顾整个大区域的发展。以此为基础，建立覆盖到各个层次的综合交通发展协调机制，指导内蒙古自治区综合交通实现跨越式发展。

（7）以可持续发展为指导，建设资源节约环境友好的综合交通体系。内蒙古交通运输可持续发展的关键是要从战略的角度建立交通运输发展与社会经济发展、提高居民生活质量、合理利用土地资源、保护环境等方面协调发展的辩证比例关系。国外发达国家的可持续发展是建立在交通运输大发展已经完成的基础上的，然而我国的交通运输基础设施的规模、分布还与发达国家有相当大的差距，必须在发展交通运输的同时解决其与资源节约、环境保护的关系问题。内蒙古交通事业的科学发展必须为经济社会的持续、健康、稳定发展提供足够的交通支持。

在内蒙古综合交通体系的建设发展中，应减少资源的占用和浪费，科学有效地利用资源，走内涵式扩张的发展道路，在进一步扩大运输网络规模的同时，更加注重质量和效率，建设环境友好型现代化交通体系，走可持续发展的道路，实现经济、社会、环境效益的统一。

从内蒙古交通运输系统整体协调发展的角度来看，应首先对交通需求在总量适应的基础上，根据交通资源"短期集约、长期稀缺"的特点以及"建设节约型社会"要求，通过政策机制与市场机制协调配合，进行科学的控制、引导，实行适度交通需求管理是协调控制的前提。在社会经济稳定发展、交通设施容量不断提高的情况下，对人民交通需求的增量和消费方式进行有效引导与管理，缓解自然资源和环境承载的压力。加快形成以创新为主要领导和支柱的经济体系和发展模式，调整交通运输的结构和发展方向是确保交通运输系统可持续发展能力的关键。我国目前大规模开展的包括高速公路在内的交通建设规划，尤其是中长期规划，必须高度重视和充分考虑交通需求管理问题，这对于内蒙古综合交通体系建设与经济发展相适应至关重要。

2. 发展目标

（1）总体目标。围绕内蒙古自治区国民经济和社会发展的要求，贯彻落实习近平总书记对内蒙古发展的重要系列讲话精神，根据"一带一路"及"中蒙俄经济走廊"建设、西部大开发、呼包鄂榆城市群等国家区域开放发展战略，抓住综合交通快速发展的重要战略机遇期，以科学、和谐、可持续发展为指导思想，坚持"综合化、集约化、现代化、外向型"的交通发展战略，选择资源节约型、环境友好型交通发展道路和内涵式的交通发展方式，通过科学规划与深化改革，以综合运输通道和交通枢纽为重点突破口，构筑能力充分、布局合理、结构优化、协调发展的现代化综合交通网络。要坚持在加快发展的同时转型升级、在转型升级的同时加快发展，最大程度地避免对传统发展路径的依赖，强化创新驱动、改革推动、开放带动以及项目拉动，着力推动体制机制转型、产业结构转型与资本结构转型，全面提高经济发展的质量和效益。建立一个管理科学、制度规范、技术先进、运行有序、安全优质、服务高效的综合交通管理与服务体系，全面提高综合交通运输体系的供给能力，有效满足区域客货运输服务的需求，提升综合交通体系的服务水平和保障能力，为内蒙古自治区经济发展和社会进步提供重要支持和有力保障。

（2）"十三五"时期阶段性发展目标。到2020年，内蒙古自治区交通运输初步适应于国民经济的发展要求，基本实现以交通建设拉动和保障区域经济快速增长的战略目的。内蒙古自治区综合交通体系构架初步形成，交通整体的发展水平明显提高，运输结构逐步趋于合理，交通基础设施总量规模大幅度扩张，交通运输能力供给和技术服务水平与社会经济发展需求基本相适应；各种运输方式基本上可以按照"统一规划、分工协调、优势互补"的原则进行增量调整；基本构建完成有利于综合运输体系发展的管理体制和运行机制；综合交通体系逐步按照"一体化、网络化、高效化"的方式进行组织和运行。

3. 发展重点

"十三五"期间，内蒙古自治区整体仍将处于工业化初期及城镇化的加速发展期，内蒙古作为国家经济发展能源基地的地位将更加突出，综合交通体系的建设还需要继续以发展为主题，以增加总量规模为途径，以运输通道、枢纽和网络建设为重点，通过增量的快速扩张和存量的升级和改善，加快交通基础设施建设，进一步解决交通基础设施总量短缺的问题，有效提高交通的供给能力，增强对未来社会经济发展的支持能力。

加强交通基础设施建设。按照合理布局、完善网络、适度超前、提升质量的要求，加快构建公路网、铁路网、航空网、水利网、市政网、能源网以及信息通信网七大网络体系，使建成的现代交通基础设施网络更适应新发展需要。

（1）构建现代综合交通运输网络。

1）基本形成安全、便捷、高效、绿色的公路、水路交通运输体系，全区公路、水路交通运输发展实现"五通、五强化、三降、三提升"，支撑和引领内蒙古自治区国民经济和社会发展，为全面建成小康社会提供强有力的交通运输保障。

一是完善公路交通基础设施网络。推进高速公路网络化建设，加强普通国省道干线公路网提级改造，着重加强公路网络薄弱环节建设，加强旅游通道、口岸公路建设，进一步加强农村牧区公路畅通工程和安保工程建设。围绕综合交通网络的构建，完善区域公路网络。

二是着力提升公路养护管理和公共服务水平。以"促改革、提服务、强安全、增效能"为重点，着力提升公路养护管理水平，提升公共服务水平。

三是加快道路运输转型升级，不断提高运输服务品质。促进道路客、货运输的转型升级，大力提升公路客运和城市客运服务水平。

四是有效促进水运发展实施"水运发展提速工程"，进一步加大对水运业发展的支持力度，加强水运管理，促进水运业快速、健康发展。

五是全面提升交通运输智能化水平。坚持"需求引导、统一规划、资源共享、业务协同"的发展理念，强化互联网思维，把提升信息化对行业管理和运输服务的支撑保障能力作为主攻方向，推动信息技术与行业管理和服务的全面融合，努力拓展信息化应用的广度和深度，全面提升全区交通运输智能化水平。

六是大力推进绿色交通发展。着力构建绿色低碳交通运输体系，推进结构性、管理性节能减排，加强行业环保监管，集约节约高效利用资源，推进绿色低碳公路、站场和航道建设，努力建设资源节约、环境友好型行业，促进公路、水运交通绿色发展。

七是增强交通运输安全和应急保障能力。进一步强化全区交通运输安全监管体系，完善应急保障体系，切实增强公路、水路交通运输应对自然灾害、突发事件的应急反应能力。

2）加快建设高速铁路网络，全面贯彻落实"一带一路"倡议以及"交通强国"战略，对接京津冀、融入环渤海，争取国家高速铁路网覆盖全部盟市所在地，建设贯通自治区东西部的快速铁路大通道，打造蒙东、蒙西区域城际铁路网。

3）完善航空运输网络建设，增加支线数量和通用机场布点。

4）发展城市轨道交通。

5）加快建设城市综合交通枢纽，满足客货运输"无缝隙""零换乘"的要求。

（2）推进建设综合运输通道，全面提高客货运输保障能力。内蒙古自治区的运输通道建设需求主要包括与周边国家之间的对外国际通道建设、与周边省份之间的运输通道建设、自治区内各城市（盟市）之间的运输通道建设、连接沿海主要港口的运输通道建设。要充分发挥外接俄蒙、内联八省区的区位优势，主动融入"一带一路"建设、京津冀协同发展、长江经济带建设等国家区域发展战略，应积极促进北上南下、东进西出、内外联动、八面来风新格局的快速形成。这些运输通道的建设使西部地区的综合运输体系的主骨架初步构建形成。

1）加快建设连接省（区）内主要盟市的综合交通通道。基于内蒙古自治区地域狭长、区内东西部间运距较长、运输阻抗较大、可达性较差的特点，应充分发挥综合运输通道的作用，"十三五"期间重点规划和建设服务于呼包鄂城市群的快速、大容量运输通道，通过干线铁路、高速公路、干支航线等多种方式构建立体化、现代化运输大通道，加强区内核心城市、区域增长极、重点发展地区之间的联系，并努力实现区际运输大通道、城际快速通道的有机结合和协调发展，构筑沟通内蒙东、西部的区域综合运输通道主骨架。促进区域经济增长极自身的极化发展，充分发挥经济增长极的辐射带动作用，推进周边地区发展。呼包鄂城市群之间"十三五"应规划时速300千米的城际轨道交通系统，构建呼包鄂集"1小时"经济圈，建成呼和浩特至北京的高速铁路客运专线。

2）加快服务于资源开发、能源运输通道建设。"十三五"期间，内蒙古自治区仍将依托重要资源富集区建设一批优势资源开发及加工基地。为将区域资源优势转化为经济强势，应加强内蒙古通往资源、能源生产基地的高速公路、重载铁路以及高速铁路的规划和建设，通过改造升级提升运输通道等级和运输能力，促进资源的开采和开发；加强内蒙古自治区主要经济中心、资源能源产地、产业基地便捷联系的综合运输通道建设，为资源开发战略的实施和能源基地的建设提供交通条件；同时，加强资源开发通道与周围省份资源运输线路（如大秦、朔黄等）的对接，加快形成快速、大容量的能源、资源外运通道。

3）加强与周边省份运输通道的连接，尤其加强建设与京津冀、环渤海区域之间的省际综合运输通道。大力发展外向型经济，必须加强对外交通基础设施建设。内蒙古区位特点决定了其必须与京津冀协同发展、与环渤海经济区靠拢的经济发展模式。为了充分发挥内蒙古自治区综合交通建设的整体效益，还应加强省际协调，构筑省际快速对外运输通道主骨架，加快通往京津冀、东北地区、陕甘宁等方向的跨省运输通道的统筹规划和建设，重点构筑和完善快速通道建设，打通省际间断头路和瓶颈路，强化内蒙古自治区与周边省份的交通经济联系，提升通道公路等级，提高通道通行能力。

"十三五"期间，内蒙古自治区对外运输通道建设重点，依然应该是进一步加强与京津冀、环渤海区域经济增长极核之间的交通联系，尤其是通过高速公路、高速铁路客运专线、重载铁路、民航等多种方式构建现代化、立体化综合运输大通道，全面提升呼包鄂经济区与京津冀之间的交通联系。同时，根据内蒙古自治区对外运输的特点，应按照服务对象及功能，分别规划建设大容量的重载货运通道和快速客运通道，促进资源的优化配置和有效利用。

4）推进跨境对外运输通道、口岸公路和出海通道建设。充分利用区位优势条件，积极与俄罗斯、蒙古国开展双边、多边投资贸易合作，进一步扩大开放，促进区域实现又好又快发展，增强参与国际、国内市场竞争的能力。要完善对外开放战略布局，积极推进中蒙俄经济走廊建设，完善同俄罗斯、蒙古国的合作机制，深化各国各领域合作，加快建设我国向北开放的重要桥头堡；扩大对东北亚的开放，打造东北亚地区合作的重要枢纽。因此，需要加强对外运输通道、口岸通道的建设，促进沿边开放，推进内蒙古与蒙古国、俄罗斯之间的经贸合作，促进国家对外开放战略的实施。

在经济全球化背景下，为适应未来对外贸易的发展，应重点建设呼包鄂城市群连接主要边境口岸的综合运输大通道建设，主要口岸与中心城市间除了要建设快速铁路、高速公路外，有条件的还要规划建设民航支线机场，构建立体化运输通道。同时，根据党的十九大指示，内蒙古将把向北开放作为战略方向，把推进"五通"作为主要抓手，努力推进深化同邻国的务实合作，以取得更多更大的成果。

5）加快旅游通道的建设。内蒙古自治区旅游资源丰富多彩、独具特色，发展旅游业是实现经济转型、转变发展方式的重要手段，因此还应进一步加强内蒙古高等级旅游景区的综合运输通道的建设。根据地域特点，旅游交通应以高速公路、高速铁路辅以支线机场的形式开展建设，培育和开发具有内蒙古特色优势的知名旅游景区和线路，推进整合跨区域旅游资源，促进开发稀缺旅游资源。

6）根据客货运输协调发展的要求，加快重要运输通道的客货分线规划建设，以及双线、复线建设。内蒙古作为我国重要的能源基地，未来在国家能源战略中的地位和作用将更加突出。但是，内蒙古自治区的客流是与货流呈伴生关系的，因此客运长期受到重货轻客的影响。随着区域经济和社会进步、人民生活水平的提高，同时充分考虑区域外向型资源开发型经济模式的要求，内蒙古自治区应更加重视客运通道的建设，加快构筑快速、大容量、复合型的客运通道。对于呼包鄂、蒙西经济区连接北京、东北与周边省份的对外通道，应在充分考虑未来客运服务能力与质量要求的基础上，适时建设铁路客运专线或高速铁路，加快高速公路通道扩容改造和增建双线、复线；对于重要的能源运输通道，应实现客、货分线，优化运力资源配置。

7）推进能源通道建设。加快建设油气外送通道和特高压输电网络，构建安全、高效、立体、便捷的能源输送通道。升级改造区内骨干电网智能化，在区域内开展微型电网试点。实施天然气管网基本覆盖旗县中心城镇的"气化内蒙古"工程。

（3）加强水利基础设施建设。加快建设国家和自治区重大水利工程项目，充分发挥重大水利工程供水、灌溉、防洪、生态等综合效益。对江河湖泊实施综合治理工程，全面提高防洪排涝能力。为促进水资源配置与经济社会发展相互协调，实施水资源调配工程，推进黄河流域盟市间水权转换。在大中型灌区实施续建配套和节水改造工程，加强完善农田草牧场水利设施建设。

（4）推动信息通信网络建设升级，以信息化推动交通运输智能化。推动无线局域网络全覆盖和宽带网络提速降费，建设高速、安全、移动、全覆盖的新一代信息基础设施，推进"三网融合"，加快云平台建设，扩大云计算服务与应用，打造数字城市，大力发展智能交通技术创新与应用，努力实现智慧交通，以技术创新全面提升交通运输行业管理水平与社会化服务水平。

（5）加快综合交通管理体制改革进程。本着"政企分开、市场主导、加强监管、协调发展"的原则，加快推进交通管理体制改革，在市场化进程中，重建政府管理职责，健全交通运输行业管理和市场监管机制，建设服务型政府交通部门，切实提高行业管理水平和服务能力，是内蒙古交通行业改革的主要任务，也是内蒙古自治区快速发展综合交通的重要制度保证和推动力量。

1）积极推进交通运输现代化管理。一是综合运用现代管理理论和科技成果，依法管理、科学管理、文明管理，全面提高交通运输现代化管理水平。二是加强信息化建设。重点抓好以电子政务为主体的管理服务平台、路网管理和应急平台、数据安全保障平台建设。三是推动管理创新和科技创新，以创新为支撑点提高交通运输现代化水平。四是认真落实"预防为主、安全第一、综合治理"的方针政策，做到管理规范化、设施现代化、监管法制化、应急高效化，不断提高安全监管水平和应急能力。五是加强法制建设，强化推进"立、改、废"工作，健全和完善交通运输行业监管法规体系。六是加强领导班子建设和队伍建设。从思想、能力、廉政、作风等方面入手，努力建设政治上坚定清醒、业务上内行精通、作风上正派清廉的领导干部队伍和特别能奉献、特别能战斗的职工队伍。七是深化行业精神文明建设。认真践行社会主义核心价值体系，加强交通运输文化建设，组织开展好"学先进、树新风、建体系、创一流"活动。

2）加快改革开放，实现综合交通发展向全方位、深层次开放转变。要深化改革、扩大开放，进一步解放思想、转变观念，合理调整运输管理政策，以构建综合交通运输大部门体制为切入点，按照建设服务型、责任型、法治型、廉洁型政府部门的要求，着力转变政府职能、规范机构设置、优化组织结构、完善体制机制、理顺内外关系、提高行政效能，推进交通运输体制深化改革，做到分工合理、权责一致、决策科学、执行顺畅、监督有力，为推进现代交通运输业发展提供体制保障。

3）以燃油税改革为契机，探索综合交通管理新模式。国家实施燃油税费改革，择机取消政府还贷二级公路收费，为交通职能转变、新的综合管理体制的建立带来新的机遇和挑战。这有助于促进运输市场的规范化，推动运输企业采用高效率、低能耗、专业化、大型化车船设备，推动交通执法从收费重心向管理重心转移。运输管理部门应抓住机遇，采取有效举措，将"服务优质"与"监管到位"作为工作目标，积极探索新的运输管理模式。

4）有效推进行业管理创新。增强综合交通服务能力的动力源泉是管理创新。未来交通运输的发展环境更为复杂，改革任务艰巨，提升管理水平必须借助创新。政府应加强宏观管理，通过对统一规划、标准规范、行业政策、综合协调、监督指导等职能的强化，监测和平衡各种运输供需变化，有效调节运输系统总量增长、结构优化以及平稳运行；对市场进行严格监管，完善行业法规体系和市场诚信体系，健全市场准入机制与退出机制，构建结合行政执法、行业自律、舆论监督、公众参与的市场监管体系。完善行业公共服务体系，不断提升服务能力和水平；更加注重公共服务，加强应急体系建设，提高行业应对突发事件的能力；加强交通出行等公共信息服务，最大限度满足社会公众需求。

二、综合交通发展措施

1. 争取国家政策支持力度

党的十九大提出全面建成社会主义现代化强国的目标，并着力实施"交通强国"战略，其核心是实现交通运输的现代化发展。内蒙古交通运输现代化建设的突出短板是交通基础设施滞后，在明确发展长期目标及阶段性计划的同时，要制定科学的规划，打好攻坚会战，加快构建公路网、铁路网、航空网、水利网、市政网、能源网、信息通信网七大网络体系。建成赤峰和通辽至京沈、呼和浩特至北京高速铁路，加快推进建设包西、包银、锡张、巴银、齐海满等快速铁路和城际铁路，推进高等级公路和农村牧区公路、旅游公路、边防公路、口岸公路建设，推进呼和浩特新机场等重点机场迁改扩建，推进支线机场、通用机场建设，努力实现重点城市通高铁、所有旗县通高速公路、合理半径有机场，通过时空变革创造经济发展新优势。加强轨道交通和城市地下管网等市政基础设施建设，提高城市综合承载能力和公共服务能力。鉴于综合交通运输体系建设在内蒙古自治区经济社会发展，以及在国家能源开发战略中的重要地位，要迅速缩小与东中部地区的差距，实现跨越式发展，必须充分利用好国家西部大开发战略以及中央扩大内需，加大对交通基础设施建设的支持力度等有利的外部条件，力争与国家和内蒙古自治区的国民经济和社会发展的五年规划协调一致，积极纳入国家和内蒙古发展的总体格局中，全力争取国家在区域开发重大战略、发展规划、政策措施和重大项目、重点工程建设上的充分支持，创造优越的政策环境，确立交通建设先行、适度超前发展的战略，保证综合交通运输体系快速、健康发展，为经济社会发展提供有力支撑。

内蒙古高速公路网，蒙东、蒙西区域城际铁路网，自治区东西部的快速铁路大通道，国家边防公路通道建设等重点建设项目的立项建设都需要得到国家的政策支持与资金保障。

2. 进一步加大对综合交通建设的投资力度，优化投融资结构

（1）深化燃油税费改革，建立完善配套政策措施。内蒙古自治区依然需要庞大的综合交通建设资金，需要政府进行有效政策扶持与宏观调控，继续加大投资力度。适度加大交通基础设施投资在自治区公共财政中所占的比重，提高交通基础设施的预算比例，以保证公益性基础设施的建设；借助于我国近年来汽车产业大发展，实施燃油税费改革带来的良好契机，本着效率与公平兼顾的原则，尽快完善相关配套政策措施，通过转移支付的政策倾斜，加大对内蒙古交通基础设施建设及国省道养护的扶持力度；尽可能建立交通专项建设基金，从而建立长期稳定的交通建设资金来源；政府投资应优先保证公益性明显的基础设施的投入，并对重点工程给予倾斜；进一步加大对农牧地区、贫困地区、少数民族地区、边远地区交通建设的资金支持力度，着力推进这些区域交通的发展。

（2）推进投融资体制改革，改进投融资方式，拓宽交通设施建设的投融资渠道。充分发挥政府的组织协调与保障作用以及政策的导向作用，打造融资平

台，优化完善交通投融资方案设计，建立适应内蒙古自治区不同地区、不同项目、不同投融资模式的管理模式，利用政策调控与经济杠杆双重手段，在充分保障和发挥现有交通基础设施运输能力的基础上，实现交通基础设施的高效供给和利用。发挥政府和市场在交通基础设施有效供给中的合理作用，保证公平和效率，推进区域协调发展，逐步建设适应区域经济和社会发展的投融资体制。积极探索和实践新的投融资方式，广泛引导、支持和鼓励企业及社会以各种方式加入到经营性交通基础设施建设的行列中去，逐步形成政府引导扶持、社会积极参与、投资主体多元化的交通投融资创新体制，保证交通基础设施建设资金。

在国家高度重视和支持基础设施发展的社会环境中，加强与各金融机构的合作，充分利用和引导国内外商业银行、社会资金和金融机构贷款等融资方式筹措资金，从广泛的融资渠道中争取更优惠的贷款条件，从而保障交通建设资金充分供应，鼓励和引导各地以政府信用为依托，以当年中央转移支付的燃油税为质押，积极与银行等渠道进行融资，支持各地区交通建设；充分学习和发挥过去交通基础设施筹集外资的先进经验，加大利用外资的力度，扩大利用外资的渠道，积极利用国际金融组织贷款、外国政府贷款等各类国外优惠贷款和技术援助资金，支持综合交通基础设施建设；打造良好的体制环境，为各种社会投资等民营资本投资交通基础设施项目提供方便的渠道，通过建立规范的交通基础设施建设或经营公司，采取直接融资方式如独资、合资、合作等经营形式，利用 PPP、BOT、有限期转让经营权等运作方式充分融资，建立投资回报制度；积极探索特许经营机制，加强对引进外资和民间资本的具体政策、规章、制度和运作程序的研究。通过资产重组，盘活存量资产，拓宽多元筹融资渠道，逐步形成以政府投入为引导，社会资金投入为主体的投融资机制。

（3）建立和完善投融资体制改革的各项配套措施。尽快建立和完善投融资体制改革的各项配套政策措施，加快改革步伐；优化投资体制运行方式，建立全面系统的投资决策机制，加强政府宏观管理调控的作用，规范市场；推进交通投资的准入机制建设，完善投资主体的责任约束机制，明确各相关实体的责任和权力界限，通过制度化手段确保约束机制，保证优质的资金良好有序地进入交通建设领域，推动交通建设发展；完善政府监督管理和保障机制，建立投资项目全过程的跟踪管理体系和考核反馈机制；建立交通投融资的风险约束与管理机制，及时防范、发现和控制交通行业投资中的各类风险因素；建立完善的投资市场服务机制，发挥中介机构在交通项目投资评估、决策、监督中的作用，运用市场机制来推动投资体制改革目标的实现。

3. 依靠科技创新，提升综合交通发展质量

（1）明确交通科技创新发展的思路。内蒙古自治区综合交通科技创新和产业发展应遵循"以人为本、需求引导、综合集成、强化创新、重点突破"的基本思路，以服务人民群众便捷出行为根本目的，积极引进和培养创新型人才，通过科技手段，不断满足人们的交通需求，不断提高交通服务保障能力和服务水平。要从政府导向、需求导向和市场导向的原则出发，推进科技创新必须面向交通基础设施建设和服务领域，合理利用交通科技资源，从而使交通行业的整体科技水平不断提升。

（2）不断加强和完善综合交通科技创新体系，攻克交通发展的关键技术难题。内蒙古自治区要建立完善的综合交通科技创新体系，需要建立以市场导向、政府主导、企业主体、产学研相结合的交通科技创新系统，明确体系内各相关部门的定位。不断加强科技交流与合作，积极开展对外的合作研究、学术交流和技术引进工作，通过知识创新、技术创新与制度创新相结合，自主开发和引进吸收相结合，以此增强交通科技创新能力和核心竞争力，实现交通科技资源的充分利用，特别是要吸取东部发达地区交通科技发展的经验，创造条件，低成本引进先进适用技术，促进科技成果在更大范围推广应用，将先进的技术成果尽快应用到内蒙古综合交通建设与管理中去。同时，根据内蒙古自治区综合交通建设的目标和特点，从综合交通发展需要的战略性、基础性、关键性的重大技术切入，开展各项科技创新的开发和应用。根据内蒙古自治区综合交通发展的特点和需要，可以将养护技术、综合交通信息处理技术、重载运输技术、交通安全保障技术、交通环保节能技术作为研究重点，攻克关键性技术，着力应用基础性技术，储备前瞻性技术，提高运输服务能力和效率，促进综合交通又好又快发展。

4. 积极转变交通发展方式，促进综合交通可持续发展

交通运输业从属于现代服务业体系下，但交通运输业在发展环境、发展动力、组织方式、服务技术等方面与传统服务业有着显著差异，这是交通运输业走协调发展、可持续发展之路的必然要求。在资源、环境保护等约束下，走节

约型、绿色交通建设与运营发展模式，以适应社会经济发展需要，努力实现交通发展的低能耗、低污染、低资源占用、低事故率、低财政负担的目标，提高交通行业发展质量。

（1）贯彻建设资源节约、环境友好的综合交通体系的发展理念。在未来的一段时期内，资源、能源和资金的约束会日趋明显，建设便捷、畅通、高效、快速、安全的综合交通运输体系是交通行业落实转方式提效能的基本要求，切实转换交通发展理念，依靠科技进步，节约土地，保护环境，节能降耗，实现交通与自然相和谐，不断提高交通发展的全面性、协调性和可持续性。为了促进交通发展以资源依赖型、消耗型向资源节约型、环境友好型转变，必须重视和创新节能减排措施。交通运输体系的可持续发展，既要满足和支撑经济发展的运输需求，又要保持生态环境的可持续性，减少对土地和能源等自然资源的使用规模，降低对生态环境的破坏，充分实现社会和公民的交通需求，使社会各界群众共享社会发展成果，提供充分便利的交通服务。应当以"两型社会"建设为准则，推进交通运输业的升级改造，牢固树立结构调整就是发展的理念，通过政府在政策层面上的积极引导、行业自身发展的指导和市场主导方向，从而使运输车船达到高效低耗、安全便捷、环境友好的目标，促进车船运力结构的优化调整。从而推动科技创新，引导综合运输组织和运输经营向信息化、专业化和规模化方向发展。

（2）提升资源利用率，实现资源节约型交通。要从提高资源利用效率为目标出发，通过转变交通增长方式、调整运输系统结构、加速交通技术进步，发展可循环的交通经济，实现交通发展对资源的最大化利用。一是节约集约利用土地资源。从交通规划与建设项目整体出发，在各个环节落实最严格的耕地保护政策。在项目决策上，一定要根据规划、计划认真研究，避免因工程不合理造成土地资源浪费。从综合交通体系建设发展的要求出发，协调通道和枢纽建设，形成集约化的规划和发展模式。二是积极发展交通循环经济。遵循"减量化、再利用、资源化"原则，积极寻找实现交通循环经济的发展模式。

（3）发展节约型和环保型交通，达到交通与自然和谐。一是完善交通环境保护制度建设，提高政府在监督管理方面的能力。对重大政策、计划、规划实施有效的战略环境评价，在早期决策过程中全面地考虑到建设对环境的影响，使交通系统达到低成本、高效益、可持续的目标；加速制订交通综合运输规划的环境影响评价实施方案，在编制国家综合运输规划和各地区综合运输规划时，要同步实施环境影响评价；在政府层面，落实各级交通监管部门的环境保护职责，建立环保责任追究制度；强化公共监督，提供环境保护非政府组织的监督渠道，建立环境污染损害赔偿细则、完善公平合理的环境纠纷处理办法，实施环保信息公开和环境影响的听证制度。二是减缓对传统能源的消耗依赖，特别是石油资源消耗的增长。制定合理的清洁能源研发、推广及使用的政策，对于政府特定车辆，如公共汽车、公务用车等，由各级政府带头，率先使用清洁能源，起到带头作用；制定先进车辆技术发展的技术路径，鼓励混合动力车辆的引进、开发及产业化。三是保护土地资源，提升土地利用率。制定科学合理的技术标准，遵循全寿命成本的计算方式和环境保护原则，根据各区域内交通体系的差异，灵活地采取不同的交通基础设施建设与维护的技术标准；根据交通发展形势，缩短技术标准的修订周期，确保技术标准的实用、及时和权威；制定严谨可靠的自然资源使用、赔偿、恢复制度，如根据目前的形势，修订交通用地赔偿制度，提升自然保护区和湿地的补偿标准；在交通建设项目用地规划的指标中，增加临时占用地控制指标。四是减少交通对大气的污染，提升城市空气质量。提升国内企业的汽车污染控制水平，达到国际指标。制定科学严格的机动车燃料油品质量标准，促进新车排放标准的实施；根据各个区域不同的经济和环境发展情况，协调改善交通发展与空气质量，提出各城市污染物达标执行目标，限定城市各项污染物空气达标的日期，早日满足绿色城市对空气质量的总体要求。

5. 建设统一的综合交通应急保障体系

（1）打造全面的交通安全保障体系，形成全面高效的交通安全管理机制。建立全面的交通安全保障体系和目标，实施交通安全的动态管理和科学管理，逐步减少交通事故，提升交通安全水平；打造全面高效的交通安全管理制度，提升应急反应速度和能力，减少交通事故对人民群众人身安全和财产安全所带来的危害。

（2）增强交通安全技术的推广，加强智能交通系统的应用。随着交通基础设施在整个城市体系中规模的不断扩大，交通设施的安全问题日益突出，人民群众的人身安全受到挑战。实现交通安全的保障，一是要加强对交通应急保障体系中基础设施的监控和诊断。当前，部分桥梁和隧道已经开展了实时监控，但大部分监控体系只能采集静态数据，只能反映出交通基础设施的当前静态状况，这导致了这套系统只能发挥事后处置的作用，而无法有效预警。二是对交通基础设施进行运行安全评价。现在，国际上的先进评价系统已达到了主动安全技术体系，提高了交通安全的防控能力，值得国内借鉴。三是应急反应与事故处理。应急反应和事故处理要求建设一套行之有效的快速应急反应系统和安全防控体系，以提高事故发生时的生命救助和现场处理能力。未来交通发展的一个重要方向是智能交通系统，智能交通系统的建设近年来有了重大成果。国家在加强交通基础设施建设的同时，将现代的数据通信、信息和新材料技术应用到基础设施建设中，提升了交通运输系统的管理方式和预警能力，探索出了一条具有核心技术的交通运输组织管理模式。

（3）加强和完善综合交通应急保障体系的建设。一是完善基于综合交通一体化的应急机制。各级政府全面贯彻和落实《突发事件应对法》，基于风险管理理念，建立和完善一套统一领导、综合协调、分类管理、分级负责、属地管理为主的应急管理体制，打造各种交通方式应急处理协同机制，建立针对各类情况的防范突发事件处置的长效机制，进而形成一套通畅高效、反应及时、能力充沛、保障充足的应急运输保障体系。二是基于综合交通系统，完善交通应急体系。建立一套完整可靠的交通突发公共事件应急预案和应急反应体系，加大交通应急平台建设力度，提升在人才、设备、技术等方面的投入，集成各种交通控制方式，建立可靠的应急体系，完善快速及时的应急反应体系，提高突发公共事件的应对能力和响应速度。三是建设和完善交通应急预案，优化交通应急资源的处理和分配。认真做好基于交通运输重大隐患及突发事件风险管理，不断增加和完善相关预案。各级应急预案的设计应当充分考虑多种综合运输方式的资源，提高预案的可实现性、周密性和可操作性，规范化应急处理程序；发挥综合运输优势，为建设可靠的交通应急体系提供可靠的技术支撑。四是加强应急反应能力建设。建设一套高效可靠的区域性抢险救灾物资、机械设备运输和应急队伍，并将交通安全管理经费支出纳入当地财政预算，有计划、有目标地逐步建设交通应急救助体系。打造高效可靠的重点物资运输机制，保障紧急情况与特殊状态下的基本需求产品、生活必需品、救灾物资、军用物资等的运输，快速响应各级运输需求，维护人民群众生命安全和国防安全。

参考文献

［1］习近平．决胜全面建成小康社会　夺取新时代中国特色社会主义伟大胜利——在中国共产党第十九次全国代表大会上的报告［EB/OL］. http：// www. gov. cn/zhuanti/2017 – 10/27/content_ 5234876. htm，2017 – 10 – 18/2019 – 09 – 26.

［2］内蒙古新闻网．内蒙古自治区国民经济和社会发展第十三个五年规划纲要［EB/OL］. http：//www. nmgcb. com. cn/news/nmg/2016/0309/106554. html，2016 – 03 – 09/2019 – 09 – 26.

［3］内蒙古自治区．内蒙古自治区"十三五"时期综合交通运输发展规划［EB/OL］. http：//www. nmg. gov. cn/art/2019/4/29/art_ 1686_ 262075. html，2019 – 04 – 29/2019 – 09 – 26.

［4］2016 新编内蒙古自治区高速公路网规划［EB/OL］. https：//www. docin. com/p – 1617785383. html. 2019 – 09 – 26.

［5］内蒙古乌海市中长期铁路网规划［EB/OL］. https：//www. docin. com/p – 747160818. html&s = DA3CA7BAC667E0B35C113177786F1350l，2019 – 09 – 26.

［6］人民网．加强七大基础设施网络建设　构建经济社会发展新优势［EB/OL］. http：//nm. people. com. cn/n2/2016/1215/c196667 – 29467047. html，2016 – 12 – 15/2019 – 09 – 26.

［7］中国交通新闻网．畅通路网向北开放［EB/OL］. http：//www. zgjtb. com/zhitong/2016 – 02/29/content_ 74888. htm，2016 – 02 – 29/2019 – 09 – 26.

［8］贾元华，罗江浩．铁路项目评估与管理［M］．北京：中国铁道出版社，2011.

［9］徐文学，贾元华等．高速公路与区域社会经济发展［M］．北京：中国铁道出版社，2009.

［10］袁野．内蒙古路网中心服务能力提升问题研究［D］．内蒙古大学硕士学位论文，2018.

第十章 生态文明建设与可持续发展

生态文明是人类社会进步的重大成果，是工业文明发展到一定阶段的产物，是实现人与自然和谐发展的新要求。党的十九大报告对未来一个时期的生态文明建设和生态环境保护，提出了一系列新思想、新要求、新目标和新部署，包括"建设生态文明是中华民族永续发展的千年大计。必须树立和践行绿水青山就是金山银山的理念，坚持节约资源和保护环境的基本国策，像对待生命一样对待生态环境，统筹山水林田草湖系统治理，实行最严格的生态环境保护制度，形成绿色发展方式和生活方式，坚定走生产发展、生活富裕、生态良好的文明发展道路，建设美丽中国，为人民创造良好生产生活环境，为全球生态安全做出贡献"。这些重要指示精神，为不断加强生态文明建设和可持续发展提供了方向指引和根本遵循。

第一节 生态文明建设的现状和问题

一、内蒙古生态文明建设的战略地位

内蒙古自治区地处祖国北部北疆，建设生态文明不仅是内蒙古实现经济社会可持续发展的重要基石，同时也是巩固国家生态安全和建设美丽中国的重要依托。2014 年 1 月，习近平总书记考察内蒙古自治区时强调："内蒙古生态状况如何，不仅关系到内蒙古各族群众生存和发展，也关系华北、东北、西北乃至全国生态安全，要努力把内蒙古建设成为我国北方重要的生态安全屏障。"

1. 内蒙古地理位置极为重要，是维护国家生态安全的可靠保证

内蒙古自治区地处祖国北部边疆，东西绵延 2400 多千米，拥有 118.3 万平方千米的疆域面积，横跨东北、华北和西北三大区域，境内有额尔古纳河、嫩江、永定河、西辽河、滦河、黄河 6 大水系，草原、森林面积均居全国之首，水面、湿地和沙漠、沙地面积也位居全国前列，是全国极为重要的生态功能区和祖国北方的重要生态屏障，具有十分重要的政治、经济和生态战略地位，在维护国家生态安全中具有独特而又不可替代的作用。

2. 内蒙古的生态文明建设，是全国生态可持续发展的重要一环

内蒙古自治区由于地处我国的第二大阶梯，位于我国干旱、半干旱和农牧交错过渡地带，沙漠化、草场退化非常严重，境内分布着巴丹吉林、腾格里、乌兰布和、库布其四大沙漠和毛乌素、浑善达克、科尔沁、呼伦贝尔四大沙地，以及阴山北部大面积严重风蚀沙化土地。沙漠、沙地面积广阔，是沙化土地最为集中、沙害最为严重、生态环境最为脆弱的省区之一，是我国生态环境综合治理的重点地区。长期以来，由于内蒙古资源丰富，对自然资源的超强度开发和低水平利用，造成过度浪费与耗竭，生态环境破坏较为严重，草场退化，土壤沙化、植被破坏、水土流失加剧，降水减少、河流干涸、生态失衡，严重阻碍了地区经济发展和社会进步。因此，内蒙古自治区在发展过程中，注重生态环境保护，走生态文明之路，不仅关系到自身的发展，还关系到全国乃至全球的生态安全与可持续发展，对于全国生态可持续性发展具有极为重要的意义。

3. 内蒙古经济社会的可持续发展，是祖国北疆长治久安的必然要求

内蒙古自治区是一个以蒙古族为主体，有 48 个少数民族聚居的陆地边疆地区，其中，蒙古族、朝鲜族、俄罗斯族等十多个民族跨界而居。在千百年的历史发展进程中，以蒙古族为主体的北方少数民族，在这片自然灾害频发、生态系统脆弱的蒙古高原上，逐步形成了与当地生态环境运行要求相符合，以游牧文化为代表的生态经济。内蒙古自治区实施生态文明建设，既是这个民族地区经济可持续发展、提高经济实力的必由之路，又是促进民族团结、保持边疆稳定以及国家统一的重大举措[1]。

---

① 魏智勇. 内蒙古生态文明建设的战略地位及路径的选择 [J]. 世界环境，2014 (5)：142 - 143.

二、内蒙古生态文明建设的现状

内蒙古生态文明建设起步较早。自 20 世纪 90 年代开始，特别是实施西部大开发以来，党中央、国务院和内蒙古党委、政府高度重视生态保护与建设，确定了"把内蒙古建设成为祖国北方重要的生态防线"的宏伟目标，由政府主导的大规模生态建设和生态移民全面铺开，各地陆续实施了"围封转移""集中发展""进退还"战略和"蓝天、绿地、碧水"工程。党的十八大以来，在国家大力支持下，内蒙古采取工程、技术和经济、法律、政策、行政等手段，推动生态建设进入到新阶段。

1. 实施生态建设工程，生态环境明显好转

西部大开发以来，内蒙古自治区相继启动了退耕还林（草）、重点防护林、天然草原保护与建设、生态环境综合治理、退牧还草（禁牧舍饲）试点、京津风沙源治理、天然林资源保护、水土保持八大生态建设工程。

京津风沙源治理工程、退牧还草工程是内蒙古覆盖面积最大、实施时间最长的两项草原生态建设工程。从 2000 年启动实施京津风沙源治理工程以来，治理工程区总面积 36.9 万平方千米，占全区总面积的 31.9%，占全国京津风沙源工程区总面积的 80.6%。退牧还草工程自 2003 年全面启动，总体布局上是以牧区为主，半农半牧区为辅。牧区以休牧为主，半农半牧区以禁牧为主。严重退化沙化草地以禁牧为主，中度退化沙化以下草地以休牧为主，并在草原带加大划区轮牧力度。两项工程的实施为自治区草原生态的初步恢复发挥了重要作用，项目区植被明显恢复，林草植被覆盖率明显提高，工程区可治理的沙化土地得到基本治理，生态环境明显好转。

截至 2017 年底，内蒙古森林覆盖率达到 21.03%，比 2010 年提高了 1.03 个百分点；草原植被平均覆盖率达到 44%，提高了 7 个百分点。2017 年，全区 12 个盟市环境空气质量达标天数比例 85.3%；按照国家"水十条"要求，完成了地级城市黑臭水体排查机制，划定 8 处地级城市集中式饮用水水源保护区，城镇集中式饮用水源达标率达到了 100%。2017～2018 年，全区累计完成矿山地质环境治理面积 271.1 平方千米。

2. 转变发展方式，环境保护力度不断加强

内蒙古是国家重要的能源基地、新型化工基地、有色金属生产加工基地，

对资源和能源的依存度较高，经济发展与环境污染的矛盾突出，节能减排的任务压力较大。内蒙古积极落实产业转型升级和节能减排政策，全力推进循环经济与非资源型产业发展。以煤炭、电力、化工等行业为重点，培育发展横向关联配套、纵向延伸拓展的产业网络，构建循环型工业体系。据统计，截至2015年10月，全区共有91个工业循环经济试点示范园区，涵盖煤炭、电力、钢铁等多个资源型产业，循环经济产业发展势头良好，经济增长的质量和效益不断提高。"十二五"时期，内蒙古实现了由"一煤独大"向产业多元的转变，煤炭对工业增长贡献率由33.5%下降到11.3%，装备制造、高新技术、有色金属和农畜产品加工贡献率由31.7%上升到49%。通过淘汰落后产能，为绿色产业、绿色经济腾出大量发展空间，现代煤化工、稀土新材料、云计算、现代服务业风生水起[1]。2017年，全区数千座小煤矿、小火电等"五小"企业被关闭，水泥、电石等领域的落后产能寿终正寝，"三去一降一补"成效显著。全区在保持经济平稳较快增长、工业化和城市化加快推进的形势下，主要污染物排放总量持续下降，全面完成了国家下达的节能减排指标。

3. 生态文明制度逐步完善

改革开放以来，特别是进入20世纪90年代以来，内蒙古生态保护和建设的法制化步伐逐步加快，出台了大量地方法规和规章，有效地推动了自治区生态文明的建设步伐。在保护林地、草场、耕地资源，促进农牧业可持续发展方面，陆续颁布出台了《内蒙古自治区草原管理条例》《内蒙古自治区耕地保养条例》《内蒙古自治区草畜平衡暂行规定》《内蒙古自治区林木种苗条例》《内蒙古自治区农业节水灌溉条例》《内蒙古自治区公益林管理办法》《内蒙古自治区退耕还林管理办法》等多部法规性文件；在保护矿产资源、水资源，促进工业发展方面，陆续出台了《内蒙古自治区实施〈中华人民共和国节约能源法〉办法》《内蒙古自治区矿产资源管理条例》《内蒙古自治区地热资源管理条例》《内蒙古自治区境内西辽河流域水污染防治条例》等法规性文件；在保护人民生命、财产，促进人民改善生活条件方面，陆续颁布出台了《内蒙古自治区人口与计划生育条例》《内蒙古自治区实施〈中华人民共和国消费者权益保护法〉办法》《内蒙古自治区城市市容和环境卫生违法行为处罚规定》《内蒙古自治区产品质

---

① 胡丽莉. 亮丽北疆　生态有为［J］. 实践，2016（4）.

量监督管理条例》等法规性文件；在保护、建设自然环境和城市建设方面，出台了《内蒙古自治区自然保护区实施办法》《内蒙古自治区湿地保护条例》《内蒙古自治区机动车排气污染防治办法》《内蒙古自治区珍稀林木保护条例》等法规性文件。除颁布大量的法规规章外，自治区党委政府还制定出台了大量政策性文件，有效促进了环境保护、生态建设工作的开展。例如，1997 年内蒙古党委政府下发了《关于加快沙区山区生态建设步伐的决定》（内党发〔1997〕27号）、政府办公厅下发了《关于严禁在牧区和林区开荒种地的通知》，1999 年政府下发的《关于严禁乱开滥垦加强生态环境保护与建设的命令》（内政发〔1999〕1 号）、内蒙古党委政府下发的《关于加强草原保护和建设的决定》（内党发〔1999〕5 号），2002 年内蒙古政府办公厅印发了《内蒙古自治区退耕还林（草）工程管理办法（试行）》（内政办发〔2002〕12 号），2013 年内蒙古自治区政府印发了《内蒙古自治区构筑北方重要生态安全屏障规划纲要（2013 – 2020 年)》，2014 年内蒙古自治区政府制定了《内蒙古草原保护与建设规划纲要（2014 – 2020 年)》，2015 年自治区党委印发了《关于生态文明制度建设和改革的意见》等重要文件。同时，内蒙古自治区党委和政府还将生态保护与建设工作列入各盟市党政领导班子考核目标，2016 年出台了《领导干部自然资源资产离任审计试点实施方案》和《党政领导干部生态环境损害责任追究实施细则》等，建立了各级领导目标责任制度，层层签订责任状，确保生态保护和建设的任务、目标、责任得到落实。一系列生态领域的制度和措施，强化党政领导干部环境保护责任，将内蒙古生态保护和建设纳入制度化、规范化、科学化的轨道，为绿色发展起到保驾护航的作用。

三、内蒙古生态文明建设存在的主要问题

西部大开发以来，在国家的大力支持下，内蒙古自治区经过长期不懈的努力，生态文明建设取得了巨大成就，林草植被覆盖度大幅提高，生态环境总体恶化趋势趋缓、重点治理区生态状况明显改善。但总体而言内蒙古自治区生态环境仍十分脆弱，生态文明建设任务依然十分艰巨，恢复生态良性发展压力较大。正如习近平同志作的十九大报告中指出的那样，"我们要清醒地认识到，虽然我们的生态文明建设成效显著，但由于我们的历史欠账太大，传统的粗放式经济发展带来的问题尤其是生态系统问题不是立竿见影就有成效的，这是一个

持续的过程，是一个任重而道远的艰巨任务"。从目前来看，内蒙古自治区生态文明建设面临的严峻形势与挑战主要体现在以下五个方面。

1. 生态形势依然严峻

受自然和人为因素影响，内蒙古自治区森林、草原生态系统存在脆弱性和不稳定性，生态保护与建设将是长期而艰巨的，面临着严峻形势。一是生态总体恶化的趋势虽然趋缓，但仍未得到根本改变，森林资源总量低、质量差、功能不完备，草原退化、沙化、盐渍化面积达 61.16%；天然湿地面积萎缩，生态功能急剧退化。二是内蒙古自治区属干旱半干旱地区，特殊的自然地理环境决定了生态系统潜在的脆弱性。目前，全区中度以上生态脆弱区域占国土面积的62.5%，其中，重度和极重度占 36.7%，气候和人为的交叉影响极易引起生态破坏，甚至形成逆转。三是急需治理的区域面积较大，地理位置偏远，自然条件和环境更加恶劣，治理成本高，难度更大。

2. 沙化面积大，危害严重

内蒙古自治区是全国沙化土地最集中、危害最严重的省区之一，分布有巴丹吉林、腾格里、乌兰布和、库布齐四大沙漠和毛乌素、浑善达克、科尔沁、呼伦贝尔四大沙地，全区沙化土地面积达 42 万平方千米。通过多年治理，荒漠化土地和沙化土地已连续实现双减少，但由于干旱少雨、人畜活动影响以及不合理的开发和利用，个别地区流动沙丘加剧，沙害蔓延，直接威胁着河流、湖泊、交通要道、农田和城市。特别是乌兰布和沙漠东侵南移，与黄河河道相接，并已穿越黄河，在黄河以东形成沙丘，每年有 1.8 亿吨泥沙侵入黄河，抬高河床，有的地段高出地面 2~10 米，泄洪能力下降，悬河水患严重威胁着沿河地区工农牧业生产和人民生命财产安全；阿拉善盟境内的三大沙漠有握手之势，固定和半固定沙丘开始活化，加快了沙漠流沙前移和沙漠前端土地沙化速度。

3. 污染物排放量大，资源综合利用率低等问题仍较突出

随着工业化、城镇化加快推进，废弃物排放量大以及资源综合利用率低等，成为内蒙古生态文明建设进程中较突出的环境问题。目前，内蒙古的产业结构仍以资源型为主，主要污染物排放量大，排污强度维持在较高水平。个别城市空气质量、部分河流河段水质未能达到规定标准，局部区域地下水受到污染，历史遗留环境问题治理难度大。农村牧区生活和生产污染呈加重趋势，土壤污染源多且面广，危及农牧区饮水安全和农牧产品安全。城市机动车的迅速增加，

使汽车尾气污染问题严重。

4. 草原生态建设与生产建设矛盾凸显

草原既承担着保护环境的生态功能，又承担着发展畜牧业的生产功能。西部大开发以来，草原生态建设更加注重了保护草原的生态功能，对草原的生产性建设投入严重不足，致使内蒙古自治区畜牧业发展出现徘徊，近年来肉类总产量一直稳定在 230 万 ~240 万吨左右，牛奶产量 900 万吨左右。在实施草原奖补机制后，按要求从 2010 年开始将用 5 年时间草原载畜量减少 2688.5 万羊单位，相当于全区牧业年度羊存栏总数的 32%，对畜产品和牧民增收将产生一定影响。

5. 投资标准偏低，管理存在薄弱环节

内蒙古自治区的生态保护与建设主要依靠国家投资，地方投入较少，在一定程度上影响着生态保护与建设的开展。而且随着工程、项目建设标准的提高，以及物价、人工费的增长，各项建设投资标准已不能满足实际需要。在生态建设项目管理上，由于没有前期费、管理费、检查费，严重影响对工程项目的监督、检查和管理①。

第二节　牧区、农区与生态保护区的生态文明建设

一、内蒙古草原牧区的生态文明建设

作为我国最重要的畜牧业大区，内蒙古的生态文明建设在全国具有非常重要的地位。内蒙古牧区具有独特的气候条件、地理特征、自然环境，丰富多样的植被，加之地形结构以及气候的特殊性，致使牧区牧民的生活习惯形成了差异性，建设好牧区的生态环境对整个内蒙古牧区经济发展有着相当重要的作用。更重要的是，内蒙古牧区地处我国"北疆生态屏障"，是我国重要的畜牧业基地。加强对内蒙古牧区的生态文明建设，对维护我国的生态系统安全，乃至社

---

① 内蒙古自治区政府. 内蒙古自治区构筑北方重要生态安全屏障规划纲要（2013 – 2020 年）[EB/OL]. http://www.nmglyt.gov.cn/xxgk/ghjh/jcgh/201508/t20150803 _ 95411. html，2015 – 08 – 03/2019 – 12 – 31.

会经济可持续发展有巨大的意义。

牧区一般是指以广阔的自然草原为基础地区，放牧方式和养殖性畜地区是依靠天然草原；种植业属于半农半牧区，主要还是以畜牧业为主①。内蒙古共有牧区县 33 个，总面积为 81.79 万平方千米，占全区土地面积的 68%。面积范围虽然广阔，然而人数较少，主要分布在辽阔的草原区域和边远贫困地区。

草原是内蒙古生态建设的重点和内蒙古牧区经济社会发展的基础。由于内蒙古草原在过去几十年里过度利用和开发草原资源，导致草原严重荒漠化、草场退化。作为国家天然生态屏障的内蒙古草原成了重要的沙尘暴源地。随着 2002 年国务院颁发的《关于加强草原保护与建设的若干意见》出台，以及 2003 新修订以后实行的《草原法》，标志着我国草原牧区的生态环境建设进入了一个崭新的阶段。草原工作的战略目标已经由经济目标为主转到"生态、经济目标并重，强调生态优先"的重要性上来。

为了更好地建设牧区和保护牧区生态环境，近十几年来内蒙古实施了许多有效措施。第一，为了保护和建设草原生态环境，内蒙古实施了八大重点生态建设工程，即退耕还林工程、京津风沙源治理工程、退牧还草工程、天然林资源保护工程、"三北"防护林体系建设工程、水土保持工程、野生动植物保护及自然保护区建设工程、重点地区速生丰产用材林基地建设工程，在草原保护与建设方面取得了一定成效。第二，加强了牧区环境保护的基础建设。把维护天然草原和天然耕地放在生态文明建设的同等重要位置。对内蒙古广大草原牧区，在坚持保护牧区草原生态环境的前提下，以禁牧方式为主要措施，推进草原休养生息，坚持生态优先的理念，把发展和保护协调统一起来。以草定畜，合理发展草原畜牧业。建设草原自然保护区建设工程，对于具有特色代表性的草原类型、濒临灭绝的野生动物和重要的生态功能区以及有科研价值的草原区进行重点保护措施。第三，积极发展牧区现代草原畜牧业模式。草原畜牧业从传统的粗放型模式转变到质量效益模式。完善草原承包责任制度，加大对其发展生产的补贴能力、加强牧区草原建设服务体系、提高牧民草原防灾减灾工作、强化科技能力；加强基层牧区队伍建设，建立牧区培训科技班，用科技带动牧区人民发展。第四，用牧区特色效益性产业来拓展就业渠道和增加牧民收入。在

---

① 潘建伟，张丰兰，张立中等. 中国牧区经济社会发展研究 ［M］. 北京：中国经济出版社，2010.

保护草原生态环境前提下，合理开发矿产资源、积极发展太阳能、风电能源等，有秩序地开发水电建设，加强支持循环经济的力度和生态文明建设力度。积极有效地扶持牧民发展民族工艺品，加强批发、零售商业和电子商务建设。第五，针对当地民族特色，进一步挖掘传统的文化、民族特色文化和草原牧区民俗文化。实施有效的游牧定居措施来加强保护牧区草原环境，加强建立健全法制政策，以便更好地建设牧区生态环境。内蒙古牧区生态环境建设情况整体上取得了很大的成就，但是局部方面还面临着诸多挑战，需要进一步的改善、建设和提升。

呼伦贝尔草原、锡林郭勒草原、科尔沁草原、乌兰察布草原和鄂尔多斯草原，是内蒙古自治区典型草原的主要分布区，与呼伦贝尔沙地、浑善达克沙地、科尔沁沙地和毛乌素沙地交错分布，该区域范围广大，是我区草原生态系统的主要组成部分。目前，草原开发利用程度较高，土地退化、沙化现象严重。内蒙古自治区在下一步草原生态建设方面，将结合《黄河上中游天然林资源保护二期工程》《三北防护林建设五期工程》《京津风沙源治理二期工程》，建设牧场防护林体系，保护草原。结合《天然草原退牧还草二期工程》《草原保护与建设工程》《草原重点生态功能区建设工程》和《草原自然保护区建设工程》等重点工程，推进草原生态保护补助奖励机制，积极转变畜牧业生产方式，实施禁牧休牧、划区轮牧，实行以草定畜，推行舍饲圈养，严格控制载畜量，加大退牧还草力度，逐步恢复草原植被。

二、内蒙古农区的生态文明建设

1. 内蒙古农区生态文明建设现状

内蒙古粮食生产经过 70 多年的发展，2017 年粮食产量达 3254.5 万吨，占全国粮食总产量的 4.92%，在全国 31 个省（区、市）中排名第 9 位，人均粮食产量超过 1289 千克，远超全国人均产量的 477 千克，为国家粮食安全做出了突出贡献。但是内蒙古为粮食增产付出了巨大的资源环境成本代价，粮食产量和资源环境的投入不成比例，粮食增产的资源和环境双重约束显著增强，已成为内蒙古生态文明建设的重要制约因素之一。主要体现在，一是多年来内蒙古主要采取扩大耕地面积的外延式生产方式，不宜耕种的优质草场被过度开垦，稀缺的水资源被过度消耗。1947 年以来累计新开垦耕地达 530.4 万公顷，由于被开垦为耕地的草场土层薄，不宜耕种，耕地边际效益逐年下降，水土流失加剧，中低产田面积占到耕地面积的很大比重，从目前的治理难度看，为粮食增产而付出的机会成本大于收益。二是随着新型工业化、城镇化的加速发展，与粮食生产争夺优质耕地和水资源矛盾进一步加剧，水土已成为国民经济可持续发展的主要瓶颈。三是以农户分散经营为主导的土地经营方式，过度利用化肥、农药等，虽然实现连年增产，但是出现土壤板结和水资源污染、农田生态环境持续恶化的现实困境，部分农产品从源头上遭受污染，危及人类健康和生态安全。因此，内蒙古加快转变农业生产方式，亟待建立资源节约型、环境友好型的粮食生产方式，加快改善农业生态系统，实现粮食生产与生态文明建设的良性互动。

内蒙古自治区主要农业生产区分布在松辽平原、大兴安岭中段南部、河套平原和土默川平原。旱灾、洪涝灾、风暴灾、低温冷冻灾、病虫害是农作物的主要灾害；受自然条件影响，加之过度开垦、放牧以及对水资源的不合理利用等原因，造成耕地沙化、盐渍化、水土流失和土壤污染。全区农田林网建设仍不完备，占全区总面积50%的水土流失面积没有得到集中治理，直接影响到农业生态系统的健康发展。加强农田林网建设和水土流失、土壤盐渍化治理是增强农业生态系统功能的有效手段。

2. 内蒙古农业生态文明建设趋势

（1）提高农业资源的利用效率。提高耕地资源利用效率。根据各旗（县、区）自然生态环境条件，统筹规划土地资源，尽快划定永久性基本农田，集中在河流两岸或土地平整地区建设旱涝保收的高产基本农田，并通过法律手段永久保护基本农田，无论何时、何人、何种方式或具有多高的经济价值，也严禁开发永久耕地，夯实粮食生产根基。将位于山区和丘陵地区的耕地产量较低、人口较少的村庄进行合并，整合耕地资源，使水土流失严重的低产田地区退出粮食生产，主要种植饲草，重点发展牧草业，调整优化种植业结构、提高土地利用效率的同时，也可遏制土地流失，大力改善基本农田的外围生态环境。

提高水资源利用效率。一是要转变"取之不尽，用之不竭"的用水意识，无论在城市还是农村，形成全社会的节水意识是提高用水效率的关键。二是生活领域，提高阶梯用水定额收费标准，通过严格的经济杠杆，督促循环用水。

三是农业生产领域，持续加强农田水利设施建设，同时完善设施设备，提高用水效率；严格监督执行《行业用水定额标准》的农作物用水定额标准，同时建立水权转换制度，节水可获得收入，调动用水户节水积极性。四是农产品加工领域，提高水资源的循环利用率，如通过财税、水价等手段降低企业购置循环利用水资源的设备成本和后期运行成本，引导企业依据水资源可利用条件调整优化生产结构、降低水资源消耗，提高用水效率，净化大自然。

（2）改善农田生态环境。逐步减少化肥、农药的使用。一要大力推进测土配方施肥，减少不合理施肥，提升化肥利用效率；二要推进有机与无机的结合，利用农家肥、有机肥料的有机养分资源替代部分化肥用量来提高耕地有机含量，改善农田生态环境，争取经过 10 年左右的调整，农业生产中全部使用农家肥或有机肥料。要减少农药的施用，需努力实现"三减一提"，即减少施药次数、施药剂量、农药流失，提高防治效果。

调整优化种植业结构。注重农作物和草牧业协调发展，建设粮食生产和畜牧生产良性循环的经济带，同时减少单一化的连年种植方式，鼓励农民多元化种植和换茬种植。多元化和换茬种植方式是农民自觉遵守的生产规律，是发挥传统农业耕作优势的生产方式，发展现代农业并非是摒弃传统农业的优势种植方式，传统的优势生产方式与现代生产方式的有效结合才是内蒙古农业现代化和可持续发展的正确道路。

提高农作秸秆的综合利用率。过去内蒙古农作物秸秆直接燃烧问题普遍存在，严重污染了大气环境，同时被燃烧的秸秆灰尘进入水土加大了农业面源污染强度。秸秆既可还田用于提高土壤质量，也可用于生产有机肥料、生物质能源或酒精。因此，为降低农业生产的负外部效应，应加快开发秸秆的综合利用技术，提高秸秆的综合利用率。

减少农田白色污染。鼓励企业生产加厚的地膜，延长地膜的使用年限，同时建设回收旧地膜的站点，方便农民及时清理被淘汰的地膜，厂家收购废弃地膜进行重新加工或无害化处理，减少农业面源污染。

（3）提高农民转变粮食生产方式的能力。加大牧草业发展的政策支持力度。发展牧草业有利于遏制水土流失、改善农业生态环境。减少对种粮地既获得国家粮食补贴又丢荒弃耕的现象，可将这种种粮补贴资金用于鼓励发展牧草业，作为相应的补贴发予从事牧草业的农户，这样既可提高农户从事牧草业生产的积极性，又可改善生态环境，一举两得。

增加粮食生产补贴方式。国家以及自治区政府可适当增加农田水利设施建设和农村道路建设投资，充分调动地方政府的粮食生产积极性，鼓励其增加对民生领域的资金投入，改善农民生产生活环境。还可通过项目申请的方式，对专业农户用于农田水利等基础设施建设的自主投资给予一定比例的直接投资补助，对商业化种粮大户给予信贷利息补贴或提供低息贷款。

扩大小麦补贴省份。近年来，国家在小麦主产区实行最低收购价政策，该政策惠及省份未包括内蒙古、山西、陕西、甘肃、四川、新疆，而上述 6 省（区）小麦产量约占全国总产量的 18.0%，在挤出效应作用下，将可能造成上述地区小麦种植面积减少，极不利于国家口粮安全。因此，国家应扩大小麦最低收购价政策实施省份，实施范围界定为小麦产量超过 100 万吨的省份。

因此，提高种植小麦农户收入、降低生产成本，督促农户逐步降低化肥、农药等现代生产要素的使用比例，增加有机肥料使用比例，由此逐渐改善农田生态环境①。

三、内蒙古自然保护区的生态文明建设

自然保护区的建设与发展能够有效地保护自然环境和资源，维护生态安全。内蒙古自治区独特的地理优势造就了丰富的物种资源，是我国重要生态安全的屏障和生物多样性宝库。自然保护区作为内蒙古自治区就地保护生物多样性的重要举措，在生态文明建设和美丽内蒙古建设中发挥着极其重要的作用。

内蒙古有陆生脊椎动物 613 种，分属 29 目，93 科，291 属。两栖纲 8 种，爬行纲 27 种，鸟纲 442 种，哺乳纲 136 种。国家一级重点保护野生动物 28 种，国家二级重点保护野生动物 87 种，列入国际自然保护联盟（IUCN）保护的动物 51 种，列入《濒危野生动植物国际贸易公约》（CITES）的 99 种，列入《中国濒危动物红皮书》的鸟类 184 种。维管束植物 2351 种，其中野生维管束植物 2167 种，野生种子植物 2106 种，蕨类植物 61 种，分属 131 科、660 属；引种栽培的植物 184 种。

改革开放前，内蒙古没有自然保护区，1979 ~ 1995 年内蒙古的自然保护区

---

① 韩成福. 加快转变粮食生产方式　促进生态文明建设［J］. 农业展望，2016（4）.

数量少，保护区面积比例大大落后于全国平均水平，原因在于对保护对象的认识不全面、地方经济落后和保护区管理封闭，视保护与利用为对立，且地方建立保护区的积极性不高等。1996 年以后，由于国家加强了对保护区建设的管理力度，地方政府认识到了通过建立保护区发展经济的重要性，从而地方建立保护区的积极性提高，自然保护区数量和面积快速增加。为保护丰富的野生动植物资源，从 1998 年开始，在全区范围内开展了利用遥感技术进行生态现状调查，并加大了对自然保护区、生态示范区建设和重点资源开发区的环境监管力度。现在，内蒙古自然保护区内有野生高等动植物近 3000 种，遗鸥、马鹿、沙地云杉等濒危珍贵野生动植物都被划入其中，并得到了良好保护。截至 2017 年底，全区已建成包括森林、草原、湿地、荒漠、地质遗迹等多种类型的自然保护区 182 个，其中国家级 29 个、自治区级 60 个、盟市级 23 个、旗县级 70 个，总面积 1267.7 万公顷，占全区国土比例的 10.7%。

内蒙古土地面积广阔，跨越了不同的自然地带，保存着天然针叶林、阔叶林、草原、荒漠以及草原沙地、草甸、沼泽、荒漠绿洲、河湖等生态系统类型，又分布着若干古老的孑遗物种和珍稀特有生物，这是大自然给予的宝贵资源和优越的环境条件。在内蒙古建立草原、荒漠、山地、湿地、特有森林等自然保护区，将会在全国自然保护区的体系中保存一些独特类型的自然本底，可使人们对人类活动给自然界的各种影响做出正确的诊断，为合理利用自然资源、改善自然环境和建立高效、协调的人工生态系统提供依据。

内蒙古大兴安岭北部山区分布的一些北极高山植物、北方针叶林植物都是我国稀有的物种。阿拉善盟和鄂尔多斯西部的荒漠区还保存着一些古地中海第三纪残遗物种和特有种属，具有突出的科学研究价值和经济价值，是基因库中的明珠。目前已有一批物种处于濒危状态，不久可能要从自然界的物种家族中消失和灭绝。因此，建立一定面积的自然保护区，保护现存的生物物种及其赖以生存的环境条件，可使其成为各种科学研究、生态监测和探索生产经营优化方案的基地[①]。

自然保护区是自然博物馆，是向群众普及有关自然科学知识和宣传自然保护事业的重要场所，同时也是今后开展旅游事业的重要基地之一。随着人类物

---

① 李静，马建军. 内蒙古自然保护区生物多样性保护现状［J］. 内蒙古环境科学，2008（12）.

质文化生活的改善，自然保护区所显示的社会效益、经济效益和环境效益也将日益显示出来。因此，切实做好自然保护区工作，不仅有利于遏制我区生态环境恶化的趋势，而且对我区乃至全国改善生态环境，实施可持续发展战略具有不可替代的重要作用。实践证明，大力加强自然保护区建设，既是一项保护生态环境的根本措施，也是加强生态建设的一条有效途径，不但有利于维护内蒙古自治区的生态平衡，而且也是促进内蒙古自治区生态文明建设的一项重大举措。

第三节　城区、工业园区、旅游景区的生态文明建设

一、内蒙古城区的生态文明建设

城市的生态文明建设是对城市生态要素的综合整治目标、程序、内容、方法、成果和实施对策全过程进行规划建设，同时也是实现城市生态系统动态平衡、调控人与环境关系的一种有效手段。城市的生态文明建设的关键是要塑造一个结构合理、功能高效和关系协调的人工复合生态系统，其建设的目标是实现社会资源得到最佳配置和社会上的各种要素达到最高效率的运作。

近些年来，随着城市化进程的加快，内蒙古自治区各个城市不同程度出现了城市人口迅速增长、城市拥挤、住房紧张、交通堵塞、环境污染、生态平衡破坏等一系列问题，严重制约了城市自身的发展。

1. 典型问题

（1）交通拥堵。目前，内蒙古有 9 个地级市、11 个县级市，其中特大城市 2 个，大城市 2 个。随着内蒙古自治区城市发展加快，城市规模日益扩大，城市人口不断增加，大城市的交通拥堵现象非常严重。截至 2017 年底，呼和浩特市机动车保有量达 109.86 万辆，2017 年新增机动车达 11.14 万辆。目前，不仅呼和浩特市的交通拥堵严重，其他盟市也存在不同程度的拥堵现象。随着经济进一步发展，家庭购买力显著增强，汽车数量有较快增加的趋势。

2017 年，内蒙古全区人均城市道路面积 23.89 平方米，呼和浩特市和包头

市分别为 14.39 平方米和 15.81 平方米，远低于全区的均值，同时市民用机动车人均保有量呈迅速增长的趋势，但人均城市道路面积却增长缓慢。所以，人口增长和消费升级使新增交通供给能力难以跟上新增交通需求，再加上支路少、断头路多、分流能力弱、车辆不能直接通达，许多路段人行道狭窄或无人行道导致的行人、非机动车与机动车混行的顽疾，造成城市交通拥堵甚至瘫痪成为最明显的城市病病症。

（2）环境污染。内蒙古作为资源能源消耗大区，尤其是大城市拥挤的人口、拥堵的交通、输入性生活消费、脆弱的环境自净力，再加上严重的热岛效应，大城市的环境依然严峻。以呼和浩特市为例，2017 年全年监测 365 天，达标天数 255 天，重度污染及以上天数 4 天，年度空气质量综合评价达标率为 69.9%，较 2016 年降低 7.4%，在 12 个盟市中达标率最低。2017 年，全区城市平均空气质量达标天数为 309 天，相比 2016 年减少 5 天，空气质量总体达标率为 85.3%，较 2016 年下降 0.8%。再者，大城市人口的大量增加和生活水平的提高使城市生活垃圾快速增加，导致城市基础设施超负荷运作依然无法满足垃圾处理需求，部分街区尤其是城乡接合部的生活垃圾堆放时间长，不能及时处理，对城市环境造成严重污染。

（3）城市水资源问题。内蒙古自治区大陆性季风气候非常明显，水资源时空分布不均。全区人均水资源量 2281 立方米，为全国平均值的 85%。在城市化快速发展过程中，一些城市任意扩大建设规模，配置产业不够合理，计划失控必然引起供需紧张，缺水问题日益严重。

目前，内蒙古城市缺水现象比较严峻，不论是人口众多的呼和浩特市，还是人口较少的二连浩特市，都表现出不同程度的缺水现象。目前，内蒙古西部黄河沿岸地区实际用水量超出分水指标，而东部锡林郭勒盟、通辽市等地严重缺水。内蒙古水资源短缺问题非常突出，将制约城市的可持续发展。

（4）城市土地资源利用问题。土地是城市人口和各种经济要素的载体，城市发展离不开土地，对城市经济发展起着直接的促进或制约作用。城市各种用地比例失衡，势必造成城市中各种机能失调，从而降低城市土地的整体功能并阻碍城市经济社会发展。目前，内蒙古一些城市的学校、医院等社会资源分配不均，城市住房紧缺，交通阻塞，中心城区商业、企业缺乏发展空间，住宅生态环境恶化等问题突出，使城市土地利用总体效益也有所下降①。

目前，内蒙古的城镇化率正在快速增长，2017 年内蒙古常住人口城镇化率为 62.0%，高于全国的 58.52%，但是快速城镇化也为全区城市带来诸多问题，因而迫切需要采取切实可行的城市生态文明建设对策。

2. 建设对策

（1）科学制定城市发展规划。城市生态文明建设是一项综合性的系统工程，涵盖面广，涉及内容多，是一项需要政府长远规划、长期坚持的奋斗目标，必须要立足于城市特有的资源禀赋、区位优势和不断变化的发展形势，结合生态文明城市建设的目标，综合考虑，统一部署，系统安排，科学决策，研究制定科学的发展规划，按项目、按季度进行研究，及时了解执行规划中存在的问题并予以解决。

（2）促进城市功能区合理分工。内蒙古的部分城市发展存在过度扩张的现象，造成了资源的极大浪费。所以，内蒙古必须制定相关法规或规划，从考虑城市规模转变为关注城市布局，在现有的城市分区基础上分步实施副中心战略，让副中心与中心城区共同承担城市功能。同时，应该尽量考虑旧城的改造、更新与新区建设一体化发展，构建完整的城镇功能与合理的城镇规模。另外，积极践行跨区域的城市规划，促进以呼包鄂为首的城市群布局进一步完善，建设拥有完善基本生活服务设施的能够满足居民日常工作生活所需的卫星城。

（3）调整能源与产业结构，改善城市环境。面对日益严峻的城市环境问题，内蒙古城市发展必须着力改变以往低端、粗放的城镇化、工业化发展模式，大力倡导低碳化发展路径，有效地配置和使用可再生资源和可耗竭资源。同时还应提高资源的重复利用率，这是内蒙古实现城市发展与环境保护双赢的必然选择。积极采取措施推进产业升级和结构调整，实施促进产业结构升级、提高土地利用效率。在能源开发方面，需要积极谋划扶持以风能、太阳能、生物能为主的可再生能源的开发和利用，稳步转变内蒙古以煤炭为中心的重化工产业体系的能源结构。另外，实行城市再生资源的集中治理、统一监管，既可以改善城市的环境状况，还可以为城镇培育新的经济增长点②。

---

① 山丹. 内蒙古生态型城市建设研究 [J]. 北方经济，2014（10）.

② 李雪敏，武振国. 内蒙古大城市城市病问题分析及防治对策研究 [J]. 内蒙古财经大学学报，2015，13（3）.

（4）大力推进城市生态文化建设。加强生态环境教育，提高公众生态意识；推行积极健康的生活方式，正确引导消费方式；保护优秀传统民族文化资源，发展民族生态文化；控制内蒙古大城市的人口增长、适当放宽中小城市的准入，提高人口素质，建设人与自然和谐共处生态体系。

二、内蒙古工业园区的生态文明建设

工业园区（包括经济开发区、经济技术开发区、高新技术产业园区、边境经济合作区、口岸加工园区、产业基地等）是建设现代工业体系的重要载体和平台。开发区及工业园区是改革开放初期在邓小平同志亲自倡导和积极推动下，经过40多年的发展建设，各类工业园区聚集各类工业发展要素的作用越来越显著，加速了产业集聚和产业链的延伸，带动了传统产业升级和高新技术的发展，促进了所在地区产业结构调整和经济实力的增强，已成为工业经济增长最快的区域和推动经济发展的一支重要力量，在发展循环经济、促进节能减排工作落实等方面发挥了不可替代作用，呈现出了勃勃生机和发展活力。

内蒙古经过改革开放40多年来的建设和发展，其工业园区集聚效应和贡献率逐步显现。2017年，内蒙古工业园区达到112个，实现产值1.12万亿元，占工业总产值比重达到88.2%，产值超500亿元的园区4个、超百亿元的32个，实现税收723亿元，占工业税收的57.7%。尽管内蒙古工业园区建设和发展成效明显，但在循环经济和生态工业园区建设方面还存在许多短板和问题，主要表现有：

第一，工业园区产业结构雷同。内蒙古大部分盟市的工业集中在各个工业园区，多数工业园区为煤炭、煤化工、钢铁、水泥、电石、铁合金、火电等自然矿产资源依赖型。由于煤炭资源的开发和利用，一般煤炭、煤化工及其相关产业主要是高耗能、高污染物型产业结构，给地区经济的发展带来了很大的环境压力。

第二，企业间产品没有形成产业链，且多数产业链较短。由于各个园区主要是严重依赖于矿山资源或自然资源型的企业，各个企业间产品雷同，有的企业之间根本就没有产品上的联系，在相关产业链上没有形成协作关系。在"动脉产业"链条较短的情况下，"静脉产业"相互吸收、利用废弃物资源的水平更是有限，因此，各个园区距离生态工业园区建设水平还有很大的差距。

第三，园区总体发展水平及实力较弱，没有所依托的科技研发中心。一方面，内蒙古大部分工业园区，其经济总量虽然在地区经济中的比重很高，但由于园区的产业均为能源和资源依赖型，目前还属于传统型的工业园区。另一方面，绝大多数工业园区所依托的从事高新技术研发的科研机构、大学缺乏，没有服务于自身发展的研发创新机构，这与发达国家的产业园区截然不同。

针对内蒙古工业园区转型升级存在的问题，其加强生态建设的具体措施是：

首先，全面升级工业园区的技术水平。一方面，要真正实现工业园区的生态化，必须有针对生态产业园区的特定技术作为支持，包括信息技术、水重复利用技术、能源综合利用技术、回收与再循环技术、重复利用与替代技术等。目前，内蒙古的工业园区中，科研单位、大学、研究所等研发机构普遍缺失，企业对技术提升及技术创新的投入很少，过去产业的升级主要停留在行业准入门槛提高后、环保要求提高后被动地淘汰工艺和设备。因此，多数没有核心技术研发，不是真正创新发展的园区，其产业的发展只是在原有基础上的低端徘徊或挣扎或等待价格回升的时机。另一方面，许多园区远离中心城镇，园区的生活配套设施不足，技术人才流失问题严重。很多企业存在招工难、招技术工更难的问题。这种被动式的产业升级模式，是内蒙古建设生态工业园区的最大障碍。因此，内蒙古工业园区建设的重点是提高科技创新和科研成果转化及应用的能力。

其次，不断延伸产业链条，提高产品附加值。内蒙古大部分工业园区主要以煤炭开采、炼焦、煤化工、冶金、石灰、水泥、火电等行业为主，其基本特点就是高耗能、短链条、治理成本高。因此，内蒙古工业园区建设的着力点不仅要抓项目落地，更重要的是转型升级延长符合环保要求、有市场需求的和有助于提高人民生活质量要求的产业链，对现有产业要把招商与引资、引智相结合，重点加快人才、技术等生产要素集聚，重点提高科技创新和科研成果转化和应用的能力。以主导产业延伸、配套为主，打造产业特色鲜明的专业化园区，解决园区产业同质同构和低水平重复建设问题。招商选商要突出产业关联性，突出产业特色，着力打造产业链相对完整的工业园区。

再次，改善废弃物利用结构，走循环经济道路。目前内蒙古工业园区企业之间的废弃物相互利用效率较低。企业间的废弃物利用度较低，循环产业经济发展严重滞后。过去园区内的工业废弃物超标现象明显，不少企业没有配备尾气脱硫及除尘设备，颗粒物排放超标、一些焦化企业以"点天灯"等方式对外排放焦化尾气，废弃物处理粗糙，环境压力较大。只有以清洁生产理念为主导，打破低端循环，实现零排放，真正实现静脉产业所应有的降解功能，才能实现由传统的工业区到生态工业园区的跨越。

最后，优化布局、规划约束和市场引导相结合，促进工业园区由同质竞争向差异化发展转变。解决布局分散、集群度小、低水平同质化竞争等问题。第一是优化布局，自治区应从全区统筹的战略高度规划布局园区建设，坚决遏制地方圈地乱建园区行为；要继续坚持非均衡发展原则，集中有限的财政专项资金和资源配置等政策，重点推进生态工业园区的建设和发展。第二是强化规划约束，园区低水平同质化竞争问题的根源在于园区产业缺乏科学规划定位，各工业园区要按照编制总体规划、控制性详细规划、产业发展规划，开展水资源评价、规划环评、土地集约利用评价等。通过规划指导和约束促进工业园区的建设和发展。第三是发挥市场配置资源的决定作用，突出资源比较优势，引导园区差异化发展①。

三、内蒙古旅游景区的生态文明建设

内蒙古旅游景区在生态文明建设中，具有得天独厚的优势条件。以自然和文化遗产资源的有效保护和生态环境的长期改善是内蒙古旅游业发展的基础。内蒙古旅游景区生态文明建设的主要目标是旅游景区的可持续发展。

首先，要全面加强生态环境保护与建设。良好的生态环境既是景区生态文明建设的首要基础，也是当地生态环境和谐发展的重要标志。良好的景区生态环境对于保障地区生态平衡具有重要作用。大力加强景区生态文明建设，在保护现有环境综合整治成果的基础上，加大生态保护和环境建设力度，使之成为地区加快创建生态示范区的一项强有力的助推工程。

其次，要建设绿色、人文、和谐的景区。景区生态文明建设要紧跟"绿色示范区"的建设步伐，不断提高绿色植被的覆盖率，提高人均公共绿地面积，积极实施生态修复和生态建设工程，进一步抓好植被修复工作，进一步彰显内

---

① 内蒙古自治区人民政府．关于促进工业园区健康发展的指导意见［EB/OL］. http：//www. nmg. gov. cn/art/2015/11/12/art_ 1686_ 137963. html, 2015－11－12/2019－12－31.

蒙古景区的草原、山水、城林相结合的独有特色和民族历史文化的内涵，形成一幅人人向往、流连忘返的和谐景象。

内蒙古地域狭长，东西跨经度30多度，景观生态类型复杂多样，既有广袤无垠的草原牧地、葱葱郁郁的原始森林、神秘奇特的沙漠景观，也有丰富多彩的草原文化等。内蒙古地区共有呼伦贝尔草原、科尔沁草原、锡林郭勒草原、乌兰察布草原及鄂尔多斯草原五大草原。内蒙古是我国仅次于新疆的第二大沙漠分布区域，拥有独特的沙漠景观，境域内分布着巴丹吉林沙漠、腾格里沙漠、乌兰布和沙漠、库布其沙漠、毛乌素沙地、浑善达克沙地、科尔沁沙地、呼伦贝尔沙地，为自治区开展沙漠生态旅游提供了广阔的空间。内蒙古原始森林主要位于自治区东部，即大兴安岭林区，为我国最大的寒温带针叶林区；次生林主要分布在大兴安岭南段，大小罕山、阴山一线，人工林主要分布在低地，众多的森林公园是发展森林生态旅游的基础。著名的湿地有达赉湖、乌拉盖、乌梁素海等。内蒙古自治区有大小河流数千条以及众多的湖泊、矿（温）泉等。黄河是内蒙古境内最长的河流。内蒙古自治区是一个多民族聚居的地区，悠久的历史形成独特的"马背文化""驯鹿文化"，各个民族都保持着自己别具一格的生活方式，将自己的生活和大自然完美地融合在一起，创造了人与自然的和谐相处，既保持了生态的平衡，又创造了光辉灿烂的民族文化。

内蒙古旅游景区的生态环境经过多年的建设发展，已形成了以草原、沙漠、森林、湖泊、民俗等为主题的生态旅游区，促进了生态旅游的发展，形成了内蒙古生态旅游产品体系，走出了适合本区生态旅游发展的道路。然而，在开发过程中还不同程度地存在着一些问题：

首先，一些经营管理者对生态旅游区的发展缺乏正确认识。内蒙古生态旅游区很多，但有的生态旅游区因为随意开发而遭到破坏。景区经营者在开发中不考虑景区自身的承载力，只在乎自己的眼前利益，如将保护区内饭店、餐馆的废水直接排入河流或渗入地下，造成水污染。有的景区由于缺少防止游人直接践踏草地和表土的措施，造成草原表土裸露、流失，破坏了草原的生态环境。

其次，部分生态旅游区开发缺乏科学规划。内蒙古的一些景区是以一般的旅游规划模式编制生态旅游规划，忽略了生态旅游规划的生态保护和监控体系，破坏了生态旅游区本身的生态平衡，为了经济利益而盲目开发，不受限制地招揽大量游览者，使旅游区接待游客超过自身承载力，造成游人拥挤，使景区失去生态旅游的特色①。

最后，专业人才缺乏，部分景区管理水平低。部分旅游景区开发需要克服部分领导对生态旅游较陌生、部分管理人员缺乏专业知识、部分工作人员服务质量差、管理手段落后、经济效益差等现象。而且政策法规比较滞后，如环境影响评价制度和生物多样性保护地方性法规没有完全建立，对旅游景区的管理也较为粗放，游客数量没有实行控制管理，使旅游区在旅游高峰期人满为患。

景区的生态文明建设能够优化旅游的环境，提升旅游景区的品质，从而促进旅游产业的发展。内蒙古旅游景区的生态文明建设，应注重实施以下措施：

首先，要树立正确的生态旅游思想，提高全民的环境保护意识。内蒙古建设景区生态文明，首先要解决的问题就是走出生态旅游的认识误区。真正意义上的生态旅游应以生态保护为前提，是一种求知求新的高层次旅游。发展生态旅游绝不能破坏景区内的自然环境和自然资源，内蒙古地区发展生态旅游业一定要从自身的性质特点出发，发展开发和保护目标相一致的生态旅游。公众保护环境的自觉性既是法规得以落实的基础，也是环境保护得以实现的条件。因此必须重视加强生态意识和保护生态环境的教育，切实增强全民的生态环境意识和法制观念，使强制性的法律与公众自律的道德规范结合。对伤害野生动植物、白色污染、毁林、毁花木、毁古迹、乱排污水和乱建人工设施等行为要加强教育和管理。

其次，要科学规划，做到开发与保护有机结合。对生态旅游资源进行科学规划、合理开发，并制定有力的保护措施，使生态旅游资源的开发与生态环境的保护有机地结合起来。内蒙古地区地域广袤，是我国生态环境比较脆弱的地区，在这些地区积极开发旅游资源，大力发展旅游业，必须进行科学规划。避免生态旅游开发一哄而起的混乱和无序局面的出现，可以通过景点的基础设施建设和重点开发，为游客提供更安全和更舒适的服务。此外，得天独厚的旅游景观的建设应该注意保护其自然原貌，避免人工设施破坏其文化与历史内涵。根据生态景点的人口承载能力，进行科学规划、建设和开发，防止游客的涌入对自然植被可能造成的危害，防止新的土地退化和沙化。

最后，要加大旅游景区专业人才的培养力度。景区开展生态旅游需要大量

专业化人才，从规划、开发、建设到宣传、经营管理和导游都需要一大批高层次的人才。生态旅游的管理者需具备专业知识，并积极参与生态旅游的科研活动，完成从经验管理到专业管理的飞跃。生态旅游对导游人员的要求也很高，因为他们是把生态旅游产品推向旅游者的引导者，并承担着生态教育的责任。因此，要在生态旅游发展中积极创造条件培养自己的生态旅游专业人才，不断加强和完善对旅游人才和从业人员的教育、培训体系，借助区内外高等院校旅游专业的办学优势，加快高、中级旅游管理人才和实用人才的培养，提高旅游行业的整体服务质量，使旅游者在生态景区内能真正体会其生态景区的含义，提高自己的生态意识，使开展生态旅游的真正意义得到体现①。

第四节　东中西部协同发展与祖国北部绿色长城的建设

一、东中西部协同发展

内蒙古自治区是我国根据民族区域自治原则建立起来的第一个少数民族自治区，内蒙古自治区的建立与发展是实现民族团结、建设祖国北部边疆和绿色长城的根本前提。改革开放以来，特别是进入 21 世纪以来，内蒙古自治区区域经济快速发展，创造了西部地区极具代表性的"内蒙古模式"。但在其快速发展的进程中，内蒙古自治区中部、东部、西部发展不平衡的问题日渐显现，突出表现在中部呼和浩特、包头、鄂尔多斯三市发展迅速，东部呼伦贝尔市、兴安盟、通辽市、赤峰市、锡林郭勒盟、乌兰察布市六盟市发展缓慢，西部巴彦淖尔市、乌海市、阿拉善盟三盟市发展滞后。

首先，内蒙古自治区东西狭长，西起东经 97°12′，东至东经 126°04′，横跨经度 28°52′，东西直线距离达 2400 多千米，从东到西跨越了东北、华北、西北三大地带。东西狭长的行政区域，导致区域内空间聚合性差，行政管理成本高，东部、中部、西部之间经济联系不紧密，区域内难以形成有效便捷的交通网络，

---

① 吕君. 内蒙古生态旅游发展分析［J］. 内蒙古财经学院学报，2009（5）.

跨区域的交通网络受相邻省区自身利益的影响，其形成的难度很大。

其次，内蒙古中西部地区人口较少，矿产资源丰富，改革开放以来开发投入多，与外部连接的交通网络较为发达，已经形成呼包鄂金三角网络。呼包鄂已经成为内蒙古西部地区重要的经济增长极。而东部地区人口较多，矿产资源储量相对不大，改革开放以来其开发投入相对较少，经济发展的规模和水平相对滞后。

最后，内蒙古自治区东西狭长的行政区域，难以形成相互联系紧密、辐射带动作用强的城镇体系结构。东部、西部地区城市只在行政层次与中部城市特别是呼和浩特市有联系，而在地理、经济、文化、社会、生活等方面则受其他相邻省区的辐射和影响，如东部地区的呼伦贝尔、通辽、赤峰基本又属于东北三省城市体系的一部分，西部乌海、巴彦淖尔等城市则受银川、兰州等城市的辐射影响大。目前，东西部经济发展相对滞后，多数地区人口规模、经济总量、辐射带动的功能有待进一步发展和提高①。

中东西区域发展的不平衡，严重影响了全区总体的快速健康发展，尤其是一些地区在加快经济发展的同时，过度开发资源，导致了生态环境的恶化，给可持续发展埋下了隐患。推进内蒙古区域协调发展，不仅是一个紧迫的经济发展问题，而且是一个亟待解决的生态环境问题。为了促进内蒙古区域间的协调发展，必须统筹分析和科学谋划。

首先，需要从战略的高度进行科学谋划和调控。《国务院关于进一步促进内蒙古经济社会又好又快发展的若干意见》中明确了内蒙古在全国的战略地位，即内蒙古是我国重要的生态安全屏障；国家重要的能源基地，新型化工基地，有色金属生产加工基地和绿色农畜产品生产加工基地；全国向北开放的重要桥头堡；团结繁荣文明稳定的民族自治区。同时，也为内蒙古区域经济协调发展指明了方向。

（1）在区域统筹的方向及路径上，应坚持统筹兼顾、合理规划、优势发展，切实加强各区域的薄弱环节，保持中部地区率先发展，支持东部振兴和推进西部地区跨越式发展；健全合作机制、互助机制、扶持机制，形成东中西良性互动、公共服务和人民生活水平差距逐步缩小的协调发展格局。

---

① 白玉刚. 以区域协调实现内蒙古的可持续发展［J］. 现代管理科学，2010（3）.

（2）在区域统筹的功能定位上，应根据资源环境承载能力、现有开发密度和发展潜力，统筹考虑未来全区人口分布、经济布局、国土利用、城镇化格局，明确不同区域的功能定位；实行区域分类管理，调整完善区域政策和绩效评价，形成合理空间开发结构。

（3）在区域统筹的政策机制保障上，应在经济政策、资金投入和产业发展统筹方面，重点加大对东、西部地区的扶持。促进东中西部地区的合作开发，按照均等化原则，基本公共服务重点向东西部地区倾斜。

（4）在区域统筹的抓手及着力点上，一是统筹区域经济发展，加快中部地区产业结构升级，走新型工业化道路；大力扶持东、西部地区发展优势产业项目，加快资源优势向经济优势转变；二是加快城镇化步伐，坚持大城市领跑、中小城市接受辐射带动，协调发展；三是大力发展县域经济，增强区域协调发展的基础动力。

其次，要从三大区域实际出发，中东西同步协调推进。

（1）继续保持呼包鄂率先发展。继续保持呼和浩特、包头和鄂尔多斯地区快速发展的态势，在优化经济结构、转变增长方式、发展循环经济、加快区域创新和建设和谐社会方而率先突破。

（2）全力推进东部盟市振兴。抓住国家振兴东北老工业基地的发展机遇，加大东部地区开发开放力度，主动融入东北、对接京津、联通俄蒙，推进新型工业化步伐，实现经济发展速度高于全区平均水平。充分发挥资源优势和地缘优势，依托交通干线、中心城镇和资源富集区，强化区域内的合作，优化资源配置，吸引资源加工型产业转移。

（3）扶持西部盟市跨越式发展。加大对西部地区道路交通、水利等基础建设的投入力度，缓解瓶颈制约。实施生态治理工程，遏制西部盟市生态环境恶化的趋势。规划建设蒙西重化工业基地，出台扶持发展的优惠政策，加快西部盟市工业化发展步伐。实施科技和技术创新推动战略，高起点、高水平发展内蒙古西部地区，实现内蒙古西部盟市经济社会跨越发展。

二、祖国北部绿色长城的建设

把内蒙古建设成为我国北方重要生态安全屏障，是《国务院关于进一步促进内蒙古经济社会又好又快发展的若干意见》《中共中央、国务院关于加快生态文明建设的意见》和内蒙古自治区确立的发展战略定位。在祖国的正北方构筑起以森林和草原为主体、生态系统良性循环、人与自然和谐相处的重要生态安全屏障，对于改善内蒙古自治区以及我国华北、西北及东北地区生态环境，保障国土生态安全，促进全国的生态文明建设，具有十分重大的现实意义和深远的战略意义。

2013年，内蒙古自治区政府印发了《内蒙古自治区构筑北方重要生态安全屏障规划纲要（2013－2020年)》，提出了构筑北方重要生态安全屏障的总体建设目标：力争到2020年，全区森林覆盖率达到23.0%，草原植被覆盖度稳定在45%以上，林木蓄积量达到14.6亿立方米。森林资源总量显著增加，林分质量明显提高；草原得到自我修复，植被明显恢复。全区森林、草原、湿地、农业四大生态系统趋于稳定，城市和荒漠生态系统明显好转，生态服务功能进一步加强，逐步形成完备的生态体系、发达的产业体系和健康的文明体系，北方重要生态安全屏障的架构初步成型①。

为了早日构筑起北方重要生态安全屏障宏伟蓝图，内蒙古自治区在新形势下，将以生态文明为基础，立足新起点，按照"五位一体"的总体布局，树立新理念、谋划新格局。

（1）更新思想观念，促进人与自然和谐共生。牢固树立尊重自然、顺应自然、保护自然的生态文明理念，有度有序利用自然，调整优化空间结构，划定农牧业空间和生态空间保护红线，构建科学合理的城镇化格局、农牧业发展格局、生态安全格局。

支持绿色清洁生产，鼓励企业工艺技术装备更新改造，推进传统产业绿色升级，建立绿色低碳循环发展产业体系。依托山水地貌优化城镇形态和功能，推广绿色建筑，实行绿色规划、设计、施工标准。

加强资源环境国情和生态价值观教育，培养公民环境意识，推动全社会形成绿色消费自觉。

（2）加快推进主体功能区建设，谋划生态安全战略区。实施主体功能区建设是全面建成小康社会的重要目标，大力推进生态文明建设的重要举措。内蒙

---

① 内蒙古自治区政府. 内蒙古自治区构筑北方重要生态安全屏障规划纲要（2013－2020年)[EB/OL]. http：//www. nmglyt. gov. cn/xxgk/ghjh/jcgh/201508/t20150803 _ 95411. html, 2015－08－03/ 2019－12－31.

古按照自治区主体功能区规划中重点开发区、限制开发区和禁止开发区的战略布局，结合内蒙古自治区生态保护和建设的实际，依据本地区不同区域的资源环境承载能力、现有开发密度和发展潜力等，以建立总量保证、布局均衡、结构合理、功能完善，点、线、面相结合的林草植被网络体系为目标，将我区生态安全屏障划分为"3522"建设布局。"3"是指大兴安岭山脉、阴山山脉和贺兰山三个生态保护建设区。"5"是指沙地防治建设区、沙漠防治建设区、黄土高原丘陵沟壑水土保持治理区、草原保护建设区和平原农区建设区等五个生态保护建设区。"2"是指两类建设重点：一类是指自然保护区、森林公园及重要湿地，另一类是指城镇、村屯、工矿园区（包括废弃工矿地）两个点状分布的保护和建设重点。"2"是指交通网络和江河沿岸两个线状的保护和建设重点。

（3）加强自然生态系统保护和修复。坚持保护优先、自然恢复为主，深入实施重大生态修复和建设工程，维护生物多样性，全面提升草原、森林、沙漠、湿地、河流、湖泊等自然生态系统稳定性和生态服务功能。

严格落实基本草原保护制度，坚持禁牧、休牧、轮牧和草畜平衡制度，加快推进基本草原划定和保护工作。完善草原生态保护补助奖励政策，加大退牧还草力度。

加强林业重点工程建设，巩固扩大退耕还林范围，全面停止天然林商业性采伐，增加森林面积和蓄积量。开展大规模国土绿化行动，发挥国有林区林场在绿化国土中的带动作用。创新产权模式，引导各方面资金投入植树造林。推进防沙治沙和荒漠化治理，鼓励发展林产业、沙产业。

加强水生态保护，因地制宜推进湖泊、湿地综合治理，加强江河源头地区水土保持和重点流域水土流失治理。实施地下水保护和超采漏斗区综合治理，严格控制地下水开采。

（4）加强环境综合整治。以提高环境质量为核心，实行最严格的环境保护制度，形成政府、企业、公众共治的环境治理体系，实现环境质量总体改善。

深入实施大气、水、土壤污染防治计划，推进多污染物综合防治和环境治理。推进工业污染源全面达标排放，推进城镇生活污水垃圾处理设施全覆盖和稳定运行。加强农业面源污染治理，统筹农村牧区饮水安全、改水改厕、垃圾处理，推动农药、化肥、地膜减量使用，促进种养业废弃物资源化利用、无害化处置。

健全环境治理体制机制，建立覆盖所有固定污染源的企业排放许可制。实行环保机构监测监察执法垂直管理。加强环境监控体系和能力建设，健全环境信息公布制度。实行最严格的生态环境损害赔偿制度，严格环保执法。加强防灾减灾体系和能力建设。

（5）建立健全生态文明制度体系。生态文明建设是一场涉及价值观念、思维方式、生产方式和生活方式的革命性变革。实现这样的根本性的变革，必须依靠健全的制度体系和创新的管理机制①。

从国土空间开发保护制度、自然资源资产管理制度、生态保护制度、环境保护管理体制、责任管理体制等方面，建立产权清晰、多元参与、激励与约束并重、系统完整的生态文明制度体系，探索编制自然资源资产负债表、探索建立生态环境损害赔偿与责任终身追究制度，全面推进93项生态文明制度建设，引导、规范和约束各类开发利用自然资源、保护生态环境的行为。用制度保护生态环境，推进生态文明建设。

第五节　内蒙古生态文明建设指标体系构建

中国共产党的十九大报告首次提出建设"富强民主文明和谐美丽"的社会主义现代化强国的目标，这意味着，中国将开启人类从工业文明向生态文明转型的新时代。党的十九大报告还指出："生态文明建设功在当代，利在千秋。我们要牢固树立社会主义生态文明观，推动形成人与自然和谐发展现代化建设新格局，为保护生态环境做出我们这代人的努力！"内蒙古的生态文明建设亟须构建一套能够客观度量和评估内蒙古发展状况和态势的生态文明建设评价体系，从而帮助政策决策者监测、评价过去和现在的发展，衡量生态文明建设的程度，协调好经济发展与资源开发、生态环境之间的关系，进一步指导生态文明建设，准确地制定内蒙古未来的发展目标，从而实现人与社会和自然可持续发展。

---

① 屠立明. 推进生态建设　助力生态文明　努力构建祖国北方重要生态安全屏障［J］. 北方经济，2015（6）.

一、内蒙古生态文明建设指标体系构建原则

构建生态文明建设评价指标体系，不仅需要把生态文明建设作为一个系统去评价，遵循生态系统的一般规律，而且需要考虑不同区域、不同生态系统的特点。为了客观、全面、科学地衡量区域生态文明建设的程度，在评价时需要遵循一定的原则。

1. 系统性与区域性

生态文明建设是一项庞大而复杂的复合系统，必须把自然禀赋、生态环境条件、经济发展水平与社会文明进步有机地结合起来，视为一个整体，全方位地综合分析问题，有针对性地制定适合本区域发展的指标体系，客观真实地反映区域生态文明建设的情况。

2. 科学性与可操作性

指标体系要建立在科学分析的基础上，数据来源要准确，处理方法要科学，具体指标要能够反映出生态文明建设主要目标的实现程度；同时，指标应尽量选择简单、易于获得、有统计资料可查的指标，指标在数量上要少而精，在实际应用过程中要方便、简洁，即指标的数据必须能易于搜集和计算，以减少主观臆断的误差。

3. 导向性与目的性

生态文明建设指标体系不仅要反映目前生态文明的发展程度，更重要的是要反映生态文明的努力方向，引导各级领导和广大群众提高生态文明的意识，正确处理各类关系。

二、内蒙古生态文明建设指标体系的内容框架

构建内蒙古自治区的生态文明建设评价指标体系必须通盘考虑内蒙古经济发展、社会进步、生态环境、生态制度和生态文化五大系统，在全面借鉴国内生态文明建设相关指标体系的基础上，重点参照《内蒙古自治区党委政府关于加快推进生态文明建设的实施意见》，突出区域资源环境差异、区域生态环境的相互影响，构建了一个包括1个总指标（生态文明建设指数）、5大考察领域、22个代表性指标，共三个层次在内的内蒙古生态文明建设指标体系框架。如表10-1所示。

表 10 – 1 内蒙古生态文明建设指标体系

一级指标	二级指标	三级指标	指标属性
生态文明建设指数	生态环境	森林（草原）覆盖率	正指标
		空气质量平均优良天数比例	正指标
		农药施用强度	正指标
		人均公共绿地面积	逆指标
		水环境主要污染物排放强度	逆指标
	生态经济	服务业增加值占 GDP 比重	正指标
		单位 GDP 能耗	逆指标
		单位 GDP 碳排放	逆指标
		工业固体废物综合利用率	正指标
		单位面积产出值	正指标
		工业用水重复利用率	正指标
		战略性新兴产业值占 GDP 比重	正指标
	生态制度	生态环保占公共财政支出比例	正指标
		政府采购节能环保产品和环境标志产品所占比例	正指标
		环境信息公开率	正指标
		人均可支配收入	正指标
	生态文化	国家级生态区（县、市）比例	正指标
		城市生活污水处理率	正指标
		城市生活垃圾处理率	正指标
	生态生活	新建绿色建筑面积比例	正指标
		居民平均预期寿命	正指标
		无公害农产品和绿色食品及有机食品认证比例	正指标

总之，构建内蒙古的生态文明评价指标体系能够对内蒙古生态文明建设绩效进行较好的评估，并有效诊断各盟市生态文明建设过程中存在的短板，为科学、合理地推进内蒙古生态文明建设提供政策指导。

参考文献

[1] 习近平. 在中国共产党第十九次全国代表大会上的报告[EB/OL]. ht-tp://cpc. people. com. cn/n1/2017/1028/c64094 – 29613660. html，2017 – 10 – 28/2019 – 12 – 31.

[2] 内蒙古自治区政府. 内蒙古自治区构筑北方重要生态安全屏障规划纲要（2013 – 2020 年）[EB/OL]. http：//www. nmglyt. gov. cn/xxgk/ghjh/jcgh/

201508/t20150803_ 95411. html，2015 – 08 – 03/2019 – 12 – 31.

[3] 魏智勇. 内蒙古生态文明建设的战略地位及路径的选择 [J]. 世界环境，2014（5）.

[4] 潘建伟，张丰兰，张立中等. 中国牧区经济社会发展研究 [M]. 北京：中国经济出版社，2010.

[5] 韩成福. 加快转变粮食生产方式　促进生态文明建设——以内蒙古自治区为例 [J]. 农业展望，2016（4）.

[6] 李静，马建军. 内蒙古自然保护区生物多样性保护现状 [J]. 内蒙古环境科学，2008（12）.

[7] 山丹. 内蒙古生态型城市建设研究 [J]. 北方经济，2014（10）.

[8] 李雪敏，武振国. 内蒙古大城市城市病问题分析及防治对策研究 [J]. 内蒙古财经大学学报，2015，13（3）.

[9] 内蒙古自治区人民政府. 关于促进工业园区健康发展的指导意见 [EB/OL]. http：//www. nmg. gov. cn/art/2015/11/12/art_ 1686_ 137963. html，2015 – 11 – 12/2019 – 12 – 31.

[10] 姜磊，莫亚波，邹丽娟. 内蒙古旅游业的可持续发展路径选择研究 [J]. 北方经济，2010（12）.

[11] 吕君. 内蒙古生态旅游发展分析 [J]. 内蒙古财经学院学报，2009（5）.

[12] 白玉刚. 以区域协调实现内蒙古的可持续发展 [J]. 现代管理科学，2010（3）.

[13] 屠立明. 推进生态建设　助力生态文明　努力构建祖国北方重要生态安全屏障 [J]. 北方经济，2015（6）.

[14] 内蒙古自治区生态环境厅. 内蒙古自治区环境状况公报 2017 [EB/OL]. http：//sthjt. nmg. gov. cn/hjfw/hjzk/csgb/201806/t20180601_ 1563837. html，2018 – 06 – 01/2019 – 12 – 31.

[15] 塔娜. 内蒙古生态文明建设评价指标体系构建研究 [J]. 经济视野，2013（23）.

[16] 胡丽莉. 亮丽北疆　生态有为 [J]. 实践（党的教育版），2016（4）.

第四篇

战略与展望

第十一章　发展战略、措施与保障

改革开放以来，在解放思想、实事求是的思想路线指引下，内蒙古开始了对本地发展战略的重新探索与实践，形成了不同时期符合内蒙古地区实际的战略思路。党的十八大以来，习近平总书记对内蒙古发表了一系列重要讲话，从战略和全局的高度，深刻阐述了事关自治区全局工作和长远发展的一系列重大理论和实践问题，为内蒙古发展确立了新定位、赋予了新使命，是为内蒙古量身定制的行动纲领，具有战略性、全局性、根本性、长远性的指导意义。这一期间，内蒙古自治区党委全面落实习近平总书记对内蒙古系列重要讲话精神，在保持发展战略连续和稳定性基础上，根据新常态下内蒙古形势任务的新变化，与时俱进地不断丰富和完善发展战略和发展思路。

第一节　发展战略与目标

一、发展战略

（一）改革开放以前内蒙古发展战略

1. 国民经济恢复和"第一个五年计划时期"（1947～1957 年）

1947 年内蒙古自治区成立后，针对地区特点与实际，内蒙古制定了"大力恢复和发展农牧业生产，逐步恢复和发展其他经济事业"的方针以及"不斗、不分、不划阶级"和"牧工牧主两利"的政策，顺利地完成了国民经济的恢复和农村土地改革、牧区民主改革工作。在此基础上，根据国家 1953 年提出的过渡时期的总路线，提出了"农林牧结合"、在支持国家工业化同时适度发展地方工业等经济建设的方针和任务；在"三大改造"方面，采取了"政策要稳、办法要宽、步骤时间上允许因地制宜地以较长的时间完成社会主义改造"的方针，对牧主经济采取了更为宽松的赎买政策和更温和的改造办法。总的来讲，这一时期内蒙古经济发展和社会主义改造的指导思想和方针政策是完全符合内蒙古实际的，经过"一五"时期的建设，为内蒙古自治区以后的经济和社会发展打下了坚实的基础。

2. "大跃进"和"文化大革命"时期（1958～1976年）

在第二个五年计划时期，1958年6月23日的《内蒙古自治区社会主义建设五年规划纲要六十条（草案）》指出，内蒙古自治区的奋斗目标是：在工业与农牧业同时并举的方针指导下，大力发展工农牧业生产，建立内蒙古工业体系；提前实现农业发展纲要，实现农牧业机械化、水利化、农区牧区电气化、肥料化学化、运输轴承化；积极实现技术革命和文化革命，把内蒙古建设成为一个经济繁荣、文化发达的社会主义自治区。在1959年1月9日，内蒙古自治区党委作出《关于整顿巩固农村人民公社若干问题的指示》和《关于牧区人民公社若干问题的指示》，要求各级党委要继续大张旗鼓地宣传人民公社的性质、方针、政策，从各方面巩固人民公社；牧区人民公社的具体生产方针是，以牧为主，农牧林相结合，大办工业，发展多种经济；牧区以苏木为单位建立公社，比较适宜。在第三个五年计划时期，1966年1月1日，内蒙古自治区人民委员会提出，1966年内蒙古要抓好几件大事：大学毛主席著作，掀起学习毛主席著作的高潮；很好地总结自治区成立以来的经验，提高认识水平；认真贯彻农牧林结合、多种经营、因地制宜、各有重点的农牧业生产方针，以及以水为主的各项措施，促进内蒙古自治区农牧业大发展。尽管提出要坚定执行"以牧为主、农牧结合、多种经营"的方针，并采取了调整发展速度等具体措施；尽管制定了合理的发展战略，但是受"左"的错误思想影响，在"大跃进"和"十年动乱"时期，内蒙古与全国一样，在1958年开始了"大跃进"，制定了以速度为中心、以赶超为目标的冒进战略。提出"苦干三年基本改变面貌"的目标，并在战略措施上片面强调以钢为纲、以粮为纲，导致了经济发展比例严重失调。从1966年开始，内蒙古进入"文化大革命"的动乱时期，并且成为全国的"重灾区"，过去一系列发展经济的正确方针和政策遭到否定，代之以一系列无视民族和地区特点的"左"的方针和政策，这严重阻碍了经济建设的顺利进行。

（二）改革开放后的内蒙古发展战略

1. 第五个五年计划时期（1976～1980年）

1978年8月28日，内蒙古自治区党委《关于当前农村牧区若干经济政策问题的规定（试行草案）》指出，牧区（包括农区、半农半牧区的纯牧业社队）坚决执行"以牧为主，围绕畜牧业生产，发展多种经济"的方针；半农半牧区要贯彻"农牧并举，全面发展"的方针；农区要贯彻"以养猪为中心，全面发展畜牧业"的方针；在农村牧区都要建立生产责任制。1979年11月14日，在内蒙古畜牧业工作会议上，内蒙古自治区党委第一书记周惠在讲话中强调了实行"以牧为主，农牧林结合，因地制宜，各有侧重，多种经营，全面发展"的25字方针的必要性和重要意义。24日，会议作出了《关于发展畜牧业方针政策问题的几项规定》，提出牧业实行"以牧为主，围绕畜牧业生产，发展多种经营"的方针，逐步做到畜牧业与种植业相结合，农林牧副业及畜产品加工业全面发展；半农半牧区实行"以牧为主，农牧林结合，因地制宜，全面发展"的方针；农区实行"以农为主，农牧林结合，多种经营，全面发展"的方针；山区、林区、城市郊区分别实行"以林牧为主""以林为主""以副食为主"的方针。

2. 第六个五年计划时期（1981～1985年）

根据国家第六个五年计划的要求，结合内蒙古实际，内蒙古自治区国民经济和社会发展第六个五年计划总的指导思想是：继续坚定不移地贯彻执行"调整、改革、整顿、提高"和"林牧为主、多种经营"的方针，把全部经济工作切实转到以提高经济效益为中心的轨道上来，集中力量搞好经济结构的调整和现有企业的整顿，有计划有重点地逐步开展技术改造，加强基础设施，加快教育、科学事业的发展，为全面实现国家"六五"计划做出贡献，为自治区到21世纪末实现超过"翻两番"的奋斗目标奠定良好的基础。1982年7月，内蒙古自治区党委发出通知，要求各盟市在贯彻"林牧为主，多种经营"的生产建设方针下，有计划地抓紧粮食生产。要有重点地抓住几个有条件的地区，搞出规划，把内蒙古自治区逐步建成林、牧、副、渔多种经营，全面发展的粮食生产基地。

3. 第七个五年计划时期（1986～1990年）

内蒙古自治区国民经济和社会发展第七个五年计划的指导思想是，坚持团结、建设的方针，继续深入改革，对内搞活经济，对外实行开放，立足现有基础，突出建设重点，大力推进科技进步，不断提高经济效益，充分发挥资源优势，进行综合开发利用，实现并力争提前实现"两个翻番"的任务。在总体设想上，要抓根本，打基础，突破"短线"，发挥优势，理顺关系，搞活全局。发展重点是农牧业、交通、能源、原材料和科技教育。1986 年 8 月，为了进一步贯彻落实"林牧为主、多种经营"的战略方针，内蒙古自治区党委提出了"念草木经、兴畜牧业"的战略措施。畜牧业是内蒙古国民经济的基础，是经济最大的优势和特点。抓住畜牧业，就抓住了内蒙古经济的根本，强调各地区、各行业都要围绕发展畜牧业做文章。1987 年，在内蒙古自治区四届五次全委扩大会议上，根据发展环境的新变化，内蒙古及时完善了经济建设的战略方针，强调必须从各地区实际出发，宜农则农，宜牧则牧，宜林则林，宜工则工，使农牧林工协调发展，切忌"一刀切"。会议还根据党的十三大提出的"三步走"战略部署，确立了到 20 世纪末内蒙古的战略目标、重点和步骤。在战略目标上，提出在 20 世纪末国民生产总值比 1980 年翻两番，人民生活达到小康水平，使内蒙古的经济发展登上一个新台阶。战略重点是进一步加强能源、交通、通信和原材料等基础工业和毛纺织工业；突出抓好农业，大力发展乡镇企业和第三产业；加快发展科技和教育。在此基础上，这次会议又提出了"近期三项奋斗目标"，即争取在 1995 年以前，实现人均 GNP 达到全国中等以上水平，粮食基本自给和财政基本自立。

4. 第八个五年计划时期（1991～1995 年）

内蒙古自治区国民经济和社会发展十年规划和第八个五年计划的基本指导思想是：以党的十三届七中全会和自治区党委五届三次全委（扩大）会议精神为行动纲领，继续坚持"团结建设、改革开放"的方针，紧紧依靠全区各族人民，同心同德，艰苦创业，确保第二步战略目标的实现。在内蒙古广大干部群众为实现三项近期奋斗目标而努力奋斗的过程中，党中央、国务院在实施沿海发展战略之后又作出了扩大沿边对外开放的战略决策。在这种形势下，1992 年，在自治区党委五届五次全委扩大会议上，按照"以开放驱动全局"的思路，提出了"两带一区"沿边发展战略，其基本内容是：边境 18 个旗市和呼盟全境，以满洲里、二连浩特及若干边境贸易点为通道和窗口，尽快形成沿边开放带；铁路干线周围选择呼和浩特、包头、乌海、赤峰、通辽、集宁等一批重点城市，建设出口加工生产基地，兴办高科技和经济技术开发区、广泛吸引国内外资金、技术和人才，逐步形成沿线经济技术开发带；在资源富集地区，加速资源开发和转换，形成若干个各具特色的资源开发区。建设好"两带一区"，形成"前沿突破、腹地开发、大开大联、带动全局"的总体格局。1995 年 8 月，自治区党委六届二次全委会正式提出了加快经济发展的"五大战略"，即资源转换、开放带动、科教兴区、人才开发和名牌推进。"五大战略"是在总结多年来内蒙古经济发展的经验教训，根据全国发展大局和内蒙古实际，广泛征求各方面意见并反复论证的基础上提出的，是对内蒙古经济发展战略的大胆探索，是实现两个转变、两个提高和完成两个历史性任务的战略举措。其中，"两个转变"即经济体制转变和经济增长方式的转变；"两个提高"即提高财政收入水平和城乡人民生活水平；"两大历史性任务"即基本实现小康和初步建立起社会主义市场经济体制。

5. 第九个五年计划时期（1996~2000 年）

根据党的十四届五中全会和内蒙古自治区第六次党代会精神，"九五"计划期间，内蒙古经济社会发展的指导思想是，坚持邓小平同志建设有中国特色社会主义理论和党的基本路线，坚持"抓住机遇、深化改革、扩大开放，促进发展、保持稳定"的基本方针，正确处理改革、发展、稳定的关系，紧紧抓住经济体制和经济增长方式转变这一关键，全面实施资源转换、开放带动、科教兴区、人才开发和名牌推进五大战略措施，切实抓好调整结构、提高效益、开拓市场三个重要环节，促进全区综合经济实力、可持续发展能力和国民素质的全面提高。

根据上述指导思想，内蒙古"九五"计划期间经济社会发展的总体目标是基本实现小康和初步建立起社会主义市场经济体制。围绕这一总体目标，要努力实现两个提高，即提高财政收入水平，提高城乡人民生活水平。主要目标是：保持国民经济持续、快速、健康发展，按 1995 年价格水平计算，2000 年国内生产总值达到 1320 亿元，年递增 10%；三次产业结构由 29∶39∶32 调整到 22∶43∶35；到 1997 年内蒙古自治区成立 50 周年时实现人均国民生产总值比 1980 年翻两番。不断提高经济运行的质量和效益；促进社会事业全面发展，到 2000 年，人口总量控制在 2452 万人以内；大力发展外向型经济；保持固定资产投资的适度增长；财政总收入年增长率确保在 11% 以上，2000 年达到 126 亿元以上；城乡人民生活水平基本达到小康，按 1990 年价格水平计算，城镇居民人均生活费收入达到2100元（相当于1995年价格的3964元），农牧民人均纯收入达到1050元（相当于1995年价格的1802元），基本解决农村牧区250万贫困人口的温饱问题；促进市场繁荣，抑制通货膨胀。

6. 第十个五年计划时期（2001~2005年）

"十五"计划期间，内蒙古经济社会发展的总体要求是：以邓小平理论为指导，认真贯彻"三个代表"重要思想，坚持发展是硬道理，抓住国家实施西部大开发的历史机遇，继续以提高城乡人民生活水平和财政收入水平总揽经济工作全局；深化改革，扩大开放；全面进行结构调整，加强以生态环境、水利、交通为重点的基础设施建设，强化农牧业的基础地位，加快工业化、信息化、城镇化进程；大力实施科教兴区战略和可持续发展战略，坚持依法治区，加强社会主义精神文明和民主法制建设，促进国民经济以高于全国平均水平的速度发展和社会全面进步，为实现到2010年人均国内生产总值达到全国平均水平的目标奠定坚实基础。

经济社会发展的主要奋斗目标是：国内生产总值年均增长9%，到2005年按2000年价格计算达到2150亿元，人均国内生产总值达到8650元。第一产业年均增长4%，第二产业年均增长10%，第三产业年均增长12%，到2005年三次产业结构调整到20:41:39。全社会固定资产投资年均增长12%，社会商品零售总额年均增长11%，外贸出口年均增长11%以上。财政收入年均增长10%，到2005年达到250亿元。城镇居民人均可支配收入年均增长7%左右，农牧民人均可支配收入年均增长6%左右；到2005年城镇居民人均住房建筑面积达到22平方米，农牧民住宅砖木混结构比重力争达到80%。全社会研究与开发经费占国内生产总值的比重达到1.5%以上，普及九年制义务教育的人口覆盖率以旗县为单位达到85%，初中毕业生升学率达到75%，适龄人口高等教育毛入学率达到14%。人口自然增长率控制在10‰以内，到2005年总人口控制在2500万人以内，城镇登记失业率控制在5%以内。生态环境，森林覆盖率达到17%以上。

7. 第十一个五年规划时期（2006~2010年）

"十一五"规划时期内蒙古经济社会发展的总体要求是：以邓小平理论和"三个代表"重要思想为指导，以科学发展观统领经济社会发展全局，继续深化改革，扩大开放，深入实施科教兴区和人才强区战略，调整经济结构，转变增长方式，推进社会主义新农村新牧区建设，加速农牧业产业化、新型工业化和城镇化进程，强化生态和基础设施建设，构筑我国重要的能源重化工业基地、绿色农畜产品生产加工基地和北方生态屏障。坚持以人为本，全面发展社会事业，努力建设和谐内蒙古。力争经济总量进入全国中等行列，城乡居民收入达到全国平均水平。

"十一五"时期内蒙古经济社会发展的主要目标是：经济持续快速健康发展，在优化结构、提高效益和降低消耗的基础上，生产总值年均增长13%以上，人均生产总值按2005年价格计算达到29500元；财政总收入年均增长15%，固定资产投资年均增长18%，社会消费品零售总额年均增长16%。就业机制较为完善，城镇登记失业率控制在4.5%以内。产业结构优化升级，产业、产品和企业组织结构更趋合理，产业集中度有效提高；自主创新能力增强，全社会研究与开发经费占生产总值比重达到1.5%，形成一批拥有自主知识产权和知名品牌、市场竞争力较强的优势企业。资源开发利用效率明显提高，万元生产总值能源消耗比"十五"期末降低25%，按可比价计算下降到1.6吨标准煤以下，农牧业灌溉用水有效利用率力争达到45%，工业固体废弃物综合利用率达到50%。城乡区域发展基本协调，社会主义新农村新牧区建设取得明显成效；城镇化率达到55%左右；各具特色和优势的区域发展格局基本形成，城乡、区域间公共服务和生活水平差距扩大的趋势得到遏制。基本公共服务比较健全，教育事业得到优先发展，"普九"人口覆盖率以旗县为单位达到100%；覆盖城乡的社会保障体系初步建立，新型农村牧区合作医疗制度覆盖80%以上的农村牧区人口；贫困人口继续减少，农村牧区贫困人口发生率控制在5%以下；防灾减灾能力增强，社会治安和安全生产状况进一步好转。可持续发展能力增强，人口自然增长率控制在7‰以内，总人口控制在2480万人以内；耕地面积保持在667万公顷，全区生态环境实现稳定遏制，重点治理区域全面好转，草原植被覆盖度和质量显著提高，森林覆盖率达到20%以上；主要城市空气质量达到国家二级标准的天数年平均大于280天，水环境质量达到水功能区划要求，"三废"处理率力争达到全国平均水平。市场经济体制比较完善，国有企业、行政管理、财税、投资、科技、教育、文化、卫生、社会保障和市政公用等领域的改革和制度建设取得突破，消除城镇化发展的体制性障碍取得进展。对外开放水平进一步提高，对外开放和对内开放更加协调，开放型经济达到新水平；外贸进出口总额达到 110 亿美元，年均增长 16% 以上；引进国内资金达到 2500 亿元左右，吸收外商直接投资达到 18 亿美元。人民生活水平继续提高，城镇居民人均可支配收入年均实际增长 10%，达到 14700 元；农牧民人均纯收入年均实际增长 8%，达到 4400 元；人均期望寿命达到 72 岁以上；城市人均住宅建筑面积达到 25 平方米，农牧民钢砖混结构住房比重达到 80%；民主法制和精神文明建设取得新进展。

8. 第十二个五年规划时期（2011~2015 年）

"十二五"规划时期内蒙古经济社会发展战略是：高举中国特色社会主义伟大旗帜，以邓小平理论和"三个代表"重要思想为指导，深入贯彻落实科学发展观，以科学发展为主题，以加快转变经济发展方式为主线，坚持走富民强区之路，推进经济结构战略性调整，提高科技创新能力，着力保障和改善民生，建设环境友好型和资源节约型社会，深化改革开放，加快工业化、城镇化和农牧业现代化进程，促进经济长期平稳较快发展和社会和谐稳定，为全面建成小康社会奠定坚实基础。

"十二五"时期的主要发展目标：国民经济长期平稳较快发展，经济发展的综合水平、经济增长的质量和效益明显提高，地区生产总值年均增长 12% 以上，社会消费品零售总额年均增长 18%。城乡居民收入普遍较快增加，城镇居民人均可支配收入和农牧民人均纯收入年均增长 12%，城乡居民收入达到全国平均水平；中等收入者比重不断扩大，低收入者收入明显增加，农村牧区贫困人口大幅度减少，人民生活质量不断提高。产业结构优化升级，现代农牧业进一步发展，多元化工业体系基本形成，产业层次明显提升，非资源型产业比重显著提高，服务业发展全面加快，力争服务业增加值占地区生产总值比重和服务业就业占全社会就业人员比重均提高到 40% 左右；研究与试验发展（R&D）经费支出占地区生产总值比重达到 1.5%，每万人口发明专利授权数达到 1.5 件，自主创新能力明显增强。城乡区域协调发展，城镇化进程稳步推进，城镇化率达到 60%；新农村新牧区建设明显加快，城乡发展差距扩大趋势得到遏制；东西互动、各具特色的区域经济发展格局初步形成，地区发展差距逐步缩小。基础设施进一步完善，城乡基础设施条件明显改善，现代化综合交通运输体系基本形成，电力外送能力显著增强，水利和信息基础设施建设进一步加强，总体上满足经济社会发展需要。可持续发展能力增强，总人口控制在 2520 万人以内；资源利用效率显著提高，接近全国平均水平；单位地区生产总值能源消耗降低

15%，单位地区生产总值二氧化碳、化学需氧量、二氧化硫、氨氮、氮氧化物排放达到国家对内蒙古自治区的要求，单位工业增加值用水量下降10%，农业灌溉用水有效利用系数提高到0.52，非化石能源占一次能源消费总量比重达到5%；生态环境质量持续好转，森林覆盖率提高到22%，活立木蓄积量达到14亿立方米以上；耕地保有量保持在1.05亿亩。社会建设显著加强，覆盖城乡居民的基本公共服务达到全国平均水平；城镇新增就业人数平均每年超过25万人，城镇登记失业率控制在4.2%以内；城镇参加基本养老保险人数达到500万人以上，城乡三项医疗保险参保率达到95%，建设城镇保障性安居工程住房110万套；九年义务教育巩固率达到93%，高中阶段毛入学率达到90%以上，新增劳动力平均受教育年限提高到13.3年；基本公共文化服务体系覆盖城乡。改革开放取得重大进展，重点领域和关键环节改革取得积极进展，政府职能加快转变，政府公信力和行政效率逐步提高；对内对外开放领域和空间进一步扩大，全方位开放格局基本形成。民主法治和精神文明建设水平显著提高，法制建设全面推进，思想道德建设不断加强，社会稳定、民族团结、边疆安宁的局面进一步巩固。

9. 第十三个五年规划时期（2016~2020年）

"十三五"规划时期内蒙古经济社会发展战略是：高举中国特色社会主义伟大旗帜，全面贯彻党的十八大和十八届三中、四中、五中全会精神，以马克思列宁主义、毛泽东思想、邓小平理论、"三个代表"重要思想、科学发展观为指导，深入贯彻习近平总书记系列重要讲话和考察内蒙古重要讲话精神，深入贯彻自治区党委九届十一次、十二次、十三次、十四次全委会议精神和重大决策部署，坚持全面建成小康社会、全面深化改革、全面依法治国、全面从严治党的战略布局，坚持发展是第一要务，坚持创新、协调、绿色、开放、共享发展理念，以提高发展质量和效益为中心，加强供给侧结构性改革，加快形成引领经济发展新常态的体制机制和发展方式，坚持稳中求进，统筹推进经济建设、政治建设、文化建设、社会建设、生态文明建设，加快"五大基地""两个屏障""一堡一带"建设步伐，走新型工业化、信息化、城镇化、农牧业现代化"四化"同步发展之路，确保如期全面建成小康社会，把经济发展、民族团结、文化繁荣、边疆安宁、生态文明、各族人民幸福生活的祖国北疆风景线打造得更加亮丽。实现"十三五"时期发展目标，必须从内蒙古经济社会发展实际出发，顺应形势任务发展变化，把握经济发展新常态下的新情况新特点，尊重规律、与时俱进，牢固树立、切实贯彻创新发展、协调发展、绿色发展、开放发展、共享发展的新理念。按照到 2020 年全面建成小康社会宏伟目标要求，力争提前实现地区生产总值和城乡居民收入比 2010 年翻一番。

二、发展定位

定位决定地位，定位决定成败。发展定位是发展思路的核心与关键。定位准了，事半功倍；定位不准，事倍功半。按照习近平总书记"有宽广的世界眼光，有大局意识"要求，自觉把内蒙古的发展放在全国大局中思考和谋划，自治区初步确立了发展定位，使内蒙古服务全国发展大局和发挥自身比较优势的结合点更加准确，今后发展的战略重点和前进方向更为清晰。

1. "六大基地"的产业定位

即把内蒙古建成国家重要能源基地、新型化工基地、有色金属生产加工基地、绿色农畜产品生产加工输出基地、战略性新兴产业基地和国内外知名旅游目的地[1]。"六大基地"的产业定位，是对内蒙古区情更全面、更客观的反映，明确了内蒙古自治区产业发展的重点和主攻方向。内蒙古要围绕"六大基地"的产业定位，进一步做大做强优势特色产业，大力发展新兴产业，加快发展现代服务业，构建多元发展、多极支撑的现代产业体系，并为保障国家粮食安全和能源安全做出贡献[2]。

2. "两个屏障"的功能定位

即把内蒙古建成我国北方重要的生态安全屏障和祖国北疆安全稳定屏障。内蒙古要围绕建设"两个屏障"的功能定位，加强生态文明建设，深入推进平安内蒙古、法治内蒙古建设，巩固和发展民族团结大局，为维护国家生态安全和政治安全做出贡献[3]。

3. "一个桥头堡"的开放定位

即把内蒙古建成我国向北开放的重要桥头堡和充满活力的沿边经济带。内

---

① 内蒙古新闻网. 中国共产党内蒙古自治区第十次代表大会报告（全文）［EB/OL］. http：//com-mend. nmgnews. com. cn/system/2016/12/01/012203858. shtml，2016 – 12 – 01/2019 – 08 – 26.

② 人民网. 内蒙古自治区党委关于制定国民经济和社会发展第十三个五年规划的建议［EB/OL］. http：//leaders. people. com. cn/n/2015/1203/c400473 – 27886751. html，2015 – 12 – 03/2019 – 08 – 26.

③ 以习近平总书记考察内蒙古重要讲话精神为指导丰富"8337"发展思路的内涵和要求 在更高起点上谋划和推动自治区发展［J］. 实践（党的教育版），2014（6）：14.

蒙古要围绕建设"一个桥头堡"的开放定位，充分发挥外接俄蒙、内联八省区的空间区位优势和产业优势，深度融入国家"一带一路"建设、京津冀协同发展、长江经济带建设等战略，抢抓国家深入实施西部大开发战略和东北振兴战略历史性机遇，提高开放型经济水平，加快形成"北上南下、东进西出、内外联动、八面来风"的对外开放新格局，为国家经略周边和扩大开放做出贡献。

三、发展目标

以习近平同志为核心的党中央，始终对内蒙古各族人民亲切关怀，对自治区的发展寄予殷切的希望，要求内蒙古"守望相助""把祖国北部边疆这道风景线打造得更加亮丽""继续在民族地区全面建成小康社会进程中走在前列""建设亮丽内蒙古 共圆伟大中国梦"。近年来，内蒙古自治区党委深入贯彻落实党的十九大精神和以习近平同志为核心的党中央对内蒙古的期望要求，提出了新时代决胜全面建成小康社会、开启建设现代化内蒙古新征程的奋斗目标。

1. 到 2020 年与全国同步全面建成小康社会

（1）综合经济实力实现新跨越。发展的平衡性、协调性、可持续性不断提高。地区生产总值年均增长 7.5% 左右，全社会固定资产投资年均增长 10% 左右，一般公共预算收入年均增长 7% 左右，社会消费品零售总额年均增长 10% 左右，城乡居民人均可支配收入年均分别增长 8% 和 9% 左右，综合经济实力和人民生活水平同步提升，人均地区生产总值达到 1.6 万美元左右，主要经济指标保持在西部前列。如表 11 - 1 所示。

表 11 - 1 2020 年内蒙古全面建成小康社会的发展目标

序号	类别	指标	2020 年	2016~2020 年均增长（%）	属性
1	综合经济	地区生产总值（万亿元）	2.6 左右	7.5 左右	预期性
2		全要劳动生产率（万元/人）	14	3.1	预期性
3		服务业增加值占地区生产总值比重（%）	45	累计提高5个百分点	预期性
4		固定资产投资（亿元）	22260	10 左右	预期性
5		社会消费品零售总额（亿元）	9840	10 左右	预期性
6		一般公共预算收入（亿元）	2750	7 左右	预期性

续表

序号	类别	指标		2020年	2016~2020年均增长（%）	属性
7	创新发展	战略性新兴产业增加值占地区生产总值比重（%）		>10	累计提高4.4个百分点以上	预期性
8		科技进步贡献率（%）		55	累计提高13个百分点	预期性
9		每万人口发明专利拥有量（件）		3	19.7	预期性
10		互联网普及率（%）		95	累计提高8个百分点	预期性
11		城镇化率	常住人口城镇化率（%）	65	累计提高4.7个百分点	预期性
			户籍人口城镇化率（%）	50	累计提高7个百分点	预期性
12		文化产业增加值占地区生产总值比重（%）		4左右	累计提高1.6个百分点左右	预期性
13	绿色发展	单位地区生产总值用水量下降（%）		—	累计降低25%	约束性
14		新增建设用地规模（万亩）		—		约束性
15		耕地保有量（亿亩）		—		约束性
16		单位地区生产总值能源消耗降低（%）		—	达到国家要求	约束性
17		非化石能源占一次能源消费比重（%）		—		约束性
18		单位地区生产总值二氧化碳排放降低（%）		—		约束性
19		主要污染物排放减少(%)	化学需氧量	—	达到国家要求	约束性
			二氧化硫	—		约束性
			氨氮	—		约束性
			氮氧化物	—		约束性
20		森林增长	森林覆盖率（%）	23	累计提高1.97个百分点	约束性
			活立木蓄积量（亿立方米）	16	1.5	约束性
21		空气质量	地级及以上城市细颗粒物（PM2.5）浓度下降（%）	—	达到国家要求	约束性
			地级及以上城市空气质量优良天数比率（%）	—		约束性
22		地表水质量	达到或好于Ⅲ类水体比例（%）	—	达到国家要求	约束性
			劣Ⅴ类水样比例（%）	—		约束性

续表

序号	类别	指标	2020 年	2016～2020 年均增长（％）	属性
23	开放发展	外贸进出口总额（亿美元）	190 左右	8 左右	预期性
24		实际利用外资总额（亿美元）	45	2.4	预期性
25	共享发展	城镇常住居民人均可支配收入（元）	44950	8 左右	预期性
26		农村牧区常住居民人均可支配收入（元）	16580	9 左右	预期性
27		劳动年龄人口平均受教育年限（年）	10.8	累计提高 0.7 年	约束性
28		农村牧区贫困人口脱贫（万人）	—	累计脱贫 80.3 万人	约束性
29		基本养老保险参保人数（万人）	1350	累计增加 52 万人	预期性
30		城镇棚户区住房改造（万套）	—	达到国家要求	约束性
31		城镇新增就业人数（万人）	—	累计新增 125 万人	预期性
32		农村牧区饮水安全集中供水普及率（％）	80	累计提高 6 个百分点	约束性
33		每千常住人口卫生机构床位数（张）	6	3.1	约束性
34		人均预期寿命（岁）	76 左右	累计提高 1.17 岁	预期性

（2）经济发展方式实现新转变。现代农牧业加快推进，工业转型升级取得新突破，服务业和战略性新兴产业比重明显上升，服务业增加值占地区生产总值比重达到45%左右，战略性新兴产业增加值占地区生产总值比重达到10%以上，产业发展迈向中高端水平[1]。城镇化质量提高，户籍人口城镇化率年均提高1.4 个百分点左右，新农村新牧区建设成效显著，城乡基本公共服务差距明显缩小，构建"一核多中心、一带多轴线"的新型城镇体系，城乡协调发展格局基本形成。要素结构优化，科技对经济增长的贡献率提高到55%，信息化水平显著提升，构建富有特色、具有优势的区域创新体系，创新驱动发展格局初步形成。生产力布局进一步优化，呼包鄂协同发展战略深入实施，乌海及周边地区一体化发展水平明显提高，东部地区加快发展，县域经济实力持续壮大，区域发展协调性不断增强[2]。基础设施体系更加完善，构建适应发展、适度超前的基础设施网络体系，形成优势突出、结构合理、创新驱动、区域协调、城乡一体

---

[1][2]内蒙古自治区国民经济和社会发展第十三个五年规划纲要［N］．内蒙古日报（汉），2016 - 03 - 08.

的发展新格局。

（3）人民生活水平实现新提高。国家现行标准下农村牧区80.3万贫困人口实现脱贫，贫困旗县全部摘帽，解决区域性整体贫困。就业比较充分，城镇新增就业人数平均每年达到25万人。城乡居民收入差距预计缩小到2.7∶1，中等收入人口比重明显上升。消费能力和消费层次显著提高。覆盖城乡、趋于均等的就业、教育、文化、体育、社保、医疗、住房等公共服务体系更加健全，基本公共服务均等化水平稳步提高，教育现代化取得重要进展，劳动年龄人口平均受教育年限明显提高。城乡居民收入和基本公共服务达到全国平均水平。人均预期寿命达到76岁左右[1]。

（4）文明和谐水平实现新提升。"中国梦"和社会主义核心价值观更加深入人心，爱国主义、集体主义、社会主义思想广泛弘扬，向上向善、诚信互助的社会风尚更加浓厚，人民思想道德素质、科学文化素质、健康素质和社会文明程度显著提高，全社会法治意识不断增强。民族文化强区建设取得突破，公共文化服务体系基本建成，推动文化产业逐步成为国民经济支柱性产业，到2020年文化产业增加值占地区生产总值比重达到4%左右。民族团结进步事业蓬勃发展，平安内蒙古建设不断深入，祖国北疆安全稳定屏障更加牢固[2]。

（5）生态环境质量实现新改善。生产方式和生活方式绿色、低碳水平上升。生态环境持续好转。森林覆盖率提高到23%，草原植被覆盖度提高到46%，主要生态系统步入良性循环。能源资源开发利用效率大幅提高，能源消费总量和强度、水资源消耗总量和强度、建设用地总量和强度、碳排放强度、主要污染物排放总量达到国家要求，城乡人居环境进一步优化，主要生态系统步入良性循环，实现天更蓝、水更清、山更绿，生产方式、生活方式更加绿色低碳，生态文明建设进入全国前列，我国北方重要生态安全屏障更加牢固[3]。

（6）深化改革开放实现新突破。政府和市场的关系进一步理顺，市场化程度提高，重要领域和关键环节改革取得决定性成果，各方面体制机制更加健全完善。鼓励创新的体制机制逐步完善，产权得到有效保护。非公有制经济快速发展，各类市场主体活力增强。开放型经济新体制基本形成，向北开放桥头堡

---

①②③内蒙古自治区国民经济和社会发展第十三个五年规划纲要［N］. 内蒙古日报（汉），2016 – 03 – 08.

建设取得突破性进展，对内对外开放层次和水平明显提高。外贸进出口总额达到 190 亿美元左右，实际利用外资总额达到 45 亿美元，在更大范围和更广领域融入全国、走向世界，形成充满活力的全方位开放新局面。民主制度更加完善，民主形式更加丰富，协商民主扎实发展，各族人民民主权利得到充分保障。依法治区深入推进，法治政府基本建成，司法公信力明显提高，民主法治建设实现新进步[①]。总之，经过未来五年的不懈努力，到建党 100 周年时，与全国同步建成经济更加发展、民主更加健全、科教更加进步、文化更加繁荣、社会更加和谐、人民生活更加殷实的全面小康社会。

2. 到 2035 年基本实现社会主义现代化

到 2035 年，基本实现社会主义现代化，经济实力、科技实力大幅跃升，发展质量和效益显著提升，民主法治更加健全，社会文明程度显著提高，人民生活更为宽裕，社会充满活力又和谐有序，生态环境更加优美，美丽内蒙古建设目标基本实现，祖国北部边疆这道风景线更加亮丽。

3. 到 21 世纪中叶全面实现现代化

到 21 世纪中叶，全面实现现代化，建成拥有高度的物质文明、政治文明、精神文明、社会文明、生态文明的现代化内蒙古，与全国各族人民一道共圆中华民族伟大复兴的中国梦。

第二节　发展措施与保障

从党的十九大到党的二十大，是"两个一百年"奋斗目标的历史交汇期。要按照党的十九大的战略部署，全面推进"五位一体"总体布局，协调推进"四个全面"战略布局，坚持深化区情认识，完善发展思路，始终把发展作为解决内蒙古一切问题的基础和关键，紧扣我国社会主要矛盾变化，按照高质量发展根本要求，坚定不移地贯彻创新、协调、绿色、开放、共享的发展理念，推动新型工业化、信息化、城镇化、农牧业现代化同步发展，加快建设现代化经

---

① 内蒙古新闻网 . 中国共产党内蒙古自治区第十次代表大会报告（全文）［EB/OL］. http：//commend. nmgnews. com. cn/system/2016/12/01/012203858. shtml，2016－12－01/2019－08－26.

济体系，决胜全面建成小康社会，开启全面建设现代化内蒙古新征程。

一、推动经济持续健康发展，壮大地区综合经济实力

当前和今后，发展仍然是内蒙古解决所有问题的关键。针对新时代经济发展新常态特征更加明显的实际，要努力扩大需求总量，着力改善供给结构，促进经济稳中有进、进中向好①。

1. 努力释放有效需求

立足扩大内需战略基点，通过发挥投资关键作用、消费基础作用、促进优进优出等，加快形成投资、消费、出口对经济增长的协调拉动格局，增强经济增长的内生动力。

（1）发挥投资关键性作用。通过投资有力支撑经济增长、促进转型升级。把握国家投资政策导向，挖掘新常态下新的投资领域和投资需求，多方争取国家投资，充分激发民间投资，推进投资主体多元化，确保投资规模稳定增长。优化投资结构，加大基础设施、现代产业、公共产品、公共服务等领域投资力度，着力补短板、强基础、调结构、增后劲，提高投资的质量和效益。深化投融资体制改革，创新投融资方式，发挥财政资金的杠杆作用，带动更多社会资本参与投资。

（2）发挥消费基础性作用。加大消费供给改革和结构性调整力度，积极发现和满足群众消费升级需要，以体制机制创新激发新活力，以消费环境改善和市场秩序规范释放新空间，以扩大有效供给和品质提升满足新需求，以创新驱动产品升级和产业发展，推动消费和投资良性互动、产业升级和消费升级协同共进、创新驱动和经济转型有效对接，构建消费升级、有效投资、创新驱动、经济转型有机结合的发展路径，为经济提质增效升级提供更持久、更强劲的动力。深度释放服务消费、信息消费、绿色消费、健康消费和农村牧区消费潜力，努力扩大个性化、中高端消费需求②。

（3）发挥出口促进作用。提升对外投资和扩大出口结合度，培育以技术、

---

① 内蒙古新闻网. 中国共产党内蒙古自治区第十次代表大会报告（全文）［EB/OL］. http：//commend. nmgnews. com. cn/system/2016/12/01/012203858. shtml，2016 – 12 – 01/2019 – 08 – 26.

② 内蒙古自治区国民经济和社会发展第十三个五年规划纲要［N］. 内蒙古日报（汉），2016 – 03 – 08.

标准、品牌、质量、服务为核心的对外经济新优势。提升劳动和资源密集型产品附加值，稳定纺织服装、机电冶金、有机绿色农畜产品等传统优势产品出口，促进文化艺术、蒙医药中医药、软件信息、数据处理等服务出口。实施优进优出战略，支持企业"走出去"开展工程承包和劳务合作，建立境外资源开发加工基地，带动设备、材料、技术、产品和服务出口，营造资本和技术密集型产业新优势，提高内蒙古优势特色产业在全球价值链中的地位①。

2. 提高发展保障能力

基础设施滞后是内蒙古现代化建设中的突出短板之一，要继续把加强基础设施网络建设摆在经济社会发展的优先位置，科学编制规划，打好攻坚会战，加快构建铁路网、公路网、航空网、市政网、水利网、能源网、信息通信网七大网络体系。建成呼和浩特至北京、赤峰和通辽至京沈高速铁路，加快推进包银、包西、巴银、锡张、齐海满等快速铁路和城际铁路建设，推进高等级公路和农村牧区公路、旅游公路、口岸公路、边防公路建设，推进呼和浩特新机场等重点机场迁改扩建和支线机场、通用机场建设，努力实现所有旗县通高速公路、重点城市通高铁、合理半径有机场，通过时空变革创造经济发展新优势。加强城市地下管网和轨道交通等市政基础设施建设，提高城市综合承载和公共服务能力。围绕国家大气污染防治行动计划和"保障首都、服务华北、面向全国"的战略定位与市场定位，加快建设蒙西、蒙东至华北、华中（华东）地区的外送电通道和油气管道，全力打造"立体、高效、安全、便捷"的清洁能源外输通道布局。按照"适度超前"原则，深化区内电网、管网体制改革，积极探索实施配售电改革专项试点，推进投资主体多元化，构建合理、安全、智能、协调的现代电网和油气管网②。坚持"节水优先、空间均衡、系统治理、两手发力"的新时期治水思路，集中力量建设一批关系全局、具有较强辐射带动作用的重大水利工程，大力开展农田水利基本建设，巩固提升农村牧区饮水安全工程，着力提高水旱灾害综合防御能力，为促进经济长期平稳较快发展和全面建

---

① 内蒙古自治区国民经济和社会发展第十三个五年规划纲要［N］. 内蒙古日报（汉），2016 - 03 - 08.

② 内蒙古新闻网. 中国共产党内蒙古自治区第十次代表大会报告（全文）［EB/OL］. http：//commend. nmgnews. com. cn/system/2016/12/01/012203858. shtml，2016 - 12 - 01/2019 - 08 - 26.

成小康社会提供坚实的水利保障①。顺应信息化和互联网发展趋势，抓住内蒙古列入国家大数据综合试验区的难得机遇，加快推进新一代信息基础设施建设，强化信息资源综合开发利用，全力打造我国北方大数据中心和云计算基地。

3. 提升供给体系质量和水平

深化供给侧结构性改革，把发展经济的着力点放在实体经济上，把提高供给体系质量作为主攻方向，推动经济发展质量变革、效率变革、动力变革。巩固和发展农牧业基础地位，推动内蒙古由农牧业大区向农牧业强区转变；坚持走新型工业化道路，构建现代工业新体系；实施服务业发展行动计划，推动服务业发展提速、比重提高、水平提升。

（1）巩固和发展农牧业基础地位。深化农牧业供给侧结构性改革，建立健全"三农三牧"投入稳定增长机制，以绿色、品牌、诚信、优质、安全为核心，有效提升农牧业规模化、产业化、标准化、机械化水平，推动粮经饲统筹、农林牧渔结合、种养加一体、一二三产业融合发展，着力构建现代农牧业的产业体系、生产体系和经营体系，推动内蒙古自治区由农牧业大区向农牧业强区转变。

（2）坚持走新型工业化道路。按照习近平总书记考察内蒙古时提出的"五个结合""五个融入"的重要要求，控制资源型产业单纯规模扩张，围绕清洁能源、现代煤化工、有色金属和现代装备制造、绿色农畜产品等生产加工输出基地建设，突出发展资源延伸加工产业，推进传统产业新型化、新兴产业规模化、支柱产业多元化，构建现代工业新体系②。把培育发展战略性新兴产业作为推动产业转型升级和补短板的主攻方向，坚持依靠特色资源优势和加快科技创新相结合，围绕重点领域组织实施重大工程和特色产业链培育计划，着力打造先进装备制造、新材料、生物、煤炭清洁高效利用、新能源、节能环保、电子信息等新兴产业集群，培育成为新的支柱产业③。

（3）实施服务业发展行动计划。把大力发展服务业作为扩内需、调结构、转方式的重要切入点，坚持"传统与现代并举、生产与生活并重"的基本思路，推进服务业向集群、特色、高端、品牌方向发展，构建与现代制造业相融合、

---

① ② ③内蒙古自治区国民经济和社会发展第十三个五年规划纲要［N］. 内蒙古日报（汉），2016 - 03 - 08.

与新型城镇化进程相协调、与现代农牧业相配套、与保障和改善民生相适应的服务业发展新格局，推动服务业发展提速、比重提高和水平提升。

4. 培育壮大市场主体

围绕培育壮大大型骨干企业，支持企业实施战略合作和兼并重组，形成若干具有较强核心竞争力和辐射带动力的大型企业集团。推动中小企业与大企业协作配套，走"专、精、特、新"道路，培育形成一批有活力、能创新、善协作、带动就业强的中小企业集群，形成大企业顶天立地、中小企业铺天盖地的发展格局。深化商事制度改革，强化创业政策扶持，打造创业创新平台，释放全社会创业创新红利。强化创业孵化服务，推广新型孵化模式，鼓励发展众创、众包、众扶、众筹空间。发挥财政资金杠杆作用，发展天使、创业、产业投资，形成多渠道、多元化资金投入方式。重视企业家队伍建设，培养创新型企业家①。

5. 加强经济运行调控和治理

改进政府调控治理经济方式，正确处理需求与供给、稳增长与调结构、打基础与谋长远的关系，增强调控治理的前瞻性、针对性和协同性。运用差别化产业政策、投资政策、财政政策，促进产业结构升级和发展方式转变。有效防控化解经济运行风险，坚决打好防范化解重大风险攻坚战，高度重视金融、地方债务、社会稳定、互联网管理、国家安全等领域的风险隐患，有效遏制增量风险，有序化解存量风险，健全应急处置机制，坚决守住不发生系统性风险的底线②。

二、推动创新发展，提高发展质量和效益

坚持把创新摆在发展全局的核心位置，把发展基点放在创新上，推动科技、要素、产业、产品、组织、管理、品牌、业态、商业模式全面创新，破除制约创新发展的体制机制障碍，发挥创新对拉动经济增长、推进结构优化、促进动力转换的乘数效应，形成以创新为主要引领和支撑的经济体系和发展模式③。

1. 实施创新驱动发展战略

坚持有所为、有所不为的原则，围绕产业链部署创新链，围绕创新链延伸

---

①②③人民网. 内蒙古自治区党委关于制定国民经济和社会发展第十三个五年规划的建议[EB/OL]. http://leaders.people.com.cn/n/2015/1203/c400473 – 27886751. html, 2015 – 12 – 03/2019 – 08 – 26.

产业链，组织实施一批重大科技项目，优先支持事关发展全局的基础研究和共性关键技术研究。根据产业发展方向和长远发展需求，部署一批重大技术攻关项目，集中优势资源，推动协同创新。优化创新要素和资源配置，发挥市场对技术研发方向、路线选择和创新资源配置的导向作用，提高原始创新、集成创新和引进消化吸收再创新能力。

2. 深化经济体制改革

以完善产权制度和要素市场化配置为重点，加快完善社会主义市场经济体制，使市场在资源配置中起决定性作用和更好地发挥政府作用，形成有利于创新发展的市场环境、产权制度、投融资体制，释放制度红利。以深化供给侧结构性改革为主线，按照企业主体、政府推动、市场引导、依法处置原则，着力加强宏观调控和市场监管，控制产能过剩行业单纯规模扩张，加大落后产能淘汰力度。因地制宜、分类有序推动煤炭、电力、化工、冶金、建材等行业纵向联合重组，推动企业开展优势产能合作，促进产能结构优化，带动产业转型升级。推动体制机制创新，完善产业、财税、价格、职工安置等配套政策体系，建立化解产能过剩矛盾长效机制。深入开展降低实体经济企业成本行动，以优势特色产业为重点，扶优汰劣，通过减税降费减轻一部分、金融机构分担一部分、深化改革消化一部分、企业挖潜压缩一部分，着力改善企业发展环境，优化运营模式，增强盈利能力，提高产业竞争力，增强经济持续稳定增长动力。提高棚户区改造货币化安置的比例，加大对农牧民进城购房政策支持力度，积极培育开拓商品房屋租赁市场，加快推进房地产用地的结构调整，鼓励支持房地产行业加快转型发展，有效化解房地产库存。瞄准国际国内标准和市场需求，从提高产品功效、性能、实用性、可靠性和外观设计水平入手，改造提升冶金、建材等传统产业，培育壮大装备制造、新材料、新能源汽车等新兴产业，全方位提高产品质量，更好地满足消费者个性化、时尚化、智能化的消费需求，不断提高有效供给水平。

3. 深化行政管理体制改革

推进行政管理体制改革，加快转变政府职能，建设法治政府、服务型政府。

（1）加快转变政府职能。持续推进简政放权、放管结合、优化服务，提高政府效能，激发市场活力和社会创造力。最大限度地减少政府对经济发展微观事务的管理，通过加强发展战略、规划、政策、标准等政府宏观调控措施的制定和实施，促进经济结构协调和生产力布局优化。大力推广政府购买服务，加快形成提供公共服务的新机制，凡属事务性管理服务，原则上都要向社会购买，逐步将行业管理、社会生活服务管理等职能转移给具备条件的企业和社会组织。围绕职能转变和理顺职责关系，统筹党政群机构改革。加快事业单位分类改革，实现政事分开、事企分开。完善发展成果考核评价体系①。

（2）推进行政审批制度改革。对市场能有效调节的经济活动，一律取消审批，对保留的行政审批事项要简化审批程序，改进和规范行政审批行为。将直接面向基层和群众、由盟市旗县管理更为方便有效的审批项目，一律下放到盟市旗县管理。建立各级政府及其工作部门行政审批目录清单制度，清单之外一律不设置行政审批事项。完善自治区、盟市、旗县三级政务服务平台，建立全区统一的网上办事大厅，全面推行集中办理和网上审批。实行"阳光审批"，依法公布审批事项、审批程序、审批环节、审批部门、审批结果②。

（3）深化投资体制改革。确立企业投资主体地位，企业投资项目，除关系国家安全和生态安全、涉及全区重大生产力布局、战略性资源开发和重大公共利益等项目外，一律由企业依法依规自主决策，政府不再审批；需要政府审批的项目，大幅度精简与企业投资项目核准相关的前置审批事项。确立中介机构的市场主体地位，进一步规范中介服务市场秩序。进一步优化审批流程，全面实现"横向联通""纵向贯通"的企业投资项目在线审批监管。创新投资管理方式和投融资机制，推广政府和社会资本合作模式，加快形成"政府投资＋金融资本""政府投资＋民间资本"等多种融资机制，推进社会资本参与重大工程建设运营③。

4. 拓展发展新空间

科学确定园区产业定位，引导大企业、大项目向园区集中，培育特色产业集群，推进园区集聚发展。鼓励重点工业园区整合同一行政区域的其他园区，开展园区土地利用专项清理工作，提高土地利用效率，引导工业园区整合发展；支持盟市之间、旗县（市区）之间优势互补、合作共建园区。实施园区振兴计划，以国家级和自治区级高新技术产业开发区、工业园区为核心，推动各类园

---

①②③内蒙古自治区国民经济和社会发展第十三个五年规划纲要［N］. 内蒙古日报（汉），2016 - 03 - 08.

区跨区域联合与重组，实现产业集聚和企业集群，做大做强一批主导产业突出、核心竞争力强、辐射带动作用大的特色产业园区。顺应"互联网＋"发展趋势，发挥内蒙古自治区云计算数据中心区位和规模优势，坚持改革创新和市场需求导向，突出企业主体作用，大力拓展互联网与经济社会各领域融合的广度和深度，促进大数据加快发展，加速提升产业发展水平，增强各行业创新能力，构筑经济社会发展新优势和新动能。深入落实国家《质量发展纲要（2011—2020年)》，实施质量强区战略，做强自主品牌，提升质量创新能力和产业核心竞争力①。

三、推动协调发展，增强发展整体性

坚持区域协同、城乡一体、物质文明精神文明并重、经济建设国防建设融合，在协调发展中拓宽发展空间，在加强薄弱领域中增强发展后劲。

1. 推动区域协调发展

深入实施区域协调发展战略，进一步优化生产力空间布局，科学规划、合理布局一批重点工业园区、特色产业带和中小城镇带，推进人口向城镇集中，工业向园区集中，农牧业向生产条件较好地区集中，实现集中、集约、集聚发展。促进区域间分工协作，鼓励以呼包鄂为核心的西部地区协同发展，支持东部盟市完善区域内部合作机制，支持革命老区、少数民族聚居区、边境旗市、贫困地区加快发展。完善区域协调发展机制，建立跨行政区域的沟通协商机制、产业协作发展机制、基础设施共建共享机制、政策衔接融合机制，破除制约区域协调发展和要素合理流动的体制机制障碍。

2. 稳步推进以人为核心的新型城镇化

深入落实自治区《关于推进新型城镇化的意见》，尊重城市发展规律，稳步推进新型城镇化，统筹空间、规模、产业三大结构，提高城市工作全局性；统筹规划、建设、管理三大环节，提高城市工作的系统性；统筹改革、科技、文化三大动力，提高城市发展持续性；统筹生产、生活、生态三大布局，提高城市发展的宜居性；统筹政府、社会、市民三大主体，提高各方推动城市发展的

---

① 内蒙古自治区国民经济和社会发展第十三个五年规划纲要［N］. 内蒙古日报（汉），2016 - 03 - 08.

积极性。

3. 全面推进新农村新牧区建设

大力实施乡村振兴战略，按照"产业兴旺、生态宜居、乡风文明、治理有效、生活富裕"的总要求，建立健全城乡融合发展体制机制和政策体系，加快推进农牧业和农村牧区现代化。巩固完善农村牧区基本经营制度，深化农村牧区土地制度改革，深化农村牧区集体产权制度改革，保障农牧民财产权益，发展壮大集体经济。建立健全农村牧区基础设施和公共服务投入长效机制，构建现代农牧业产业体系、生产体系和经营体系，发展多种形式适度规模经营，大力培育新型农牧业经营主体，健全农牧业社会化服务体系，实现小农牧户与大市场的有效衔接。

4. 加强社会主义精神文明建设

用中国梦和社会主义核心价值观凝聚共识、汇聚力量，巩固各族人民团结奋斗的共同思想基础。深化马克思主义理论研究和建设工程，加强思想道德建设和社会诚信建设，在全社会树立正确价值取向。扶持优秀文化产品创作生产，加强文化人才培养，繁荣发展文学艺术、新闻出版、广播影视事业。弘扬传承民族优秀传统文化，加强文化遗产抢救和保护。实施哲学社会科学创新工程，加强智库建设。加强和改进基层宣传思想文化工作，深化群众性精神文明创建活动。深化文化体制改革，完善公共文化服务体系、文化产业体系、文化市场体系。牢牢把握正确舆论导向，健全社会舆情引导机制，传播正能量，加强网上思想文化阵地建设，实施网络内容建设工程，发展积极向上的网络文化，净化网络环境。推动传统媒体和新兴媒体融合发展，加快媒体数字化建设，打造一批新型主流媒体。优化媒体结构，规范传播秩序，加强国际传播能力建设，推动文化走出去①。

5. 推进军民深度融合发展

实施军民融合发展战略，形成全要素、多领域、高效益的军民深度融合发展格局。健全军民融合发展组织管理体系、工作运行体系、政策制度体系。建立自治区军民融合领导机构，制定统筹经济建设和国防建设专项规划。构建军

---

① 人民网．内蒙古自治区党委关于制定国民经济和社会发展第十三个五年规划的建议[EB/OL]．http://leaders.people.com.cn/n/2015/1203/c400473 - 27886751.html，2015 - 12 - 03/2019 - 08 - 26.

民融合产业体系，发挥军工企业技术、装备和人才优势，推进军民融合协同创新。坚持社会生产寓军于民、人才培养军民互促、基础建设平战结合、综合保障军民一体，在经济建设中全面贯彻国防要求。加强全民国防教育和后备力量建设。做好拥军优属和拥政爱民工作，密切军政军民团结①。

四、推动绿色发展，筑牢我国北方重要生态安全屏障

坚持绿水青山就是金山银山，推进绿色发展，强化节能减排，持续推进大气、水、土壤污染防治，着力解决突出环境问题，实行最严格的生态环境保护制度，推动形成人与自然和谐发展现代化建设新格局。

1. 促进人与自然和谐共生

支持绿色清洁生产，鼓励企业工艺技术装备更新改造，推进传统产业绿色升级，建立绿色低碳循环发展产业体系。依托山水地貌优化城镇形态和功能，推广绿色建筑，实行绿色规划、设计、施工标准。加强资源环境国情和生态价值观教育，培养公民环境意识，推动全社会形成绿色消费自觉②。

2. 加快建设主体功能区

落实主体功能区规划，调整完善财政、投资、产业、土地、人口、环境等配套政策，推动各地区依据主体功能定位发展。以主体功能区规划为基础统筹各类空间性规划，推动经济社会发展、城乡、土地利用、生态环境保护等规划"多规合一"。优化国土空间开发格局，推动优化开发区域产业结构向高端高效发展，推动重点开发区域提高产业和人口集聚度。加大对农畜产品主产区和重点生态功能区转移支付力度，强化激励性补偿。严格国土空间用途管制，对不同主体功能区的产业项目实行差别化准入政策，重点生态功能区实行产业准入负面清单，严格控制不符合主体功能定位的生产生活活动，严格控制超越资源环境承载能力的工程项目建设③。

3. 加强自然生态系统保护和修复

坚持保护优先、自然恢复为主，深入实施重大生态修复和建设工程，维护生物多样性，全面提升草原、森林、沙漠、湿地、河流、湖泊等自然生态系统

---

①②③人民网．内蒙古自治区党委关于制定国民经济和社会发展第十三个五年规划的建议［EB/OL］．ht-tp：//leaders．people．com．cn/n/2015/1203/c400473－27886751．html，2015－12－03/2019－08－26．

稳定性和生态服务功能。严格落实基本草原保护制度，坚持禁牧休牧轮牧和草畜平衡制度，加快推进基本草原划定和保护工作，完善草原生态保护补助奖励政策，加大退牧还草力度。加强林业重点工程建设，巩固扩大退耕还林范围，全面停止天然林商业性采伐，开展大规模国土绿化行动，推进防沙治沙和荒漠化治理，鼓励发展林产业、沙产业。加强水生态保护，因地制宜推进湖泊、湿地综合治理，加强江河源头地区水土保持和重点流域水土流失治理。实施地下水保护和超采漏斗区综合治理，严格控制地下水开采①。

4. 加强环境综合整治

深入实施大气、水、土壤污染防治计划，推进多污染物综合防治和环境治理。推进工业污染源全面达标排放，推进城镇生活污水垃圾处理设施全覆盖和稳定运行。加强农业面源污染治理，统筹农村牧区饮水安全、改水改厕、垃圾处理，推动农药、化肥、地膜减量使用，促进种养业废弃物资源化利用、无害化处置。健全环境治理体制机制，建立覆盖所有固定污染源的企业排放许可制。实行环保机构监测监察执法垂直管理，加强环境监控体系和能力建设，健全环境信息公布制度。实行最严格的生态环境损害赔偿制度，严格环保执法。加强防灾减灾体系和能力建设②。

5. 推动绿色低碳循环发展

按照减量化、再利用、资源化的原则，加快建立循环型工业、农牧业、服务业体系，提高全社会资源利用率。深入推进节能减排，加强高能耗行业节能改造和能耗管控，有效控制电力、钢铁、建材、化工等重点行业碳排放，推进交通运输低碳发展，优先发展公共交通，鼓励绿色出行，实施全民节能行动计划。开展循环经济示范行动，推进企业循环式生产、产业循环式组合、园区循环式改造，减少单位产出物质消耗。完善再生资源回收体系，加强生活垃圾分类回收和再生资源回收衔接，推进生产系统和生活系统循环链接。

6. 全面节约和高效利用资源

实行最严格的水资源管理制度，以水定产、以水定城，推进农牧业节水、城市节水、企业节水，建设节水型社会。坚持节约用地，加强土地利用规划管

---

①②人民网. 内蒙古自治区党委关于制定国民经济和社会发展第十三个五年规划的建议[EB/OL]. http://leaders. people. com. cn/n/2015/1203/c400473 - 27886751. html, 2015 - 12 - 03/2019 - 08 - 26.

控，调整建设用地结构，推进城镇低效用地再开发和工矿废弃地再利用。完善用能权、水权、排污权、碳排放权初始分配制度，创新有偿使用、预算管理、投融资机制，推行合同能源管理和合同节水管理。倡导合理消费，力戒奢侈消费，管住公款消费，制止奢靡之风。开展反过度包装、反食品浪费、反过度消费行动，在生产、流通、仓储、消费各环节落实全面节约①。

五、推动开放发展，提高开放型经济水平

要充分发挥内联八省区、外接俄蒙的区位优势，主动融入和服务"一带一路"建设、京津冀协同发展、长江经济带建设等国家发展战略，提高开放型经济发展水平，加快形成北上南下、东进西出、内外联动、八面来风的对外开放新格局。

1. 深度融入"一带一路"建设战略

推进基础设施互联互通，有重点地升级改造现有铁路、公路，增开国际航线，构建联通内外、安全通畅的国际大通道，加强口岸基础设施建设，开辟跨境多式联运交通走廊，促进国际货运班列常态化运行。深化与沿线国家经贸合作，扩大优势产品出口，提高出口产品科技含量和附加值，推进对外贸易向优质优价、优进优出转变。深化人文交流，广泛开展科技、教育、文化、卫生、旅游、环保、体育等领域合作。完善对外开放区域布局，扩大同东北亚、欧美国家的经贸往来，深化同港澳台地区的合作交流②。

2. 提高对俄罗斯、蒙古国的开放合作水平

加强开放平台载体建设，推进满洲里、二连浩特国家重点开发开放试验区和呼伦贝尔中俄蒙合作先导区建设，推进国家级跨境经济合作区建设。打造中蒙俄经济走廊，坚持以企业为主体，实行市场化运作，统筹推进矿产资源开发、基础设施建设和金融等领域的合作交流。完善法治化、国际化、便利化的营商环境，实行准入前国民待遇加负面清单管理制度。完善多层次政府推动机制，促进民间交流。完善投资机制，改革外商投资审批和产业指导管理方式，实行准入前国民待遇加负面清单的管理制度，做好风险评估，分层次、有重点根据

---

① ② 人民网. 内蒙古自治区党委关于制定国民经济和社会发展第十三个五年规划的建议 [EB/OL]. http://leaders. people. com. cn/n/2015/1203/c400473 - 27886751. html，2015 - 12 - 03/2019 - 08 - 26.

国家要求放开外资准入限制。完善通关便利化机制，完善口岸与港口、内陆港通关协作机制，推行"一次申报、一次查验、一次放行"等联检联运模式，逐步实现"信息互换、监管互认、执法互助"和单一窗口模式；建立口岸建设多元投入机制，完善口岸通关基础设施，加快电子口岸建设，创新口岸通关监管模式，提升口岸规范化、信息化、智能化水平。创新政策机制，建立健全与周边国家和地区在经贸、旅游、人文等方面的合作机制，完善地方政府间定期会晤机制，推进中蒙俄智库合作联盟建设；强化财税等各类保障政策的支持力度，完善法治化、国际化、便利化的营商环境①。

3. 深化国内区域合作

深度融入京津冀、环渤海地区发展，加强与东北三省的区域合作，促进资金、人才、科技、信息等要素对接共享。推进呼包银榆经济区发展，加强资源要素整合、产业布局调整、基础设施对接、生态环境治理、区域政策制定等方面的协调与合作。推进乌大张地区融合发展。深化京蒙区域合作和对口帮扶。建立与毗邻地区基础设施统一规划、协调和建设机制。支持有条件的园区与沿海地区、京津冀等地共建产业转移园区，发展飞地经济。

六、推动共享发展，增进人民福祉

幸福安康是民心所向。要始终树立和践行以人民为中心的发展思想，按照人人参与、人人尽力、人人享有的要求，坚守底线、突出重点、完善制度、引导预期，注重机会公平，保障基本民生，让各族人民幸福生活、祖国北疆安宁永驻。

1. 坚决打赢脱贫攻坚战

按照"切实落实领导责任、切实做到精准扶贫、切实强化社会合力、切实加强基层组织"的总体要求，认真落实"六个精准""五个一批"，充分发挥政治优势和制度优势，实施脱贫攻坚工程。坚持以集中连片特殊困难地区和人口较少民族聚居地区为主战场，深入推进规划、项目、干部"三到村三到户"，分类扶持贫困家庭，对有劳动能力的支持发展特色产业和转移就业，对"一方水

---

① 内蒙古自治区国民经济和社会发展第十三个五年规划纲要［N］. 内蒙古日报（汉），2016 – 03 – 08.

土养不起一方人"的实施扶贫搬迁，对生态特别重要和脆弱的实行生态保护扶贫，对丧失劳动能力的实施兜底性保障政策，对因病致贫的提供医疗救助保障。实行低保政策和扶贫政策衔接，对贫困人口应保尽保，有效防止脱贫人口返贫。深入推进产业扶贫，支持有条件的地方发展特色产业，让贫困户获得稳定的增收致富项目。创新扶贫开发方式，对在贫困地区开发矿产资源占用集体土地的，试行给原住居民集体股权方式进行补偿，探索对贫困人口实行资产收益扶持制度。扩大贫困地区基础设施覆盖面，因地制宜解决通路、通水、通电、通网络等问题，提高贫困地区基础教育质量和医疗服务水平，促进教育扶贫、卫生扶贫，推进贫困地区基本公共服务均等化，建立健全农村牧区留守儿童、妇女、老年人关爱服务体系。实行脱贫工作责任制，健全完善领导干部帮扶脱贫制度，强化脱贫工作责任考核，对贫困旗县重点考核脱贫成效。加大财政扶贫投入，加强金融扶贫，整合扶贫资源，广辟扶贫开发资金渠道①。

2. 增加公共服务供给

加强义务教育、就业服务、社会保障、基本医疗和公共卫生、公共文化、环境保护等基本公共服务，在努力实现全覆盖的基础上提高供给质量，加大城镇棚户区和农村牧区危房改造力度。创新公共服务提供方式，能由政府购买服务提供的，政府不再直接承办；能由政府和社会资本合作提供的，广泛吸引社会资本参与。加快社会事业改革②。

3. 提高教育质量

推动义务教育均衡发展，全面提高教育教学质量。提高学前教育普及水平，发展普惠性幼儿园。提高高校教学水平和创新能力，建设高水平大学和国内领先学科。深化教育教学改革，落实考试招生制度改革，推动应试教育向素质教育转变。推进教育信息化，发展远程教育，扩大优质教育资源覆盖面，构建终身教育体系。完善教育资助办法，实现家庭困难学生资助全覆盖，保障转移进城农牧民子女平等接受义务教育。

4. 促进就业创业

统筹人力资源市场，打破城乡、地区、行业分割和身份、性别歧视，维护

---

① ② 人民网. 内蒙古自治区党委关于制定国民经济和社会发展第十三个五年规划的建议[EB/OL]. http: //leaders. people. com. cn/n/2015/1203/c400473 - 27886751. html, 2015 - 12 -03/2019 - 08 - 26.

劳动者平等就业权利。推行终身职业技能培训制度，实施新生代农牧民工职业技能提升计划。完善就业服务体系，提高就业服务能力。建立和谐劳动关系，维护职工和企业合法权益。

5. 提高居民收入水平

健全科学的工资水平决定机制、正常增长机制、支付保障机制，推行企业工资集体协商制度。拓宽农牧民增收渠道，完善农牧业龙头企业与农牧民利益联结机制，增加农牧民工资性收入，落实农牧民财产权，增加农牧民在土地承包经营权、集体资产股权、宅基地、住房财产权等方面的收入。着力缩小收入差距，明显增加低收入劳动者收入，扩大中等收入者比重。整顿收入分配秩序，保护合法收入，规范隐性收入，遏制以权力、行政垄断等非市场因素获取收入，取缔非法收入。支持慈善事业发展，广泛动员社会力量开展社会救济、志愿服务活动。

6. 建立健全社会保障制度

实施全民参保计划，基本实现法定人员全覆盖，完善社会保险体系。完善职工养老保险个人账户制度，健全多缴多得激励机制，建立基本养老金合理调整机制，全面实施城乡居民大病保险制度。改革医保支付方式，改进个人账户，开展门诊费用统筹，发挥医保控费作用，整合城乡居民医保政策和经办管理，鼓励发展补充医疗保险和商业健康保险，鼓励商业保险机构参与医保经办。坚持应保尽保、公平公正，加强和改进最低生活保障工作，加强农村牧区五保、孤残人员救助工作，有效保障城镇困难群众基本生活。

7. 推进健康内蒙古建设

深化公立医院综合改革，坚持公益属性，破除逐利机制，提高医疗服务质量和水平。坚持蒙中西医并重，促进蒙中医药发展，加强蒙医临床研究基地和科研机构建设，推进蒙医院标准化建设和蒙药标准化、产业化生产。加强传染病、慢性病、地方病等重大疾病综合防治和职业病危害防治，降低大病慢性病医疗费用。普及健康知识，倡导健康生活方式，加强心理健康服务，开展全民健身活动。健全药品供应和质量安全保障机制，确保用药安全。实施食品安全战略，形成严密高效、社会共治的食品质量安全治理体系，完善突发公共卫生事件应急和重大疾病防控机制。

8. 做好人口和老龄化工作

坚持计划生育基本国策，全面实施一对夫妇可生育两个孩子政策，提高生殖健康、妇幼保健、托幼等公共服务水平。开展应对人口老龄化行动，建设多层次养老服务体系。注重家庭发展。坚持男女平等基本国策，保障妇女和未成年人权益。支持残疾人事业发展，健全扶残助残服务体系。

七、推动和谐发展，筑牢祖国北疆安全稳定屏障

建设和谐内蒙古是全区各族人民的共同意愿，是打造祖国北疆亮丽风景线的重要保证。必须正确处理改革发展稳定的关系，坚持守望相助，不断巩固发展民族团结、社会稳定、边疆安宁的政治局面。

1. 巩固和加强民族团结

完善促进民族地区发展政策，支持民族聚居地区发展特色优势产业，增强自我发展能力。统筹区域因素和民族因素，完善差别化支持政策，在基础设施、扶贫开发、生态建设、基本公共服务均等化等方面给予倾斜。加大对人口较少民族扶持力度，推进兴边富民行动，着力改善边境地区牧民群众生产生活条件。深入开展民族团结进步宣传教育，教育引导各族人民牢固树立"三个离不开"的思想，增强对伟大祖国、中华民族、中华文化、中国共产党、中国特色社会主义的认同。深入持久开展民族团结进步创建活动，繁荣发展少数民族文化事业，扎实做好城市民族工作①。

2. 推进全面依法治区

加强党对立法工作的领导。依照法定权限和程序开展地方立法活动，推进科学立法、民主立法，提高地方立法质量。加快重点领域立法，坚持立改废释并举，开展与国家法律法规相配套的实施性立法，推进体现地方特色的创制性立法。加强规范性文件备案审查。加强法治政府建设，依法设定权力、行使权力、制约权力、监督权力，依法调控和治理经济，把政府活动全面纳入法制轨道。推行政府权力清单和责任清单制度。深化行政执法体制改革，开展多层次多领域依法治理，推行综合执法。深化司法体制改革，支持人民法院、人民检

---

① 人民网. 内蒙古自治区党委关于制定国民经济和社会发展第十三个五年规划的建议［EB/OL］. http：//leaders. people. com. cn/n/2015/1203/c400473–27886751. html，2015–12–03/2019–08–26.

察院依法独立公正行使审判权和检察权，有效防止干预司法活动。规范司法行
为，落实司法责任制，健全冤假错案有效防范、及时纠正机制。加强司法监督，
推进审判公开、检务公开、警务公开、狱务公开。加强法治宣传教育，弘扬社
会主义法治精神，建设社会主义法治文化，增强全社会特别是公职人员尊法学
法守法用法观念，在全社会形成良好法治氛围和法治习惯。完善法律服务
体系①。

3. 加强和创新社会治理

建设平安内蒙古，完善党委领导、政府主导、社会协同、公众参与、法治
保障的社会治理体制，推进社会治理精细化，构建全民共建共享的社会治理格
局。完善社会矛盾排查预警和调处化解综合机制，落实重大决策社会稳定风险
评估制度，有效预防和化解矛盾纠纷。加强和改进信访工作，健全利益表达、
协调、保护机制，引导群众依法行使权利、表达诉求、解决纠纷。增强社区服
务功能，推进社区网格化管理，实现政府治理和社会调节、居民自治良性互动。
深入推进社会治安综合治理，以信息化为支撑完善社会治安立体防控体系，建
设基础综合管理服务平台。加强对重点地区、重点部位、重点对象以及互联网
等新兴媒体的管理，严密防范、依法惩治违法犯罪活动。健全社会心理服务体
系和疏导机制、危机干预机制。牢固树立安全发展理念，加强全民安全意识教
育，健全公共安全体系。完善和落实安全生产责任和管理制度，实行党政同责、
一岗双责、失职追责。强化预防治本，健全安全评审制度，完善预警应急机制，
加大监管执法力度，及时排查化解安全隐患，坚决防止重特大事故发生。加强
安全生产基础能力建设，维护人民生命财产安全。贯彻总体国家安全观，强化
国家安全力量和手段建设，依法严密防范和严厉打击敌对势力渗透破坏颠覆活
动，坚决防止发生影响国家安全和政治稳定的重大敏感案事件、规模性非法聚
集事件和各类暴力恐怖案件。完善突发事件应急管理机制，加强应急处突力量
和装备建设，及时有效应对各类突发性事件。加强边境地区管理，党政军警民
合力强边固防②。

---

①②人民网. 内蒙古自治区党委关于制定国民经济和社会发展第十三个五年规划的建议［EB/OL］. ht-
tp：//leaders. people. cn/n/2015/1203/c400473－27886751. html，2015－12－03/2019－08－26.

第三节　新时代内蒙古发展展望

党的十八大以来，习近平总书记对内蒙古的发展提出了一系列重要要求和战略重点，深刻阐述了新时代内蒙古需要把握和解决好的一系列根本性、方向性、全局性问题，明确了内蒙古的时代坐标、前进方向和战略重点，这是内蒙古开创新时代改革发展新局面的行动纲领和根本遵循。新时代，内蒙古要全面贯彻落实习近平总书记对内蒙古重要讲话精神，不断完善发展战略和发展思路，把内蒙古北疆这道风景线打造得更加亮丽。

一、深化内蒙古在全国发展大局中战略定位的认识

新时代，内蒙古要从实现中国特色社会主义事业战略目标的高度，全面把握内蒙古的战略地位，强化使命担当，在更好服务党和国家工作大局中加快建设现代化内蒙古。

1. 我国北方重要的生态安全屏障

内蒙古是我国北方面积最大、种类最全的生态功能区，生态环境极端脆弱、地理位置十分特殊、生态地位十分重要。内蒙古的生态状况如何，不仅关系内蒙古各族群众生存和发展，也关系到华北、东北、西北及至全国生态安全，因此要把内蒙古建成我国北方重要的生态安全屏障，在祖国北疆构筑起万里绿色长城。不能因为经济发展遇到一点困难，就开始动铺摊子上项目、以牺牲环境换取经济增长的念头，甚至想方设法突破生态保护红线。在我国经济由高速增长阶段转向高质量发展阶段过程中，污染防治和环境治理是内蒙古需要跨越的一道重要关口，要保持加强生态环境保护建设的定力，不动摇、不松劲、不开口子，这是党中央对内蒙古在全国建设生态文明的地位和要求。

2. 我国向北开放的重要桥头堡

内蒙古地处"三北"、外接俄罗斯和蒙古国，在我国"一带一路"建设格局中具有独特的沿边开放与合作的优势。内蒙古要通过扩大开放促进改革发展，发展口岸经济，加强基础设施建设，完善同俄罗斯、蒙古合作机制，深化各领域合作，把内蒙古建成我国向北开放的重要桥头堡。

3. 内蒙古要为保障国家粮食安全多做贡献

我国有近 14 亿的人口，如果粮食出了问题，谁也救不了我们。内蒙古是我国粮食主产区之一，还是重要的粮食净调出区域，粮食生产还大有潜力要挖，通过单产和科技进步还有很大提高空间，要为保障国家粮食安全多做贡献。

4. 国家绿色农畜产品生产加工输出基地

内蒙古草原文化深厚，畜牧业发展历史悠久，发展绿色农畜产品加工业潜力和优势十分巨大。把内蒙古建成绿色农畜产品生产加工输出基地，符合资源禀赋和实际情况。要在保护草原和耕地的基础上，把企业和农牧民的利益联结机制搞好，真正形成利益共同体，为满足人民日益增长的美好生活需要多做贡献。

5. 国家现代能源经济示范区

能源矿产资源富集是内蒙古的最大优势之一，在保障国家战略安全中的地位十分重要。资源型产业是内蒙古的优势，转方式不是不要资源型产业，而是发挥比较优势，把资源转化增值这篇文章做好。内蒙古要把现代能源经济这篇文章做好，紧跟世界能源技术革命新趋势，延长产业链条，提高能源资源综合利用效率。

二、坚持高质量发展第一要务不动摇

经济繁荣是内蒙古发展的基础，只有经济繁荣，民族团结、环境优美、人民富裕才有坚实的物质基础。必须坚持发展第一要务不动摇，提高发展质量、效益和竞争力，通过发展解决问题。

1. 重点推动产业结构转型升级

一是坚决淘汰落后、低端、过剩产能，深入推进供给侧结构性改革，推动去产能从总量控制向结构优化转变，支持优势地区、优势企业释放先进产能，提高产能利用率。依法依规退出落后产能、规模不经济的产能，全面清理落后产能补贴政策，严格执行质量、环保、能耗、安全、技术等法律法规标准和产业政策要求，建立市场化调节产能长效机制，从源头上防止新增过剩产能。二是提高资源综合利用率和产业精深加工度，运用新技术、新业态、新模式改造提升资源型产业，瞄准国际标准提高装备技术水平，延长产业链条，推动资源型产业高端化、智能化、绿色化、服务化发展；支持煤电、煤化、煤电冶、探采选冶加一体化发展，2020 年煤炭加工转化率达到 50% 以上，有色金属加工转化率达到 70% 以上；推进现代煤化工高端示范，加快传统煤化工技术升级，发展精细化工；扩大稀土高端应用，提高稀土资源综合利用水平，建设国家级稀土新材料创新中心；推进资源型经济转型综合配套改革，建设新旧动能转换综合试验区；提高农牧业产业化和农畜产品精深加工水平，做大做强乳肉绒、粮油饲、薯果蔬、林沙草等特色产业集群，推动乳业提标升级，振兴羊绒服装业，重塑毛纺和皮毛加工业。三是发展现代能源经济，坚持煤电油气风光并举，提高能源综合利用效率和供应保障能力，构建安全、绿色、集约、高效的清洁能源供应体系，打造国家现代能源经济示范区；加大煤炭企业兼并重组和资源整合力度，开展矿业权清理整顿，提高煤矿规模化、集约化、现代化水平，严格控制审批新建煤矿项目和生产能力核增项目，确需新建煤矿的实行减量置换，推进煤炭分级分质利用，提高煤炭洗选率，扩大优质煤炭供给，支持发展煤炭期货业务，引导大型煤炭供需企业设立动力煤期货交割库，壮大煤炭电子交易市场，提升"蒙煤"影响力、话语权；加快现役煤电机组超低排放和节能改造，新建项目推广采用大容量、高参数燃煤发电机组，2020 年单机容量 60 万千瓦以上煤电机组比重达到 50%，加快特高压电力外送通道及配套电源点建设，大力开拓电力市场，在水煤组合条件较好的地区稳步推进煤制燃料产业化发展，推动煤化工产业链向下游延伸；加大石油、天然气、煤层气、页岩气、致密气勘探开发力度，支持非常规天然气资源开发，组建地方大型石油天然气企业；合理布局风、光、热新能源综合基地，支持非化石能源就地消纳利用，2020 年新能源装机比重达到 34%。推进能源技术革命，支持整体煤气化联合循环技术、煤基多联产能源系统技术、碳捕集封存技术研发和成果转化；发挥大型综合能源基地资源组合优势，构建智慧能源系统，促进互联网理念、先进信息技术与能源产业深度融合，发展智能电网，实施一体化集成供能工程、需求侧响应能力提升工程、储能示范工程，支持建设储能电站，加强现代能源储运网络建设，促进"源—网—荷—储"协调发展、集成互补；深化能源体制改革，推进煤电价格联动，完善发电侧、输电侧、用户侧全产业链利益分配机制。四是培育壮大非煤产业、非资源型产业，实施工业强基工程，强化平台支撑，支持前瞻性基础研究，力争在核心基础零部件、先进基础工艺、关键基础材料和产业技术基础等领域取得突破性成果，开展示范应用；重点壮大装备制造业，着力培育壮大新能源、新材料、节能环保、高端装备、大数据云计算、信息制造、人工智能、生物科技、蒙中医药等产业，持续发展基于"互联网＋"的新产业新业态，推动互联网、物联网、大数据、人工智能同实体经济深度融合，全力推进国家大数据综合试验区建设，优化大数据发展空间布局，加强大数据技术产品研发，培育大数据核心产业，构建以数据为关键要素的数字经济；鼓励发展稀土、石墨烯、生物基材料、高分子材料、储能材料等新材料产业，建设若干新材料研发中心和产业基地；坚持质量强区，支持创建特色品牌，开展质量提升行动。五是推动服务业优质高效发展，聚焦重点领域和突出短板，培育信息、软件、数据、研发、设计、咨询、金融、商务、物流、创业孵化、知识产权、人力资源、节能环保等生产服务，提升产业体系整体素质和竞争力；发展教育、培训、健康、体育、养老、房地产、家政等生活服务，支持绿色、时尚、品质等新型消费需求，提升服务品质和消费满意度；深入挖掘文化、旅游资源，加强文化旅游基础设施和公共服务建设，推动文化旅游融合发展，打造一批国家级文化产业示范园区和全域旅游示范区；强化服务业对现代农牧业和先进制造业的全产业链支撑作用，打造一批以服务为主体的一、二、三产业融合型龙头企业，形成交叉渗透、交互作用、跨界融合的产业生态系统；鼓励发展平台经济、分享经济、体验经济等新业态新模式，培育协同制造、个性化定制、工业云、农牧业信息化等数字化智能化服务，满足日益增长的专业化、精细化、个性化需求。六是发展军民融合产业，坚持军民兼容、平战结合，加强军地基础设施、科技、信息、教育和医疗服务等领域统筹发展，建立军地共商、科技共兴、设施共建、后勤共保的体制机制；推进军工核心能力建设，促进军民两用技术产业化，在航空、航天、兵器工业、核燃料、高端装备、新能源、新材料等领域实施一批军民融合重大项目，建设一批军民融合产业示范基地和示范企业，推动形成具有军工特色的新经济增长点；整合运用军民科研力量和资源，推动军民科技协同创新，确定并实施一批重大科技项目，推进基础研究、前沿技术、关键技术科研创新取得原创性和突破性成果，支持包头市创建国家军民融合创新示范区，支持阿拉善盟创建国家军民融合空天产业基地。七是扩大合理有效投资，围绕抓重点、补短板、强弱项，组织实施一批科技创新、产业转型、综合交通、教育医疗等领域重大项目，发挥投资对优化供给结构的关键性作用；推进投资主体多元化，强化企业投资主体地位；落实鼓励民间投资政策措施，持续扩大民间投资规模。拓宽项目融资渠道，扶持有实力的企业在资本市场上市融资，支持开展资产证券化，鼓励具备条件的企业发行公司债、企业债以及短期融资券、中期票据等，按照实际融资金额给予一定奖励。

2. 狠抓人才资源建设

强大的人才队伍是支持内蒙古发展的第一资源，要切实创新内蒙古人才培养、使用和重用的体制、机制和政策，构建具有全国竞争力的人才制度优势，建设规模宏大的各类、各层次人才队伍，要使内蒙古的人才培养链有机衔接内蒙古的产业链和创新链。

各级各类人才的培养、引进和有效使用是一项复杂的系统工程，在目前全国多地出现政府主导和政策趋同，且国内外在对人才争夺愈演愈烈的大背景下，做好内蒙古的人才资源建设工作，要坚持"两手抓，两手硬"，既要更好地发挥各级政府抓好人才工作的主导作用，又要发挥市场在人才资源配置中的决定性作用；要坚持需求导向，要围绕内蒙古发展的战略需求、产业需求和市场需求，做好内蒙古适应人才需求的"人才供给性结构改革"；要坚持"但求所用"，千方百计让各类人才为我所用，本着诚心诚意和求贤若渴的态度，即使发"一张聘书"，加上适时的联系和咨询，其意义和作用也非常重大，可以采取"假日型""候鸟型""季节型""契约型"等形式，通过邀请报告、讲课讲学、务虚交流、项目合作、决策咨询、智囊顾问等多种柔性形式，让各类各级人才为内蒙古所用；要坚持使用"服务本地的实用人才"，注重"适用、实绩"型人才，长期使用那些"深入调查问题、研究问题和解决问题"的能够服务本地的各级各类人才。

重点围绕内蒙古建设国家重要能源基地、新型化工基地、有色金属生产加工基地、绿色农畜产品加工基地、战略性新兴产业基地和国内外知名旅游目的地，紧扣能源、化工、冶金、建材、装备制造、农畜产品加工等重点优势特色产业和新能源、新材料、节能环保、高端装备、大数据云计算、生物科技、蒙中医药等战略性新兴产业链和创新链的构建和发展的需要，加快集聚高精尖缺人才，实现重点产业领域人才数量大幅增长，形成产业人才大集群。要加大人才对呼包鄂协同发展、内蒙古和林格尔新区建设、大数据综合实验室、东部盟市跨越发展支持的力度，推进新型工业化、信息化、城镇化、农牧业现代化和绿色化同步发展，打造内蒙古人才高地。要破除人才流动的体制机制障碍，尊重用人单位自主权，优化管理服务流程，促进合理有序流动。

当然，进一步做好内蒙古的人才工作，要在营造良好人才环境的基础上，在深入实施各种人才工程的过程中，重点培养集聚服务内蒙古、扎根内蒙古和关心内蒙古的科技创新领军人才、经营管理人才、青年拔尖人才、高技能人才和创新创业人才，与此同时，要正确处理好当地人才、家乡人才、外地人才和海外人才的关系。

3. 切实促进科技成果转化

（1）科技成果的供给方和需求方要主动对接。内蒙古要通过"产、学、研、用"的有效合作，促进科技成果转移转化，让科学研究面向经济活动的主战场，让经济活动的主战场依靠科学研究，形成高等院校、科研院所与企业主体之间的创新合力，建立有效的合作创新体系，通过科技创新有效供给来解决经济发展中的实际问题。"产、学、研、用"的结合要以"用"为出发点和落脚点，让企业成为科技创新的第一主体，这样不仅可以减少技术创新的盲目性，缩短产品研发到商品化、市场化的周期，还可以有效降低技术创新的风险和成本。

（2）切实加强科技成果转化平台与载体的建设。一方面，要与创新创业互动融合，加快建设一批以成果转移转化为主要内容、专业服务水平高、创新资源配置优、产业辐射带动作用强的众创空间。要完善科技企业孵化育成体系，围绕构建"众创空间—孵化器—加速器—科技园区"全链条孵化体系，提升科技企业孵化器综合服务能力，落实孵化器扶持政策，注重对中小企业创新的支持，为创新提供良好的环境，让企业依托创新从萌芽成长为参天大树。要鼓励大型企业参与建设低成本、便利化、全要素、开放式的众创空间，重点培育以创客空间、创业咖啡、网上创新工厂等为代表的创业孵化新业态，满足科技成果转移转化需要。要加快推进基层农业科技创业基地建设。可考虑探索社会资本以融资租赁方式建设具备技术放大、人才培训、市场运营、测试论证、政策咨询等综合服务功能的中试基地，引导科技成果对应特色产业需求转移转化。还要构建多种形式的产业技术创新联盟。围绕内蒙古相关重点产业发展战略以及区域发展战略部署，发挥行业骨干企业、转制科研院所的主导作用，联合上下游企业和高校、科研院所等构建一批产业技术创新联盟，围绕内蒙古产业链构建创新链，推动跨领域跨行业协同创新，加强行业共性关键技术研发和推广应用，为联盟成员企业提供订单式研发服务。支持联盟承担重大科技成果转化项目，探索联合攻关、利益共享、知识产权运营的有效机制与模式。另一方面，整合跨区域、跨行业的大数据、云信息，打造集科技成果展示、供需对接、技术交易、专家咨询与政策激励为一体、线上线下相结合的科技成果网上交易平台。交易平台的运行通过竞争择优，遴选优秀的服务团队进行线上线下专业服务。按照布局合理、运转高效、标准统一、服务规范的建设原则，引导建设内蒙古若干区域性技术产权交易平台，实现平台资源共享。

（3）注重培育科技成果转化的中介服务体系。促进科技成果转移转化，离不开良好的市场化服务的支撑。鼓励各类主体自主或联合创建技术市场、科技会展机构、技术转移中心、科技成果价值评估机构以及从事科技成果孵化、知识产权服务、科技咨询服务、科技金融服务、综合科技服务等的科技成果转化中介服务机构，并依托其建立产学研信息交流服务平台，通过不同类型的中介服务机构，建立一批技术转移机构。可以"互联网＋技术交易"为重点，建设一批线上线下相结合的技术交易市场，探索建立统一的技术信息标准和技术转移服务规范，提升信息发布、市场化评估、咨询辅导等专业化服务水平，打造技术交易市场网络。要尽快制定科技资源共享法规，明晰科技资源归属权，利用大数据的优势，建立科技专用信息数据库，整合政府部门、高校、科研院所及企业等跨地区、跨行业的信息资源，将政府部门、科研机构、中介机构的信息网络连接起来，最大限度地使科技界、企业、高校和公众都能共享政府信息资源，为促进技术转移转化活动创造良好的环境和条件。

（4）突破体制机制障碍激发创新活力。促进科技成果转移转化，首当其冲的是必须解放思想，改变观念，突破科技体制机制障碍，把科技人才从实验室解放出来，把创新的活力激发出来。推动科技体制机制创新，一要以政府为主导，利用各种资源，建立科技创新的合作体系和长效机制。发挥各个创新主体的优势，调动各方创新的积极性，实现科技与经济的"无缝连接"。二要制定科技成果转移转化扶持政策。在充分考虑各方需求与利益的基础上，保证各方利益风险共担、知识产权共享。三要强化政府财政投入的引导和保障机制，积极探索科技与金融结合的新路子，建立健全以政府投入为引导、企业投入为主体、社会投入为补充的多元化科技创新投入体系，从而不断加大科技投入的力度。要进一步完善科研成果评价与考核体系，积极落实国家有关科技成果转化的政策，激励高校和科研机构科技人员进行科技成果转化的积极性。此外，还要积极推行科技成果市场定价、收益分配、转化评价机制，以及科技人员分类评价制度、容错纠错机制等，从而更好激发创新活力。

4. 着力抓好城乡融合与乡村振兴

内蒙古城乡融合的核心要义抑或是城市和乡村、牧区建立有机协调及科学合理的分工和协作的良性互动融合机制，实现城乡要素流动顺畅、公共资源合理配置，彻底破除城乡融合发展的体制和机制障碍，真正促进乡村、牧区振兴和农业农村牧区现代化。按照《中共中央国务院关于建立健全城乡融合发展体制机制和政策体系的意见》的要求，内蒙古建立健全城乡融合，促进乡村振兴主要从以下几点着手：

（1）建立健全有利于城乡要素合理配置的体制机制。坚决破除妨碍城乡要素自由流动和平等交换的体制机制壁垒，促进各类要素更多向乡村流动，在乡村形成人才、土地、资金、产业、信息汇聚的良性循环，为乡村振兴注入新动能。着力健全农业转移人口市民化机制、建立城市人才入乡激励机制、改革完善农村承包地制度；完善农村承包地"三权分置"制度，在依法保护集体所有权和农户承包权前提下，平等保护并进一步放活土地经营权，健全土地流转规范管理制度，强化规模经营管理服务，允许土地经营权入股从事农业产业化经营；稳慎改革农村宅基地制度，探索宅基地所有权、资格权、使用权"三权分置"；建立集体经营性建设用地入市制度、健全财政投入保障机制、完善乡村金融服务体系、建立工商资本入乡促进机制和建立科技成果入乡转化机制。

（2）建立健全有利于城乡基本公共服务普惠共享的体制机制。推动公共服务向农村延伸、社会事业向农村覆盖，健全全民覆盖、普惠共享、城乡一体的基本公共服务体系，推进城乡基本公共服务标准统一、制度并轨。着力建立城乡教育资源均衡配置机制、健全乡村医疗卫生服务体系、健全城乡公共文化服务体系、完善城乡统一的社会保险制度、统筹城乡社会救助体系和建立健全乡村治理机制。

（3）建立健全有利于城乡基础设施一体化发展的体制机制。把公共基础设施建设重点放在乡村，坚持先建机制、后建工程，加快推动乡村基础设施提档升级，实现城乡基础设施统一规划、统一建设、统一管护。着力建立城乡基础设施一体化规划机制、健全城乡基础设施一体化建设机制、建立城乡基础设施一体化管护机制。

（4）建立健全有利于乡村经济多元化发展的体制机制。围绕发展现代农业、培育新产业新业态，完善农企利益紧密联结机制，实现乡村经济多元化和农业全产业链发展。着力完善农业支持保护制度、建立新产业新业态培育机制、探索生态产品价值实现机制、建立乡村文化保护利用机制、搭建城乡产业协同发展平台和健全城乡统筹规划制度。

（5）建立健全有利于农民收入持续增长的体制机制。拓宽农民增收渠道，促进农民收入持续增长，持续缩小城乡居民生活水平差距。着力完善促进农民工资性收入增长环境、健全农民经营性收入增长机制、建立农民财产性收入增长机制、强化农民转移性收入保障机制、强化打赢脱贫攻坚战体制机制。

实施乡村振兴战略是更好实施城乡融合的"抓手"，是以习近平同志为核心的党中央从党和国家事业全局出发，深刻把握现代化建设规律和城乡关系变化特征，着眼于实现"两个一百年"奋斗目标，顺应亿万农民对美好生活的向往作出的重大决策，是新时代"三农"工作的新旗帜和总抓手。根据《中共中央、国务院关于实施乡村振兴战略的意见》（中发〔2018〕1号）精神，内蒙古实施乡村振兴战略的总体要求是：

全面贯彻党的十九大和十九届二中全会精神，以习近平新时代中国特色社会主义思想为指导，深入贯彻习近平总书记考察内蒙古重要讲话精神，加强党对"三农三牧"工作的领导，坚持稳中求进工作总基调，牢固树立新发展理念，落实高质量发展的要求，统筹推进"五位一体"总体布局和协调推进"四个全面"战略布局，坚持"三农三牧"重中之重的战略地位，坚持农牧业农村牧区优先发展，按照产业兴旺、生态宜居、乡风文明、治理有效、生活富裕的总要求，建立健全城乡融合发展体制机制和政策体系，加快推进乡村治理体系和治理能力现代化，加快推进农牧业农村牧区现代化，走中国特色社会主义乡村振兴道路，推动农牧业全面升级、农村牧区全面进步、农牧民全面发展，让美丽乡村成为内蒙古的鲜明底色。

5. 坚决打赢污染防治攻坚战，构筑祖国北疆万里绿色长城

内蒙古坚定不移走以生态优先、绿色发展为导向的高质量发展新路子，需要具体从以下几方面着手：

（1）深入实施大气、水、土壤污染防治行动。坚持统筹兼顾、系统谋划，加大工作力度，细化重大举措，确保主要污染物排放总量大幅减少，生态环境

质量总体改善。切实实施打赢蓝天保卫战行动计划，加快产业结构、能源结构、运输结构调整，加强柴油货车污染治理，强化呼包鄂、乌海及周边地区联防联控联治，明显减少重污染天数。切实实施水污染防治行动计划，加强呼伦湖、乌梁素海、岱海等重点湖泊污染防治，基本消除城市建成区黑臭水体。认真落实土壤污染防治行动计划，开展农用地土壤污染状况详查，推进农田生态修复与污染治理。抓好东部盟市黑土地保护利用。持续整治"散乱污"企业，搬迁改造或依法关闭城市建成区污染严重企业。切实深入开展十大行业清洁化改造，重点落实垃圾分类回收与资源化利用，提高城乡污水垃圾处理能力。推进环境保护大数据建设，国家和自治区级工业园区全部建成污水集中处理和实时在线环境监控系统。建立环境污染"黑名单"制度，健全环保信用评价、信息强制性披露、严惩重罚制度。严禁新上高污染高排放项目。在环境高风险领域建立环境污染强制责任保险制度。

（2）加强重要生态系统保护和修复。全面完成生态保护红线、永久基本农田、基本草原、城镇开发边界划定工作。统筹推进山水林田湖草系统治理，深入实施天然草原退耕还草、京津风沙源治理、"三北"防护林建设、天然林保护等重点生态建设工程，构建生态廊道和生物多样性保护网络。加强自然保护区建设和监督管理，推动国家公园建设。扩大退耕还林还草还湿范围，增加耕地轮作试点。全面落实河长制、湖长制，推进"七河七湖"水生态综合治理，加大水源地保护、地下水超采区综合治理力度。支持河套平原改盐增草增饲。推进大规模国土绿化行动，加快浑善达克规模化林场建设。总结推广库布齐治沙经验，加强荒漠化防治和水土流失综合治理。推进西居延海常态化补水。对生态环境脆弱和敏感区域内居民逐步实施生态移民搬迁。

（3）推动绿色低碳循环发展。深化生态文明体制改革，构建国土空间开发保护制度，完善配套政策，推动主体功能区战略格局在盟市、旗县精准落地。构筑绿色产业体系，发布自治区绿色经济产业引导目录，切实编制实施工业园区循环化改造指南和评价体系。支持共伴生矿和尾矿综合利用，推动工业固体废物和农作物秸秆综合利用。培育和发展交易平台，推广用水权、排污权、碳排放权交易。鼓励建立矿山地质环境治理恢复基金，推动绿色矿山建设。支持生态修复专业化企业发展，拓宽生态产品供给渠道。完善绿色发展考核评价体系。建立以绩效为导向的生态保护补偿机制，试行生态环境损害赔偿制度。建立生态价值评估制度，编制完善自然资源资产负债表，全面开展领导干部自然资源资产离任审计，实施生态环境损害责任终身追究制。

6. 塑造开放型经济新优势，建设我国向北开放重要桥头堡

在深入实施"一带一路愿景与行动"，进一步建设和扩大延边开放、合作与共赢的大背景下，内蒙古需要在更高层次上实现高质量的对外开放与合作。

（1）着力推动中蒙俄经济走廊建设。落实《内蒙古自治区参与建设中蒙俄经济走廊实施方案》，推动实施一批基础设施互联互通重大项目。支持满洲里、二连浩特国家重点开发开放试验区建设。加快呼伦贝尔中俄蒙合作先导区建设，推动中蒙跨境经济合作区建设取得实质性进展。提升策克、乌力吉、甘其毛都、满都拉、珠恩嘎达布其、阿尔山等口岸建设管理水平。支持跨境电子商务、外贸综合服务、海关特殊监管区域（场所）、进口直销等外贸平台建设。支持内蒙古始发中欧班列增量扩容，对本地货源企业、代理企业、运营成员企业开展定向扶持，发展进出口加工贸易，建设境外物流园和商品分拣中心。全面推广国际贸易单一窗口、一站式作业、一体化通关，提升投资、通关、人员往来、车辆通行便利化水平。鼓励企业开展国际产品认证、专利申请、商标国际注册，支持企业参加境内外展会、境外贸易对接活动，推动自治区名优特新产品进入全球采购供应链。提升中蒙博览会国际影响力。

（2）全方位、宽领域、多层次扩大开放。依托国家级经济技术开发区、高新技术产业开发区和重点开发开放试验区，推广上海等自由贸易试验区可复制改革试点经验。创新招商引资优惠政策，鼓励引进世界500强、中国500强企业及行业领军企业、地区总部、功能性机构等。构建区域间协作发展新机制。

（3）积极融入京津冀协同发展。加强与京津冀蒙地区在口岸、公路、铁路、航空、管道等基础设施建设方面的合作，形成联通沿海港口、沿边口岸与内陆腹地高效对接的综合立体交通网络。推进重点地区生态综合治理合作。探索建立流域生态保护区与受益区横向生态补偿试点机制，强化区域大气污染联防联控，合力整治环境。继续深化京蒙对口帮扶和区域合作。积极融入非首都功能疏解，重点支持乌兰察布、赤峰、锡林郭勒等地区主动承接北京一般制造业、商贸物流、云计算后台服务和科技、教育、文化、医疗卫生等社会公共服务产业转移。积极吸引各类北京市企业在我区设立区域总部、生产基地、研发中心和营销中心。创新京蒙产业合作模式。支持通过委托管理、投资合作等方式，

创新产业跨区域转移利益共享机制，推动京蒙两地有条件的园区开展共建合作。推进赤峰、乌兰察布、锡林郭勒建设京津冀地区清洁能源输出基地。创新与天津自贸试验区合作模式。共同在内蒙古建设海关特殊监管区域和保税监管场所，构建天津港经内蒙古至俄蒙、中亚和欧洲的经贸通道。

（4）加快推进与周边地区合作。推动蒙东地区融入东北经济区发展。进一步深化与东北三省多层次沟通协商推进制度，协调解决跨省区基础设施建设、产业布局以及区域协调发展等重大事项。探索蒙东地区与东北三省建立产业合作发展平台，切实推进与东北三省区间要素有序流动、资源高效配置、市场深度融合。推进二连浩特等陆路口岸与辽宁省锦州等港口开展中蒙俄国际陆海经济合作，加快通辽、赤峰与铁岭、四平等地区开展协同创新合作，打造东北创新发展新高地。重点推进蒙晋冀（乌大张）长城金三角合作区建设。支持乌兰察布建设冬奥会辐射延伸产业基地，与河北省、山西省共同推进实施《蒙晋冀（乌大张）长城金三角合作区规划》，实现三省区毗邻地区跨越发展。积极融入环渤海地区合作发展。大力推进呼包银榆经济区发展。共同完善经济区政策，加快能源资源等要素整合，推进基础设施建设以及产业、旅游、教育等领域合作，努力建设内陆开放新高地。

（5）扩大与东部发达地区合作。构建东西区域互补发展新格局。加强与长三角、珠三角等地区合作，主动推动发达地区科技、人才、产业优势与我区资源、政策优势有效对接，建设承接产业转移示范区。打造高水平产业承接平台。坚持市场主导、资源互补、互利共赢原则，共同完善"飞地经济"模式，研究制定促进产业转移承接政策，以资源综合利用、先进制造业、金融、云计算等领域为重点，支持有条件的园区与长三角、珠三角等地区合作共建产业转移园区，助推自治区产业转型升级。努力推进招商引资工作。充分利用"广交会""厦洽会"等全国性大型投资促进活动平台，积极宣传自治区投资环境和招商项目，增强展会活动的集聚效应和规模效应，提高内蒙古招商成功率。

三、新时代内蒙古未来的区域发展战略格局与态势

在我们伟大的祖国全面建成小康社会，全面开启全面建成中国特色社会主义现代化强国新征程的伟大新时代，祖国北疆亮丽的风景线——内蒙古自治区必将在新时代谱写出锐意改革、扩大开放、高质量发展的新篇章。

1. 经济发展进入新常态

内蒙古经济增长的速度同全国一样趋于放缓，由高速增长转向中高速增长，这是区域经济发展到一定阶段后出现的普遍规律，同时也是经济结构需要及时调整、优化和升级的阶段，整个区域经济增长的动力将发生了根本性的改变。

（1）经济增长的方式由数量扩张转向质量提升。内蒙古发展的"新常态"反映的则是增长方式的转变问题，即由过去的数量型增长转向质量型增长。经济增长的方式不仅关注经济增长数量，更注重经济效率、经济结构、社会福利分配及生态环境改善和提高等内容，是对整体经济增长过程优劣的价值评判，是一种更为科学的发展方式。正如习近平总书记强调，"增长必须是实实在在和没有水分的增长，是有效益、有质量、可持续的增长"。

（2）发展动力由投资驱动转向创新驱动。与增长方式转变相伴而行的是发展动力的转变：数量型增长主要依靠要素和资本投入去驱动，而质量型增长则需要创新去驱动。内蒙古要素与投资对经济增长的贡献已经达到了极限，未来的发展必须寻找新的动力，必须把发展动力转到创新与技术进步上来，让创新成为驱动经济增长的主要动力。

（3）宏观政策由刺激增长转向区间调控。新常态下宏观政策的转型已势在必行了。政府调控的主基调是宏观政策要稳住、微观政策要放活和社会政策要托底。实际上这就是宏观政策即由过去的以"保增长"为中心转向以"调结构"为中心，稳增长、调结构成为宏观调控的主轴。在此基础上，将宏观政策的"稳"与微观政策的"活"有机地结合起来，并进行区间调控。调控的上限是"通货膨胀"，下限是"就业"，只要通胀在可承受的范围之内，失业率不超出充分就业的界限；或者说，只要经济运行大体处在合理区间，就不会轻易动用强刺激政策，更不会为了零点几个百分点的经济增长而干扰总体工作布局。新常态下内蒙古宏观政策的着力点将更多地聚焦于促改革、调结构，推动经济转型升级。

2. 草原文化更繁荣

习近平总书记在党的十九大报告中指出："中国特色社会主义文化，源自于中华民族五千多年文明历史所孕育的中华优秀传统文化，熔铸于党领导人民在革命、建设、改革中创造的革命文化和社会主义先进文化。"就是说，中华优秀传统文化、革命文化和社会主义先进文化共同构成了新时代中国特色社会主义文化的基本内涵。内蒙古大草原具有得天独厚的历史文化资源，内蒙古草原文化与黄河文化和长江文化等共同组成了中华民族的优秀传统文化。在中国特色社会主义革命、建设和改革开放的伟大实践中，在迈向新时代中国特色社会主义现代化强国的新征程中，内蒙古正在向世界讲述着中华文化的内蒙古篇章。

内蒙古围绕文化强区的奋斗目标，在研究、传承蒙元文化、大窑文化、红山文化、河套文化、契丹文化以及敕勒川等优秀民族和地区文化的基础上，重点总结、提炼和弘扬内蒙古人民在革命、建设、改革开放和全面建设现代化强国的新征程中积淀、创新和展现的革命文化和中国特色社会主义的先进文化。未来内蒙古的公共文化产品创作生产体系更加规范，具有新时代草原文化特色的优秀作品不断涌现，民族艺术影响力显著提升。现代公共文化服务体系基本建成，各族人民群众基本文化权益得到有效保障。民族优秀传统文化传承体系更加健全，文化遗产抢救、保护进一步加强。现代文化产业体系更加完善，民族特色文化产业发展活力明显增强。现代文化市场体系更加有序，监管和服务水平有效提升。对外文化交流和贸易日益活跃，草原文化全方位"走出去"，形成了一批富有民族和地域特色的对外文化交流的基地、企业和品牌，文化产品和服务出口规模有较大提升，交流渠道进一步拓宽，在国际主流市场中的比重增大，草原文化在国内外的影响力明显提高。基本建成公共文化、文物保护、艺术表演、非遗保护、文化产业、文化市场、对外文化交流、文化人才培养等公共文化大数据库，"公共文化大数据"服务平台有效运转，"互联网＋"在文化领域更加有效利用，文化工作水平和服务效能不断提升。文化体制改革政策举措纳入法制轨道，内蒙古传统文化基本实现了创造性转化和创新性发展，基本建成文化创造活力迸发、文化事业繁荣、文化产业振兴、文化人才荟萃、文化体制完善、各族人民群众精神文化生活更加丰富的、祖国北疆文化繁荣亮丽的风景线。

3. "西部中东协调、南向、北边合作"更有效

新时代内蒙古未来的发展取决于西部、中部与东部高质量的区域协调发展，取决于高质量的全方位对内和对外的开发与合作，特别是加强南向及北部边疆的对外开放与合作。

内蒙古西部及中部区域的呼包鄂城市群的辐射带动能力显著增强。在全面实施《呼包鄂榆城市群发展规划》的同时，建成呼包鄂金三角都市圈，建成准

格尔旗、达拉特旗、土默特右旗、土默特左旗、托克托县、和林格尔县等新型中等城市。内蒙古首府城市——呼和浩特，着力打造现代服务业中心和新型工业化科技示范区，最终建设成为立足首府，服务中东西、南北边，对接京津冀、面向俄蒙的民族特色鲜明的祖国北疆亮丽风景线上的区域中心城市，最终建成国家"一带一路"愿景与行动中的中蒙俄经济走廊、国家向北开放的、草原丝绸之路上的重要中心城市；包头重点建设钢铁、装备制造业、稀土新材料产业基地和绿色农畜产品精深加工基地，是国家国家和自治区向北、向西开放的战略支点城市；鄂尔多斯建成国家清洁能源输出主力基地和国家现代煤化工生产示范基地，建成为呼包银榆区域的中心城市，建成面向全国的智慧旅游、文化休闲、避暑养生基地，建成"祖国北疆亮丽风景线上的璀璨明珠"。高标准、高质量建成绿色、智慧、宜居的和林格尔新区；建成沿黄生态经济带。乌海及周边小三角（蒙西、棋盘井和乌斯太）区域发展特色鲜明，能够主动与呼包银榆经济区、宁蒙陕甘经济区和西陇海—兰新经济带形成产业协作和互补。阿拉善盟建成国家级重要的生态功能示范区、国家安全生态屏障、世界旅游目的地，成为服务丝绸之路经济带和中蒙俄经济走廊的重要通道——"阿拉善通道"。巴彦淖尔市建成国家知名农畜产品输出基地，着力融入呼包鄂协同发展，与蒙西"小三角"地区协作发展，建设成为呼包银榆经济区重要的区域城市和"一带一路"的重要节点城市。乌大张（乌兰察布市—大同—张家口）长城金三角有了长足的发展。

内蒙古东部区域发展加快。"锡赤通"城市群有了较大发展，与呼包鄂城市群、京津冀一体化的产业形成合作和互补关系。"霍乌哈（通辽市的霍林郭勒，锡林郭勒盟的三乌即东乌旗、西乌旗、乌拉盖管理区，兴安盟的哈日诺尔）金三角经济区"与东北振兴及朝鲜半岛等产业形成互补。

内蒙古在全方位扩大对内开放和合作的前提下，在注重与东北和西北地区合作的基础上，重点加强了南向（包括东南和西南方向）合作，特别是加强了与京津冀、长三角、粤港澳大湾区等国家重点科技创新区域的合作。

切实推动了内蒙古与北部边疆的对外国际合作。按照习近平总书记在考察内蒙古时的要求："通过扩大开放促进改革发展，发展口岸经济，加强基础设施建设，完善同俄罗斯、蒙古国合作机制，深化各领域合作，把内蒙古建成我国向北开放的重要桥头堡。"内蒙古深度参与"一带一路"建设，把向北开放作为战略方向，把推进中蒙俄经济走廊建设作为主要抓手，在深化同俄罗斯、蒙古国务实合作上取得重要进展。

4. 城市乡村更融合

内蒙古在统筹城乡发展、推进新型城镇化方面取得了显著进展，城乡要素流动顺畅、公共资源配置合理，影响城乡融合发展的体制机制障碍基本消除。树立了新型城乡关系，走出了一条城乡融合发展之路，进一步促进了乡村振兴和农业农村现代化。

全面统筹城市建设与管理，提升了城市管理精细化水平，培育形成了一批体现内蒙古高质量发展要求的特色小镇。城乡融合发展成效显著，推动了公共资源向农村牧区延伸。

坚持农牧业农村牧区优先发展，按照产业兴旺、生态宜居、乡风文明、治理有效、生活富裕的总要求，基本建立健全了城乡融合发展体制机制和政策体系，推动农牧业全面升级、农村牧区全面进步、农牧民全面发展，美丽乡村成为亮丽内蒙古的鲜明底色。

高质量推进城乡产业融合发展，农村"造血"功能和内在动力显著增强。城乡要素流动顺畅，配置合理。城乡治理有效，基本公共服务趋于均等化。城乡居民收入趋于均衡，城乡居民的富裕程度和生活质量显著提高。城乡牧区的基础设施、公共设施、产业发展和生态环境的空间布局得到优化，环境治理成效显著，农牧业各类资源得到有效保护、高效利用，基本形成了生态、宜居和谐的城乡居民人居环境。

5. "万里绿色长城"更稳固

以习近平生态文明思想为统领，确立了生态优先发展的理念，生态文明制度基本建立。内蒙古生态文明制度改革逐项落地，生态文明体系基本构建（生态文化体系、目标责任体系、生态文明制度体系和生态安全体系）。围绕自然资源资产管理、生态保护红线、生态补偿、生态环境保护与管理等关键环节，基本建立产权清晰、多元参与、激励与约束并重、系统完整的生态文明制度体系，基本形成源头预防、过程控制、损害赔偿、责任追究的生态文明制度体系。自然资源资产产权和用途管制、生态保护红线、生态保护补偿、生态环境保护管理体制等关键制度建设取得决定性成果。

生态环境质量总体改善。主要污染物排放总量继续减少，大气环境质量、流域水环境质量得到改善，饮用水安全保障水平持续提升，土壤环境质量总体保持稳定，环境风险得到有效控制。森林、草原覆盖度持续增加，国土空间开发强度与环境承载力在控制范围内，生物多样性丧失速度得到基本控制，森林、草原、湿地、河流、沙漠沙地、农田六大生态系统趋于稳定，主体功能区布局和我国北方重要生态安全屏障架构基本形成；产业结构调整和转型升级实现重大突破，全面完成了国家下达的节能减排降碳目标任务。

资源利用更加高效。随着生态文明建设不断推进，内蒙古地区经济发展与当地生态效益逐渐平衡，经济效益与生态效益基本实现良性发展，资源开发强度得到控制，绿色经济、循环经济和低碳经济大力发展，节能环保产业不断壮大，资源型产业链条延长，非资源型产业、绿色产业规模不断扩大，高效、清洁、低碳、循环的绿色发展产业体系逐步构建。创新内蒙古建设加快推进，市场导向的绿色科技创新体系构建，以生态优先、绿色发展提供科技支撑的基础研究—技术研发—产业发展的生态综合治理体系逐步建成。

我国北方面积最大、种类最全的内蒙古生态功能区基本建成，资源节约型、环境友好型社会建设成效明显，祖国北疆"万里绿色长城"更稳固。

第四节　重点发展的城市群

城市群是内蒙古参与国内外竞争与合作的重要载体和平台，发展重点城市群有利于提升内蒙古综合竞争力，促进区域协调发展，在更高起点上提升新型城镇化的层次和水平。重点城市群发展与城镇化进程密切相关。因此，这里首先对内蒙古城镇化历程进行回顾，然后重点介绍呼包鄂城市群发展现状，并对内蒙古重点城市群未来发展进行展望。

一、内蒙古城镇化历程回顾

21世纪以来，特别是党的十八大以来，内蒙古大力实施新型城镇化战略，以人口集中、产业集聚为重点，按照大中小城市和小城镇协调发展的思路，不断提高城镇综合承载能力、要素集聚能力和对周边地区的辐射带动能力，呈现出城镇化速度、规模、层次和水平共同提高的新局面。

1. 城镇化率显著提高

2017年，内蒙古常住人口城镇化率达到62.02%，比2001年提高18.48个百分点。但是，从城镇化进程综合指数变化看，近年来内蒙古的城镇化进程有逐年放缓的趋势。例如，2012年内蒙古城镇化进程综合指数达到峰值的106.97，城镇化水平比2011年提高6.97%。之后，城镇化进程逐年放缓，2015年比2011年回落3.02个百分点①。如图11-1所示。但是，从地区发展阶段看，这种趋势性变化基本符合城镇化的发展规律。

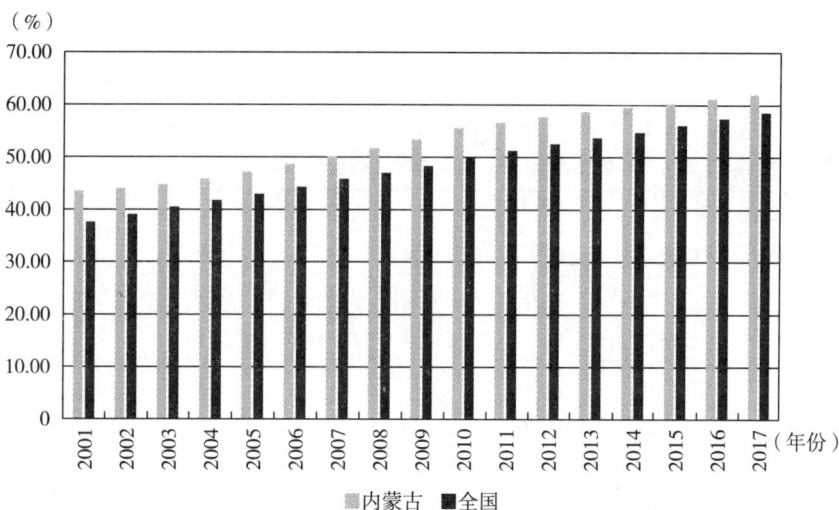

图11-1　2001~2017年内蒙古和全国常住人口城镇化率变化情况

2. 城镇格局逐渐优化

经过多年发展，内蒙古"一核多中心、一带多轴线"的城镇体系初步建立，大、中、小城市和小城镇协调发展的格局正在加快形成。目前，内蒙古共有城市20个，其中，大城市2个、中等城市4个、小城市14个，旗、县、城关、镇69个，建制镇425个②。

---

① 内蒙古统计局."十二五"时期内蒙古新型城镇化进程统计监测报告[EB/OL]. http：//www. nmgtj. gov. cn/nmgttj/tjbg/zzq/webinfo/2017/02/1485311366556078. htm，2017－02－24/2018－03－15.

② 内蒙古自治区人民政府. 内蒙古自治区"十三五"新型城镇化规划[EB/OL]. http：//www. nmg. gov. cn/art/2016/12/15/art_ 1686_ 137460. html，2016－12－05/2018－03－15.

3. 城乡规划体系不断完善

截至目前，内蒙古编制完成了《内蒙古自治区城镇体系规划（2015—2030)》《呼包鄂协同发展规划纲要》《乌海及周边地区城镇规划》等，城市控制性详细规划的覆盖率达到80%以上；编制完成了250个自治区级重点镇规划以及90个一般建制镇规划和58个旗县的村镇规划，完成了5934个行政村规划。

4. 城市面貌焕然一新

近年来，内蒙古有3个城市被评为全国文明城市，7个城市进入"国家园林城市"行列，5个城市进入"国家森林城市"行列，7个城市建设项目获得"中国人居环境范例奖"[①]。如表11 – 2 所示。

表11 – 2　内蒙古全国文明城市、国家园林城市、国家森林
城市和国家人居环境范例奖城市情况

名称	城市
全国文明城市	包头市、鄂尔多斯市、满洲里市
国家园林城市	呼和浩特市、包头市、鄂尔多斯市、乌海市、扎兰屯市、乌兰察布市、通辽市
国家森林城市	呼和浩特市、包头市、鄂尔多斯市、呼伦贝尔市、赤峰市
中国人居环境范例奖	乌海市乌达区煤矿棚户区搬迁改造爱民佳苑项目、锡林郭勒盟多伦县多伦诺尔镇古城保护与建设项目、呼伦贝尔市阿荣旗那吉小镇建设项目、赤峰市喀喇沁旗锦山镇小城镇建设项目、乌兰浩特市成吉思汗公园维护改造项目、呼和浩特市成吉思汗生态节约型景观治理项目、呼伦贝尔市弘扬民族文化塑造草原风情城市项目

资料来源：内蒙古自治区人民政府. 内蒙古自治区"十三五"新型城镇化规划［EB/OL］. http：//www. nmg. gov. cn/art/2016/12/15/art_ 1686_ 137460. html，2016 – 12 – 05/2018 – 03 – 15.

5. 城镇经济快速发展

2016年，内蒙古60%左右的人口居住在城镇，50%的劳动力在城镇就业创业。近年来，以重点项目园区和特色产业基地为平台，优化产业布局，聚集生产要素，促进了一批新兴产业和产业集群加快发展，带动了城镇规模扩张和综合实力的不断提升。如表11 – 3 所示。

---

① 内蒙古自治区人民政府. 内蒙古自治区"十三五"新型城镇化规划［EB/OL］. http：//www. nmg. gov. cn/art/2016/12/15/art_ 1686_ 137460. html，2016 – 12 – 05/2018 – 03 – 15.

表 11 - 3 2016 年内蒙古主要城市经济发展情况

城市名称	土地面积（万平方千米）	户籍城镇人口（万人）	生产总值（亿元）	工业总产值（亿元）	客运总量（万人）	货运总量（万吨）	固定资产投资（亿元）	一般公共预算收入（亿元）	住户存款余额（亿元）	在岗职工工资总额（亿元）
合计	68.46	1005.76	11532.36	8079.28	13375	185746	6722.64	785.03	9426.71	979.95
呼和浩特市	1.72	150.26	2365.75	572.08	466	16887	976.87	128.18	1866.01	196.11
包头市	2.78	149.38	3485.06	2588.08	1552	36145	2309.57	229.07	1371.31	215.89
呼伦贝尔市	25.34	167.45	303.62	198.11	2530	17793	208.03	17.03	839.37	35.55
通辽市	5.89	94.52	729.68	949.93	2359	14032	641.12	46.52	599.55	62.66
赤峰市	9.00	142.73	847.84	776.22	2791	13539	591.66	48.96	1169.19	86.11
乌兰察布市	5.45	89.92	187.85	133.03	343	6384	76.19	17.95	686.43	36.79
鄂尔多斯市	8.69	55.33	1026.71	564.99	937	47216	505.69	83.33	1574.77	70.00
巴彦淖尔市	6.44	65.95	297.27	322.90	1368	8885	176.03	22.28	610.73	39.31
乌海市	0.18	40.76	572.23	363.71	296	7249	165.12	81.56	349.31	55.29
满洲里市	0.07	17.21	241.55	112.27	154	3051	125.00	12.93	127.50	21.10
扎兰屯市	1.68	17.80	187.92	267.61	339	598	130.26	5.20	84.23	21.95
牙克石市	2.78	30.54	230.10	207.59	646	5290	82.40	6.74	122.31	18.05
根河市	2.00	12.97	43.00	13.65	63	172	19.18	1.22	54.64	6.79
额尔古纳市	2.90	5.89	47.77	32.08	24	—	32.62	2.60	29.50	8.27
乌兰浩特市	0.27	25.59	168.34	150.76	142	1496	117.00	7.86	143.71	28.54
阿尔山市	0.74	4.60	17.48	0.65	8	33	43.70	1.12	16.96	3.90
霍林郭勒市	0.06	8.21	296.17	406.69	89	8150	218.91	31.72	49.42	19.69
二连浩特市	0.40	3.03	109.66	77.46	133	2906	42.08	5.81	45.11	5.20
锡林浩特市	1.58	16.24	228.14	142.88	451	13180	181.41	29.42	154.25	38.49
丰镇市	0.27	11.96	146.22	198.59	87	679	79.80	5.54	62.58	10.25

资料来源：根据《内蒙古统计年鉴》（2017）相关数据整理。其中，生产总值、工业总产值、固定资产投资、一般公共预算收入、在岗职工工资总额不包括市辖县数据。

二、呼包鄂城市群发展现状

城市群是城市发展到成熟阶段后的一种空间组织形式，是地域上集中分布的若干城市通过分工协作集聚而成的城市联合体。总体看，呼包鄂城市群是当前内蒙古真正意义上的城市群。因此，这里重点介绍呼包鄂城市群的发展基础、发展成就和发展中面临的突出问题。

1. 发展基础

呼包鄂城市群位于内蒙古自治区中西部，总面积13.16万平方千米，占内蒙古国土面积的11.4%，2016年常住人口800.15万人，占内蒙古常住总人口的31.75%[①]。呼包鄂城市群位于全国城镇体系"京—呼—包—银"城镇发展轴的中段，全国"两横三纵"城市化战略格局包（头）昆（明）通道纵轴北端，是国家呼包鄂榆重点开发区和呼包鄂榆城市群的核心组成部分，也是内蒙古最具综合竞争力和发展潜力的增长极。

（1）区位优势独特。呼包鄂城市群依托呼包鄂榆城市群，北临蒙古国和俄罗斯远东地区，东靠环渤海地区，西接宁夏回族自治区、甘肃省和新疆维吾尔自治区，与京津冀、环渤海地区相呼应，是我国"一带一路"建设中"承东启西""沟通南北""链接国内与国外"的重要平台和交通枢纽。

（2）经济基础好。呼包鄂城市群蕴藏着全世界70%的稀土矿、全国1/10的煤炭，还有丰富的铁、天然气、石油、天然碱、芒硝、高岭土、盐、云母、石灰石、磷、陶土、黄金等矿产资源。这些资源储量大、品位高、矿种多，具有很高的工业开采价值。目前，城市群已经发展成为全国重要的清洁能源输出基地、绿色农畜产品生产加工输出基地、旅游观光休闲度假基地和冶金、装备制造基地，初步形成了以能源、化工、农畜产品加工、装备制造、医药等为主体的产业体系，国际贸易、国际物流等服务业快速发展，开放型经济体系初步形成。

（3）城镇体系相对完备。拥有两座Ⅱ型大城市呼和浩特、包头，中等城市鄂尔多斯，一批小城市和各具特色的中小城镇快速成长。

（4）创新潜力较大。呼包鄂城市群拥有内蒙古全部的三甲医院，70%的普

---

① 根据《内蒙古统计年鉴》（2017）相关数据整理。

通高等院校，60%以上的科研机构，50%以上的文化体育场馆，国家级经济技术开发区2个，国家级高新区1个，创新发展基础坚实。

（5）旅游资源丰厚。呼包鄂城市群是我国黄河文化、原始文明和蒙古族文化的交融处，是草原文化的发祥地之一，形成了典型的民族文化特色，具有建设体现草原文化、独具北疆特色的旅游观光休闲度假基地的独特优势。

（6）经济社会人文联系密切。呼包鄂市群三个城市间及三个城市与周边地区间山水相连、人缘相亲、文化一脉，经贸往来密切，区域交通、农牧业、商贸、教育、科技、劳务等领域合作不断加强，毗邻区域合作不断深化，呼包银榆经济区合作进程逐步加快，一体化发展趋势日益明显。

2. 发展成就

（1）综合经济实力不断增强。2016年，呼包鄂城市群地区生产总值11459.15亿元，占内蒙古12个盟市经济总量的比重达到53.8%；一般公共预算收入991.9亿元，占内蒙古12个盟市一般公共预算收入比重达到57.8%[1]。中国经济发展进入新常态后，呼包鄂城市群不断完善发展思路，创新发展举措，稳住了经济增长，实现了新常态下的新发展。

（2）转型升级步伐明显加快。城市群初步形成了多元发展、多极支撑的产业发展格局。呼和浩特市绿色食品、电力、光伏、现代化学工业四大产业集群建设取得明显成效，新兴服务业蓬勃发展，建成全国最大的云数据基地，旅游总收入、接待总人数稳居内蒙古12个盟市的首位，三次产业的产值结构由2010年的4.9:36.4:58.7演进为2016年的3.6:27.9:68.5，初步形成了以服务业为主导的产业发展新格局[2]。包头市三次产业的产值结构由2010年的2.9:51.6:45.5调整为2016年的2.5:47.1:50.4，第三产业占比开始超过第二产业；"东铝、西钢、南高、北装"的工业布局全面构建，传统产业加快改造提升，战略性新兴产业持续壮大；现代物流业"六园区、一支点"布局已经形成，商贸集聚区和专业市场建设成效显著，旅游、金融、电子商务等现代服务业蓬勃发展。现代农牧业发展迈出新步伐，国家级龙头企业、驰名商标和知名品牌数量位居全区前列[3]。鄂尔多斯市资源型产业向精深加工转化，"十二五"期间新增电力装机582万千瓦、煤化工产能901万吨，煤炭就地转化率由11%提高到18%；非煤

---

①②③根据《内蒙古统计年鉴》（2017）相关数据整理。

产业持续做大做强，占规模以上工业增加值的比重提高19.2个百分点；现代服务业蓬勃发展，农牧业基础地位不断稳固，三次产业产值结构由2010年的2.7∶58.7∶38.6演进为2016年的2.4∶55.7∶41.9①。

（3）城乡面貌发生重大变化。呼和浩特市按照"改造提升中心城区，规划建设东部新区，打造北部生态观光带，建设南部现代产业园"的城市发展思路，城乡规划体系不断健全完善，城市综合立体交通体系加快形成，城市功能不断完善，美丽乡村建设不断取得新的进展。包头市坚持规划先行、建管并重，新都市区开发建设扎实推进，"五横八纵"路网基本形成，行政村油路通达率达到100%，农牧民生产生活条件明显改善。鄂尔多斯市城市功能不断增强，中心城区一体化步伐不断加快，承载能力明显提升，特色城镇建设成效明显，美丽乡村建设持续推进，农村牧区人居环境和基本公共服务水平快速提升。

（4）生态环境持续改善。呼和浩特市大力实施天然林保护、退耕还林、退牧还草、京津风沙源治理、森林生态效益补偿、中幼林抚育等国家重点生态建设工程，按照"防护'一川'、修复'两山'、绿美'三线'"的总体思路，大力推进城乡一体化生态体系建设，2016年建成区绿化覆盖率达到39%左右，节水工作取得突破性进展，被国家评为全国节水型示范城市。包头市深入实施京津风沙源治理、大青山绿化、围封禁牧等重点生态工程，开展重点行业和区域环境综合整治，推进工业节能减排和大气、水、土壤污染防治工程，城区环境质量持续改善；推行环境网格化管理，加快发展循环经济，工业固废综合利用率达到80%左右，获评全国生态文明先行示范区、循环经济示范城市、节能减排财政政策综合示范城市。鄂尔多斯市依托国家重点生态工程，大力实施地方林业工程，成功创建全国绿化模范城市和国家森林城市，沙害基本消失，林业信息化建设走进全国前列，获评"全国林业信息化示范市"②。

3. 面临问题

近年来，虽然呼包鄂城市群建设取得了突出成就，但是从城市群协同发展、共同发展和一体化发展的要求看，呼包鄂城市群未来发展还面临以下突出难题：一是基础设施一体化方面，城际间快速轨道交通虽然建立，但不同运输方式之

---

① 根据《内蒙古统计年鉴》（2017）和《鄂尔多斯市政府工作报告》（2016）相关数据整理。

② 内蒙古新闻网．鄂尔多斯生态建设：绿富双赢[EB/OL]．http：//inews.nmgnews.com.cn/system/2015/12/09/011831466.shtml，2015－12－09/2018－03－15.

间缺乏统一规划，配套衔接不畅，航空、铁路、公路运输之间没有实现"无缝对接"。乡镇公路等级偏低，配套不完善，村级道路建设欠账较多。三市之间、三市核心区与乡镇间的运输成本相对较高，物流体系建设存在部门分割、行业垄断、地方封锁等现象。二是市场一体化方面，受地方利益影响，市场一体化进展较为缓慢。地区、部门、行业之间封闭问题较为严重，各类生产要素配置还是以行政区划内为主，市场化程度较低。没有形成统一的金融、信贷市场、人才市场、房地产市场，这直接导致资源浪费、恶性竞争、效率低下等问题。三是产业发展一体化方面，产业结构不合理，存在趋同现象，产业升级缺乏后劲。产业的极化效应明显，扩散效应不足。科技研发、技术储备、创新能力等方面成为明显"短板"。四是政府职能一体化、生态环境建设一体化和城乡发展一体化三个方面还没有实质性的发展规划和合作对话机制，起步晚，进展慢。与长江三角洲、珠江三角洲和环渤海地区相比较，一体化程度和水平、一体化特征和内部机制，一体化对区域经济增长的贡献等方面都存在明显差距。

三、内蒙古重点城市群未来展望

从新型城镇化发展趋势和优化国土空间开发格局要求看，内蒙古需要在推动呼包鄂三市协同发展、发挥呼包鄂城市群核心引领作用的同时，还要重点打造"锡赤通"城镇带，促进呼伦贝尔—兴安盟城镇片区和乌海周边城镇片区加快发展，提高空间利用效率，加快构建"一核引领、多中心带动"的城市群发展格局。

1. 推动呼包鄂协同发展

（1）总体思路。全面践行新发展理念，坚持新型工业化、信息化、城镇化、农牧业现代化、绿色化"五化"协同，以基础设施互联互通为基础，以呼包鄂同城化建设为载体，以优化要素资源配置为核心，以区域统一市场建设为重点，以改革创新为动力，以"合作共赢、共同发展"为根本目标，着力推进基础设施共建共享、生态环境联保共治、产业互补协作、基本公共服务均等化，显著提升区域整体竞争力和发展活力，建成生态优美、交通顺畅、经济协调、市场统一、机制科学的呼包鄂黄金经济带，在内蒙古率先全面建成小康社会。

（2）发展定位。一是国家资源型地区可持续发展试验区。坚持走资源节约型和环境友好型发展之路，加强生态建设和环境保护；围绕自治区"六大基地"

建设，以世界级新兴乳业基地、"稀土＋"基地和国家绿色农畜产品生产加工输出基地、清洁能源生产输出基地、新型煤化工基地、大数据云计算产业基地为重点，加快产业结构转型升级，为国家资源型地区可持续发展提供经验。二是边疆民族地区统筹城乡发展先行区。立足边疆少数民族地区实际，加快呼包鄂产城融合和两化融合步伐，持续提高呼包鄂中心城市的承载能力和辐射带动作用。全面提高农村牧区公共服务水平，着力搞好乡村振兴，引领边疆少数民族地区城乡统筹发展。三是黄河中上游生态环境保护示范区。以生态文明制度建设为重点，以国家和内蒙古生态工程建设为抓手，持续加大生态建设投入。加强环境监测与执法，实施环境联防联控，切实推进节能减排工作，确保呼包鄂地区水体洁净、空气清新、宜业宜居。四是中蒙俄经济走廊的重要支撑区。主动对接蒙古国"草原丝路"倡议和俄罗斯加快远东地区开发战略，深化人文交流合作，强化基础设施互联互通，提升经贸合作水平，全方位推进与蒙俄的务实合作，加快外向型经济发展，在中蒙俄经济走廊建设中走在前列。五是内蒙古区域协同发展的样板区。加快改革创新步伐，建立健全协同发展体制机制，消除制约协同发展的行政壁垒和障碍，促进要素自由流动和产业协作，探索总结可复制、可推广的区域协同发展经验，为内蒙古区域协同发展发挥引领带动作用。

（3）空间格局。坚持区域协同、城乡一体，按照要素有序自由流动、主体功能约束有效、基本公共服务均等、资源环境可承载的要求，塑造"一核两翼三带四区"的空间格局①。"一核两翼"即以呼和浩特市为核心，以包头市和鄂尔多斯市为副中心城市，推动呼包鄂三市协同发展。"三带"即打造沿黄河沿交通干线产业带、阴山北麓新能源产业带和土默川绿色农畜产品生产加工输出带。"四区"即突出抓好以鄂尔多斯市为主的丘陵沟壑、沙漠沙地生态治理区；以和林格尔、托克托和清水河等为主的土石山生态治理区；以固阳、武川、石拐、达茂旗等为主的阴山北麓生态综合治理区；以九原区、土左旗、新城区、回民区、青山区、东河区、昆都仑区、土右旗等为主的大青山南麓生态保护区。

（4）重点任务。一是加快形成现代综合基础设施网络体系。统筹规划重大基础设施建设项目，以同城化、网络化、便利化为目标，加快形成衔接顺畅、

---

① 内蒙古自治区人民政府．解读《呼包鄂协同发展规划纲要》（2016—2020）［EB/OL］．http：//www. nmg. gov. cn/wz/xjbft/201606/t20160608_ 554031. html，2016－06－08/2018－03－15.

运行高效、服务优质、安全环保的现代综合基础设施网络体系。二是联合共建生态文明。坚持绿水青山就是金山银山的理念，设定农牧业发展空间和生态保护红线，实施最严格的生态环境保护制度，建立生态建设和环境保护区域联动机制，构建绿色低碳循环经济体系，为城乡居民提供更多优质的生态产品，建设祖国北疆重要生态安全屏障的承载区。三是促进产业协同发展。按照三市的资源禀赋、产业基础和未来发展潜力，明确各自产业发展重点和主攻方向，加快产业转型升级，推动优势产业向中高端迈进，建立优势互补、配套协调的产业分工体系。四是推动基本公共服务均等化。坚守民生底线，创新公共服务提供方式和合作方式，推进三市基本公共服务均等化，不断提高公共服务共建能力和共享水平。五是统筹推进创新驱动发展。促进创新资源加速集聚、开放共享、合理配置和高效利用；推动原始创新，强化集成创新和引进消化吸收再创新；深化科技管理体制改革，大力实施人才兴市战略，建立健全区域协同创新体系，共同打造创新驱动发展新高地。六是共同推动改革开放。深化国家和内蒙古全面深化改革各项战略部署，共同打造内蒙古全面深化改革示范区；以"一带一路"建设为重点，在深化与俄蒙务实合作的同时，大力推进国内各层次交流合作，不断拓展对外开放新空间，把呼包鄂城市群发展成为内蒙古对外开放与国内区域合作的核心区①。

2. 重点打造"锡赤通"城镇带

（1）发展思路。强化锡林郭勒盟、赤峰市和通辽市三市主城区地位，合理控制人口规模和城镇建设用地面积，进一步增强要素集聚、科技创新和服务功能，完善合作推进制度和利益协调机制，通过完善城镇规划和区域性规划，推动锡林浩特—正蓝旗—多伦县、赤峰中心城区—喀喇沁旗、通辽主城区—通辽经济技术开发区—奈曼旗一体化建设，形成以三市核心区为中心，以旗县所在地为节点，以广大村镇为腹地的城镇体系框架，引领锡赤通地区协同发展、共同发展和一体化发展。

（2）空间格局。以强化三个盟市核心区辐射带动作用为基础，以培育区域中心城市为重点，以建设小城市和重点小城镇为支撑，优化城镇体系结构。一

---

① 内蒙古自治区人民政府. 解读《呼包鄂协同发展规划纲要》（2016—2020）［EB/OL］. http：// www. nmg. gov. cn/wz/xjbft/201606/t20160608_ 554031. html, 2016 – 06 – 08/2018 – 03 – 15.

是以锡林浩特市主城区为核心，建成蒙东地区中心城市，锡林郭勒盟政治、经济和公共服务中心，以能源、现代化工和绿色食品精深加工为主的新型工业城市，草原生态与文化旅游城市。推动环渤海地区合作发展，积极融入京津冀协同发展，加快能源通道建设，积极承接发达地区产业转移，推动生态环境联防联治，积极推进冀辽蒙九市一盟区域合作发展。二是赤峰市核心区要进一步提升城市新区建设品位，推进平庄城市功能提升，加快锦山区环境综合治理。以主城区为核心，联动平庄、元宝山以及喀喇沁旗锦山镇，推进周边城镇特色化发展，发展成为蒙东冀北辽西地区的区域性中心城市，建设以有色金属、能源化工、商贸物流、文化旅游等为特色的生态宜居名城。推动环渤海地区合作发展，积极融入京津冀协同发展，深入推进与辽宁省在能源、产业、生态、物流、教育、文化、科技等方面的合作，推进能源通道建设，推动冀辽蒙九市一盟合作，不断增强与通辽市和锡林郭勒盟的经济联系，推进西辽河平原城镇密集区联动发展。三是通辽市核心区要引导城市向北跨河发展，进一步提升北部商务中心、科研中心和行政中心发展水平，优化南部城区商业中心、文化中心服务功能。以主城区为核心，发展成为全国综合交通枢纽，服务京津冀地区的清洁能源输出基地，我国重要的新能源新材料和绿色农畜产品基地，全国重要的文化旅游名城和国家园林城市。进一步加强与辽宁省、吉林省在能源、产业、生态等方面合作，加快能源通道建设，主动承接发达地区产业转移，共同推进生态综合治理、地震联防、防洪等重点工作。逐步增强与赤峰市和锡林郭勒盟经济联系，共同推进西辽河平原城镇密集地区发展。四是培育发展小城市。以县城和发展潜力较大的乡镇为重点，加快基础设施建设，提升综合服务功能，推动具备行政区划调整条件的县有序撤县改市，推动扩权强镇工作试点。鼓励引导产业项目向资源环境承载力强、发展潜力大的县城布局，夯实县城产业基础。加强市政基础设施和公共服务设施建设，推动公共资源配置适当向县城倾斜。鼓励适度增加集约用地程度高、吸纳人口多的县城建设用地供给，有效满足农牧民就近城镇化的住房需求。五是重点发展小城镇。位于"锡赤通"地区范围内的重点镇，要加强与周边城市的统筹规划、功能配套，有效分担城市功能。具有特色资源、区位优势的小城镇，要通过规划引导、市场运作，培育成为文化旅游、商贸物流、资源加工、交通枢纽等专业特色镇。其他一般小城镇，要完善基础设施和公共服务，发展成为服务农村牧区、带动周边发展的综合性小城镇。六是推进产城融合发展。充分发挥市场配置资源决定性作用，更好发挥政府规划和政策引导作用，全面落实产城融合发展理念，进一步加强规划设计、方案制定、路径探索，加快空间整合、产业整合、功能整合、环境整合和机制整合，促进产业与城市共同升级发展，走以产兴城、以城带产、产城融合、城乡一体的发展道路，加快产业园区从单一的生产型园区经济向综合型城市经济转型。

（3）重点任务。一是推动基础设施互联互通。按照适度超前、布局合理、结构优化、一体服务的原则，统筹域内重大基础设施建设，加快构建高效快捷的综合交通运输网络体系、配套完善的水利设施体系、安全清洁的能源保障体系、资源共享的信息网络体系，增强联动发展的支撑和保障能力。二是推动产业分工协作。坚持协调发展，依托现有产业基础，发挥比较优势，联合开展科技创新，加快产业转型升级，淘汰落后过剩产能，共同承接产业转移，积极发展新经济，不断提升产业和产品竞争力，打造一批有较强竞争力的优势产业基地，构建具有区域特色的现代产业体系。三是推动生态文明共建。坚持绿色发展，强化尊重自然、传承历史、绿色低碳等理念，严格保护水土资源，严格控制城市边界无序扩张，严格控制污染物排放，贯彻落实主体功能区规划，切实加强生态保护和环境治理，确保区域生态安全。探索建立跨区域生态文明建设联动机制，严格按照主体功能定位推进生态一体化建设，加强生态环境综合治理，形成人与自然和谐发展格局。四是联合推动开放合作。坚持开放发展，着力推进体制改革和机制创新，大力发展开放型经济，不断深化国内外区域合作，全面提升开放层次和水平。积极参与"一带一路"建设，推动沿边开发开放，打造东北亚物流重要交通枢纽；以二连浩特国家重点开发开放试验区、通辽内陆港保税库、赤峰保税物流中心为重要平台，整合政策资源，高起点打造内陆对外开放重要支撑区。积极加强与东三省和环渤海地区合作发展，进一步加强面向长三角、珠三角、港澳台等东部沿海地区的招商引资和市场开拓，引导资金、技术转移，促进产业结构优化升级，积极开展与长江经济带及中西部地区交流合作，创新合作机制，深化合作领域，实现共赢发展。五是联合推进农牧业转移人口市民化。创新和完善区域人口服务与管理制度，逐步消除城乡区域间户籍壁垒，促进人口有序流动、合理分布和社会融合。联合推进户籍制度改革，健全农牧业转移人口落户制度，推进符合条件的农牧业转移人口落户城镇。建立健全政府、企业、个人共同参与的农牧业转移人口市民化成本分担机制，完善财政转移支付同农牧业转移人口市民化挂钩机制。稳步推进城镇基本公共服务常住人口全覆盖,把进城落户农牧民纳入城镇住房和社会保障体系,在农村牧区参加的养老保险和医疗保险规范接入城镇社保体系,保障随迁子女平等享有接受义务教育的权利。

3. 促进呼伦贝尔—兴安盟城镇片区加快发展

(1)发展思路。重点建设大兴安岭岭西与岭东环型交通网络体系,全力打造海拉尔区—满洲里市—牙克石市—额尔古纳市—根河市—扎兰屯市—阿尔山市—乌兰浩特市"呼兴生态文化旅游城镇圈"。充分发挥满洲里国家重点开发开放试验区作用,建设中俄蒙合作先导区和"一带一路"北线重要交通枢纽。推动海拉尔区—呼伦贝尔经济开发区—鄂温克旗、乌兰浩特市—科左前旗一体化发展,加快形成以呼伦贝尔市、兴安盟核心区为中心,特色城镇联动发展的新型城镇体系。

(2)发展方向。一是呼伦贝尔市核心区要推动新城区建设,完善河东组团和河西组团综合服务功能,以主城区为核心,联动推进周边园区和巴彦库仁镇、巴彦托海镇等重点镇联动发展,发展成为我国东北地区开放型中心城市、蒙东地区重要的产业基地和服务中心、具有草原文化和民族特色的国际旅游名城和生态宜居城市。二是满洲里市核心区要围绕产业、贸易结构调整和释放开发开放潜力,优化提升城市综合服务功能,重点发展国际贸易、现代物流、跨境旅游、会展等服务业,积极发展进出口加工制造、煤炭深加工、矿产品冶炼,加快构建沿边开发开放新的体制机制,发展成为面向东北亚的区域性国际贸易基地、跨境旅游基地、进出口加工制造基地、能源开发转化基地、国际物流中心和科技孵化合作平台、对外交流合作平台、中蒙俄经济走廊的重要节点和综合性枢纽,建成东北亚著名的国际口岸旅游城市、我国沿边开放的重要窗口和重要经济增长极。三是乌兰浩特市核心区要进一步完善河东新区公共服务功能,加快东部新城和临港新城建设,以主城区为核心,联动周边经济开发区和工业园区,发展成为蒙东地区清洁能源基地、区域性交通枢纽和物流集散地、内蒙古历史文化名城和生态宜居城市①。四是大力发展特色小城镇。根据自然空间广阔、人口密度较低、资源分布广泛等特点,以城关镇、重点镇、工矿区和口岸

---

① 内蒙古自治区人民政府. 内蒙古自治区"十三五"新型城镇化规划[EB/OL]. http://www. nmg. gov. cn/art/2016/12/15/art_ 1686_ 137460. html, 2016 – 12 –05/2018 –03 –15.

市镇为重点，集中建设一批规模适度、环境优美、功能突出、形态各异的特色小城镇，发展成为区域中心城市的节点、县域经济的中心、城乡一体化的支点。抓住国家推进沿边开发开放重要战略契机，加大边境口岸城镇建设力度，打造"一带一路"上的重要人流、物流节点和进出口加工区。抓住国内外消费结构升级契机，加大生态旅游城镇建设力度，完善旅游服务设施，整体打造旅游观光休闲度假基地。抓住资源型产业转型升级契机，推动资源开发型城镇向低碳宜居城镇转型。抓住生态移民契机，推动农村牧区城镇聚集人口、发展特色产业，建设低密度生态宜居小城镇。

（3）重点任务。一是优化城镇体系结构。充分发挥沿边开发开放独特优势，完善城镇空间布局，提升城镇服务功能，加快形成边境口岸城镇与区域中心城市开放互动、城乡一体化发展的新格局。二是构建开放型产业新体系。以提升开放型经济水平为方向，推进域内产业优化升级，加快构建以现代农牧业为基础、现代工业为主体、现代服务业为支撑的开放型产业新体系。三是提升发展保障能力。按照统筹规划、合理布局、适度超前的原则，加快交通、水利、能源、信息等基础设施综合网络体系建设，不断提升开发开放的保障能力。四是推动共享发展。加强公共服务交流合作，不断提升民生和社会事业发展水平，筑牢祖国北疆安全稳定屏障。五是推动绿色发展。坚持保护优先、节约优先和自然恢复优先的方针，建设资源节约型和环境友好型社会，打造我国北方重要的生态安全屏障。

4. 促进乌海周边城镇片区加快发展

（1）发展思路。以推进区域一体化发展为目标，以改革创新为动力，着力优化空间布局，增强资源环境综合承载能力，优化资源和要素配置，加快一体化发展；着力加强自主创新，优化产业结构，积极推进产业转型升级；着力加强合作联动，创新跨界协调机制，实现区域高效、协调、可持续发展，把乌海及周边地区建设成为经济高效、特色突出、空间集聚、布局优化、山川秀美、滨水宜居、城乡协调、人民富裕、开放合作、区域一体的组合型区域性中心，蒙西地区重要的经济增长极和转型发展示范区①。

---

① 乌海市规划局. 乌海及周边地区城镇规划（2010—2030）［EB/OL］. http：//www. whsghj. gov. cn/ghcg/qygh/18996629_ a8e4_ 4e95_ a687_ 483b21806dba. html，2012－06－20/2018－03－15.

（2）发展方向。一是空间布局一体化。加快形成"一核三片"空间结构，即以环湖地区为人口和城市功能聚集中心，以外围三个片区为产业聚集区，形成组合型区域性中心。二是产业布局一体化。推动产业延伸和多元发展，构建资源节约型、环境友好型产业体系和区域一体化产业体系。根据各片区工业发展需求，结合各片区空间发展现状和潜力，加快形成千里山—蒙西、乌达—乌斯太和海南—棋盘井三个工业集中区。三是生态环境治理一体化。转变发展方式，改变高度依赖资源、环境污染负荷较重的中低端制造业生产模式，优化区域产业结构，优化城镇建设布局，构建与区域环境协调发展的新格局。进一步加大区域内生态建设和环境治理力度，提升区域水资源配置和协调能力，提升大气质量改善能力，提升城市生态服务功能，逐渐改善区域生态环境。四是政策机制一体化。降低行政分治对区域资源配置和产业分工形成的阻力，统筹考虑建立区域性政策引导和区域协调机制，推动建立一体化的政策保障体系。

（3）重点任务。一是优化生产力空间布局。强化产业分工协作，突出乌海市的综合服务功能，重点推进三大工业集中区建设。乌海湖两岸发展生态文化旅游业，重点打造休闲度假区；建设巴彦淖尔、阿拉善进口资源落地加工基地，推动环乌海湖国家级高新技术产业园区建设。二是推进基础设施一体化。拓展南北向区域通道建设，推进主要城镇连接点的轨道交通建设，规划建设覆盖全域的基础通信网、无线宽带网、应急指挥通信网和数字电视网，不断提升区域发展的支撑能力①。三是推动基本公共服务均等化。深化户籍制度改革，建立健全与居住证直接挂钩的基本公共服务提供机制。四是强化环境污染联防联治。深化环境保护机构改革，建立跨区域的环保机构，统一制定域内生态建设和环境保护规划，统一域内环境监察监测执法体系，不断提高区域环境质量。五是完善区域协调发展体制机制。设立乌海及周边地区一体化管理协调委员会，建立由内蒙古自治区人民政府统一领导、域内相关盟市和旗县政府参加的会商机制，探索建立区域合作发展利益调节和激励机制，研究制定统一的考核评价体系。

---

① 乌海市规划局. 乌海及周边地区城镇规划（2010—2030）［EB/OL］. http：//www. whsghj. gov. cn/ghcg/qygh/18996629_ a8e4_ 4e95_ a687_ 483b21806dba. html，2012－06－20/2018－03－15.

参考文献

［1］李树林．内蒙古自治区经济发展战略的回顾与反思［J］．理论研究，2001（2）：20－21.

［2］内蒙古区情网．内蒙古自治区志—大事记—1958 年［EB/OL］．http：//www. nmqq. gov. cn/fagui/ShowArticle. asp？ArticleID＝4663，2011－04－14/2018－08－03.

［3］内蒙古区情网．内蒙古自治区志—大事记—1959 年［EB/OL］．http：//www. nmqq. gov. cn/fagui/ShowArticle. asp？ArticleID＝4662，2011－04－14/2018－08－03.

［4］内蒙古区情网．内蒙古自治区志—大事记—1966 年［EB/OL］．http：//www. nmqq. gov. cn/fagui/ShowArticle. asp？ArticleID＝4655，2011－04－14/2018－08－03.

［5］内蒙古区情网．内蒙古自治区志—大事记—1978 年［EB/OL］．http：//www. nmqq. gov. cn/fagui/ShowArticle. asp？ArticleID＝4608，2011－04－14/2018－08－03.

［6］内蒙古区情网．内蒙古自治区志—大事记—1979 年［EB/OL］．http：//www. nmqq. gov. cn/fagui/ShowArticle. asp？ArticleID＝4607，2011－04－14/2018－08－03.

［7］内蒙古人大网．1983 年内蒙古政府工作报告［EB/OL］．http：//www. nmgrd. gov. cn/cwgb/1983/4/200912/t20091228_63560. html，2009－12－28/2018－08－03.

［8］内蒙古区情网．内蒙古自治区志—大事记—1982 年［EB/OL］．http：//www. nmqq. gov. cn/fagui/ShowArticle. asp？ArticleID＝4601，2011－04－14/2018－08－03.

［9］内蒙古人大网．关于"七五"计划（草案）的报告［EB/OL］．http：//www. nmgrd. gov. cn/cwgb/1986/3/200912/t20091221_62672. html，2009－12－21/2018－08－03.

［10］内蒙古人大网．内蒙古自治区国民经济和社会发展十年规划和第八个五年计划纲要［EB/OL］．http：//www. nmgrd. gov. cn/cwgb/1991/4/201103/t20110

307_ 79332. html，2011 – 03 – 07/2018 – 08 – 03.

[11] 内蒙古人大网. 内蒙古自治区国民经济和社会发展第九个五年计划和 2010 年远景目标[EB/OL]. http：//www. nmgrd. gov. cn/cwgb/1996/2/200910/t20 091020_ 58157. html，2009 – 10 – 20/2018 – 08 – 03.

[12] 内蒙古人大网. 内蒙古自治区国民经济和社会发展第十个五年计划纲要 [EB/OL]. http：//www. nmgrd. gov. cn/cwgb/2001/1/200707/t20070712_ 59784. html，2007 – 07 – 12/2018 – 08 – 03.

[13] 内蒙古人大网. 内蒙古国民经济和社会发展第十一个五年规划纲要 [EB/OL]. http：//www. nmgrd. gov. cn/cwgb/2006/1/201002/t20100225_ 66317. html，2010 – 02 – 25/2018 – 08 – 04.

[14] 内蒙古人大网. 内蒙古国民经济和社会发展第十二个五年规划纲要 [EB/OL]. http：//www. nmgrd. gov. cn/cwgb/2011/2/201105/t20110511_ 80653. html，2011 – 05 – 11/2018 – 08 – 04.

[15] 内蒙古晨网. 内蒙古国民经济和社会发展第十三个五年规划纲要 [EB/OL]. http：//www. nmgcb. com. cn/news/nmg/2016/0309/106554. html，2016 – 03 – 09/2018 – 08 – 04.

[16] 人民网. 内蒙古自治区党委关于贯彻落实习近平总书记参加十三届全国人大一次会议内蒙古代表团审议时的重要讲话精神的意见[EB/OL]. http：// dangjian. people. com. cn/n1/2018/0429/c117092 – 29957971. html，2018 – 04 – 29/2019 – 04 – 23.

[17] 内蒙古自治区政府网. 内蒙古自治区人才引进和流动实施办法 [EB/OL]. http：//www. nmg. gov. cn/art/2017/6/13/art _ 1686 _ 137497. html，2017 – 06 – 06/2019 – 05 – 13.

[18] 人民网. 促进科技成果转移转化的四个着力点[EB/OL]. http：//theory. people. com. cn/n1/2019/0219/c40531 – 30804938. html. 2019 – 02 – 19/2019 – 05 – 13.

[19] 包头政府网. 内蒙古自治区人民政府关于印发《内蒙古自治区促进科技成果转移转化八项措施》的通知[EB/OL]. http：//www. baotou. gov. cn/info/ 2057/122729. htm，2017 – 01 – 14/2019 – 05 – 09.

[20] 人民网. 促进科技成果转移转化的四个着力点[EB/OL]. http：//theo-

ry. people. com. cn/n1/2019/0219/c40531 – 30804938. html. 2019 – 02 – 19/2019 – 05 – 13.

［21］中国人民政府网. 中共中央　国务院关于建立健全城乡融合发展体制机制和政策体系的意见［EB/OL］. http：//www. gov. cn/zhengce/2019 – 05/05/content_ 5388880. htm，2019 – 05 – 05/2019 – 05 – 13.

［22］乌兰察布市发改委网站. 内蒙古自治区党委自治区人民政府关于实施乡村振兴战略的意见［EB/OL］. http：//fgw. wulanchabu. gov. cn/Article/HTML/1571. html，2018 – 03 – 02/2019 – 04 – 23.

［23］人民网. 内蒙古自治区党委关于贯彻落实习近平总书记参加十三届全国人大一次会议内蒙古代表团审议时的重要讲话精神的意见［EB/OL］. http：//dangjian. people. com. cn/n1/2018/0429/c117092 – 29957971 – 2. html，2018 – 04 – 29/2018 – 08 – 08.

［24］内蒙古晨网. 内蒙古自治区国民经济和社会发展第十三个五年规划纲要 ［EB/OL］. http：//www. nmgcb. com. cn/news/nmg/2016/0309/106554. html，2016 – 03 – 09/2018 – 08 – 08.

［25］复旦大学党校. 李建波：怎样看中国经济新常态［EB/OL］. http：//dangxiao. fudan. edu. cn/16/5f/c7871a71263/page. htm，2019 – 05 – 13.

［26］赵丹. 守好共同的精神家园［EB/OL］. http：//inews. nmgnews. com. cn/system/2017/08/09/012383324. shtml，2017 – 08 – 09/2019 – 05 – 06.

［27］新华网. 中共中央办公厅　国务院办公厅印发《国家"十三五"时期文化发展改革规划纲要》［EB/OL］. http：//www. xinhuanet. com//politics/2017 – 05/07/c_ 1120931794. htm，2017 – 05 – 07/2019 – 05 – 08.

［28］内蒙古自治区政府网. 内蒙古自治区人民政府办公厅关于印发《内蒙古自治区"十三五"文化改革发展规划》的通知［EB/OL］. http：//www. nmg. gov. cn/art/2016/12/31/art_ 1686_ 137704. html，2016 – 12 – 31/2019 – 05 – 06.

［29］人民网. 付东梅：塑造区域协调发展新格局［EB/OL］. http：//nm. people. com. cn/n2/2016/0830/c196667 – 28915650. html，2016 – 08 – 30/2019 – 05 – 09.

［30］人民网. 王君关于《内蒙古自治区党委关于制定国民经济和社会发展第十三个五年规划的建议》的说明［EB/OL］. http：//cpc. people. com. cn/n/2015/1127/c117005 – 27862955. html，2015 – 11 – 27/2019 – 05 – 09.

［31］内蒙古政府网．2019 年内蒙古自治区国民经济和社会发展计划［EB/OL］．http：//www.nmg.gov.cn/art/2019/2/13/art_1686_251661.html，2019－02－13/2019－05－16.

［32］光明理论网．如何实现城乡高质量融合发展［EB/OL］．http：//theory.gmw.cn/2018－10/09/content_31603414.htm，2018－10－09/2019－05－14.

［33］王关区，刘小燕．结合内蒙古实际有效实施乡村振兴战略［EB/OL］．http：//www.qstheory.cn/2018－01/29/c_1122334052.htm，2018－01－29/2019－05－14.

［34］中国政府网．中共中央　国务院关于加快推进生态文明建设的意见［EB/OL］．http：//www.gov.cn/xinwen/2015－05/05/content_2857363.htm，2015－05－05/2019－05－07.

［35］新华网．内蒙古自治区党委关于深入学习贯彻习近平总书记考察内蒙古重要讲话精神的决定［EB/OL］．www.nmg.xinhuanet.com，2014－05－05/2018－03－15.

［36］内蒙古宣传部．守望相助打造祖国北疆亮丽风景线［M］．呼和浩特：内蒙古人民出版社，2014.

［37］杭栓柱．理念·目标·定位·路径——内蒙古自治区党委九届十一次全委会精神解读［M］．呼和浩特：内蒙古人民出版社，2014.

［38］内蒙古国民经济和社会发展"十三五"规划纲要［N］．内蒙古日报，2016－04－27.

［39］内蒙古自治区发展研究中心，内蒙古自治区经济信息中心．解读内蒙古自治区国民经济和社会发展第十三个五年规划纲要［C］．2016－05.

［40］杭栓柱，胡益华．内蒙古"十三五"若干重大战略问题研究［M］．呼和浩特：内蒙古大学出版社，2015.

［41］内蒙古人民政府．内蒙古自治区人民政府关于促进工业园区健康发展的指导意见［EB/OL］．http：//www.nmg.gov.cn/art/2015/11/12/art_1686_137963.html，2015－11－12/2019－09－25.

后　记

　　《内蒙古经济地理》是研究内蒙古经济发展的空间区位、资源禀赋、产业与区域、城乡与可持续发展及其探究其发展规律的专门著作。

　　目前能检索到的由科学出版社 1956 年出版的《内蒙古自治区经济地理》，是由孙敬之编著；新华出版社 1992 年出版的《内蒙古自治区经济地理》，是由钢格尔主编，毛昭辉、王鸣中、骆正庸、孙德钒副主编，在此向前辈们学习和致敬。自新中国成立、社会主义改造和建设以及改革开放和新时代以来，内蒙古自治区的区域经济地理格局发生了重大变化，亟须对内蒙古的经济地理进行重新审视和系统研究，新时代呼唤新的《内蒙古经济地理》。

　　在全国经济地理研究会的统一组织下，我们研究和撰写了《内蒙古经济地理》，作为《中国经济地理》丛书的内蒙古篇。经过近 4 年的调研和撰写，现在终于以飨读者。《内蒙古经济地理》是由热心建言献策内蒙古并对内蒙古发展有研究成果且多数有规划实践的内蒙古籍的专家们合作完成的，我们的初衷是把《内蒙古经济地理》打造为精品，旨在为国内外想了解、认识和研究内蒙古的读者提供参考资料，旨在为制定内蒙古发展战略、发展规划和发展政策提供参考和决策依据，也旨在为把内蒙古——祖国北部边疆这道风景线打造得更加亮丽，做出内蒙古人应有的贡献。

　　本书由张满银负责总体框架设计，由北京科技大学、内蒙古党校、北京交通大学、内蒙古社会科学院、内蒙古大学、内蒙古农业大学、内蒙古师范大学、内蒙古财经大学、内蒙古自治区地质调查院、包头稀土研究院等单位的专家、学者组成研究团队。各章及具体初稿分工为：第一章：张满银、任维德；第二章：李百岁；第三章：杜凤莲；第四章：赵海东、郝俊峰、许海清、韩成福、张满银；第五章：茶娜、董君、闫慧忠、张满银；第六章：潘斌、秦兆祥、张淑梅、张满银；第七章：姚凤桐、宝音都仍、张满银；第八章：于光军；第九章：贾元华、张满银；第十章：魏志勇；第十一章：安静赜、张学刚，张满银。张学刚校对了第一章、第三章、第十一章。初稿完成后，张满银对全书进行了统一校对、改写和定稿。

本书所引用的参考文献已尽可能地在文中做了标注，如有遗漏，还请相关的专家、学者给予谅解和指正。

在本书付梓之际，感谢全国经济地理研究会会长孙久文教授，副会长安虎森、高志刚、付晓东、赵作权、赵儒煜、金凤君、郑长德、沈正平、李小建、王苏生、张学良、贺灿飞、郭爱君、邓宏兵、张可云和周加来等各位教授的指导、关心和支持。感谢我的导师王海平教授在思想和方法上的启迪，感谢各位作者在多次沟通和讨论中的全力支持和帮助。感谢经济管理出版社杨世伟社长、勇生副社长的大力支持，感谢经济管理出版社申桂萍主任为本书出版付出的巨大努力和热情帮助。感谢同学和朋友们的大力支持。感谢我家人、爱人、孩子的理解和支持。

内蒙古经济发展仍有许多问题有待深入探究，由于时间和水平所限，《内蒙古经济地理》一书中难免存在不足与疏漏之处，敬请读者批评、指正，并请把意见或建议发往 zhangmanyin@163.com 或 zhangmany@ustb.edu.cn，以便我们在再版时进一步修改和完善，我们也欢迎对相关内容有研究成果或有实践经验总结的学者和专家们加入研究团队，期待共同把《内蒙古经济地理》打造为精品。

张满银

2019 年国庆节于北京